2025年春受験用 解答集

愛知県 南山中学校男子部

2019~2013年度の7年分

本書は，実物をなるべくそのままに，プリント形式で年度ごとに収録しています。
問題用紙を教科別に分けて使うことができるので，本番さながらの演習ができます。

■ 収録内容

・解答集(この冊子です)

書籍ＩＤ番号，この問題集の使い方，リアル過去問の活用，解答例と解説，
ご使用にあたってのお願い・ご注意，お問い合わせ

・2019(平成31)年度 ～ 2013(平成25)年度　学力検査問題

JN132647

○は収録あり	年度	'19	'18	'17	'16	'15	'14	'13
■ 問題収録		○	○	○	○	○	○	○
■ 解答用紙		○	○	○	○	○	○	○
■ 解答		○	○	○	○	○	○	○
■ 解説		○	○	○	○	○	○	○
■ 配点								

☆問題文等の非掲載はありません

もっと過去問!シリーズ

教英出版

■　書籍ＩＤ番号

入試に役立つダウンロード付録や学校情報などを随時更新して掲載しています。
教英出版ウェブサイトの「ご購入者様のページ」画面で，書籍ＩＤ番号を入力してご利用ください。

書籍ＩＤ番号　178021

（有効期限：2025年9月30日まで）

【入試に役立つダウンロード付録】
「中学合格への道」

■　この問題集の使い方

年度ごとにプリント形式で収録しています。針を外して教科ごとに分けて使用します。①片側，②中央のどちらかでとじてありますので，下図を参考に，問題用紙と解答用紙に分けて準備をしましょう（解答用紙がない場合もあります）。

針を外すときは，けがをしないように十分注意してください。また，針を外すと紛失しやすくなりますので気をつけましょう。

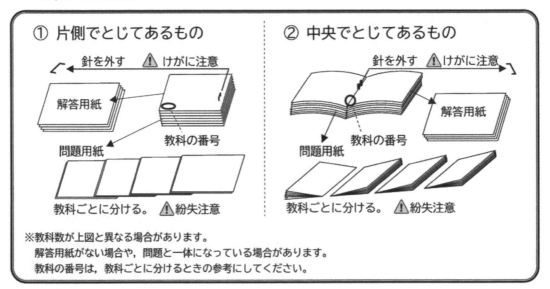

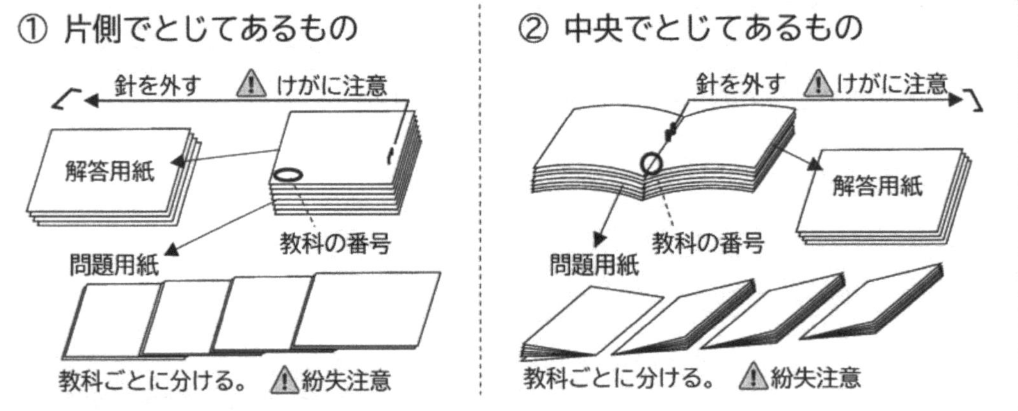

※教科数が上図と異なる場合があります。
解答用紙がない場合や，問題と一体になっている場合があります。
教科の番号は，教科ごとに分けるときの参考にしてください。

リアル過去問の活用

～リアル過去問なら入試本番で力を発揮することができる～

✿本番を体験しよう！

問題用紙の形式（縦向き／横向き），問題の配置や余白など，実物に近い紙面構成なので本番の臨場感が味わえます。まずはパラパラとめくって眺めてみてください。「これが志望校の入試問題なんだ！」と思えば入試に向けて気持ちが高まることでしょう。

✿入試を知ろう！

同じ教科の過去数年分の問題紙面を並べて，見比べてみましょう。

①　問題の量

毎年同じ大問数か，年によって違うのか，また全体の問題量はどのくらいか知っておきましょう。どのくらいのスピードで解けば時間内に終わるのか，大問ひとつにかけられる時間を計算してみましょう。

②　出題分野

よく出題されている分野とそうでない分野を見つけましょう。同じような問題が過去にも出題されていることに気がつくはずです。

③　出題順序

得意な分野が毎年同じ大問番号で出題されていると分かれば，本番で取りこぼさないように先回りして解答することができるでしょう。

④　解答方法

記述式か選択式か（マークシートか），見ておきましょう。記述式なら，単位まで書く必要があるかどうか，文字数はどのくらいかなど，細かいところまでチェックしておきましょう。計算過程を書く必要があるかどうかも重要です。

⑤　問題の難易度

必ず正解したい基本問題，条件や指示の読み間違いといったケアレスミスに気をつけたい問題，後回しにしたほうがいい問題などをチェックしておきましょう。

✿問題を解こう！

志望校の入試傾向をつかんだら，問題を何度も解いていきましょう。ほかにも問題文の独特な言いまわしや，その学校独自の答え方を発見できることもあるでしょう。オリンピックや環境問題など，話題になった出来事を毎年出題する学校だと分かれば，日頃のニュースの見かたも変わってきます。

こうして志望校の入試傾向を知り対策を立てることこそが，過去問を解く最大の理由なのです。

✿実力を知ろう！

過去問を解くにあたって，得点はそれほど重要ではありません。大切なのは，志望校の過去問演習を通して，苦手な教科，苦手な分野を知ることです。苦手な教科，分野が分かったら，教科書や参考書に戻って重点的に学習する時間をつくりましょう。今の自分の実力を知れば，入試本番までの勉強の道すじが見えてきます。

✿試験に慣れよう！

入試では時間配分も重要です。本番で時間が足りなくなってあわてないように，リアル過去問で実戦演習をして，時間配分や出題パターンに慣れておきましょう。教科ごとに気持ちを切り替える練習もしておきましょう。

✿心を整えよう！

入試は誰でも緊張するものです。入試前日になったら，演習をやり尽くしたリアル過去問の表紙を眺めてみましょう。問題の内容を見る必要はもうありません。どんな形式だったかな？受験番号や氏名はどこに書くのかな？…ほんの少し見ておくだけでも，志望校の入試に向けて心の準備が整うことでしょう。

そして入試本番では，見慣れた問題紙面が緊張した心を落ち着かせてくれるはずです。

※まれに入試形式を変更する学校もありますが，条件はほかの受験生も同じです。心を整えてあせらずに問題に取りかかりましょう。

算　数

平成31年度 解答例・解説

《解答例》

1 (1)66　(2)$2\frac{2}{3}$　(3)28　(4)8　(5)7　(6)6

2 380

3

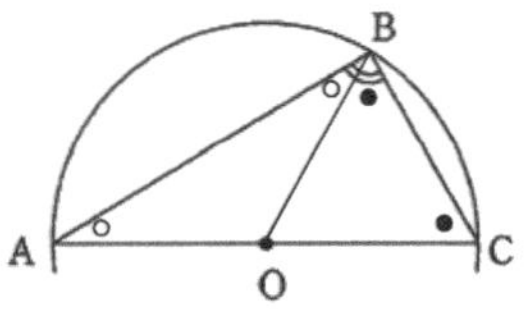

図の三角形ＯＡＢと三角形ＯＢＣは二等辺三角形だから，○と○，●と●はそれぞれ角度が等しい。三角形ＡＢＣにおいて内角の和より，○＋○＋●＋●＝180(度)だから，○＋●＝180÷２＝90(度)である。よって，アの角度は90度である。

4 (1)右図　(2)12.56

5 (1)13　(2)570

6 (1)右図　(2)右図

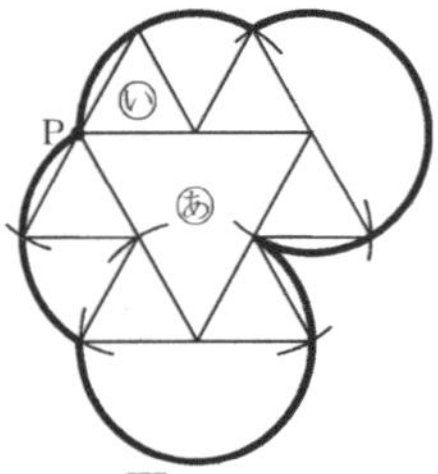

4(1)の図

6(1)の図

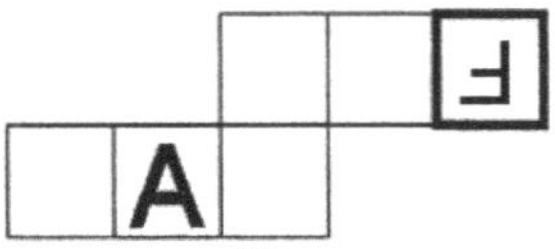

6(2)の図

7 (1)22　(2)35人全員がパーを出したとすると，指の本数の合計は５×35＝175(本)となる。１人のパーをチョキにおきかえると，指の本数の合計は５－２＝３(本)減るから，175から指の本数の合計を引くと３の倍数になる。しかし，175－95＝80は３の倍数ではないから，95本は間違いである。　(3)13

8 (1)7.2　(2)48　(3)18

《解　説》

1 (1)　与式より，$(2019-\square)\times\frac{1}{7}\times\frac{3}{31}=27$　$(2019-\square)\times\frac{3}{217}=27$　$2019-\square=27\div\frac{3}{217}$　$\square=2019-1953=66$

(2)　与式$=\frac{4}{3}\times\{6-\frac{10}{3}\div(\frac{9}{6}-\frac{4}{6})\}=\frac{4}{3}\times(6-\frac{10}{3}\div\frac{5}{6})=\frac{4}{3}\times(6-\frac{10}{3}\times\frac{6}{5})=\frac{4}{3}\times(6-4)=\frac{4}{3}\times2=\frac{8}{3}=2\frac{2}{3}$

(3)　全員の合計体重は41.4×40＝1656(kg)である。女子が40人だとすると，合計体重は40×40＝1600(kg)となり，実際より1656－1600＝56(kg)軽くなる。女子１人を男子１人におきかえると，合計体重は42－40＝２(kg)増えるから，男子の人数は，56÷２＝28(人)

(4)　決まった時間だけ仕事をすると，１日に$\frac{3}{10}\div7=\frac{3}{70}$の仕事をする。これを７＋16＝23(日間)続けると，$\frac{3}{70}\times23=\frac{69}{70}$の仕事をするから，最終日の２時間の仕事は全体の$1-\frac{69}{70}=\frac{1}{70}$にあたる。したがって，２時間の仕事と，１日の決まった時間の仕事の仕事量の比は，$\frac{1}{70}:\frac{3}{70}=1:3$だから，決まった時間は$2\times\frac{3}{1}=6$(時間)である。よって，最終日は６＋２＝８(時間)仕事をした。

(5)　打率が３割になったとき，ヒットの回数とアウトの回数の比は３：７となる。アウトの回数は326－93＝233(回)のまま変わらないのだから，ヒットの本数が，$233\times\frac{3}{7}=\frac{699}{7}=99.8\cdots$(本)より多くなれば打率が３割をこえる。よって，求める本数は，100－93＝７(本)

(6)　１枚ずつ使った分の料金の合計は１＋５＋10＋50＝66(円)だから，あと82－66＝16(円分)あればよい。10円切手と５円切手の枚数が決まれば，残りは１円切手でうめあわせることができる。

16円分を作るための10円切手と５円切手の枚数の組み合わせは，（10円切手，５円切手）＝（１枚，１枚）（１枚，０枚）（０枚，３枚）（０枚，２枚）（０枚，１枚）（０枚，０枚）の６通りある。

よって，求める貼り方の数も６通りである。

2　４個を１つの封筒に入れると，重さの合計は70×４＋10＝290（g）となるので，郵送料金は390円となる。

３個を１つの封筒に入れると，重さの合計は290－70＝220（g）となるので，郵送料金は240円となる。

２個を１つの封筒に入れると，重さの合計は220－70＝150（g）となるので，郵送料金は200円となる。

１個を１つの封筒に入れると，重さの合計は150－70＝80（g）となるので，郵送料金は140円となる。

これらを組み合わせて最も安くなる組み合わせを探すと，３個と１個に分けたときの240＋140＝380（円）が最も安くなるとわかる。

4　⑴　まず正三角形(い)の１辺の長さにコンパスをとって，正三角形(い)の頂点の移動先の点をとり，正三角形(い)の各位置を作図する（正三角形を作図せよという指示はないが，かいた方がＰが通過する線を作図しやすくなる）。あとは，回転の中心とＰの移動先に気をつけながらＰが通過する線を作図すればよい。

⑵　Ｐがえがく右図の太線はすべて半径が１cmのおうぎ形の曲線部分にあたる。それぞれの中心角は，回転の順に，180－60＝120（度），360－60×２＝240（度），240度，120度だから，中心角の和は，120＋240＋120＋240＝720（度）になる。

よって，求める長さは，$1\times2\times3.14\times\frac{720}{360}=4\times3.14=12.56$（cm）

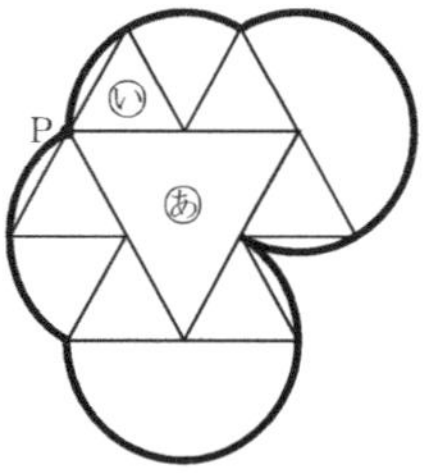

5　⑴　時速40kmで２時間走って40×２＝80（km）走ったことによるガソリンの消費量は，80÷20＝４（L），時速90kmで３時間走って90×３＝270（km）走ったことによるガソリンの消費量は，270÷30＝９（L）である。よって，消費したガソリンの合計は，４＋９＝13（L）

⑵　時速40kmで１時間走ると，40÷20＝２（L）のガソリンを消費し，時速90kmで１時間走ると，90÷30＝３（L）のガソリンを消費する。したがって，時速90kmで８時間走ると３×８＝24（L）のガソリンを消費し，実際より24－21＝３（L）多い。１時間を時速90kmから時速40kmに置きかえると，ガソリンの消費量は３－２＝１（L）減る。よって，時速40kmで３÷１＝３（時間），時速90kmで８－３＝５（時間）走ったのだから，走行距離は，40×３＋90×５＝570（km）

6　⑴　★は，Ａを正しい向きで見たときにＡの左にある面である。図１でＡの左を見るとＤになっており，Ｄの上がＡの方を向いている。したがって，Ｄの上がＡの方を向くように書きこめばよい。

⑵　図１を少しずつ変形して，図３の配置にする。立方体の展開図では，となりの面にくっつくのならば面を90度ずつ回転移動させることができる。

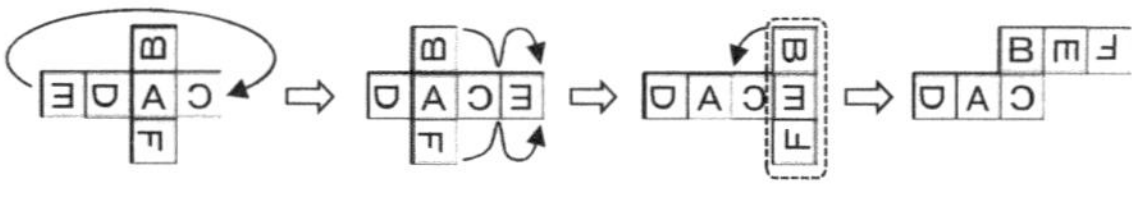

この回転移動は２つ以上の面についてもまとめて行うことができるので，上図のように変形できるから，解答例のようになる。

7　⑴　35人全員がパーを出したとすると，指の本数の合計は５×35＝175（本）となり，実際より175－109＝66（本）多くなる。１人のパーをチョキにおきかえると，指の本数の合計は５－２＝３（本）減るから，チョキを出した人数は66÷３＝22（人）である。よって，勝った人は22人である。

⑵　⑴で使ったつるかめ算の要領で説明できる。

(3) 指の本数の合計はチョキとパーの本数の合計だから，パーは85÷5＝17(人)よりも少ない。また，パーが最も多かったので，35÷3＝11余り2より，パーは12人よりも多い。パーの人数が偶数(ぐうすう)だと指の本数の合計の一の位の数が5にはならないから，パーの人数は奇数(きすう)である。以上の条件に合うパーの人数は13人か15人である。それぞれの場合についてグーとチョキの人数を計算すると，右表のようになり，パーが最も多いという条件に合うのは，パーが13人のときとわかる。

グー	チョキ	パー
12人(0本)	10人(20本)	13人(65本)
15人(0本)	5人(10本)	15人(75本)

8 (1) 水そうは30分で満水になったのだから，30分で60×60×60＝216000(cm³)の水を注いだとわかる。よって，注いだ水の割合は，毎分$\frac{216000}{30}$cm³＝毎分7200 cm³，つまり，毎分7.2Lである。

(2) 右図Ⅰは水そうを真横から見た図であり，水そう内の各空間に図のように記号をおく。グラフの変化から，図Ⅱのことが読み取れる。

図Ⅰ

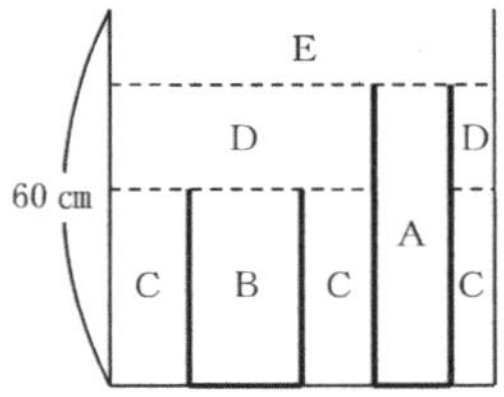

図Ⅱ

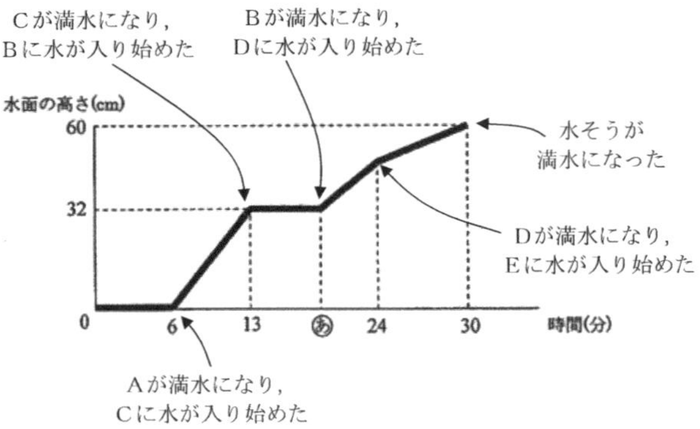

Eは30−24＝6(分)で満水になり，Eの底面積は60×60＝3600(cm²)だから，Eの高さは，$\frac{7200\times6}{3600}$＝12(cm)である。
よって，Aの高さは，60−12＝48(cm)

(3) ここまでの解説をふまえる。Dが満水になるのにかかった時間がわかれば，㋐の値を求められる。
Aは6分で満水になったから，Aの底面積は$\frac{7200\times6}{48}$＝900(cm²)である。したがって，Dの底面積は3600−900＝2700(cm²)であり，Dの高さは48−32＝16(cm)だから，Dが満水になるのにかかった時間は，$\frac{2700\times16}{7200}$＝6(分)である。よって，㋐＝24−6＝18(分)

平成30年度 解答例・解説

《解答例》

1 (1)76.5 (2)135.36 (3)ア…32 イ…103

2 (1)5000 (2)1500

3 (1)4：3 (2)1

4 秒速△mで進むと，1分で△×60(m)，1時間で△×60×60(m)進む。1000m＝1㎞だから，△×60×60(m)の単位を㎞に直すと，$△\times60\times60\times\frac{1}{1000}=△\times\frac{18}{5}$(㎞)となる。したがって，秒速△mは1時間で$△\times\frac{18}{5}$(㎞)進む速さである。

5 右図

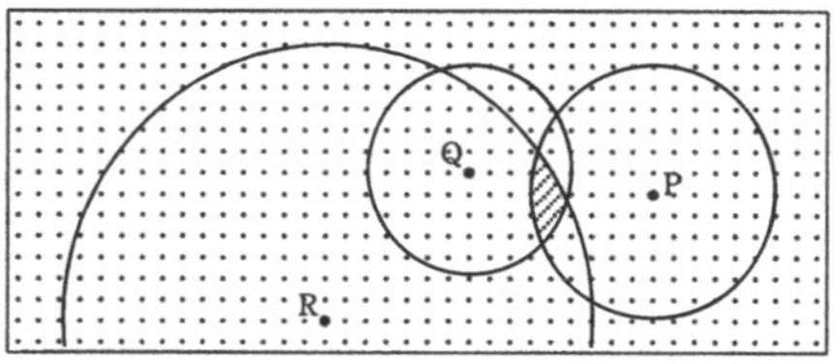

6 (1)576 (2)612

7 (1)57600 (2)7，20

8 (1)210 (2)9100

9 (1)電球B，電球C，電球D (2)電球A，電球D

(3)電球A，電球C，電球D (4)10

(5)同じボタンを2回押すと，電球はそのボタンを押さなかったときと同じ状態になる。したがって，同じボタンをぐう数回押した場合は，そのボタンを0回押したときと同じ状態になり，同じボタンをき数回押した場合は，そのボタンを1回押したときと同じ状態になる。よって，どのような押し方でも，①，②，③，④をそれぞれ0回または1回押した押し方と同じ状態になるので，押す回数は4回以内におさえられる。

《解　説》

1 (1) 右のような面積図で考える。

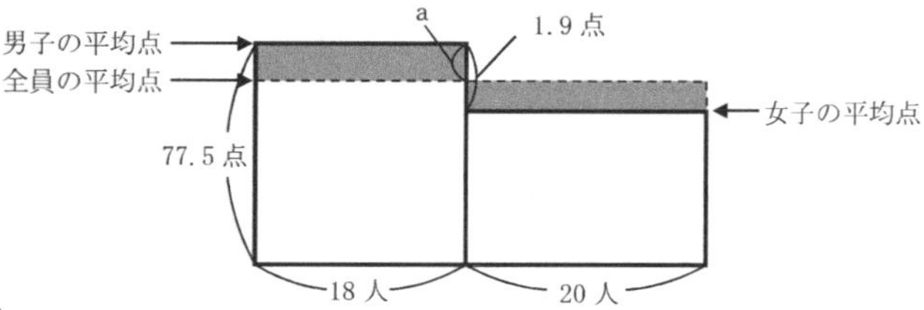

太線の2つの長方形の面積の和は，クラス全員の合計点を表す長方形の面積と等しくなるから，色をつけた2つの長方形の面積は等しい。その横の長さの比は18：20＝9：10だから，縦の長さの比は10：9である。よって，$a=1.9\times\frac{10}{10+9}=1$(点)だから，全員の平均点は，77.5－1＝76.5(点)

(2) 1.2ドル＝(112.8×1.2)円＝135.36円だから，1ユーロ＝1.2ドル＝135.36円

(3) 右図のように記号をおく。三角形BCEはBC＝BEの二等辺三角形で，

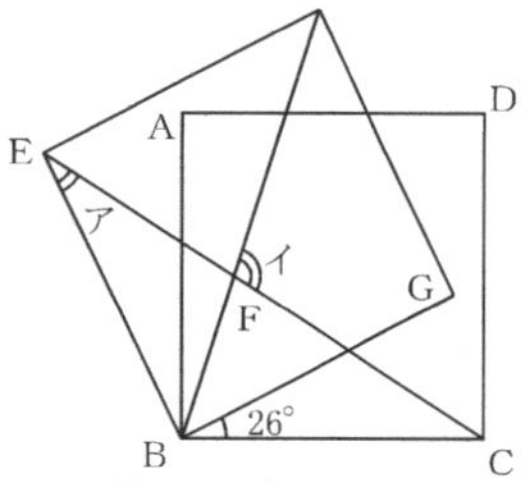

角CBE＝26＋90＝116(度)だから，角ア＝角BCE＝(180－116)÷2＝32(度)

角FBG＝45度だから，三角形BCFにおいて三角形の外角の性質より，

角イ＝角BCF＋角CBF＝32＋(26＋45)＝103(度)

2 (1) ユキオ君は，値引き前の値段の(1－0.3)×(1－0.2)＝0.56(倍)の値段で買ったので，値引き前の値段は，2800÷0.56＝5000(円)

(2) シャツとズボンとシューズの値引き前の合計金額は $6000\div(1-0.2)=7500$（円）である。このうち6000円はシャツとズボンの値段だから，シューズの値引き前の値段は，$7500-6000=1500$（円）

3 (1) 三角形ＡＩＥと三角形ＤＥＦを比べる。角ＡＥＩ＝180－角ＨＥＦ－角ＤＥＦ＝90－角ＤＥＦであり，三角形ＤＥＦの内角の和より，角ＤＦＥ＝180－角ＥＤＦ－角ＤＥＦ＝90－角ＤＥＦだから，角ＡＥＩ＝角ＤＦＥである。したがって，三角形ＡＩＥと三角形ＤＥＦは内角がそれぞれ等しい三角形なので，同じ形であり，辺の長さの比はＡＥ：ＤＦ＝４：３である。よって，ＩＥ：ＥＦ＝４：３

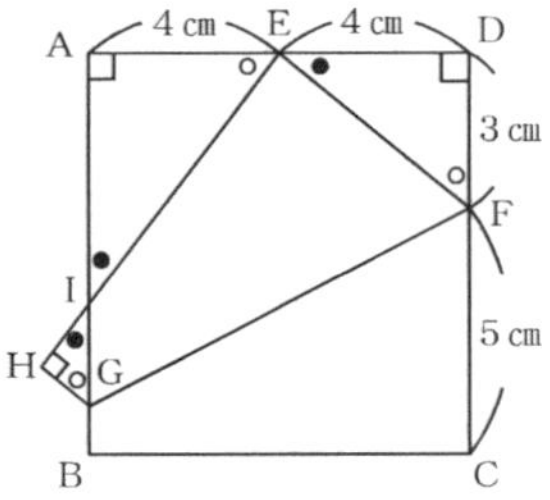

(2) (1)の解説より，右図の同じ記号の角は大きさが等しいとわかる。

ＥＦ＝ＣＦ＝５cmなので，$ＩＥ=5\times\frac{4}{3}=\frac{20}{3}$(cm)，$ＨＩ=8-\frac{20}{3}=\frac{4}{3}$(cm)

三角形ＨＧＩと三角形ＤＥＦは同じ形で辺の比が$ＨＩ:ＤＥ=\frac{4}{3}:4=1:3$なので，$ＧＨ=ＦＤ\times\frac{1}{3}=3\times\frac{1}{3}=1$ (cm)

よって，ＧＢ＝ＧＨ＝１cm

5 Ａ君は分速100m＝時速６kmだから，Ｐを中心とする半径６kmの円内に１時間以内に到達できる。Ｂ君はＱを中心とする半径５kmの円内に，Ｃ君はＲを中心とする半径13 kmの円内に到達できるので，これら３つの円の内部になる部分に斜線をつければよい。

6 (1) もとの立方体の表面積は，$(9\times9)\times6=486$(cm²)

くりぬいた直方体を底面積が$3\times3=9$(cm²)で高さが９cmの四角柱と考えると，くりぬいたことで減った表面積は，直方体の底面積の和である$(3\times3)\times2=18$(cm²)であり，くりぬいたことで増えた表面積は，直方体の側面積の，$(3\times9)\times4=108$(cm²)である。よって，この立体の表面積は，$486-18+108=576$(cm²)

(2) 図１の立体の表面積と比べて，２つ目の直方体をくりぬいたことで減った表面積は，右図Ⅰで色をつけた部分の$(3\times3)\times4=36$(cm²)であり，くりぬいたことで増えた表面積は，右図Ⅱの斜線（しゃせん）の面とその向かいにある面の面積の，$(3\times3)\times8=72$(cm²)である。

よって，この立体の表面積は，$576-36+72=612$(cm²)

図Ⅰ

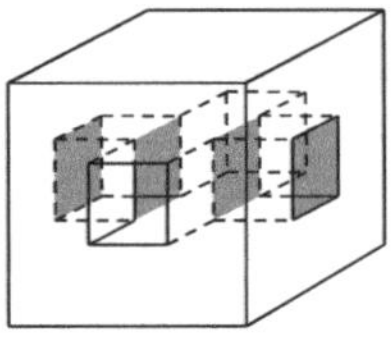

図Ⅱ

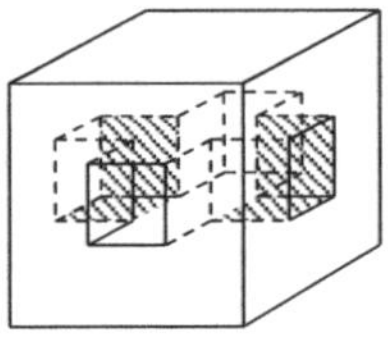

7 (1) 大人の入場者数は$480\times\frac{2}{2+3}=192$(人)，子供の入場者数は$480-192=288$(人)だから，

$150\times192+100\times288=57600$(円)

(2) 電気代を$57600-30000=27600$(円)以下にすればよい。３時間ずっとつける120本の外灯の電気代は，$60\times3\times120=21600$(円)だから，残り60本の外灯の電気代を$27600-21600=6000$(円)以下にすればよい。

60本の外灯を$6000\div60\div60=\frac{5}{3}=1\frac{2}{3}$(時間)つけると電気代が6000円になるので，午後６時から$3-1\frac{2}{3}=1\frac{1}{3}$(時間後)，つまり１時間20分後以降につけるとよいので，午後７時20分以降につければよい。

8 (1) 飛行機は実際の$\frac{2}{7000}=\frac{1}{3500}$(倍)に見えているので，実際に進んだ距離は$30\times3500=105000$(cm)，つまり1050mである。これを５秒で進んだから，飛行機の速さは，秒速$\frac{1050}{5}$m＝秒速210m

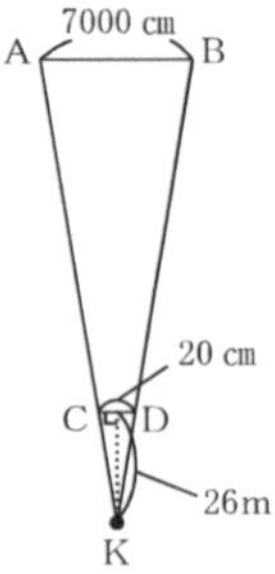

(2) 飛行機も風船もケンジ君には２cmに見えたので，そのときの位置関係は右図のようになる。

ＡＢが飛行機の全長で70m＝7000 cm，ＣＤは風船の直径，Ｋはケンジ君を表す。

三角形ＫＡＢは三角形ＫＣＤを$7000\div20=350$(倍)に拡大した三角形だから，ＡＢ，ＣＤをそれぞれの底辺としたときの高さの比は350：１となる。よって，飛行機は$26\times350=9100$(m)の高さを飛んでいたと予想できる。

9 (1)　右表より，B，C，Dがついている。

	A	B	C	D
最初	×	×	×	×
④を押したあと	○	○	○	○
②を押したあと	○	×	×	○
①を押したあと	×	×	×	○
②を押したあと	×	○	○	○

※○はついていることを，
×は消えていることを表す

(2)　同じボタンを２回押すと，電球はそのボタンを押さなかったときと同じ状態になるから，④を１回，②を１回押した場合を考えればよい。右表より，④を１回，②を１回押すと，A，Dがついた状態になる。

(3)　ボタンを押す順番は最後についている電球の状態に影響(えいきょう)をあたえないので，②→④と押した状態((2)の解説より，A，Dがついている)と，図２を比べればよい。③がつながっているのは，A，C，Dとわかる。

(4)　ボタンを押す順番は最後についている電球の状態に影響をあたえず，④を１回押すことは決まっているので，残り２回押すボタンの組み合わせをまず考える。異なるボタンを１回ずつ押して，それらを押す前の状態と同じ状態になることはないので，残り２回で押すボタンは２回とも同じ種類のボタンである。したがって，押すボタンの組み合わせは，①または②または③が２回と④が１回の組み合わせと，④が３回の組み合わせである。
①を２回と④を１回押す押し方は，①→①→④，①→④→①，④→①→①の３通りある。
②を２回と④を１回押す押し方，③を２回と④を１回押す押し方も，同様に３通りずつある。
④を３回押す押し方は，④→④→④の１通りある。
よって，条件にあうボタンの押し方は全部で，３×３＋１＝10(通り)

平成29年度 解答例・解説

《解答例》

1 (1)$\frac{1}{10}$　(2)0.8　(3)24　(4)109　(5)84

2 (1)２：３　(2)50

3

図のように記号をおく。
お＝い＋うだから，え＝あ＋お＝あ＋(い＋う)＝あ＋い＋う

4 (1)５　(2)５　(3)28

5 (1)500　(2)12

6 (1)50　(2)シングルス…120　ダブルス…30

7 (1)右図　(2)15：１

8 (1)1260　(2)右グラフ　(3)120

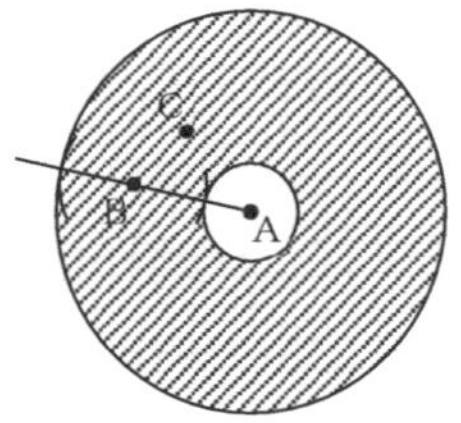

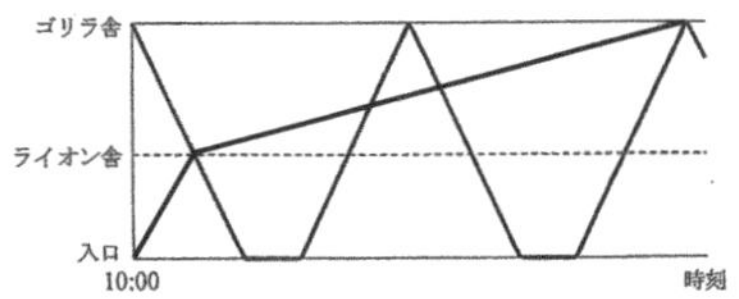

《解　説》

1 (1)　与式＝$\{\frac{5}{2}\times(\frac{4}{5}-\frac{7}{15})-\frac{2}{5}\}\div\frac{13}{3}=(\frac{5}{2}\times\frac{5}{15}-\frac{2}{5})\times\frac{3}{13}=(\frac{5}{6}-\frac{2}{5})\times\frac{3}{13}=\frac{13}{30}\times\frac{3}{13}=\frac{1}{10}$

(2)　与式より，2.5＋(□－0.2)×２＝3.7　(□－0.2)×２＝3.7－2.5　□－0.2＝1.2÷２　□＝0.6＋0.2＝0.8

(3)　右図１のような面積図で考える。色をつけた長方形と斜線（しゃせん）の長方形は面積が等しく，縦の長さの比が(79－75)：(82－79)＝４：３だから，横の長さの比は３：４である。よって，女子の人数は，$18\times\frac{4}{3}=24$(人)

図１
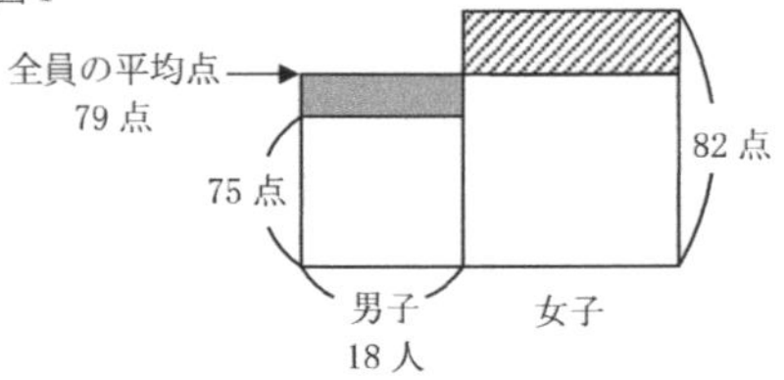

(4)　右図２のように記号をおく。折り返して重なる角は大きさが等しいから，角ア＋角イ＋角ウは角アの２倍の大きさとなる。

三角形の内角の和より，角イ＝180－90－52＝38(度)

よって，角ア＝(180＋38)÷２＝109(度)

図２
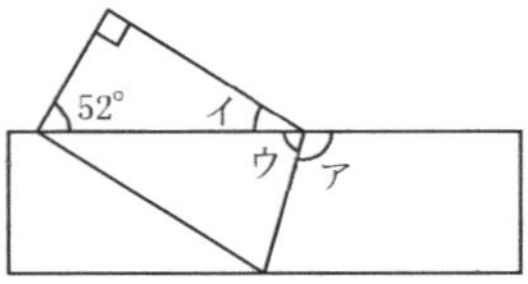

(5)　祖父の現在の年れいを１とする。祖父が結婚して娘を授かったときの年れいは$\frac{1}{3}+\frac{1}{6}=\frac{1}{2}$である。結婚してから現在までの$1-\frac{1}{2}=\frac{1}{2}$のうちの$1-\frac{5}{7}=\frac{2}{7}$が，Ｔ君が生まれてから現在までの12年間にあたるから，$\frac{1}{2}\times\frac{2}{7}=\frac{1}{7}$が12年にあたる。よって，祖父の現在の年れいは，$12\div\frac{1}{7}=84$(歳)

2　(1)　三角形ＢＦＨと三角形ＥＡＨは同じ形で，ＢＦ：ＥＡ＝$\frac{1}{3}:\frac{1}{2}$＝２：３だから，ＢＨ：ＥＨ＝２：３

(2)　高さが等しい２つの三角形の面積比は底辺の長さの比に等しいことを利用する。

(三角形ＡＢＥの面積)：(三角形ＡＢＨの面積)＝ＢＥ：ＢＨ＝(２＋３)：２＝５：２

(三角形ＡＢＥの面積)＝(三角形ＡＢＨの面積)×$\frac{5}{2}=5\times\frac{5}{2}=\frac{25}{2}$(㎠)

(三角形ＡＢＤの面積)：(三角形ＡＢＥの面積)＝ＡＤ：ＡＥ＝２：１

(三角形ＡＢＤの面積)＝(三角形ＡＢＥの面積)×$\frac{2}{1}=\frac{25}{2}\times2=25$(㎠)

平行四辺形ＡＢＣＤの面積は三角形ＡＢＤの面積の２倍だから，25×２＝50(㎠)

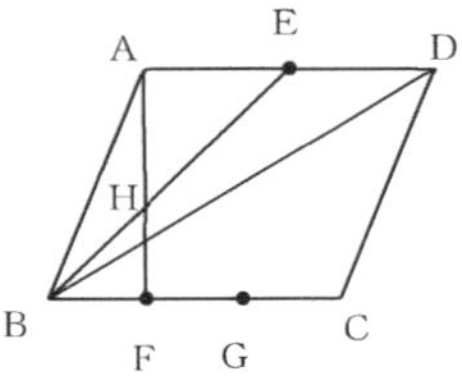

3　性質１は三角形の外角の性質であり，角度を求める問題でよく使うので覚えておこう。

4　図がかわった形をしているだけで，「右図において，点Ａから点Ｂまで最短経路で行く行き方は何通りあるか求めなさい」という問題と同じである。以下のように考えればよい。

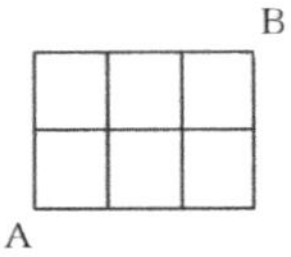

ある駅までの行き方は，その駅の１つ前の駅までの行き方の和に等しい。例えば，名古屋までの行き方は最初にいる場所だから１通りある。丸の内までの行き方は名古屋までの行き方と等しく１通りある。伏見までの行き方は，名古屋までの行き方と丸の内までの行き方の和に等しいから１＋１＝２(通り)ある。このように，各駅までの行き方の数を名古屋から順番に調べていけばよい。

(1)　本山を通るので，伏見，栄，今池から下には行けない。各駅までの行き方は右図１のようになるから，いりなかへの行き方は５通りある。

図１
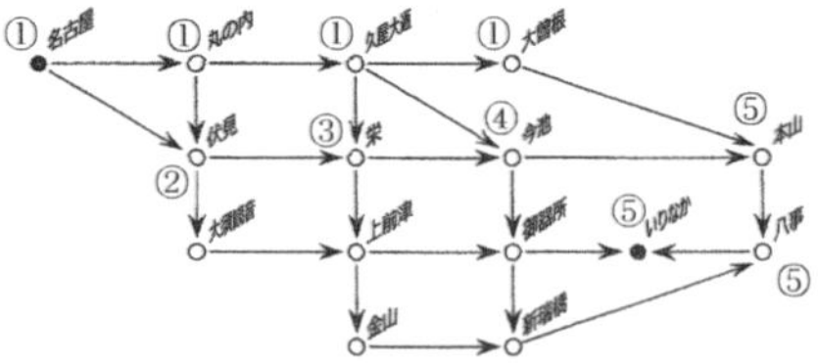

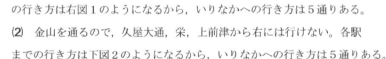

(2)　金山を通るので，久屋大通，栄，上前津から右には行けない。各駅までの行き方は下図２のようになるから，いりなかへの行き方は５通りある。

(3)　各駅までの行き方は下図３のようになるから，いりなかへの行き方は28通りある。

図２
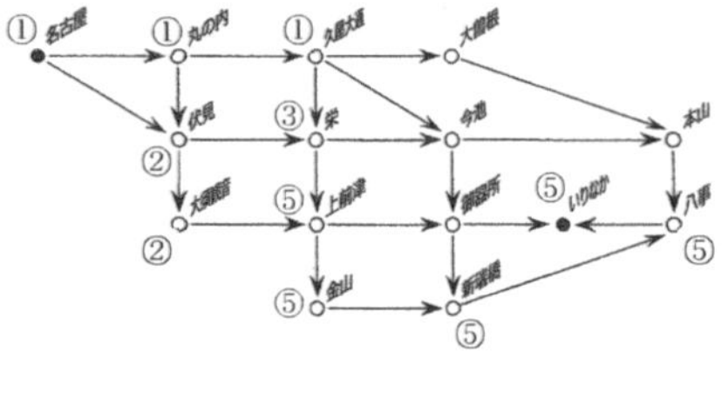

図３
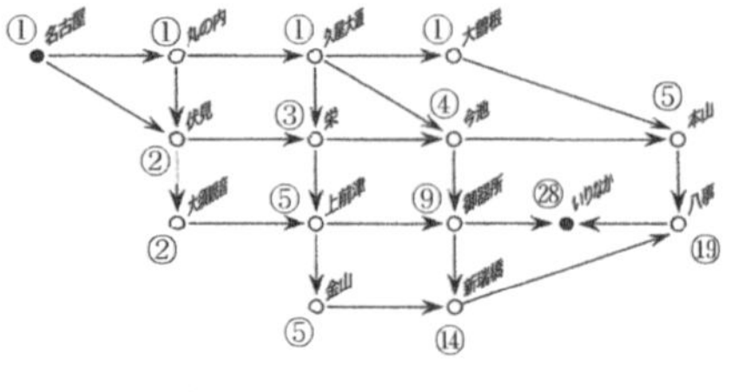

5 (1) 容器Bの中に入っておらず，容器Aの中に入っている水と，容器Bの中の高さ6㎝よりも下の部分の水の体積の合計は，容器Aの容積と等しく，10×15×6＝900(㎤)である。水は全部で1.4L＝1400㎤あるから，求める体積は，1400－900＝500(㎤)

(2) 容器Bの底面積は$(10\times15)\times\frac{1}{3}$＝50(㎠)だから，容器Bの中の水は，(1)より，50×6＋500＝800(㎤)
この水をすべて捨てると1400－800＝600(㎤)の水が残る。これを容器Bに入れたときの水面の高さは，
600÷50＝12(㎝)

6 (1) 60分のシングルス形式の練習は，2人の組み合わせを2組つくって60÷2＝30(分)ずつ行う。ダブルス形式の練習は全員が20分行う。よって，1人あたりの練習時間は，30＋20＝50(分)

(2) 1人あたりの練習時間を60分にするので，1人あたりの練習時間を6人分あわせると60×6＝360(分)になる。シングルス形式の練習をしている間は，1分につき，1人当たりの練習時間の合計は2分増え，ダブルス形式の練習をしている間は，1分につき，1人当たりの練習時間の合計は4分増える。150分すべてをダブルス形式にしたとすると，1人当たりの練習時間の合計は4×150＝600(分)となり，計画より600－360＝240(分)多くなる。ダブルス形式の1分をシングルス形式の1分に置きかえると，1人当たりの練習時間の合計は4－2＝2(分)少なくなる。よって，シングルス形式の練習を240÷2＝120(分)，ダブルス形式の練習を150－120＝30(分)行えばよい。なお，実際の練習時間として，右表のような例があげられる。

A，B，C，D，E，Fの6人の練習

シングルス形式			ダブルス形式		
A対B (40分)	C対D (40分)	E対F (40分)	AB対CD (10分)	CD対EF (10分)	EF対AB (10分)

7 (1) 点Bを点Aの周りに1周させると，点Bの動いたあとは点Aを中心とする半径5㎝の円となる。点Cが点Aに最も近づくのは，点Cが直線AB上にあって，点Aと点Bの間にあるときである。このとき点Aと点Cは5－3＝2(㎝)離れている。点Cが点Aから最も離れるのは，点Cが直線AB上にあって，点A，B，Cの順に並ぶときである。このとき点Aと点Cは5＋3＝8(㎝)離れている。よって，点Cが動くことができる範囲は，点Aを中心とする半径8㎝の円と半径2㎝の円の間である。

(2) (1)の解説より，図形㋑の面積は2×2×3.14＝4×3.14(㎠)，図形㋐の面積は8×8×3.14－4×3.14＝60×3.14(㎠)である。よって，図形㋐と図形㋑の面積比は，(60×3.14)：(4×3.14)＝15：1

8 (1) 90×14＝1260(m)

(2) バスのグラフとユウキ君のグラフを交わらせることで，2者が出会ったことを表すことができる。ライオン舎でバスとすれ違ったあとは，バスに追い抜かれてから，バスとすれ違い，バスと同時に到着したので，解答例のようなグラフとなる。

(3) 右図のようにグラフに記号をおく。三角形ABCと三角形EDCは同じ形とわかるので，その大きさの比を調べる。
点Aの時点から点Bの時点までのバスの移動の様子を表す太線部分を見ると，バスは入口からゴリラ舎までの距離を往復するのと等しい距離を移動し，さらに入口で停車したことがわかる。

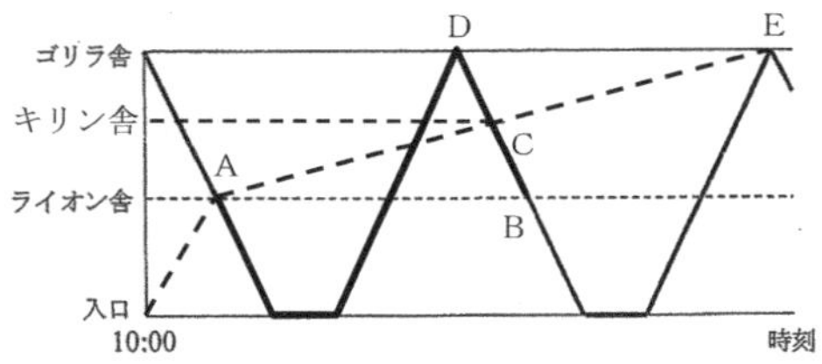

これは，点Dの時点から点Eの時点までと同じだから，AB＝EDとなる。したがって，三角形ABCと三角形EDCは合同なので，キリン舎からゴリラ舎までの距離は，ライオン舎からキリン舎までの距離と等しく，840mである。よって，ゴリラ舎からライオン舎までの道のりは840×2＝1680(m)だから，バスの速さは，
分速1680÷14＝120(m)

平成28年度 解答例・解説

《解答例》

1 (1)$\frac{2}{3}$　(2)75　(3)56　(4)88　(5)①，②，③，⑤

2 (1)24　(2)9　(3)5400

3 (1)8，24　(2)下図

4 この直角二等辺三角形を２つ合わせると右図のような正方形ができる。この正方形は，２本の対角線の長さがともにａのひし形でもあるから，その面積は，$a\times a\times\frac{1}{2}$である。よって，(直角二等辺三角形の面積)＝$(a\times a\times\frac{1}{2})\times\frac{1}{2}=\frac{1}{4}\times a\times a$

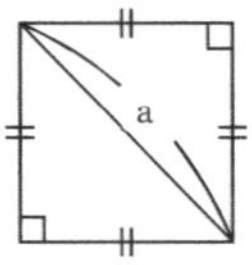

4の図

5 (1)2　(2)下グラフ　(3)$\frac{2}{9}$　(4)412

6 (1)直径に対する円周の長さの比率　(2)153.6　※(3)3.2

7 (1)A君…3　B君…2　(2)右図

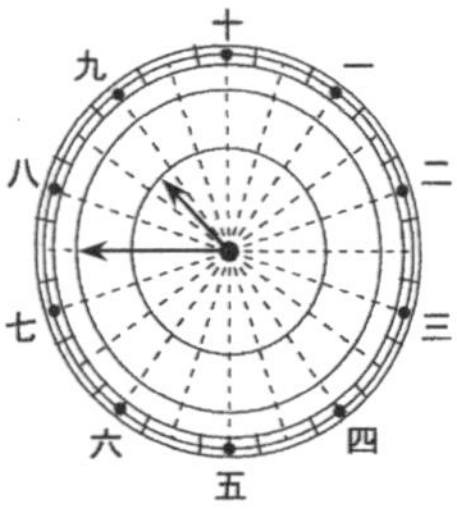

3(2)の図

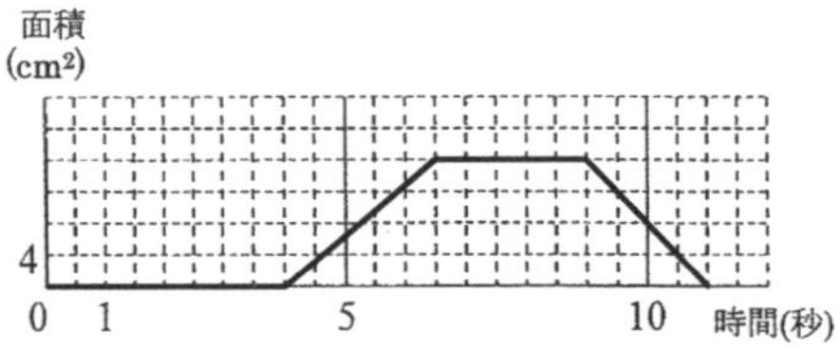

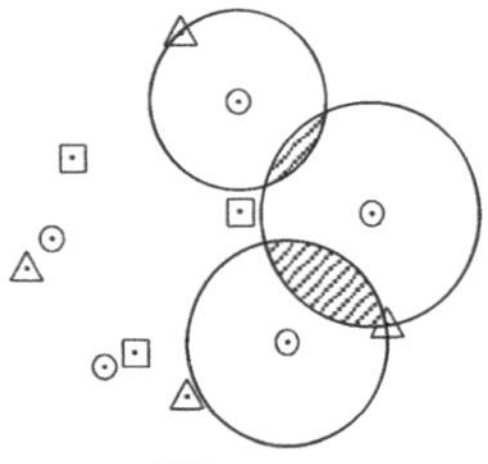

7(2)の図

※の求める過程は解説を参照してください。

《解　説》

1 (1)　与式より，$\frac{1}{3}\times(4-2\div\square)=7-6\frac{2}{3}$　　$4-2\div\square=\frac{1}{3}\div\frac{1}{3}$　　$2\div\square=4-1$　　$\square=2\div3=\frac{2}{3}$

(2)　100ｇの食塩水を捨てる前，ビーカー内には 150＋100＝250(ｇ)の食塩水があり，その中にふくまれる食塩の量は $150\times\frac{8}{100}+100\times\frac{3}{100}=15$(ｇ)である。100ｇの食塩水を捨てる前後の食塩水の量の比は 250：(250－100)＝5：3だから，捨てる前後のビーカー内の食塩の量の比も5：3となる。

よって，食塩を $15\times\frac{3}{5}=9$(ｇ)ふくむ 12%の食塩水の量を求めればよく，$9\div\frac{12}{100}=$**75(ｇ)**

(3)　n段目の団子の数は，1からnまでの連続する整数の和に等しくなる。

よって，求める個数は，右の筆算の結果に等しく，

$1\times6+2\times5+3\times4+4\times3+5\times2+6\times1$

$=(1\times6+2\times5+3\times4)\times2=$**56(個)**

```
        1
        1＋2
        1＋2＋3
        1＋2＋3＋4
        1＋2＋3＋4＋5
＋      1＋2＋3＋4＋5＋6
```

(4)　右図のように記号をおく。

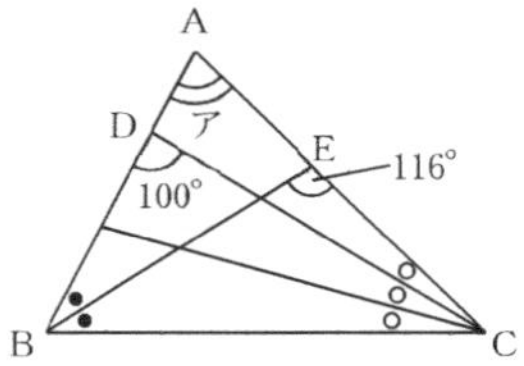

三角形DBCの内角の和より，●×２＋○×２＝180－100＝80(度)だから，

●×１＋○×１＝80÷２＝40(度)

三角形EBCの内角の和より，●×１＋○×３＝180－116＝64(度)だから，

(●×１＋○×３)－(●×１＋○×１)＝○×２＝64－40＝24(度)

したがって，○×１＝24÷２＝12(度)である。三角形の１つの外角は，これととなりあわない２つの内角の和に等しいから，角ア＝角BDC－角ACD＝100－12＝**88(度)**

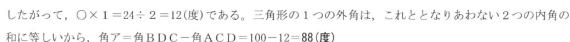

(5)　右のように作図できる。三角形ABCは正三角形を半分にした直角三角形だから，AC：BC＝１：２となるため，AC＝DCとわかる。

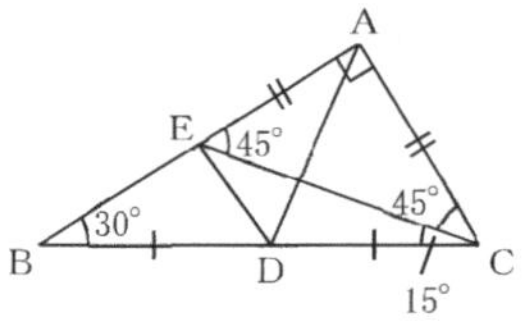

したがって，三角形ADCは正三角形である。

よって，①，②，③，⑤を選べばよい。

2 (1)　１人が１分に行う作業の量を１とすると，作業全体の量は１×４×30＝120である。夏美さん以外の３人が36分でした作業の量は１×３×36＝108だから，夏美さんは120－108＝12の作業をしたことになる。したがって，夏美さんは12÷１＝12(分)作業をしたから，求める時間は，36－12＝**24(分)**

(2)　４人をA，B，C，Dとし，それぞれのプレゼントをa，b，c，dとすると，プレゼントの配り方は右表の**９通り**ある。

A	b	b	b	c	c	c	d	d	d
B	a	c	d	a	d	d	a	c	c
C	d	d	a	d	a	b	b	a	b
D	c	a	c	b	b	a	c	b	a

(3)　夏美さんの出費額の合計は800＋750＝1550(円)であり，これが１人あたりの費用にあたるから，料理・飲み物の支払いの合計は1550×４＝6200(円)である。

よって，料理に使った金額は，6200－800＝**5400(円)**

3　この時計では，短針がある漢数字の位置から次の漢数字の位置に移動するまでに24÷10＝2.4(時間)かかる。また，長針は１周するのに24÷10＝2.4(時間)かかる。

(1)　短針が「十」から「三」に移動するまでに 2.4×３＝7.2(時間)かかる。さらに「三」と「四」の中間まで移動するのに2.4÷２＝1.2(時間)かかるから，求める時刻は，午前０時の7.2＋1.2＝8.4(時間後)である。

8.4時間＝８時間(60×0.4)分＝８時間24分だから，求める時刻は，**午前８時24分**

(2)　午前０時から午後９時までは12＋９＝21(時間)ある。21÷2.4＝８余り1.8より，短針は「十」から「八」まで進んだあと，「八」と「九」の間の$\frac{1.8}{2.4}=\frac{3}{4}$進む。長針は１周の$\frac{3}{4}$進む。よって，解答例のようになる。

4　正方形の面積をひし形の面積の公式から求めることと，直角二等辺三角形の面積は正方形の面積の半分であることは中学受験でよく使うので，覚えておこう。

5 (1)　三角形BCPの面積が初めて０㎠になる４秒後は，点PがCに着いたときであり，このとき点Qと初めてすれ違ったことになる。したがって，点Qは４秒で８㎝進むから，その速さは，毎秒$\frac{8}{4}$㎝＝**毎秒２㎝**

(2)　点Qが辺BC上にある４秒間は，三角形BCQの面積は０㎠である。

点QがDに着くと，三角形BCQの面積は８×４÷２＝16(㎠)になるから，点Qが辺CD上にある５÷２＝2.5(秒間)は，三角形BCQの面積は０㎠から16㎠まで一定の割合で増え続ける。

点Qが辺AD上にある2.5秒間は，三角形BCQの面積は16㎠である。

点Qが辺AB上にある４÷２＝２(秒間)は，三角形BCQの面積は16㎠から０㎠まで一定の割合で減り続ける。

(3)　２点P，Qが同じ時間に進む道のりの比は常に同じであり，初めてCですれ違うまでに移動する道のりから，それは(５＋５)：８＝５：４になるとわかる。

したがって，２点Ｐ，Ｑが初めてＣですれ違ってから２回目にすれ違うまでに，点ＱはＣから
$(5+5+8+4)\times\frac{4}{5+4}=\frac{88}{9}=9\frac{7}{9}$(cm)進む。ＣＤ＋ＡＤ＝５＋５＝10(cm)だから，点Ｑが点Ａの
$10-9\frac{7}{9}=\frac{2}{9}$(cm)手前まで進んだところが点Ｅである。よって，ＡＥ＝$\boldsymbol{\frac{2}{9}}$**cm**

(4) (3)の解説より，４秒後にＣですれ違ってからは，２点Ｐ，Ｑは$\frac{88}{9}\div2=\frac{44}{9}$(秒)ごとにすれ違うとわかる。したがって，初めてすれ違ったあとは，$(2016-4)\div\frac{44}{9}=\frac{4527}{11}=411\frac{6}{11}$より，411回すれ違うから，求める回数は，１＋411＝**412(回)**

6 (2) 立方体の重さは$2.4\times\frac{5\times5\times5}{1}=300$(ｇ)だから，円柱の重さは，300－146.4＝**153.6(ｇ)**

(3) 円周率をｐとすると，円柱の体積は２×２×ｐ×５＝20×ｐ(cm³)となる。したがって，円柱の重さは$2.4\times\frac{20\times p}{1}=48\times p$(ｇ)となり，これが153.6ｇと等しいから，ｐ＝153.6÷48＝**3.2**

7 (1) 各的から最も近いダーツがわかればよいので，コンパスの針を各的の中央の点にあてて周りのダーツとの距離(きょり)を計ると，最も近いダーツがわかる。

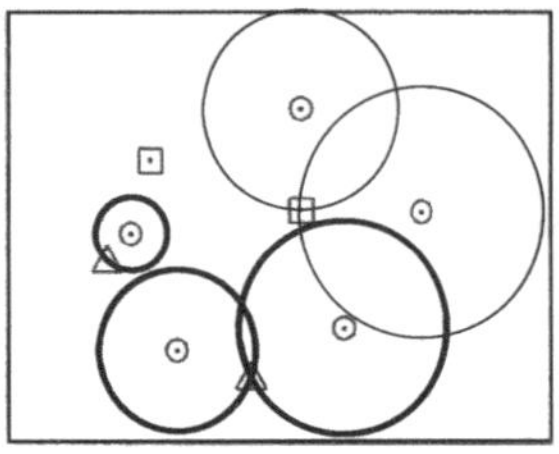

実際に最も近いダーツを通るように円をかくと右図のようになり，太線の円の中心にある的はＡ君の点数に，その他はＢ君の点数になる。

よて，Ａ君は**３点**，Ｂ君は**２点**である。

(2) 図３に(1)の解説と同じように円をかくと右図のようになり，この時点で，Ａ君は４点，Ｂ君は１点とわかる。したがって，Ｂ君は４本目のダーツで，今はＡ君の点数となっている的を２つ以上うばわなければならない。Ａ君の的をうばうためには，右図の太線の円の内部にダーツを当てればよい(ちょうど円周上であっても，あとから当てたＢ君のものとなる)。太線の円が３つ以上重なっているところはないから，２つ重なっているところの内部に当てればＢ君の勝ちとなる。

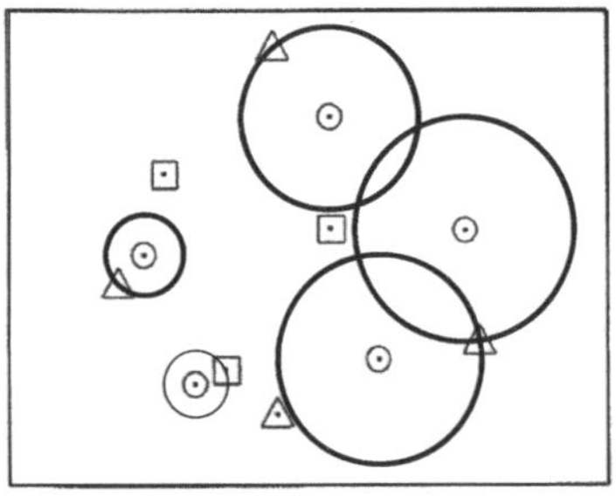

平成27年度 解答例・解説

《解答例》

1 (1)$\frac{7}{10}$　(2)$2\frac{1}{2}$

2 (1)322　(2)150　(3)78　(4)③，④　(5)60　(6)８

3 (1)40　(2)６，40

4 (1)右図　(2)31.4

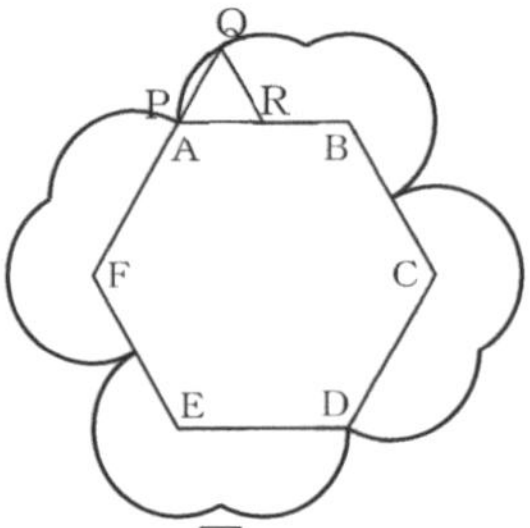

4(1)の図

5 (1)153000　(2)121500

6 右下図／六角形の１つの頂点をＰとし，点Ｐを通る対角線を引くと，
六角形は４つの三角形に分けられる。六角形の内角の和は，
これら４つの三角形の内角の和の合計に等しく，
180×４＝720(度)である。

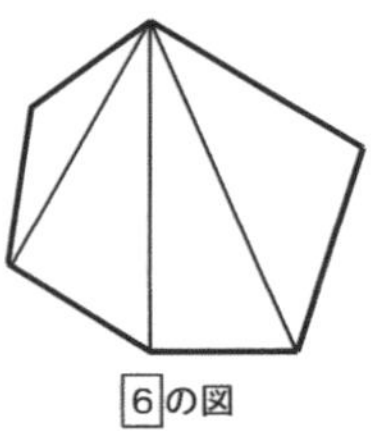

6の図

7 (1)３，５　(2)10.8

8 (1)６　(2)13　(3)209

《解　説》

1 (1)　与式 $=\frac{7}{2}\div\frac{7}{3}-\{1-(\frac{10}{15}-\frac{6}{15})\times\frac{3}{4}\}=\frac{7}{2}\times\frac{3}{7}-(1-\frac{4}{15}\times\frac{3}{4})=\frac{3}{2}-(1-\frac{1}{5})=\frac{3}{2}-\frac{4}{5}=\frac{15}{10}-\frac{8}{10}=\boldsymbol{\frac{7}{10}}$

(2)　与式より，$\frac{3}{5}+\frac{8}{3}\div\square=1\times\frac{5}{3}$　$\frac{8}{3}\div\square=\frac{5}{3}-\frac{3}{5}$　$\frac{8}{3}\div\square=\frac{16}{15}$　$\square=\frac{8}{3}\div\frac{16}{15}=\frac{8}{3}\times\frac{15}{16}=\frac{5}{2}=\boldsymbol{2\frac{1}{2}}$

2 (1)　ある本の全体の $1-\frac{4}{7}=\frac{3}{7}$ が，128＋10＝138(ページ)にあたるから，この本は $138\div\frac{3}{7}=$ **322(ページ)** ある。

(2)　はじめAには 500×0.12＝60(g)の食塩が含まれ，Bには 300×0.08＝24(g)の食塩が含まれる。

２つの食塩水に含まれる食塩がそれぞれ(60＋24)÷２＝42(g)になればよいから，AからBに移した食塩は 60－42＝18(g)になる。18gの食塩が含まれる 12%の食塩水の重さは，18÷0.12＝**150(g)** である。

(3)　この直方体のたて，横，高さに，同じ大きさの立方体を並べていくことから，立方体の１辺の長さは，直方体のたて，横，高さの公約数になる。最も大きい立方体の１辺の長さを求めるのだから，312，390，234 の最大公約数を求めればよい。右上の計算から，求める長さは **78 cm** である。

312＝	２×２×２	×３		×13
390＝	２	×３	×５	×13
234＝	２	×３×３		×13
	２	×３		×13＝78

(4)　右図の○と●，□と■は，組み立てたときに重なるはずの辺である。この長さが違うことから，①，②，⑤は展開図にならないとわかる。

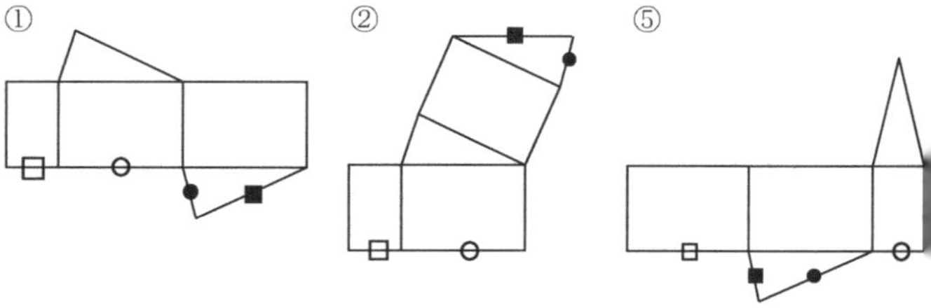

(5)　右図のように記号を追加する。

三角形ABDと三角形ACEは，AB＝AC，AD＝AEであり，角BADと角CAEは，角CADに正三角形の１つの内角 60 度を足したものだから，角BAD＝角CAE

２つの辺の長さとその間にある角がそれぞれ等しいから，三角形ABDと三角形ACEは合同な三角形である。したがって，角ADB＝角AEC＝18 度，また，対頂角は等しく角AGE＝角FGDだから，三角形FGDと三角形AGEにおいて，角ア＝角GAE＝**60 度**

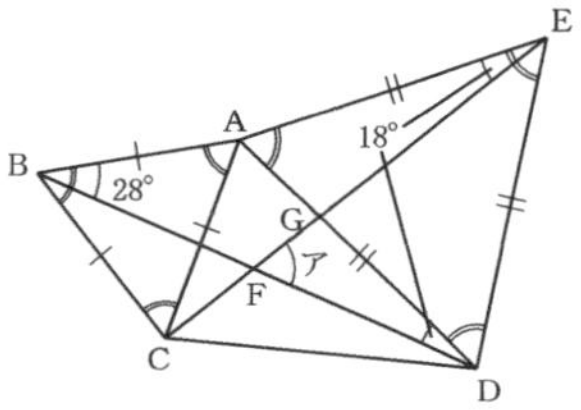

(6)　$\frac{5}{7}=0.714285714285\cdots$ となることから，$\frac{5}{7}$ の小数点以下は 714285 を１つの周期とした数がくり返される。2015÷６＝335 あまり５となることから，小数第 2015 位は，周期の５番目の **8** である。

3 (1)　35×３＋１＝106，106÷２＝53，53×３＋１＝160，160÷２＝80，80÷２＝**40**

(2)　奇数を１回操作すると，(３の倍数＋１)の数になる。

５＝３×１＋２より，５は(３の倍数＋１)の数ではないから，５になる１つ前の数は５×２＝10 である。

10＝３×３＋１より，10 は(３の倍数＋１)の数だから，

10 になる１つ前の数は 10×２＝20，または，(10－１)÷３＝３である。

20＝３×６＋２，３＝３×１より，20 も３も(３の倍数＋１)の数ではないから，

20 になる１つ前の数は 20×２＝40，３になる１つ前の数は３×２＝６である。

よって，考えられる数は **6，40** である。

4 (2)　点Pが動いたあとにできる線は右図の㋐と㋑の２種類の曲線にわけることができる。㋐は半径が 1.5 cmで中心角が 120 度のおうぎ形の曲線部分，㋑は半径が 1.5 cmの半円の曲線部分である。㋐と㋑はともに４つずつあるから，求める長さは，$(1.5\times2)\times3.14\times\frac{120}{360}\times4+(1.5\times2)\times3.14\div2\times4=$ $3.14\times4+3.14\times6=3.14\times(4+6)=3.14\times10=$ **31.4(cm)**

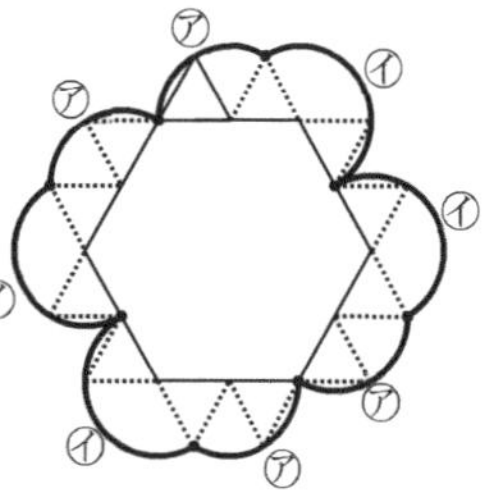

5 (1)　N旅館の１泊の料金は，大人が 10000 円，小学生が 10000×0.50＝5000(円)，幼児：食事・布団ありが 10000×0.40＝4000(円)，幼児：食事・布団なしが 10000×0.20＝2000(円)だから，
１泊あたり 10000×４＋5000＋4000＋2000＝51000(円)で，３泊で 51000×３＝**153000(円)**になる。

(2)　おばあちゃんが宿泊しなかったことで返金されなかった金額は，３日前の３泊分のキャンセル料金だから，
返金された金額は，10000×(１－0.20)×３＝24000(円)
おじいちゃんとけいた君が宿泊しなかったことで返金されなかった金額は，１日前の１泊分のキャンセル料金だから，返金された金額は，10000×(１－0.50)＋5000×(１－0.50)＝7500(円)
返金された金額の合計が 24000＋7500＝31500(円)だから，N旅館に支払ったのは，
153000－31500＝**121500(円)**

図１

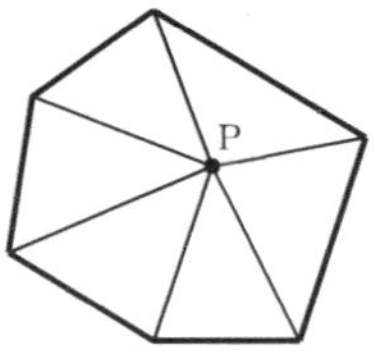

図２

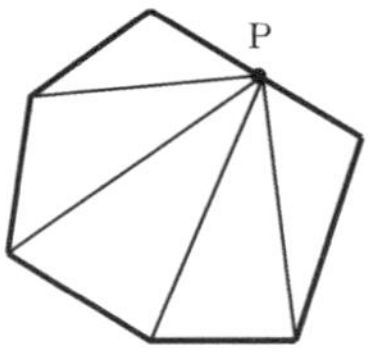

6　解答例以外にも，図１のように，点Pを六角形の内部におけば，三角形が６つでき，この６つの三角形の内角の和のうち，点Pのまわりの 360 度は六角形の内角の和に関係ないから，
180×６－360＝720(度)
また，図２のように，点Pを六角形の１つの辺上におけば，三角形が５つでき，この５つの三角形の内角の和のうち，点Pのまわりの 180 度は六角形の内角の和に関係ないから，180×５－180＝720(度)
などの解答が考えられる。

7 (1)　２時 40 分から４時 10 分までの１時間 30 分のうち，50 分間公園で遊んでいたから，
２時 40 分から４時 10 分までのうち，行きに駅から公園まで進むのにかかる時間と，帰りに公園から駅まで進むのにかかる時間の和は１時間 30 分－50 分＝40 分間である。
同じ道のりを進むときにかかる時間の比は，速さの逆比に等しいから，行きに駅から公園まで進むのにかかる時間と，帰りに公園から駅まで進むのにかかる時間の比は，$\frac{1}{3}:\frac{1}{5}=5:3$ である。
よって，駅から公園までを $40\times\frac{5}{5+3}=25$(分)で進んだから，公園には２時 40 分から 25 分後の**３時５分**に着いたとわかる。

(2)　同じ道のりを進むときにかかる時間の比が５：３であることを利用する。家から６kmの地点をP地点とすると，４時50分－４時10分＝40分より，帰りに駅からP地点までの道のりを進むのに40分かかることから，
行きにP地点から駅まで進むのにかかる時間は $40\times\frac{5}{3}=\frac{200}{3}$(分)になる。
つまり，１時に家を出発し，行きにP地点を通過したのは，２時 40 分の $\frac{200}{3}$ 分前の１時 $\frac{100}{3}$ 分とわかる。
$\frac{100}{3}$ 分は $\frac{100}{3}\div 60=\frac{5}{9}$(時間)，$6\div\frac{5}{9}=\frac{54}{5}=10.8$ より，行きの速さは**時速 10.8 km**である。

8 (1)　交点Ⓢを出発して１分後に交点Hに着く方法が２通りで，交点Hを出発して１分後に交点Ｉに着く方法が２通りあるから，交点Ⓢを出発して交点Hを通って２分後に交点Ｉに着く方法は，２×２＝４(通り)
交点Ⓢを出発して１分後に交点Aに着く方法が１通りで，交点Aを出発して１分後に交点Ｉに着く方法が２通りあるから，交点Ⓢを出発して交点Aを通って２分後に交点Ｉに着く方法は，１×２＝２(通り)
よって，全部で４＋２＝**６(通り)**の方法がある。

(2)　交点Ⓢを出発して２分後に交点Ｉに着く方法が６通りあり，交点Ｉを出発して１分後に交点Bに着く方法が２通りあるから，交点Ⓢを出発して交点Ｉを通って３分後に交点Bに着く方法は，６×２＝12(通り)
交点Ⓢを出発して交点Aを通って，交点Ｉを通らずに３分後に交点Bに着く方法が１通りあるから，
全部で 12＋１＝**13(通り)**の方法がある。

(3)　同じ地点に戻らないものと，同じ地点に戻るものがある。

同じ地点に戻らないものは，以下の145通りである。なお，ーの上の○番号は通ることができる道の数を表している。

$\boxed{S}\overset{\text{①}}{-}G\overset{\text{①}}{-}F\overset{\text{①}}{-}E$が，$1\times1\times1=1$(通り)。

$\boxed{S}\overset{\text{①}}{-}G\overset{\text{①}}{-}F\overset{\text{②}}{-}K\overset{\text{②}}{-}E$が，$1\times1\times2\times2=4$(通り)。

$\boxed{S}\overset{\text{①}}{-}G\overset{\text{②}}{-}H\overset{\text{②}}{-}K\overset{\text{②}}{-}E$が，$1\times2\times2\times2=8$(通り)。

$\boxed{S}\overset{\text{②}}{-}H\overset{\text{②}}{-}G\overset{\text{①}}{-}F\overset{\text{①}}{-}E$が，$2\times2\times1\times1=4$(通り)。

$\boxed{S}\overset{\text{②}}{-}H\overset{\text{②}}{-}G\overset{\text{①}}{-}F\overset{\text{②}}{-}K\overset{\text{②}}{-}E$が，$2\times2\times1\times2\times2=16$(通り)。

$\boxed{S}\overset{\text{②}}{-}H\overset{\text{②}}{-}I\overset{\text{②}}{-}J\overset{\text{②}}{-}K\overset{\text{②}}{-}E$が，$2\times2\times2\times2\times2=32$(通り)。

$\boxed{S}\overset{\text{②}}{-}H\overset{\text{②}}{-}I\overset{\text{②}}{-}J\overset{\text{②}}{-}D\overset{\text{①}}{-}E$が，$2\times2\times2\times2\times1=16$(通り)。

$\boxed{S}\overset{\text{②}}{-}H\overset{\text{②}}{-}K\overset{\text{②}}{-}F\overset{\text{①}}{-}E$が，$2\times2\times2\times1=8$(通り)。

$\boxed{S}\overset{\text{②}}{-}H\overset{\text{②}}{-}K\overset{\text{②}}{-}J\overset{\text{②}}{-}D\overset{\text{①}}{-}E$が，$2\times2\times2\times2\times1=16$(通り)。

$\boxed{S}\overset{\text{①}}{-}A\overset{\text{②}}{-}I\overset{\text{②}}{-}H\overset{\text{②}}{-}K\overset{\text{②}}{-}E$が，$1\times2\times2\times2\times2=16$(通り)。

$\boxed{S}\overset{\text{①}}{-}A\overset{\text{②}}{-}I\overset{\text{②}}{-}J\overset{\text{②}}{-}K\overset{\text{②}}{-}E$が，$1\times2\times2\times2\times2=16$(通り)。

$\boxed{S}\overset{\text{①}}{-}A\overset{\text{②}}{-}I\overset{\text{②}}{-}J\overset{\text{②}}{-}D\overset{\text{①}}{-}E$が，$1\times2\times2\times2\times1=8$(通り)。

同じ地点に戻るものは，以下の64通りである。なお，H－G－Hのように同じ地点に戻るときは，その間の行き方が2通りであることを，$H-\overset{(\text{②})}{G}-H$のように表してある。

$\boxed{S}\overset{\text{②}}{-}H-\overset{(\text{②})}{G}-H\overset{\text{②}}{-}K\overset{\text{②}}{-}E$が，$2\times2\times2\times2=16$(通り)。

$\boxed{S}\overset{\text{②}}{-}H\overset{\text{②}}{-}K-\overset{(\text{②})}{F}-K\overset{\text{②}}{-}E$が，$2\times2\times2\times2=16$(通り)。

$\boxed{S}\overset{\text{②}}{-}H\overset{\text{②}}{-}K-\overset{(\text{②})}{J}-K\overset{\text{②}}{-}E$が，$2\times2\times2\times2=16$(通り)。

$\boxed{S}\overset{\text{②}}{-}H-\overset{(\text{②})}{I}-H\overset{\text{②}}{-}K\overset{\text{②}}{-}E$が，$2\times2\times2\times2=16$(通り)。

よって，全部で145＋64＝**209(通り)**ある。

平成26年度 解答例・解説

《解答例》

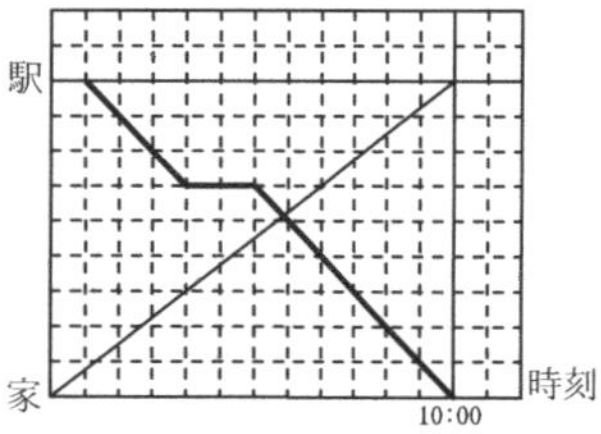

1 (1)$\frac{3}{2}$　(2)25　(3)34020　(4)40　(5)36

2 (1)⑧　(2)⑤

3 (1)8　(2)14

4 (1)3600　(2)右グラフ　(3)$\frac{3600}{7}$

5 (1)下図　(2)下図　(3)15　(4)15

6 (1)E　(2)右図

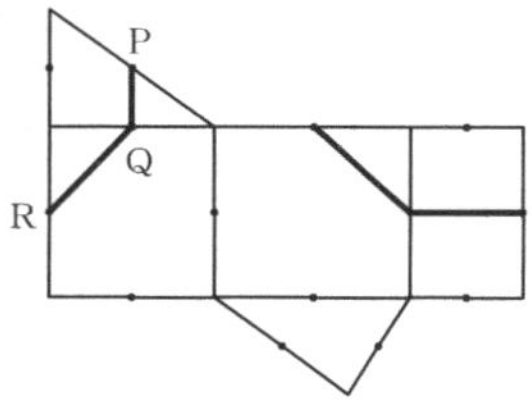

7 8の倍数と8の倍数の和は8の倍数になる。

また，1000÷8＝125より，1000は8で割り切れることから，

1000の倍数は8で割り切れる。

256408＝256000＋408で，256000は8で割り切れることから，

408が8で割り切れれば256408も8で割り切れることになる。

8 (1)下図　(2)下図　(3)$\frac{121}{49}$

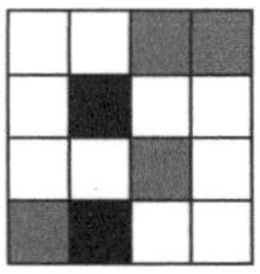

5(1)の図

5(2)の図

8(1)の図

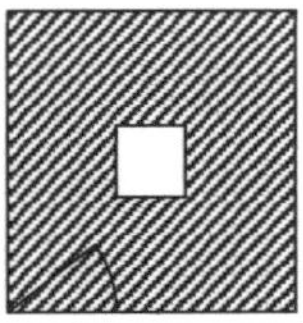

8(2)の図

《解　説》

1 (1)　ある数を□とすると，$(0.4\div□+\frac{1}{3})\times5=3$

$\frac{2}{5}\div□+\frac{1}{3}=3\div5$　$\frac{2}{5}\div□=\frac{3}{5}-\frac{1}{3}$　$\frac{2}{5}\div□=\frac{4}{15}$　$□=\frac{2}{5}\div\frac{4}{15}=\frac{2}{5}\times\frac{15}{4}=\mathbf{\frac{3}{2}}$

(2)　濃度が10%の砂糖水の100－10＝90(%)は水だから，水が180ｇ入った10%の砂糖水は180÷0.9＝200(ｇ)になる。角砂糖５個の重さが200－180＝20(ｇ)だから，角砂糖１個の重さは20÷５＝４(ｇ)とわかる。さらに角砂糖を10個加えると，砂糖が20＋４×10＝60(ｇ)入った200＋４×10＝240(ｇ)の砂糖水ができるから，その濃度は，$\frac{60}{240}\times100=$**25(%)**

(3)　このデジタルカメラの税抜き価格は33075÷(１＋0.05)＝31500(円)だから，消費税の税率が８%になると31500×(１＋0.08)＝**34020(円)**になる。

(4)　右図のように補助線を引くと，正六角形の辺の真ん中の点を結んでできる正三角形の中に合同な正三角形が９個できる。この小さな正三角形１個の面積は15÷９＝$\frac{5}{3}$(㎠)である。正六角形の中にこの小さな正三角形が４個入った正三角形を６個作ることができるから，正六角形の中には４×６＝24(個)の小さな正三角形がある。

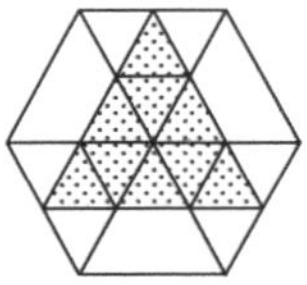

よって，求める面積は$\frac{5}{3}\times24=$**40(㎠)**である。

(5)　重なる辺や角が等しいことを図に記入すると右のようになり，三角形ＡＤＥはＡＤ＝ＡＥの二等辺三角形，角ＤＡＥの大きさは角アの大きさの２倍であることがわかる。

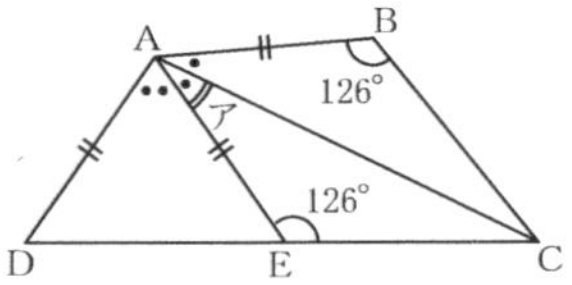

角ＡＥＤ＝180－126＝54(度)だから，角ＤＡＥ＝180－54×２＝72(度)より，

角ア＝72÷２＝**36(度)**

2 (1)　4000×500×50＝100000000(粒)より，**⑧**

(2)　１ミクロンは0.000001ｍだから，2.5ミクロンは0.000001×2.5＝0.0000025(ｍ)である。

名古屋から京都までの往復の距離は250×1000＝250000(ｍ)だから，並んでいるＰＭ2.5は

250000÷0.0000025＝100000000000(個)より，**⑤**

3 (1)　56の約数は１，２，４，７，８，14，28，56の８個だから，56番目の数字は**8**である。

(2)　問題文より１番目，４番目，９番目に奇数がある。

１＝１×１，４＝２×２，９＝３×３より，約数の個数が奇数になるのは，○を整数とすると(○×○)番目の数とわかる。

14×14＝196より，最初から200番目までに○×○で表せる数の○に当てはまる数は１～14までの14個あるから，奇数は**14個**ある。

4 (1)　家から駅までの5.4㎞＝5400ｍをコウジ君は１時間＝60分で移動するから，40分で$5400\times\frac{40}{60}=3600$(ｍ)移動する。よって，家からコンビニエンスストアまでは**3600ｍ**である。

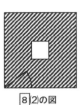

⑵　お兄さんは，途中でコンビニエンスストアによらなければ9時 50 分に家に到着するから，9時5分の駅と9時 50 分の家を結ぶ線のうち，駅とコンビニエンスストアまでの部分を引く。横軸の1マスが5分だから，コンビニエンスストアにいた 10 分＝2マス分を水平に引き，次に 10 時ちょうどの家と結ぶ。

⑶　コウジ君が 60 分で移動した道のりを，お兄さんは 45 分で移動したから，同じ時間にコウジ君とお兄さんが移動する道のりの比は$\frac{1}{60}:\frac{1}{45}=3:4$である。コウジ君とお兄さんが出会ってから，コウジ君が駅まで移動する時間とお兄さんが家まで移動する時間は同じだから，その間に移動する道のりの比が3：4とわかる。
比の$3+4=7$が 5400mにあたるから，家から出会う地点までは$5400\times\frac{4}{7}=\frac{21600}{7}$(m)である。よって，出会う地点はコンビニエンスストアから$3600-\frac{21600}{7}=$ **$\frac{3600}{7}$(m)** である。

5 ⑵　7つの正方形で対角線ACを軸に線対称な図形をかくから，対角線ACと重なる4つの正方形のうち，奇数個の正方形をぬり，残りは対角線ACと線対称な位置にある正方形をぬっていけばよい。

⑶　色がぬられた4つの正方形はPQを軸に線対称になっているから，4つの正方形を線対称になるようにぬればよい。
このとき，PQより左側の正方形を1つぬれば，線対称になるようにぬる右側の正方形が決まるから，4つの正方形をぬるには，PQより左側にある正方形2つのぬり方を考えればよい。
右図のようにPQより左側の正方形を①～⑥とすると，正方形2つのぬり方は，
(①②) (①③) (①④) (①⑤) (①⑥) (②③) (②④) (②⑤) (②⑥) (③④) (③⑤) (③⑥)
(④⑤) (④⑥) (⑤⑥)の 15 通りあるから，できる図形も **15 通り** ある。

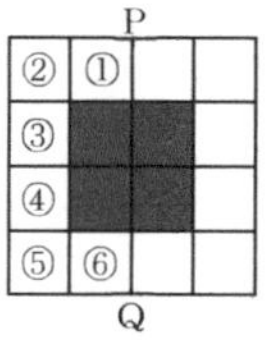

⑷　PQを軸に線対称で，さらに点Rを中心に点対称な正方形は，右図のように4種類に分けられる。つまり，右下図の㋐～㋓のぬり方を考えればよい。それぞれの正方形は，ぬるまたはぬらないの2通りあるから，㋐～㋓の正方形4個のぬり方は
$2\times2\times2\times2=16$(通り)ある。しかし，この中にはすべてをぬらない1通りが含まれているから，できる図形は，$16-1=$ **15(通り)**

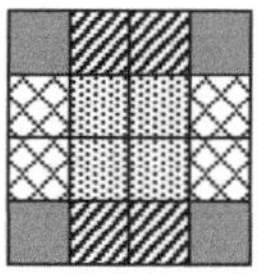

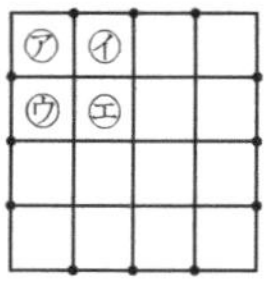

6 ⑵　展開図を組み立てると，右図のような三角柱になる。切り口の問題では，立体の同じ平面上にある2点を結んでいけばよい。右図で点Pと点Qは同じ三角形ABC上にあるから結ぶことができ，結ぶと辺ABと平行になる。同じように点Rと点Qも結ぶことができる。しかし，点Rと点Pは立体の同じ平面上にないから，結ぶことはできない。そこで辺ABとQPが平行であること，辺ABと点Rが同じ平面上にあることから，点Rを通る辺ABに平行な直線を引く。すると，右図のようになる。

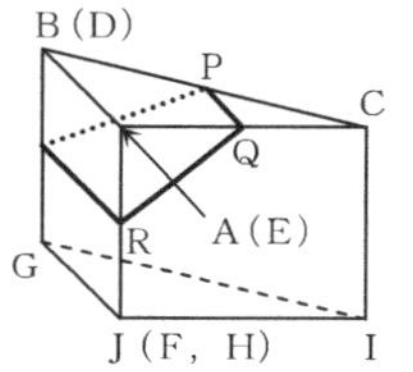

7　倍数の見分け方には，さまざまなものがある。
2の倍数(偶数)…一の位の数字が0，2，4，6，8　3の倍数…各位の数字の和が3で割り切れる
4の倍数…下2けたが 00 か4で割り切れる　5の倍数…一の位の数字が0，5
6の倍数…一の位が偶数で，各位の数字の和が3で割り切れる
8の倍数…下3けたが 000 か8で割り切れる　9の倍数…各位の数字の和が9で割り切れる

8 ⑴　点Oは，まず点Qを中心とした半径$\frac{5}{2}$cm，中心角 90 度のおうぎ形の曲線部分を動く。
その後，おうぎ形OPQの曲線PQが辺ABとふれている間は，曲線PQの長さだけ辺ABと平行に移動する。
次に，点Pが辺ABにふれると，点Pを中心とした半径$\frac{5}{2}$cm，中心角 90 度のおうぎ形の曲線部分を動き，頂点Bの位置に到達する。

続いて，おうぎ形ＯＰＱが点Ｏを中心として回転し，辺ＢＣとＯＱが重なってから(イ)までは，上記と同じような動きをする。

(3) おうぎ形ＯＰＱが通過しなかった部分は，おうぎ形ＯＰＱの曲線部分の長さを１辺とする正方形になる。
おうぎ形ＯＰＱの曲線部分の長さは$(\frac{5}{2}\times 2)\times\frac{22}{7}\times\frac{36}{360}=\frac{11}{7}$(cm)だから，求める面積は，$\frac{11}{7}\times\frac{11}{7}=\frac{121}{49}$(cm²)

平成25年度 解答例・解説

《解答例》

1 (1)$\frac{1}{2}$〔別解〕0.5　(2)$\frac{5}{6}$

2 (1)14　(2)日　(3)2.5　(4)68

3 (1)35　(2)22.5

4 (1)4　(2)8　(3)32〔別解〕48

5 (1)6　(2)右グラフ　※(3)$9\frac{7}{9}$

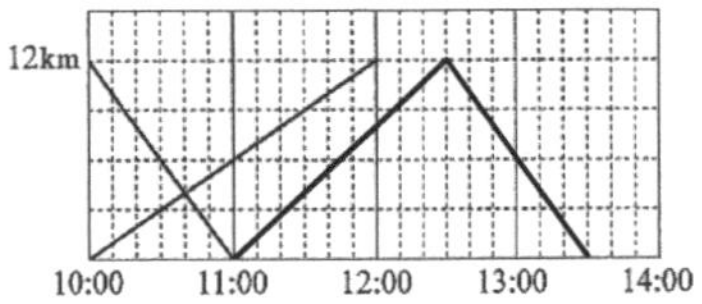

6 (1)ミルク…67　チョコ…33　(2)チョコ１個…7　チョコ２個…13
(3)ミルク…194　チョコ…96

7 １から100までの数を小さい順に並べた列と，大きい順に並べた列を考える。これらの上下に並んだ数をたすと，その和はどれも１＋100＝101になる。

1	2	3	4	5	…	96	97	98	99	100
100	99	98	97	96	…	5	4	3	2	1
101	101	101	101	101	…	101	101	101	101	101

このことから，２つの列の数を全部たすと，その和は(101×100)に等しいから，１つの列の数を全部たした和は，その半分に等しく，(101×100)÷２＝5050となる。以上のことから，１から100までの数を全部たした和は，(100＋１)×100÷２＝5050と求めることができる。

8 (1)右図　(2)108

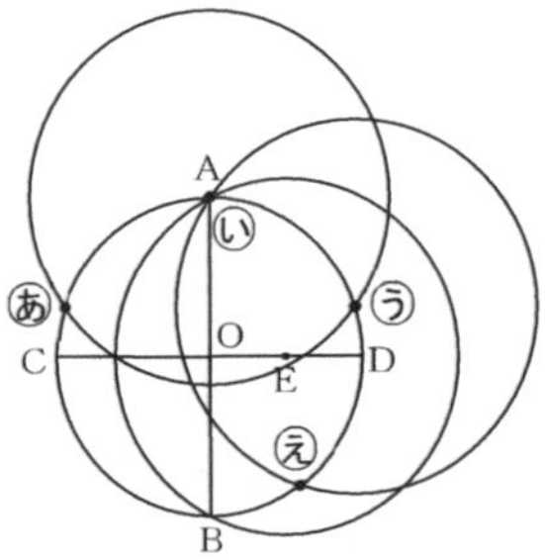

※5(3)の求め方は解説を参照してください。

《解　説》

1 (1) 与式$=\frac{3}{8}\times\frac{16}{5}-\frac{7}{6}\times\frac{3}{5}=\frac{6}{5}-\frac{7}{10}=\frac{12}{10}-\frac{7}{10}=\frac{5}{10}=\mathbf{\frac{1}{2}}$

(2) 与式より，$\frac{3}{5}\div\square=\frac{9}{5}\times\frac{7}{15}-\frac{3}{25}$　$\frac{3}{5}\div\square=\frac{21}{25}-\frac{3}{25}$　$\square=\frac{3}{5}\times\frac{25}{18}=\mathbf{\frac{5}{6}}$

2 (1) 最後にできた15%の食塩水の量は100＋20＋200＝320(ｇ)だから，含まれる食塩の量は，
$320\times\frac{15}{100}=48$(ｇ)
加えた200ｇの食塩水には，食塩が48－20＝28(ｇ)含まれていたのだから，この食塩水の濃度は，
$\frac{28}{200}\times 100=$**14(%)**

(2) 2013年から2019年までの６年間で，うるう年は2016年だけである。

このことから，2013年4月1日から数えると，2019年3月31日は365×6＋1＝2191(日目)である。

2191÷7＝313より，この2191日間はちょうど313週間だから，2019年3月31日は，月曜日の前の**日曜日**

⑶　右のように，台形ＡＢＣＤと２辺ＡＢ，ＢＣを共有する長方形ＡＢＣＦを考え，ＤＧ，ＥＨを引き，これらの交わる点をＩとする。

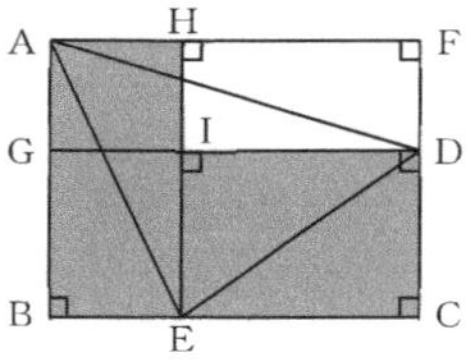

台形ＡＢＣＤの面積は(３＋５)×７÷２＝28(㎠)であり，三角形ＡＥＤの面積は15㎠だから，三角形ＡＢＥと三角形ＣＤＥの面積の和は，28－15＝13(㎠)

三角形ＡＢＥが長方形ＡＢＥＨの半分にあたり，三角形ＣＤＥが長方形ＣＤＩＥの半分にあたることから，右上図で色をつけた部分の面積は 13×２＝26(㎠)とわかる。長方形ＡＢＣＦの面積が５×７＝35(㎠)だから，長方形ＤＦＨＩの面積は，35－26＝９(㎠)　ＦＤの長さは５－３＝２(cm)だから，ＩＤ＝９÷２＝4.5(cm)

ＥＣ＝ＩＤ＝4.5cmより，求める長さは，ＢＥ＝ＢＣ－ＥＣ＝**2.5(cm)**

⑷　立方体の頂点の位置にある積み木の個数は，全部で８個である。また，立方体の辺は全部で４×３＝12(本)だから，１辺に並ぶ積み木のうち，頂点の位置以外にある積み木の個数は，全部で(７－２)×12＝60(個)である。

以上より，求める個数は，８＋60＝**68(個)**

3 ⑴　高さが等しい三角形の面積の比は，底辺の長さの比に等しいことを利用する。

面積が80㎠の正三角形に，右図のように補助線をひき，記号をおく。

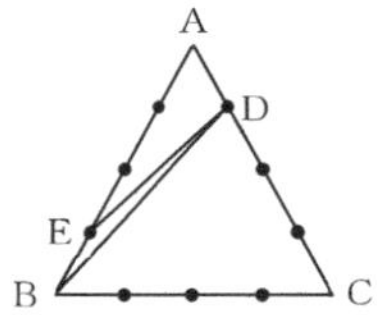

三角形ＡＢＣと三角形ＡＢＤにおいて，底辺をそれぞれＡＣ，ＡＤとしたときの高さが等しいから，これらの面積の比は底辺の長さの比に等しく，ＡＣ：ＡＤ＝４：１

つまり，三角形ＡＢＤの面積は，$80\times\frac{1}{4}=20$(㎠)

三角形ＡＢＤと三角形ＡＥＤにおいても同様に考えると，これらの面積の比は，ＡＢ：ＡＥ＝４：３に等しい。

よって，三角形ＡＥＤの面積は，$20\times\frac{3}{4}=15$(㎠)

斜線の部分の図形は，面積が80㎠の正三角形から，上記の三角形ＡＥＤと合同な三角形３つを除いた図形だから，求める面積は，80－15×３＝**35(㎠)**

⑵　拡大縮小の関係にある図形の対応する辺の長さの比と，面積の比を利用する。

面積が80㎠の正三角形に，右図のように記号をおくと，⑴より，三角形ＡＥＤの面積は15㎠である。

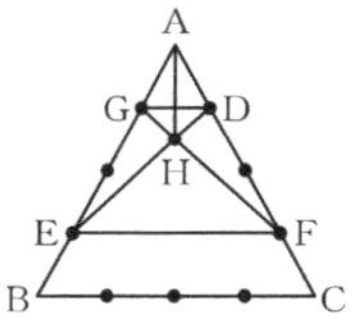

三角形ＡＢＣと三角形ＡＥＦは大きさの異なる正三角形であり，対応する辺の長さの比はＡＢ：ＡＥ＝４：３だから，面積の比は，(４×４)：(３×３)＝16：９

このことから，正三角形ＡＥＦの面積は，$80\times\frac{9}{16}=45$(㎠)

三角形ＡＥＦと三角形ＡＧＤも大きさの異なる正三角形だから，対応する辺の長さの比は等しく，

ＥＦ：ＧＤ＝ＡＥ：ＡＧ＝３：１

三角形ＨＥＦと三角形ＨＤＧは大きさの異なる同じ形の三角形だから，対応する辺の長さの比は等しく，

ＨＥ：ＨＤ＝ＥＦ：ＤＧ＝３：１

三角形ＡＥＤと三角形ＡＥＨにおいて，底辺をそれぞれＥＤ，ＥＨとしたときの高さが等しいから，面積の比は底辺の長さの比に等しく，ＥＤ：ＥＨ＝(３＋１)：３＝４：３　三角形ＡＥＨの面積は，$15\times\frac{3}{4}=\frac{45}{4}$(㎠)

斜線部分の図形(三角形ＨＥＦ)は，上記の正三角形ＡＥＦから，三角形ＡＥＨと合同な図形２つを除いた図形だから，求める面積は，$45-\frac{45}{4}\times2=$**22.5(㎠)**

4 ⑴　点ＰがＦに行くには，１秒前にＢ，Ｃ，Ｄ，Ｅのいずれかにいなければならないから，これらの点までの行き方を考える。

Aを出発した２－１＝１(秒後)にこれらの点にいればよいのだから，条件にあう行き方は，A→B→F，A→C→F，A→D→F，A→E→Fの**４通り**となる。

⑵　⑴と同様に，点PがFに着く直前にいる点までの行き方を考える。

例えば，３－１＝２(秒後)にBにいるには，A→C→B，A→E→Bのいずれかの行き方をすればよく，この１秒後にFに着くことができる。同様に，直前にC，D，Eにいる場合についても考えると，それぞれ２通りずつの行き方が考えられる。よって，条件にあう行き方は，全部で２×４＝**８(通り)**となる。

⑶　⑴・⑵と同様に，点PがFに着く直前にいる点までの行き方を考える。問題文には，とちゅうでFを通る場合を含めるか含めないかが記されていないため，２通りの解答が考えられる。

とちゅうでFを通る場合を含めない考え方では，例えば，４－１＝３(秒後)にBにいるには，次のように２種類の行き方が考えられる。

㋐各点を１回だけ通る行き方　A→D→C→B，A→D→E→Bの２通りが考えられる。

㋑２回通る点がある行き方　A→B→A→B，A→C→A→B，A→D→A→B，A→E→A→B，A→B→C→B，A→B→E→Bの６通りが考えられる。

以上の２＋６＝８(通り)のどの行き方をしても，その１秒後にはFに着くことができる。

同様に，直前にC，D，Eにいる場合についても考えると，それぞれ８通りずつの行き方が考えられる。

よって，条件にあう行き方は，全部で８×４＝**32(通り)**となる。

とちゅうでFを通る場合を含める考え方では，例えば，３秒後にBにいるのは，上記の㋐と㋑を合わせた８通りのほかに，A→B→F→B，A→C→F→B，A→D→F→B，A→E→F→Bの４通りがある。

以上の８＋４＝12(通り)のどの行き方をしても，その１秒後にはFに着くことができる。

同様に，直前にC，D，Eにいる場合についても考えると，それぞれ12通りずつの行き方が考えられる。

よって，条件にあう行き方は，全部で12×４＝**48(通り)**となる。

5 ⑴　グラフから，ユウト君はA地点からB地点へ向かうとき，12㎞を２時間かけて進んでいるとわかる。

12÷２＝６より，このときのユウト君の速さは，**時速６㎞**となる。

⑵　グラフから，ショウコさんはB地点からA地点へ向かうのに１時間かかることがわかる。ショウコさんの船の静水での速さと川の流れの速さがそれぞれ一定だから，２回目にB地点からA地点へ向かったときにかかった時間も１時間である。このことから，２回目にB地点を出発した時刻は，13時30分－１時間＝12時30分とわかる。このときのグラフは，12：30で12㎞の点と，13：30で０㎞の点を線で結べばよい。そして，A地点を出発してからB地点に戻るまでのグラフは，11：00で０㎞の点と，12：30で12㎞の点を線で結べばよい。

⑶　⑵でかいたグラフより，ショウコさんは川を12㎞下るのに１時間，上るのに１時間30分＝1.5時間かかっている。12÷１＝12より，ショウコさんが川を下る速さは時速12㎞。12÷1.5＝８より，ショウコさんが川を上る速さは時速８㎞。川を下る速さは静水での船の速さに川の流れの速さをたした速さであり，川を上る速さは静水での船の速さに川の流れの速さを引いた速さであることから，(12－８)÷２＝２より，この川の流れの速さは時速２㎞とわかる。また，⑴より，ユウト君は川を上る速さが時速６㎞だから，６＋２＝８より，ユウト君の船の静水での船の速さは時速８㎞であり，８＋２＝10より，ユウト君が川を下る速さは時速10㎞である。

ユウト君が12時にB地点を出発するとき，ショウコさんはA地点を11時に出発してから８×(12－11)＝８(㎞)進んでいる。つまり，このとき２人は12－８＝４(㎞)はなれており，このあと２人の間の距離は１時間あたり10＋８＝18(㎞)ずつ短くなるから，２人が出会うのは12時の４÷18＝$\frac{2}{9}$(時間後)となる。この時間でショウコさんは８×$\frac{2}{9}$＝$1\frac{7}{9}$(㎞)進むから，２人が出会った位置は，A地点から

$8+1\frac{7}{9}=\mathbf{9\frac{7}{9}}$**(km)**の地点となる。

6 (1)　箱に詰めたクッキーは全部で5×20＝100(個)である。この機械はミルク味2個，チョコレート味1個の合計3個を1回の周期で作ると考えられるから，100÷3＝33余り1より，100個目のクッキーは，34回目の周期の最初のミルク味のクッキーである。このことから，箱に詰められたクッキーは，ミルク味が
2×33＋1＝**67(個)**，チョコレート味が100－67＝**33(個)**となる。

(2)　ミルク味を○，チョコレート味を●，箱を ︶ で表すと，箱に入るクッキーは下図のように表せる。

○○●○○，●○○●○，○●○○●，○○●○○，…

この図から，3箱ごとに中身が同じ箱ができるとわかる。このことから，3箱を1つのセットと考えると，1つのセットの中に，チョコレート味のクッキーが2個入っている箱は2箱ある。20÷3＝6余り2より，(1)で詰めた20箱は，この3箱のセット6つと，チョコレート味のクッキーが1個入った1箱と2個入った1箱に分けられる。以上より，チョコレート味のクッキーが1個入った箱の個数は1×6＋1＝**7(箱)**，2個入った箱は
20－7＝**13(箱)**となる。

(3)　(2)と同様に，3箱のセットを考える。チョコレート味のクッキーが1個入った箱は，このセットの中の最初の1箱だけだから，20箱目ができるまでに，20－1＝19(セット)できる。1つのセットの中に，チョコレート味のクッキーは1＋2＋2＝5(個)，ミルク味のクッキーは5×3－5＝10(個)入っているから，箱に入っている全部の個数は，チョコレート味のクッキーが5×19＋1＝**96(個)**，ミルク味のクッキーが
10×19＋(5－1)＝**194(個)**となる。

8 (2)　Ⓐを中心としてAFを半径とする円をかき，はじめの円との交点のうち，Ⓘでない方をⓄとする。このⓄは，Ⓔを中心としてAFを半径とする円をかいたとき，その円とはじめの円との交点にあたる。このことから，ⒶⒾ，ⒾⓊ，ⓊⒺ，ⒺⓄ，ⓄⒶを結んだ線は，すべて長さがAFの長さに等しくなる。つまり，このときにできる図形は正五角形だから，求める角の大きさは正五角形の1つの内角の大きさに等しい。
五角形の内角の和は180×(5－2)＝540(度)より，求める角の大きさは，540÷5＝**108(度)**

理　科

平成31年度　解答例・解説

《解答例》

1　(1)ウ　(2)ウ　(3)オ　(4)イ，エ，オ　(5)エ

2　(1)イ→コ→ケ→ア→オ　(2)ア，ケ　(3)オ　(4)カ，キ　(5)A

3　(1)ウ　(2)オ　(3)エ　(4)エ　(5)ア

4　(1)10　(2)34　(3)イ　(4)17　(5)51

5　(1)ウ　(2)オ　(3)イ，エ　(4)ウ　(5)ア

6　(1)ア，エ　(2)ア　(3)①イ　②ア　(4)7.5　(5)ウ　(6)イ

7　(1)①塩害　②ソメイヨシノ　(2)①月食　②イ　(3)(スティーヴン・)ホーキング　(4)①ア　②イ
(5)①スーパーアース　②ウ，エ　③イ

8　(1)A．10　B．12　C．8　(2)30　(3)ウ　(4)34　(5)①65　②61.5

《解　説》

1　(1)　キリンの角は５本あるが，正面から見えるのは３本で，残りの２本は後頭部にある。

(2)　キリンはホ乳類だからたい生であり，ダチョウは鳥類だから卵生である。

(3)　コウモリはホ乳類だから，オが正答である。なお，アは魚類，イ両生類，ウはハ虫類，エは鳥類である。

(4)　アとウは両生類，イ，エ，オはハ虫類である。

(5)　エ．ハ虫類はふつう，陸上に殻(から)のある卵をうむ。

2　(1)　この食べ物の道すじを消化管という。

(2)　栄養分の吸収が行われるのは主に小腸である。胃と小腸をつなぐ，小腸の最初の部分をとくに十二指腸という。

(3)　大腸には大腸菌(きん)，乳酸菌，ビフィズス菌など多数の菌がいて，生物の健康状態に大きな影響(えいきょう)をあたえている。

(4)　かん臓ではたん汁(じゅう)，すい臓ではすい液がつくられる。かん臓とすい臓は食べ物の通り道ではない。

(5)　フナ，コイ，金魚，メダカ，サンマなどの胃のない魚をとくに無胃魚という。

3　(1)(2)　胃液には塩酸と主にタンパク質を分解するペプシンが入っている。筋肉(タンパク質)でできている胃が胃液によって消化されないのは，胃の内側の粘膜(ねんまく)が胃液に消化されない粘液でおおわれているためである。

(4)　残った白い粉はアルミニウムではなく，アルミニウムが塩酸と反応してできた塩化アルミニウムである。

(5)　酸性の塩酸とアルカリ性の水酸化ナトリウム水溶液(すいようえき)を混ぜると，たがいの性質を打ち消し合う中和という反応が起こる。この２つの水溶液が過不足なく反応すると，中性の食塩水になる。

4　(1)　〔水溶液の濃(こ)さ(%)＝$\frac{\text{溶(と)けているものの重さ(g)}}{\text{水溶液の重さ(g)}}$×100〕で求める。水溶液の重さが６＋54＝60(g)になることに注意して，$\frac{6}{60}$×100＝10(%)が正答である。

(2)　20%の食塩水 200ｇには 200×0.2＝40(ｇ)の食塩が溶けているので，加える食塩は 40－６＝34(ｇ)である。なお，このとき水は200－40＝160(ｇ)になるので，加える水は160－54＝106(ｇ)である。

(3)　水だけを 150 g 加えたので，200＋150＝350(g)の食塩水に 40 g の食塩が溶けている。したがって，$\frac{40}{350}\times100=11.4\cdots(\%)$ より，イが正答である。

(4)　30％の食塩水 150 g には $150\times0.3=45$(g)の食塩が溶けているので，(3)の食塩水に加えると，食塩水の重さは 350＋150＝500(g)，溶けている食塩は 40＋45＝85(g)になる。したがって，$\frac{85}{500}\times100=17(\%)$ が正答である。

(5)　蒸発皿にうつしかえても食塩水の濃さは17％で変化しないから，うつしかえた食塩水 300 g に溶けている食塩は $300\times0.17=51$(g)である。

5　(1)　「食べられる生物→食べる生物」という関係が成り立っているものを選べばよい。

(2)　食物連さの出発点になる生物は，水と二酸化炭素からでんぷんと酸素をつくりだす光合成を行う生物である。

(3)(4)　外国から来た生物を外来種(外来生物)といい，天敵がいないなどの理由によって勢力を拡大させると，もともとその地域にいた生物を絶滅(ぜつめつ)に追いこむことがある。外来種をむやみににがしてはいけない。

(5)　コイはもともと日本にいたとされている生物だが，むやみに放流したことにより，その場所の生物環境をこわしている。このように，外来種でなくても，別の場所から持ちこんだ生物をにがすようなことはしてはいけない。なお，コイは，海外でも危険な外来種とされている。

6　(1)　方位磁石の針の黒い部分が北を向くようにするには，黒い部分がN極になるようにすればよい。棒磁石の一方の極で一定の向きにこすると，こすり終わった先の部分が，こするのに使った極と反対の極になるので，S極を①の向きにこする(ア)か，N極を②の向きにこする(エ)のどちらかの方法で直すことができる。

(2)　方位磁石のN極が北を向くのは，北極付近のS極に引きつけられているからである。

(3)①　炭酸水には気体の二酸化炭素が溶けている。　②　サンゴの化石などのように，その土地が当時どのような場所であったかを知る手がかりになる化石を示相化石という。

(4)　A地点のぎょう灰岩の層の上面はX岩の層の上面から下に 25－15＝10(m)の位置にある。C地点でもぎょう灰岩の層の上面はX岩の層の上面(27.5m)から下に 10mの位置にあるはずなので，27.5＋10＝37.5(m)の深さにあると考えられる。したがって，あと 37.5－30＝7.5(m)ほるとぎょう灰岩が出てくる。

(5)　岩石をつくる粒(つぶ)の大きさは，大きい順に，れき岩＞砂岩＞でい岩である。

(6)　A地点から25m右にあるC地点では，X岩の層の上面がA地点より 27.5－15＝12.5(m)低くなっているから，A地点から10m右にあるB地点では，X岩の層の上面がA地点より $12.5\times\frac{10}{25}=5$ (m)低くなっているはずである。したがって，X岩の層の上面がA地点より 5 m低い 20mにあるイが正答である。

7　(1)①　海水には塩分が含(ふく)まれている。この塩分によって金属がさびたり，植物が枯れたりという被害が出ることがある。これを塩害という。　②　ソメイヨシノは接ぎ木や挿(さ)し木によって日本全国に植樹されたものであり，自然に繁殖(はんしょく)はしないとされている。

(2)　月食は，太陽－地球－月の順に一直線に並び，月が地球の影(かげ)に入ることで，月の一部または全部が欠けて見える現象である。なお，月食が起こる日の月は満月である。

(5)①②　太陽や北極星のように，自ら光っている天体を恒星(こうせい)といい，恒星のまわりを回っている一定の条件を満たした天体を惑星(わくせい)という。木星や金星は，地球と同じ太陽系の惑星である。さらに，月のように，惑星のまわりを回っている天体を衛星という。太陽にもっとも近い恒星をプロキシマケンタウリといい，この恒星のまわりを回っている惑星が発見された。太陽系外惑星のうち，ある一定の条件を満たした惑星をスーパーアースとよんでいて，ここで発見された惑星の固有名詞ではない。　③　黒点は周囲に比べて温度が低いため，黒く(暗く)見えている。

8　(1)　表より，おもりの重さが 10 g 増えるごとに，ばねAは 4 cm，ばねBは 2 cm，ばねCは 2.5 cm伸(の)びることがわかる。したがって，おもりをつるしていないときの長さは，ばねAが 14－4＝10(cm)，ばねBが 14－2＝12(cm)，ばねCが 10.5－2.5＝8(cm)である。

(2)(3) 図1のように，ばねを縦(たて)につなげると，それぞれのばねにおもりの重さがかかる。ばねAは10gで4cm伸びるから，10gの5倍の50gでは，4cmの5倍の20cm伸び，同様に，ばねBでは2cmの5倍の10cm伸びる。したがって，2本のばねの伸びの長さの合計は 20＋10＝30(cm)である。ここからばねAとばねBの位置を入れかえても2つのばねにかかる重さは変わらないので，2つのばねの伸びの長さの合計も変わらない。

(4) おもりの重さは，おもりをつるした位置から棒の両はしまでの距離(きょり)の逆比に分かれてばねAと糸にかかる。ばねAからおもりと，糸からおもりまでの距離の比は 40：60＝2：3だから，ばねAと糸にかかる重さの比は3：2であり，ばねAには $100\times\frac{3}{3+2}$＝60(g)の重さがかかるので，ばねAは4(cm)$\times\frac{60(g)}{10(g)}$＝24(cm)伸びて，10＋24＝34(cm)になる。

(5)① ばねA，Bともに20cmになったから，ばねAは 20－10＝10(cm)，ばねBは 20－12＝8(cm)伸びている。したがって，ばねAには10(g)$\times\frac{10(cm)}{4(cm)}$＝25(g)，ばねBには10(g)$\times\frac{8(cm)}{2(cm)}$＝40(g)の重さがかかっているから，おもりの重さは25＋40＝65(g)である。　② おもりの重さがばねAとばねBに25：40＝5：8に分かれてかかっているから，ばねAからおもりと，ばねBからおもりまでの距離の比は8：5である。したがって，おもりは左はしから $100\times\frac{8}{8+5}$＝61.53…→61.5cmのところにつるしている。

平成30年度 解答例・解説

《解答例》

1　(1)エ　(2)150　(3)200　(4)ア，イ，エ　(5)イ，エ　(6)イ　(7)エ　(8)イ　(9)ウ　(10)ア　(11)水　(12)イ

2　[名前／記号]　(1)[かん臓／ウ]　(2)[じん臓／なし]　(3)[心臓／イ]

3　(1)カ　(2)エ　(3)二酸化マンガン　(4)エ　(5)イ

4　(1)エ　(2)A　(3)ウ　(4)D　(5)C

5　(1)7　(2)20，9　(3)210　(4)25　(5)252　(6)イ，ウ，オ

6　(1)50　(2)100　(3)350　(4)イ　(5)3　(6)480　(7)180　(8)20　(9)340

《解　説》

1　(2)　のう度を $2\div3.5=\frac{2}{3.5}$(倍)にするには，水を加えたあとの重さが $\frac{3.5}{2}$ 倍になるようにすればよい。したがって，塩分のう度が2％になったときの重さは $200\times\frac{3.5}{2}=350$(g)なので，加える水は $350-200=150$(g)である。

(3)　池全体のフナの数に対する目印をつけたフナの数の割合が，再びつかまえたフナの数に対する目印がついていたフナの数の割合と等しいと考える。したがって，池全体のフナの数を□匹とすると，30：□＝6：40 が成り立ち，□ $=40\times\frac{30}{6}=200$(匹)が正答となる。

(4)　アルミニウムは塩酸にも水酸化ナトリウム水よう液にもとけるが，鉄は塩酸にはとけ水酸化ナトリウム水よう液にはとけない。なお，ここで発生するあわはすべて水素である。

(5)　イには二酸化炭素，エにはアンモニアがとけている。二酸化炭素やアンモニアは気体なので，水をすべて蒸発させた後には何も残らない。なお，アには食塩，ウには砂糖，オには水酸化カルシウムがとけている。

(6)　青色のリトマス試験紙を赤色に変化させるのは酸性の水よう液である。アとウは中性，イは酸性，エとオはアルカリ性である。なお，アルカリ性の水よう液は赤色にリトマス試験紙を青色に変化させる。

(8)　ウナギやフナなどの魚類はえらを使って呼吸をする。なお，イルカはほ乳類で，肺を使って呼吸をする。

(9)　マメのなかまは子葉が2枚の双子葉類(そうしよう)である。双子葉類の茎(くき)の断面では水や養分を運ぶ管が輪のように並び，葉脈は網目(あみめ)状になっている。

(10)　イネのなかまは子葉が1枚の単子葉類である。

2　アは肺，イは心臓，ウはかん臓，エは胃，オは大腸，カは小腸，キは直腸である。(1)はかん臓(ウ)，(2)はじん臓，(3)は心臓(イ)について説明したものである。

3　(1)　ろうそくが燃えるには酸素が必要である。したがって，酸素が入っていないびんBとびんCではろうそくの火がすぐに消える。

(2)　石灰水に二酸化炭素を通すと白くにごる。びんAではろうそくが燃えるとき，酸素が使われて二酸化炭素ができる。また，びんBの中の二酸化炭素はそのまま残っている。

(4)　空気中にふくまれる気体の割合は，ちっ素が約78%，酸素が約21%，アルゴンが約１%であり，その他にも二酸化炭素などがふくまれている。

(5)　季節によって二酸化炭素の体積の割合が変化するのは，植物のはたらきによるものである。植物は酸素を吸収して二酸化炭素を放出する呼吸の他に，二酸化炭素を吸収して酸素を放出する光合成を行っている。光合成は，植物の葉などの緑色の部分に光が当たることで，二酸化炭素と水を材料にして酸素と養分をつくりだすはたらきである。北半球は南半球より陸地が多いので，夏に光合成が最もさかんに行われて，二酸化炭素の割合が最も低くなる。

4　(1)　Ｂの地球に着目すると，いて座は太陽と反対方向にあるので真夜中の南の空に観測できる。したがって，Ｂの地球は夏至の地球であり，地軸のかたむきから上が北半球だとわかる。北極上空から見たとき，自転の向きと公転の向きはどちらも反時計回りになるので，自転の向きはｂ，公転の向きはｄである。

(2)　(1)解説より，Ｂの地球が夏至なので，Ｃが秋分，Ｄが冬至，Ａが春分である。

(3)　南の空に見える星の動きは，東の地平線からのぼった後，約６時間後に南の空で最も高くなり，その約６時間後に西の地平線にしずんでいく。Ａの地球では，おとめ座は太陽と反対方向にあるので真夜中の南の空に観測できる。したがって，東の地平線からのぼってくるのは真夜中の約６時間前の夕方である。

(4)　図１を北極上空から見ると右図のようになる。Ａ～Ｄの地球において，自転の向きから明け方の地平線を考える。明け方の太陽は東にあるので，太陽の反対方向が西になる。したがって，右図の矢印(→)の先にふたご座があるものを選べばよいので，Ｄが正答となる。

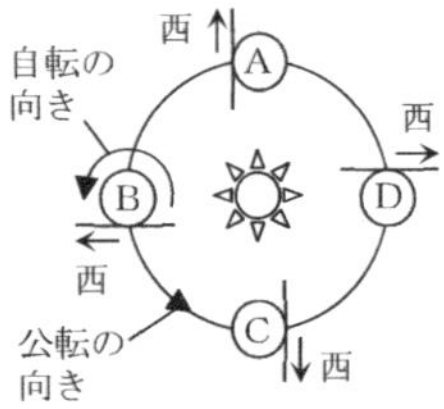

(5)　星の位置は，地球の自転によって１時間で15度西に移動し，地球の公転によって１ヶ月で30度西に移動する。1月10日の22時ごろにＣの位置に見えたオリオン座は，その２時間前の1月10日の20時ごろには15×２＝30(度)東のＢの位置に見える。さらに，1月10日の20時ごろから１ヶ月後の2月10日20時ごろには30度西のＣの位置に見える。

5　(1)　表の２地点における，初期微動が始まった時刻の差と震源からの距離の差を利用して速さを求めればよい。例えば，Ａ地点とＢ地点では，初期微動が始まった時刻の差が７秒で，震源からの距離の差が49㎞なので，49÷７＝(毎秒)７(㎞)が正答となる。

(2)　毎秒７㎞のＰ波が，震源からの距離が56㎞のＡ地点に到着するのにかかった時間が56÷７＝８(秒)なので，Ａ地点で初期微動が始まった８秒前の８時20分９秒が地震発生時刻である。

(3)　(1)と同様に，Ａ地点とＢ地点の差を利用してＳ波の速さを求めると，49÷14＝(毎秒)3.5(㎞)となる。地震発生からＤ地点で主要動が始まるまでの時間は１分→60秒なので，3.5×60＝210(㎞)が正答となる。

(4)　初期微動が始まってから主要動が始まるまでの時間を初期微動継続時間といい，初期微動継続時間は震源からの距離に比例する。震源からの距離が56㎞のＡ地点での初期微動継続時間が８秒なので，震源からの距離が175㎞のＥ地点では$8\times\frac{175}{56}$＝25(秒)である。

(5)　(4)同様，Ａ地点と比べると，$56\times\frac{36}{8}$＝252(㎞)が正答となる。

(6)　イ．震度は０，１，２，３，４，５弱，５強，６弱，６強，７の10段階で表す。ウ．ある地点での地面のゆれの程度を震度という。マグニチュードは地震の規模を表す。オ．緊急地震速報は，Ｐ波とＳ波の伝わる速さの差を利用して，Ｓ波の到着時刻や震度を予想して知らせる情報である。

6　(1)(2)　物体Ａの体積は50㎤なので，図２の状態では50㎤の水を押しのけたことになる。したがって，物体Ａにはたらく浮力は50㎤の水の重さと同じ50ｇであり，ばねばかりの目盛りは150－50＝100(ｇ)になる。

(3)　物体Ａにはたらく浮力の分だけ台ばかりの目盛りは大きくなるから，300＋50＝350(ｇ)が正答となる。

(4)　木片が浮いているのは，木片にはたらく重力と浮力の大きさが等しいためである。

(5)　10ｇのおもりをつるしたことにより，動滑車の左右の糸にはそれぞれ 10ｇの上向きの力がはたらき，木片には合計 20ｇの上向きの力がはたらく。このとき木片は１cm持ち上がった。おもりを 20ｇのものにとりかえると，木片には 40ｇの上向きの力がはたらくので，さらに１cm持ち上がって，木片の水面上の高さは３cmになる。

(6)　(5)解説より，図５のときより 40－20＝20（ｇ）小さくなって，500－20＝480（ｇ）になる。

(7)　木片を図５の状態からさらに８cm（図４の状態から９cm）持ち上げると，木片はすべて水中から出る。このときの木片を持ち上げる力が木片の重さである。木片は 20ｇで１cm持ち上がるので，９cm持ち上げるには 20×９＝180（ｇ）の力が必要である。

(8)　木片の重さが 180ｇなので，図４の状態で水中にある部分の体積が 180 cm^3であり，水中にある部分の高さは９cmなので，底面積は 180÷９＝20（cm^2）である。

(9)　木片がすべて水中から出たときの台ばかりの目盛りは図４より 180ｇ（図５より 160ｇ）小さくなるので，500－160＝340（ｇ）が正答となる。

平成29年度　解答例・解説

《解答例》

1　(1)B，C，E　(2)D　(3)6.9　(4)360　(5)ア，イ，エ，オ，カ　(6)16.7　(7)40

2　(1)E　(2)カ　(3)ウ　(4)B　(5)右図　(6)ア．西　イ．東　ウ．２
(7)ガリレオ・ガリレイ

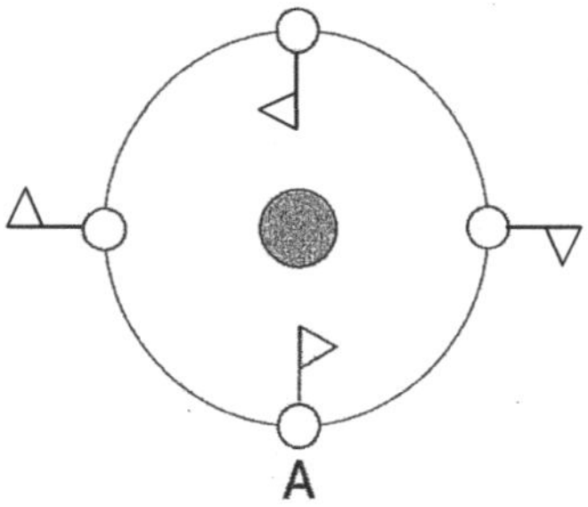

3　(1)①A　②B　③B　④C　(2)イ　(3)森林　(4)イ
(5)③→⑤→①→④→②　(6)南西

4　(1)石灰水　(2)肺ほう　(3)光合成　(4)水／光　(5)ウ，キ，ク
(6)①ミドリムシ　②アオミドロ　(7)オートファジー

5　(1)10　(2)120　(3)90　(4)140

6　(1)9.5　(2)605　(3)12.8　(4)９　(5)40　(6)0.8　(7)245　(8)ウ

《解　説》

1　(1)　加えたホウ酸はAでは 300－280＝20（ｇ），Bでは 214－210＝４（ｇ），Cでは 232－230＝２（ｇ），Dでは 200－180＝20（ｇ），Eでは 240－230＝10（ｇ）である。また，溶かしている水はAでは 280－130＝150（ｇ），Bでは 210－130＝80（ｇ），Cでは 230－130＝100（ｇ），Dでは 180－130＝50（ｇ），Eでは 230－130＝100（ｇ）である。Aでは，10℃の水 150ｇに $4\times\frac{150}{100}=6$（ｇ），Bでは 20℃の水 80ｇに $5\times\frac{80}{100}=4$（ｇ），Cでは 20℃の水 100ｇに５ｇ，Dでは 40℃の水 50ｇに $8\times\frac{50}{100}=4$（ｇ），Eでは 60℃の水 100ｇに 15ｇのホウ酸が溶けるので，加えたホウ酸が溶け残っていないのはB，C，Eである。

(2)　ホウ酸が溶けきれずに残っているのはAとDである。Aでは 20－６＝14（ｇ），Dでは 20－４＝16（ｇ）のホウ酸が溶け残っているので，溶けきれずに残っているホウ酸の量が最も多いのはDである。

(3)　Cでは，100ｇの水に２ｇのホウ酸が溶けて，100＋２＝102（ｇ）のよう液になっている。したがって，同じ濃さでよう液の重さを 350ｇにするには，$2\times\frac{350}{102}=6.86\cdots\rightarrow6.9$ ｇのホウ酸を用意すればよい。

(4)　AとDを混ぜ合わせると，水は150＋50＝200(g)，ホウ酸は20＋20＝40(g)になる。表1より，60℃の水100gにホウ酸は15gまで溶けるので水200gには$15\times\frac{200}{100}=30$(g)まで溶ける。したがって，ろ液に溶けているホウ酸は30gであり，ビーカーG全体の重さは130＋200＋30＝360(g)となる。

(6)　加熱後のBの水の重さは80－60＝20(g)である。100℃の水20gにホウ酸4gがすべて溶けていると考える。〔よう液の濃さ(%)＝$\frac{\text{溶けているものの重さ(g)}}{\text{よう液の重さ(g)}}\times100$〕より，$\frac{4}{20+4}\times100=16.66\cdots\rightarrow16.7$%となる。

(7)　Dでは，水50gにホウ酸が4g溶けており，40℃で溶けるだけ溶かしたよう液になっている。したがって，60℃でDと同じ濃さのよう液の温度を下げていくと，40℃で結晶があらわれ始める。

2 (1)(2)　明け方南の空に見える月は下弦の月である。下弦の月は南の空で左側半分が光って見える月である。地球から見て太陽の光を受けて月の左側半分が光る月が見える位置はEである。なお，Aはオ，Bはウ，Cはキ，Dはエ，Fはイ，Gは新月，Hはアとなる。

(3)　月は新月→三日月(新月の3日後)→上弦の月(新月の7日後)→満月(新月の15日後)→下弦の月(新月の22日後)→次の新月(新月の29日後)の順に満ち欠けする。したがって，下弦の月(カ)のあとはイ→(新月→)ア→オ→ウ→キ→エ→カの順に満ち欠けする。

(4)　月から地球を見たときに地球の光っている部分は，地球から月を見たときに月の光っていない部分と同じである。したがって，Bが正答となる。

(5)　図3では，月の自転と公転の向きが反対になっているので，BとDでは月の表面に立てた旗が地球と反対側を向く。

(6)　地球から見て南に見える月が時計回りに自転するので，月は見かけ上西から東へ自転する。また，月がCの位置にくるときにAと同じ面を地球に向けるので，月は見かけ上約2週間で1回自転する。

3 (1)　川の上流では，しん食作用がさかんでV字谷ができやすい。川の中流では，川底に丸みを帯びた大きな石が多く見られ，川が大きく曲がって蛇行している部分がとり残されてできる三日月湖ができやすい。また，川の下流では，川幅が広く，流速が遅いので，土砂がたい積して三角州ができやすい。

(2)　川の曲がっている部分では，外側の流れが速く内側の流れがおそい。このため，川底は外側の方が深くなり，川底の石は外側の方が大きくなる。上流から見ると左側が外側になるので，イが正答となる。

(4)　れき，砂，ねん土はつぶの直径によって，れき(2㎜以上)，砂(0.06㎜～2㎜)，ねん土(0.06㎜以下)のように分けることができる。上にいくほどつぶが大きくなっているので，海がだんだん浅くなっていったことがわかる。海が浅くなるのは，イのような変化が起きるときである。

(5)　断層が小石の層のしん食された境界面によってさえぎられているので，断層ができた後に小石の層のしん食された境界面ができたことがわかる。また，火山灰の層は火山が噴火したこと，断層は大きな地震が発生したことを示している。しん食された境界面では，土地が隆起してしん食を受けた後に沈降してからねん土の層がたい積したので，③→⑤→①→④→②の順である。

(6)　各地点での火山灰の層の上面の標高を求めて，傾きを調べる。①では100－20＝80(m)，②では90－10＝80(m)，③では80－20＝60(m)，④では90－10＝80(m)となるので，③だけ火山灰の層の上面の標高が低く，図1の③の位置では南西に向かって下がっていると考えられる。

4 (1)　石灰水ははく息などに多くふくまれる二酸化炭素を通すと白くにごる。

(5)　ア，イ．人間がはき出した気体の約80パーセントはちっ素，約16%は酸素，約4%は二酸化炭素である。エ，オ．植物は昼の間も夜の間も呼吸をしている。カ．植物は光が当たる昼の間だけ光合成を行っている。

5 (1) 輪軸では大小２つの輪で〔つるしたおもりの重さ(g)×車輪の半径(cm)〕が等しいときにつり合う。図１でＡ点につるすおもりの重さを□ｇとすると，40×２＝□×８より，□＝10(g)となる。

(2) Ａ点につるすおもりの重さを□ｇとすると，50×８＋20×４＝□×４より，□＝120(g)となる。

(3) Ａ点につるすおもりの重さを□ｇとする。新たにとりつけた別のかっ車は動かっ車だから，一番外側のかっ車の右側を引く力は200÷２＝100(g)である。したがって，

□×８＋40×２＝100×８より，□＝90(g)となる。

(4) 図４では，かっ車を引く２本のひもにそれぞれ同じ大きさの力がかかるので，一番上のかっ車の左右のひもにはそれぞれ 35×２＝70(g)の力がかかる。したがって，Ａ点のひもがついているかっ車の左右のひもが上向きに引く力はそれぞれ 70ｇで，Ａ点を下向きに引く力は70×２＝140(g)となる。

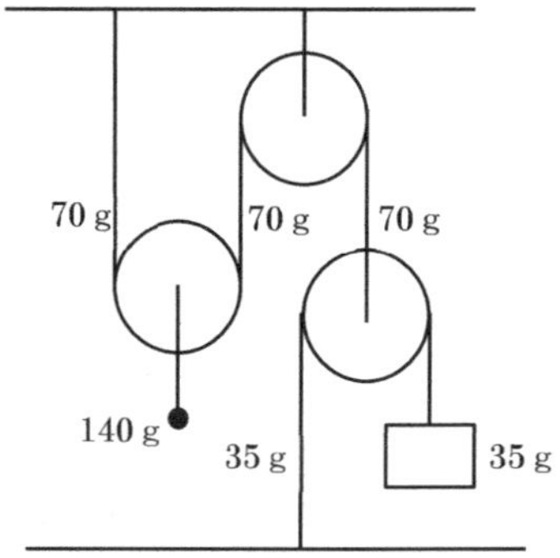

6 (1) 表１より，Ａ点の高さ÷(ＢＣ間の速さ×ＢＣ間の速さ)＝45÷９＝５で一定になっている。したがって，Ａ点の高さを 47.5 cmにすると，ＢＣ間の速さ×ＢＣ間の速さは 47.5÷５＝9.5 となる。

(2) 121×５＝605(cm)

(3) 1.6×1.6×５＝12.8(cm)

(4) 405÷５＝81，81＝９×９より，９m/秒となる。

(5) 表２より，(Ｃ点の速さ×Ｃ点の速さ)÷(自然の長さからの縮み×自然の長さからの縮み)＝９÷1.8＝５で一定になっている。したがって，8.0×５＝40 となる。

(6) (2.0×2.0)÷５＝0.8

(7) (Ｃ点の速さ×Ｃ点の速さ)の値は 9.8×５＝49 となるので，表１より，Ａ点の高さは 49×５＝245(cm)となる。

(8) Ａ点で小球は高さのエネルギーだけをもっている。これがＢ点から飛び出すときに運動エネルギーと高さのエネルギーに分かれる。このため，飛び出した後に最高点に達するときも運動エネルギーをもっており，最高点での高さのエネルギーはＡ点よりも小さいので，Ａ点と同じ高さまでは上がらない。したがって，ウが正答となる。

平成28年度 解答例・解説

《解答例》

1　(1)①セ　②ク　③カ　④オ　⑤ウ　(2)昭和新山　(3)ウ，オ，カ　(4)火山灰　(5)断層

2　A．(1)ウ　(2)エ　(3)イ　(4)エ　(5)ア

B．(1)イ，エ　(2)オ　(3)イ，エ　(4)オ

3　(1)ウ　(2)ウ　(3)ウ　(4)ア　(5)ニュートリノ　(6)ウ　(7)45

4　(1)ア，ウ　(2)36　(3)1.125

(4)A－12g、B－16g、C－20g、D－8g ／ A－16g、B－12g、C－8g、D－20g

5　(1)A－イとB－ア ／ A－ウとC－ア ／ B－ウとC－イ ／ B－イとD－ア　(2)2.16

(3)ア，ウ，エ，オ　(4)エジソン

6　(1)ア　(2)イ　(3)ウ　(4)10　(5)オ

7　(1)ア，ウ　(2)2.4　(3)①ウ　②エ　(4)ア，ウ

8　(1)1.4　(2)25.00875

《解　説》

1　(4)　火山灰は広い範囲にふり積もるので，地層の広がりを知るよい手がかりになる。なお，火山灰が押し固められてできた岩石を凝灰岩(ぎょうかいがん)という。

2　A．(1)(2)　植物は光を受けると，水と二酸化炭素を材料にしてでんぷんと酸素をつくりだす。植物のこのはたらきを光合成という。オオカナダモは水中で光合成を行うことができ，メダカの呼吸に必要な酸素を供給してくれる。なお，オオカナダモはメダカが卵を産みつける場所としても適している。

(5)　水道水には塩素がとけているため，塩素を抜くために水道水をくみ置きして，翌日に入れる。

B．(1)　アとウはメダカのオスに見られる特徴である。

(3)　ア．メスだけでも卵は産まれるが，精子がなければふ化しない。　ウ．卵を水そうにそのまま入れておくと，メダカに食べられることがある。　オ．ふ化した稚魚はお腹に袋をもっており，この袋の中にはふ化してから数日の成長に必要な養分がふくまれている。

3　(1)　太陽，地球，月の順に一直線に並ぶと満月が見える。

(2)　ア．太陽の南中時でも月を見ることはできる(特に半月よりも満ちている月は青空の中でも見つけやすい)。イ，オ．新月は月が太陽と地球の間に入ることで，月の光っている面を地球から見ることができなくなるときの月である。太陽と月の間に地球が入るのは満月のときで，満月のときに地球の影によって月の全部または一部が欠けて見える現象を月食という。　エ．月が光っている方向に太陽がある。

(3)　新月から上弦の月までの日数と，上弦の月から満月までの日数は等しい。新月から上弦の月までは約7日間なので，さらにその約7日後には満月を見ることができる。

⑺ 北の空の恒星は，北極星を中心に１日で１周まわっているように見える。１日→24 時間，１周→360 度より，午後８時から午後 11 時までの３時間では $360\times\frac{3}{24}=45$(度)動いて見える。

4 ⑴ 図の状態よりも支点から力点までの距離に対する支点から作用点までの距離の割合が小さくなると，手で支える力が小さくなる。したがって，アとウが正答となる。

⑵ 支点の左右でおもりの重さと支点からおもりまでの距離の積が等しくなると，バットは水平になる。支点から 10ｇのおもりまでの距離を□cmとすると，30(ｇ)×３(cm)＝10(ｇ)×□(cm)が成り立ち，□＝９(cm)となる。したがって，80÷２＋５－９＝36(cm)となる。

⑶ 図１で，支点の左右につるされたおもりの重さの数が２個と３個なので，支点からの距離の比はその逆の３：２である。したがって，図２で，支点から右のおもりまでの距離を□とすると，３(個)×３＝４(個)×□が成り立つので，□＝2.25 となる。したがって，2.25÷２＝1.125(倍)が正答となる。

⑷ 棒を左右に回転させるはたらきが等しくなればよい。Ａに 12ｇ，Ｂに 16ｇ，Ｃに 20ｇ，Ｄに８ｇのおもりをつり下げると，棒を回転させるはたらきが左右で 92 となり，棒は水平になる。また，Ａに 16ｇ，Ｂに 12ｇ，Ｃに８ｇ，Ｄに 20ｇのおもりをつり下げると，棒を回転させるはたらきが左右で 104 となり，棒は水平になる。

5 ⑴ 表１，２より，バネののびはコイルの巻き数と乾電池の個数に比例することがわかる。例えば，Ａ－イの組み合わせと同じになるのは，コイルの巻き数が２倍で乾電池の個数が$\frac{1}{2}$倍になるＢ－アの組み合わせである。したがって，コイルの巻き数を○倍にしたときに乾電池の数が$\frac{1}{○}$倍になるような組み合わせを考えればよい。

⑵ $3.6(\text{cm})\times\frac{120(\text{回})}{300(\text{回})}\times\frac{3(\text{個})}{2(\text{個})}=2.16(\text{cm})$

⑶ 電磁石はモーターの部分に使われているので，モーターが組み込まれている電気器具を選べばよい。

6 ⑷ 分銅を乗せるときは，重い分銅から順に乗せていき，分銅を乗せた皿が下にかたむいたら１つ軽い分銅に乗せかえるようにする。73ｇになるまでの操作は，50ｇの分銅を皿に乗せる(１回：50ｇ)→20ｇの分銅を皿に乗せる(２回：70ｇ)→10ｇの分銅を皿に乗せる(３回：80ｇ)→10ｇの分銅を皿からとる(４回：70ｇ)→５ｇの分銅を皿に乗せる(５回：75ｇ)→５ｇの分銅を皿からとる(６回：70ｇ)→２ｇの分銅を皿に乗せる(７回：72ｇ)→もう１つの２ｇの分銅を皿に乗せる(８回：74ｇ)→一方の２ｇの分銅を皿からとる(９回：72ｇ)→１ｇの分銅を皿に乗せる(10 回：73ｇ)

⑸ ア，イ，エ．ものをある重さだけはかりとるときには，重さの決まっている分銅を利き手と反対側の皿に乗せる。このようにすることで，利き手でものを扱(あつか)いやすくなる。したがって，エでは左右に乗せるものが逆である。また，アとイでは左右の皿に乗せるものは正しいが，一方の皿に薬包紙を乗せたときには，もう一方の皿にも薬包紙を乗せなければならないので正しくない。　ウ．ものの重さをはかるときには，足したり引いたりする分銅を利き手側の皿に乗せる。したがって，ウでは左右に乗せるものが逆である。

7 ⑴ 青色リトマス紙を赤色に変化させるのは酸性の水溶液なので，アとウが正答となる。なお，イとエはアルカリ性，オとカは中性である。

⑵ グラフの折れ曲がった点が，ＡとＢか過不足なく反応した点である。したがって，20 cm³のＡと 20 cm³のＢが過不足なく反応するので，12 cm³のＡは 12 cm³のＢと反応し，30－12＝18(cm³)のＢは反応せずに残る。このときできる白い粒は，ＡとＢが 20 cm³ずつ反応すると４ｇできることから，$4\times\frac{12}{20}=2.4$(ｇ)である。

⑶ ①Ａの濃さを$\frac{1}{2}$倍にすると，元の濃さのＡを 20 cm³の$\frac{1}{2}$倍の 10 cm³反応させたときと同じ結果になる。したがって，過不足なく反応するＢは 20 cm³の$\frac{1}{2}$倍の 10 cm³で，生じる白い粒は４ｇの$\frac{1}{2}$倍の２ｇである。　②どちらも濃さを２倍にすると，過不足なく反応する体積はＡ20 cm³，Ｂ20 cm³で変化しない。ただし，それぞれの薬品に溶けている物質の重さが２倍になるので，生じる白い粒の重さは４ｇの２倍の８ｇになる。

⑷ ビーカー②の水溶液が入った２本の試験管にＢを加えると白い粒ができたことから，ビーカー②にはＡが残

っていたことがわかる。したがって，(1)と同様にア，ウが正答となる。

8 (1) 購入代金はＬＥＤ電球の方が 2715－150＝2565(円)高いので，電気代の差がこれより大きくなるのがいつになるかを求めればよい。１時間の電気代はＬＥＤ電球の方が 0.97－0.12＝0.85(円)安いので，ＬＥＤ電球の方が費用が安くなるのは 2565÷0.85÷６÷365＝1.37…→1.4年利用した場合である。

(2) 20℃のときには真ちゅう製のものさし自体がのびているので，20℃で25㎝の真ちゅうの実際の長さがこの棒の20℃での正しい長さである。１m→100㎝の真ちゅうが１℃で0.0175㎜→0.00175㎝のびるので，０℃で25㎝の真ちゅうの20℃での長さは，$25+0.00175\times\frac{20(℃)}{1(℃)}\times\frac{25(cm)}{100(cm)}=25.00875(cm)$である。

平成27年度 解答例・解説

《解答例》

1 (1)エ (2)③ (3)ウ (4)イ，エ (5)イ

2 (1)ウ (2)エ (3)①ア ②イ (4)ウ (5)⑦ (6)イ，オ (7)酸素 (8)ア (9)④

3 (1)ア (2)ア (3)イ (4)①光合成 ②でんぷん (5)イ，ウ (6)ウ，オ

4 (1)ア (2)ウ，カ (3)イ (4)イ (5)イ (6)ア

5 (1)ウ (2)12.2 (3)2.8 (4)①69.1 ②16.7

6 (1)ウ (2)○ (3)○ (4)イ，ウ (5)ア，イ (6)○ (7)ア

7 (1)①おんたけ ②ＬＥＤ ③かいき ④はやぶさ (2)ねんりょうでんち
(3)太陽，地球，月の順で並び，地球の影が月にかかる時。

《解　説》

1 (2)カマキリとムカデは肉食である。 (3)寒い時には土の中の生き物が冬眠をするので，エサを食べない。 (4)こん虫のからだは頭，胸，腹の３つに分かれており，６本のあしが胸についている。

2 (1)(2)土の中の生き物の呼吸によってポリエチレンふくろの中には二酸化炭素が多くなっていると考えられる。したがって，このふくろの空気を石灰水に通すと，石灰水は白くにごる。 (3)石灰水はアルカリ性の水よう液である。赤色リトマス紙にアルカリ性の水よう液をつけると，青色に変化する。なお，酸性の水よう液は青色リトマス紙を赤色に変化させ，中性の水よう液はどちらのリトマス紙も変化させない。 (4)スチールウール(鉄)は塩酸にはとけるが，石灰水にはとけない (5)⑦気体を送るガラス管が液体につかってしまうと，集気びんに気体を送れなくなってしまうので，ガラス管の三角フラスコ内にある部分を短くする。 (6)過酸化水素水と二酸化マンガンが混ざると，酸素が発生する。ア.酸素は水にとけにくいので，水上ちかん法で集める。ウ.酸素は過酸化水素水から発生するものであり，二酸化マンガンはその発生を速めるためのものである。したがって，酸素をたくさん集めるには過酸化水素水をたくさん入れる必要がある。エ.はじめにガラス管から出てくる気体には，三角フラスコ内やガラス管内にあった空気が多くふくまれるので，気体の発生が始まって少ししてから集気びんに気体を入れる。 (9)土の中の生き物が生き続けるためには酸素が必要である。酸素は呼吸によって使われて減っていくので，酸素を最も多くふくむ④が正答となる。

3 (1)ろうそくの火が燃え続けるのにも，ネズミが生き続けるのにも酸素が必要である。 (2)植物は光を受けると二酸化炭素と水を材料にして，酸素とでんぷんをつくりだす。このはたらきを光合成といい，つくられた酸素

は空気中に放出される。このため，④と⑤では，植物が光合成を行えるように，光を十分に当てる必要がある。
(3)⑤では，植物の光合成によって酸素がつくられるので，②のネズミより長く生きる。

4　(1)糸の長さが同じであれば，ふれはばをかえても1往復にかかる時間は変化しない。ふれはばを大きくすると，同じ時間で移動する距離が長くなるので，一番下を通る時の速さは速くなる。　(2)糸の長さが短くなると1往復にかかる時間も短くなり，糸の長さが長くなると1往復にかかる時間も長くなる。ふれはばやおもりの重さの変化は，1往復にかかる時間に影響を与えない。　(3)動いている物体は，その物体の重さが重く，速さが速いほど，他の物体に与える影響が大きくなる。ここでは，木片にぶつかる直前の速さはどちらも同じであるので，重さが重い60gのおもりの方が木片を遠くに移動させる。　(4)図3で，くぎの右側半分は糸の長さが50㎝のふりこと同じ動きをするため，糸の長さが100㎝のふりこが1往復する時間より短くなる。　(5)くぎの位置がおもりをはなした高さよりも高ければ，くぎにぶつかった後のおもりは手をはなした高さと同じ高さまで上がる。　(6)糸から引っぱられる力がなくなるので，糸が切れた瞬間におもりがもつ水平方向へ右に動こうとする力と，おもりにはたらく下向きの力(重力)が合わさった方向へ向かって動く。

5　(2)温度が30℃のとき，空気1㎥にふくむことのできる水蒸気量が30.4gであるので，しつ度が40%のときには空気1㎥中に30.4×0.4＝12.16→12.2gの水蒸気がふくまれている。　(3)温度が10℃になると，空気1㎥には9.4gしか水蒸気をふくむことができない。したがって，空気1㎥あたり12.2－9.4＝2.8(g)の水てきが出てくる。　(4)温度が20℃のとき，空気1㎥にふくむことのできる水蒸気量が17.3gであるので，しつ度が80%のときには空気1㎥中に17.3×0.8＝13.84(g)の水蒸気がふくまれている。①温度が50℃のとき，空気1㎥にふくむことのできる水蒸気量が82.9gであるので，空気1㎥あたりあと82.9－13.84＝69.06→69.1gの水蒸気をふくむことができる。②〔しつ度(%)＝$\frac{\text{空気1㎥中にふくまれている水蒸気量(g)}}{\text{その温度における空気1㎥にふくむことのできる水蒸気量(g)}}$×100〕より，$\frac{13.84}{82.9}$×100＝16.69…→16.7%が正答となる。

6　(1)ア．○　イ．○　ウ．電池を直列に1個増やすと，図1より明るくなり，2個の電池を並列につなぎかえると，図1より暗くなるので，まちがっている。　(2)ア．○　イ．図2で，電流計の示す値は電熱線の太さに比例するので，正しい。ウ．図2で，電流計の示す値は電熱線の長さに反比例するので，正しい。　(3)ア．○　イ．バイブレータはモーターを用いたものであり，モーターには電磁石が使われているので，正しい。ウ．導線の巻き数が多くなるほど，電磁石がもつ磁石の力は大きくなるので，正しい。　(4)ア．空全体にしめる雲の割合が0～8のときを晴れ，9～10のときをくもりとするので，正しい。イ．台風は中心付近ほど多く雨がふり，風が強まるので，まちがっている。ウ．集中ごう雨の雲の多くは，積乱雲であるので，まちがっている。
(5)ア．おおいぬ座のシリウス，こいぬ座のプロキオン，オリオン座のベテルギウスを結んだ三角形を冬の大三角(形)というので，まちがっている。　イ．おりひめ星はこと座のベガ，ひこ星はわし座のアルタイルであるので，まちがっている。ウ．○　(6)ア．弦が太いほど，弦が振動(しんどう)する回数が少なくなって低い音が出るので，正しい。イ．○　ウ．音の正体は物体の振動である。スペースシャトルの外には音の振動を伝えるものがなく，音は鳴らないので，正しい。　(7)ア．光電池は光を電気に変える装置であるので，まちがっている。イ．○　ウ．○

7　(2)燃料電池(ねんりょうでんち)自動車は，ガソリンのかわりに水素を使い，水素を空気中の酸素と反応させて作られた電気で走る自動車である。水素と酸素が反応してできるものは水であり，二酸化炭素やちっ素化合物などの有害な物質をほとんど出さないため，クリーンなエネルギーとして注目されている。

平成26年度 解答例・解説

《解答例》

1　(1)ア　(2)ウ，カ　(3)ア，ウ　(4)イ　(5)イ　(6)ウ

2　(1)42.9　(2)エ　(3)43.9　(4)120.5

3　(1)水　(2)イ，ウ　(3)ウ　(4)ア　(5)イ　(6)イ　(7)でんぷん　(8)受粉　(9)食物連さ　(10)ア

4　(1) I　(2)ア　(3)22　(4)89.6　(5)ウ　(6)30.2　(7)ウ，オ

5　(1)右図　(2)ア　(3)ア　(4)キ　(5)ふたご座　(6)木星

(7)太陽の直径は月の直径の約400倍で，地球から太陽までの距離は地球から月までの距離の約400倍だから。

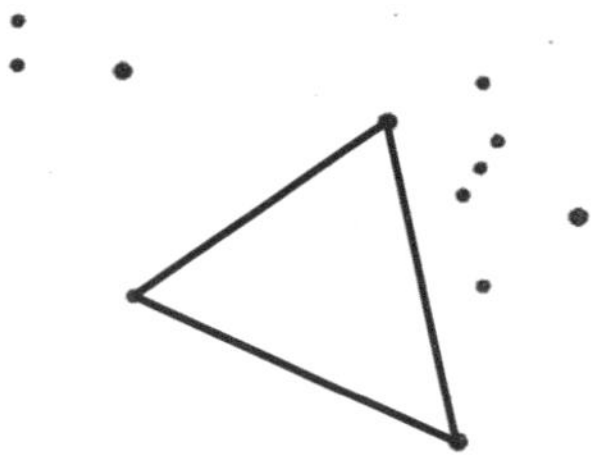

6　(1)海底火山のふん火によってできた。　(2)濃尾(のうび)地震　(3)イ　(4)8

(5)ア，イ　(6)低い

《解　説》

1　(1)イでは酸素，ウとエでは水素が発生する。　(2)アは酸素，エはアンモニアや塩素などの特ちょうや性質である。(3)北半球のほうが陸地が多く植物も多い。そのため，北半球が夏のときのほうが植物の光合成による二酸化炭素の吸収量が多くなり，二酸化炭素の割合が小さくなる。　(4)二酸化炭素は水に少しとけるため，ペットボトルがややへこむ。　(5)二酸化炭素が水にとけるとその水よう液(炭酸水)は酸性を示す。このため，青色リトマス紙を赤色に変化させる。　(6)水にとけていた二酸化炭素は気体であり，空気中に出ていくためスライドガラスには何も残らない。

2　(1)〔濃度(%)$=\frac{\text{とけているものの重さ(g)}}{\text{水よう液全体の重さ(g)}}\times100$〕より，$\frac{75\,g}{100\,g+75\,g}\times100=42.85\cdots\rightarrow42.9$% が正答となる。水よう液全体の重さが水と物質Aの合計の重さであることに注意しよう。　(2)水の重さが半分になるととかすことができる物質Aの重さも半分になる。80℃で73.5g，60℃で68.5gとなるので，エが正答となる。　(3)40℃の水100gに物質Aは128gまでとけ，228gの水よう液ができる。したがって，$100\,g\times\frac{100\,g}{228\,g}=43.85\cdots\rightarrow43.9\,g$ が正答となる。(4)80℃の水150gにとける物質Aの重さは $147\,g\times\frac{150\,g}{100\,g}=220.5\,g$ である。したがって，あと $220.5\,g-100\,g=120.5\,g$ の物質Aをとかすことができる。

3　(2)芽が実験1のようにのびるには，植物全体が成長するなかで光があたる側の成長をおさえる(イ)か，光があたらない側の成長を進める(ウ)かのどちらかであると考えられる。　(3)実験3で光があたらない側に雲母片をさすと成長しなかったことと，実験4で光があたる側に雲母片をさすと成長したことから，物質Aは光があたらない側へ移動してから下に移動し，光があたらない側の成長を進めている(ウ)と考えることができる。　(4).(3)より，光があたらない側の左の寒天片(ア)に物質Aが多く移動していると考えられるので，アの方がより成長する。

(10)植物を食べる動物(草食動物)は，草をすりつぶすための平らで丈夫な奥歯(臼歯(きゅうし))が発達している。一方，肉食動物は肉を引きさくための犬歯が発達している。

4　支点の左右で支点からの距離とおもりの重さの積が等しくなるとき，棒はつりあう。また，1目盛が5cmであること，体積の比がそのまま重さの比になることを利用して計算しよう。(1)30 cm×1 cm³＝□cm×2 cm³ より，□＝15 となるので，Iが正答となる。　(2)支点の左側では 30 cm×1 cm³＝30，右側では 15 cm×8 cm³＝120 となるので，時計回りにまわる。　(3)(30－3)cm×8 cm³＝□cm×27 cm³ より，□＝8となるので，30 cm－8 cm＝22 cm が正答となる。
(4)表から，ねんどの体積(一辺の長さ×一辺の長さ×一辺の長さ)とばねばかりの値には比例の関係があることがわかる。

一辺が4cmの立方体のねんどは64cm³なので，$1.4\,\mathrm{g}\times\frac{64\,\mathrm{cm^3}}{1\,\mathrm{cm^3}}=89.6\,\mathrm{g}$ が正答となる。 (5)ここでは，体積ではなく，ねんどの重さ(1cm³が2.4g)で計算する。$30\,\mathrm{cm}\times11.2\,\mathrm{g}=\square\,\mathrm{cm}\times(2.4\,\mathrm{g}\times\frac{8\,\mathrm{cm^3}}{1\,\mathrm{cm^3}})$ より，□＝17.5となるので，ウが正答となる。 (6)糸(支点)の位置をずらしたので，棒の重さを計算し忘れないように注意しよう。棒の重さ(30g)はすべて棒の中心(ここでは支点から左に10cmの位置)にかかると考える。$40\,\mathrm{cm}\times11.2\,\mathrm{g}+10\,\mathrm{cm}\times30\,\mathrm{g}=7.5\,\mathrm{cm}\times19.2\,\mathrm{g}+20\,\mathrm{cm}\times\square\,\mathrm{g}$ より，□＝30.2となる。 (7)ア．支点の左側では $30\,\mathrm{cm}\times1\,\mathrm{cm^3}+20\,\mathrm{cm}\times1\,\mathrm{cm^3}+10\,\mathrm{cm}\times1\,\mathrm{cm^3}=60$，支点の右側では $30\,\mathrm{cm}\times8\,\mathrm{cm^3}=240$ となるので，棒は時計回りに回転する。イ．A，C，EとH，J，Lの距離の比は等しく，支点の左側の2cm³のねんどの重さは1つ $2.4\,\mathrm{g}\times\frac{2\,\mathrm{cm^3}}{1\,\mathrm{cm^3}}=4.8\,\mathrm{g}$ である。また，支点の右側の水の中にひたされた体積が3cm³のねんどによって1つ $1.4\,\mathrm{g}\times\frac{3\,\mathrm{cm^3}}{1\,\mathrm{cm^3}}=4.2\,\mathrm{g}$ の重さがかかるので，棒は反時計回りに回転する。ウ．支点の左側では $30\,\mathrm{cm}\times4.8\,\mathrm{g}+20\,\mathrm{cm}\times4.8\,\mathrm{g}+10\,\mathrm{cm}\times4.8\,\mathrm{g}=288$，支点の右側の水の中にひたされた体積が6cm³のねんどには $1.4\,\mathrm{g}\times\frac{6\,\mathrm{cm^3}}{1\,\mathrm{cm^3}}=8.4\,\mathrm{g}$ の重さがかかり，支点の右側では $15\,\mathrm{cm}\times2.4\,\mathrm{g}+30\,\mathrm{cm}\times8.4\,\mathrm{g}=288$ となるので，棒はつりあう。エ．D(支点)からAまでと棒の中心までの距離は等しく，10cm³のねんどの重さは $2.4\,\mathrm{g}\times\frac{10\,\mathrm{cm^3}}{1\,\mathrm{cm^3}}=24\,\mathrm{g}$，おもりの重さは30gなので，棒は時計回りに回転する。オ．支点の左側では $40\,\mathrm{cm}\times24\,\mathrm{g}+10\,\mathrm{cm}\times30\,\mathrm{g}=1260$，右側では $20\,\mathrm{cm}\times1.4\,\mathrm{g}\times\frac{45\,\mathrm{cm^3}}{1\,\mathrm{cm^3}}=1260$ となるので，棒はつりあう。以上から，正しいものはウとオである。

5 (1)冬の大三角は，オリオン座のベテルギウス，こいぬ座のプロキオン，おおいぬ座のシリウスをむすんだものである。 (2)下弦の月は，南の空にきたときに左側半分が光って見えるかたちをしている。したがって，東の空からのぼってくるときはアのような向きである。なお，西の空にしずむときにはウのような向きである。 (3)月のかたちは，新月→三日月→上弦の月→満月→下弦の月→新月…と変わっていき，新月から次の新月までは約1ヶ月かかる。下弦の月が見えた12月25日の約7日後が新月となるので，アが正答となる。 (4).(3)より，2014年1月15日が満月になることがわかり，その4ヶ月後の4月15日は満月だと考えられる。太陽，地球，月(満月)の順に一直線に並ぶと月食を観察することができる。なお，太陽，月(新月)，地球の順に一直線に並ぶと日食を観察することができる。 (5)aはカストル，bはポルックスである。

6 (3)日本上空をふく偏西風(へんせいふう)によって，雲は西から東へ動く。 (4)降水がなく，雲量が0～8までが晴れ，9～10がくもりとなる。なお，雲量が0～1のときをとくに快晴という。 (5)右図のように，台風の中心に向かって反時計回りに風がふきこむ。このため，台風の進む方向の右側のほうが風が強くなる。

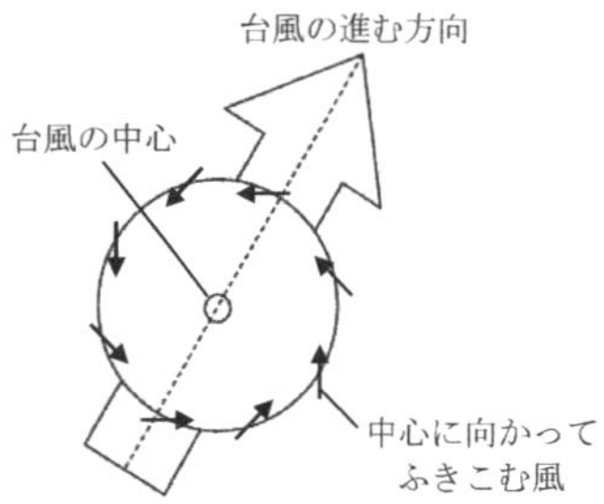

平成25年度 解答例・解説

《解答例》

1 (1)受精 (2)イ，ウ，エ (3)ア (4)百葉箱 (5)①イ ②メスシリンダー ③ふんどう

2 (1)イ (2)カ (3)①緑 ②30 ③イ ④B，50

3 (1)酸素 (2)ウ (3)ヨウ素液 (4)イ，ウ (5)ウ (6)キク (7)LED

4 (1)75 (2)0 (3)2 (4)1 (5)オ

5 (1)ウ (2)④ (3)⑦ (4)8.8 (5)ウ

6 (1)イ (2)ウ (3)イ (4)日の入り…エ 日の出…ウ (5)ア (6)きんかん (7)ア (8)エ (9)ウ，オ

《解 説》

1 (2)アはえら，オは腹にある気門(きもん)を通して空気の出し入れを行っている。 (5)②体積をはかる道具である。③手で持つと，さびて重さが変わるおそれがあるので，ピンセットで持つ。

2 (1)うすい塩酸は酸性，水酸化ナトリウム水溶液はアルカリ性である。 (3)A液：B液は(100＋500)mL：200mL＝

３：１で完全に中和する。①ＢＴＢ溶液は，酸性で黄色，中性で緑色，アルカリ性で青色に変化する。②$90\times\frac{1}{3}=$ 30(mL)　③Ｄ液では，Ａ液とＢ液が完全に中和する３：１に対してＡ液が多いので，酸性となる。④300mL のＡ液を完全に中和するには $300\times\frac{1}{3}=100$(mL) のＢ液が必要なので，あと 100－50＝50(mL) 必要となる。

3　⑴⑵光合成では，二酸化炭素を吸収し，酸素を放出する。気体の出入りが呼吸とは逆になる。二酸化炭素は空気中に約 0.04％ふくまれている。　⑶ヨウ素液はでんぷんに反応して青むらさき色になる。　⑸連続して光があたっていない時間がおよそ 12 時間以上になると花の芽をつけると考えられる。　問６．キクは日照時間が短くなると花の芽をつけるようになる。

4　⑴25×３(m)＝75　⑵Ａさんが加えた力の向きには荷物が動いていないので 65×０(m)＝０ が正答となる。
⑶玉の重さと同じ力でひもをひけばよい。　⑷図２のようなかっ車(動かっ車という)では，かっ車の左右のひもで２kgの玉を持ち上げるので，ひもの一方をひく力は玉の重さの半分の ２(kg)÷２＝１(kg) となる。　⑸．⑷のとき，ひもをひく距離は玉が動くきょりの２倍となるので，仕事の大きさは，図１で ２(kg)×１(m)＝２，図２で １(kg)×２(m)＝２ となり，変わらない。

5　⑴支点の真下を通るときが一番速くなる。　⑵おもりはオで一度止まる。したがって，オで糸が切れると真下に落ちる。　⑶カと同じ高さまで上がるように動く(カと同じ高さまでは上がらない)。　⑷地球と比べおもりの重さが $\frac{400(g)}{1600(g)}=\frac{1}{4}$(倍) になる星Ａでは，周期が $\frac{4.4(秒)}{2.2(秒)}=2$(倍) になることがわかるので，星Ｄは重さが星Ａの$\frac{1}{4}$倍になることから，周期は 4.4(秒)×２＝8.8(秒) になると予想できる。　⑸ふりこの周期は糸の長さで決まる。したがって，アと同じ糸の長さであるウが同じ周期になるので，共振が起こる。

6　⑴黒点は周りと比べて温度が低いため黒く(暗く)見える。　⑷日の入りをエ，日の出をウとするため，春分・秋分でも夜よりも昼の長さの方がわずかに長くなっている。　⑸⑹⑻太陽，月，地球の順で一直線にならび，月が太陽と地球の間に入るとき，日食が起こる。このときの月は新月である。皆既(かいき)日食(太陽の全体をすっぽりとかくす)になるか，金環(きんかん)日食になるかは，太陽，月，地球のきょりによって決まる。皆既日食のときよりも金環日食のときの方が，太陽と月のきょりが近く，地球から月までのきょりが遠くなっているため，月の見かけの大きさが小さくなる。
⑺金星の太陽面通過が起こったのは，太陽，金星，地球の順で一直線にならんだからである。したがって，太陽と地球の間を通る星を選べばよいので，アが正答となる。　⑼太陽観測専用の道具(日食グラスなど)以外では，直接見てはいけない。ウやオの方法で，直接見ずに日食を観察することができる。

社　会

平成31年度 解答例・解説

《解答例》

1 問1．①佐賀　②ワカタケル　③長安　④明　⑤南蛮　⑥織田信長　⑦那覇　問2．沖縄　問3．(ア)　問4．(エ)　問5．(ウ)　問6．(エ)　問7．浮世絵　問8．(ア)　問9．(イ)　問10．AI　問11．①(ウ)　②千島海流〔別解〕親潮　問12．①個人情報　②(イ)　③フェイスブック　問13．EU　問14．(イ)

2 問1．(イ)　問2．①(ア)象徴　(イ)内閣　②(イ)　問3．(エ)　問4．(ア)　問5．①(ア)　②徴兵令　問6．①ア　②貿易のために来航した南蛮船に乗って多くの宣教師たちが長崎に到着し，大名の許可を得て布教したから。　問7．①文明開化　②岡倉天心　問8．①(エ)　②(ウ)　問9．(エ)　問10．①(エ)　②二・二六事件　③(ア)　④(イ)→(ア)→(ウ)→(エ)　⑤(ウ)　⑥(イ)　⑦ポツダム宣言　問11．①マッカーサー　②(ウ)　問12．①1946，11，3　②(ア)武力　(イ)交戦権　(ウ)基本的人権　③納税の義務／勤労の義務／子女に普通教育を受けさせる義務　問13．①朝鮮戦争が始まると，アメリカから毛布，鉄線，トラックなどの大量の軍需物資の注文が入ってきたから。　②(エ)　③水俣病

3 問1．(エ)　問2．(ウ)　問3．(イ)　問4．(ア)　問5．(エ)

《解　説》

1 **問1②**　埼玉県の稲荷山古墳から出土した鉄剣と，熊本県の江田船山古墳から出土した鉄刀の両方に刻まれた「獲(ワ)加多支鹵(カタケル)大王」の文字から，ヤマト政権は関東から北九州までを支配していたことがわかっている。また，5世紀頃，倭王武が，倭の王としての地位や，朝鮮半島における軍事的な指揮権を中国の皇帝に認めてもらおうと中国に使いを送ったことが，中国の歴史書『宋書』倭国伝に記されている。　③　奈良に平城京，京都に平安京が置かれた際，長安の都制にならって碁盤の目状に区画された。長安は現在の西安あたりになる。　④　足利義満が明とはじめた貿易は，正式な貿易船と海賊行為を行う倭寇を区別するために勘合という合札を用いたため，勘合貿易とも呼ばれる。　⑤　ポルトガルやスペインとの貿易を南蛮貿易という。　⑥　織田信長は，軍用金の要求を堺の会合衆が拒否したことから，自治権を取り上げて堺を直轄領とした。また，営業を独占していた座の存在が商工業の活性化のさまたげになっていると考え，楽市・楽座を行った。その他にも，検地などを用いて領国内に新しい社会体制をつくりあげたり，キリスト教を保護して教会や学校をつくらせたりした。　⑦　琉球王国は，中国の陶磁器や日本の刀剣などを東南アジアに運んだり，こしょうや染料などの南方の珍しい産物を東アジアに運んだりして栄えた(中継貿易)。また，17世紀初頭に薩摩藩に攻められた後は，薩摩藩に服属する一方で，中国との朝貢貿易を続けた。

問2　資料で，在日米軍の施設の土地面積において全体の約70%を占めること，さとうきびの生産量が多く，水不足などを理由に米の生産量が少ないことなどから，沖縄県を導く。なお，写真の伝統行事は宮古島に伝わる厄払いの祭りで，神様の「パーントゥ」が厄を払いに村を回る様子である。

問3　(ア)が正しい。「鴻臚館」とは，平安時代に築かれた外交のための迎賓館(げいひんかん)である。筑紫(福岡)のほか，平安京(京都)や難波(大阪)にも設けられた。　(イ)広島市(中国地方)についての記述である。　(ウ)工業生産額は，京

浜工業地帯が約 261 兆円，北九州工業地域が約 92 兆円で，北九州工業地域の方が少ない。　(エ)「難波」でなく「筑前」であれば正しい。

問４　(エ)が誤り。室町文化についての記述である。

問５　(ア)は小野妹子が遣隋使として派遣された際に持参した国書であり，(イ)は遣唐使，(エ)は元寇についての記述であるから，(ウ)を選ぶ。

問６　江戸幕府三代将軍徳川家光は，キリスト教徒の増加がヨーロッパによる日本侵略のきっかけとなり，幕府の支配のさまたげになると考え，キリスト教の布教を行うポルトガルやスペインの船の来航を禁止し，日本人の海外渡航や帰国を禁止したから，(エ)を選ぶ。(ア)は家康によって出されたイギリス船への許可状，(イ)は豊臣秀吉の許可状，(ウ)は織田信長の楽市・楽座令である。

問７　浮世絵は，貿易が許可されていたオランダを通してヨーロッパへと伝わった。浮世絵の技法は，ゴッホをはじめとするヨーロッパの多くの画家に強い影響を与えた(ジャポニズム)。

問８　(ア)が誤り。新潟県上越は北西季節風の影響で冬の降水量の多い日本海側の気候であるため，帯広の 12 月の降水量は上越より少ない。

問９　(イ)が誤り。「ヨルダン」でなく「シリア」であれば正しい。

問 10　ＡＩとは，コンピューターを使って作られた知能のことで，日本でも金融や製造業など，効率化を目指す企業で活用が進んでいる。

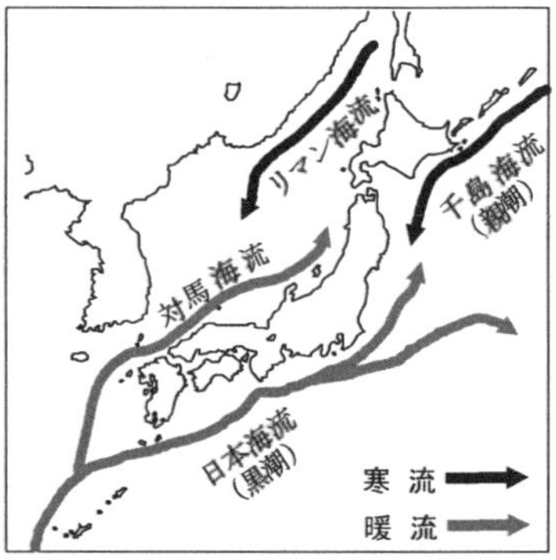

問 11①　日本の食料自給率は高い順に，米，野菜，乳製品，小麦となるので，(ウ)を選ぶ。　②　日本近海の海流については右図参照。

問 12①　個人情報が外部にもらされたり，悪用されたりすることを防ぐため，プライバシーの権利に基づいて個人情報保護法が制定された。

②　(イ)が正しい。情報化社会では，情報にセキュリティをかけて高い安全性を保つことが重要である。　(ア)差出人を隠した詐欺メールがあるため，送り主不明のメールに返信してはならない。　(ウ)ＳＮＳに個人情報を公開してはならない。　(エ)他人の文章や写真の無断使用は著作権法に違反し，損害賠償を請求される場合もある。　③　ＧＡＦＡは，グーグル(Google)・アップル(Apple)・フェイスブック(Facebook)・アマゾン(Amazon)の４社の頭文字を総称する呼称である。

問 13　ＥＵ(欧州連合)は，ヨーロッパの経済的・政治的統合を目指す組織である。

問 14　(イ)が誤り。2017 年の日本の輸出品上位は，機械類(37.5%)→自動車(15.1%)→自動車部品(5.0%)の順。かつては繊維などの軽工業が盛んだったが，高度経済成長とともに機械類や，自動車・自動車部品などの重工業へと内容が変わっていった。

2　問１　(イ)が誤り。鑑真は中国から来日した僧である。

問２②　任免は，任じることと辞めさせることだから(イ)が誤り。国事行為には，内閣総理大臣の任命，法律の公布，国会の召集，栄典の授与などがある。

問３　(エ)が誤り。1858 年に日米修好通商条約が結ばれ，神奈川(横浜)・函館(箱館)・長崎・新潟・兵庫(神戸)の５港が開かれた。

問４　(ア)1853 年にペリー率いる黒船が神奈川県の浦賀に来航し，日本に開国を求めた。

問５①　(ア)明治政府は四民平等をスローガンに士農工商の身分差別を廃し，1870 年に平民の苗字許可，1871 年平民と華族・士族間との通婚を許し，1872 年学制を制定して国民皆学を布告し，職業や移転の自由を認めるなど，封建的身分制による差別を廃し，1876年に廃刀令を制定して大礼服着用の場合や軍人・警察官吏などが制服を着用する場合以外に刀を身に付けることを禁じた。　②　徴兵令が出された当初は免除規定が多く，実際に徴兵されたのは農家の次男・三男などが大半であった。

問6①　徳川家康が幕領にキリスト教禁止令を出したのが1612年，全国にキリスト教禁止令を出したのが1613年なので，アを選ぶ。　②　「長崎と天草地方の潜伏キリシタン関連遺産」は，長崎県と早崎瀬戸を挟んで隣接する熊本県天草市にある。ここは，宣教師を乗せてくる南蛮船の寄港地であったため，キリスト教が伝わった16世紀後半から最も集中的に宣教活動が行われた。その結果，他の地域に比べて信徒の間に強固な共同体が形成されて禁教後も密かに信仰を実践していく基礎が出来上がった。

問7①　文明開化による生活の変化には，太陽暦の採用，れんがづくりの洋風建築，鉄道馬車，人力車，ガス灯，洋服の着用などがある。　②　岡倉天心は，フェノロサと協力して日本の美術の復興に努めた。

問8①　(エ)両方とも誤り。　A．日清戦争の戦場は当初朝鮮半島と黄海であったが，日本軍が清国内に入って遼東半島に侵入し，旅順を占領した。　B．「山東半島」でなく「遼東半島」であれば正しい。

問9　(エ)ラジオ放送開始は1925年である。日本初の日刊新聞の発行は明治時代，インターネットによる情報通信の開始は平成時代，テレビ放送の開始は昭和時代である。

問10①　(エ)が正しい。(ア)は盧溝橋事件，(イ)は南京事件，(ウ)は日露戦争における旅順攻囲戦についての記述である。
②　二・二六事件は，1936年2月26日，陸軍の一部将校たちが武力で政府をたおそうとした事件で，これによって岡田啓介内閣がたおれ，軍部の政治への発言力が強まった。　③　(ア)斎藤隆夫は，軍人の政治介入を批判した粛軍(しゅくぐん)演説のほか，日中戦争の処理に関する反軍演説などでも有名である。小村寿太郎と陸奥宗光は不平等条約を改正した外務大臣である。田中正造は，帝国議会で足尾銅山鉱毒事件を取り上げて政府の責任を追及した衆議院議員である。　④　(イ)日本の国際連盟脱退(1935年)→(ア)真珠湾奇襲攻撃(1941年)→(ウ)東京大空襲(1945年3月)→(エ)沖縄戦の終了(1945年6月)。　⑤　(ウ)1939年にはドイツのポーランド侵攻から第二次世界大戦が始まった。当初はドイツが優位に戦闘を進めていたことから，日本・ドイツ・イタリアは1940年に日独伊三国同盟を結び，互いの連携を強化した。　⑥　(イ)が誤り。戦時体制下では軍需品の生産が優先され，日本国内では生活必需品が不足したため，1938年の国家総動員法をきっかけに配給制が導入されて食料は通帳による配給となった。
⑦　1945年7月26日，アメリカ・イギリス・ソ連の3か国はドイツのポツダムで会談し，アメリカ・イギリス・中国によってポツダム宣言が発表された。

問11①　マッカーサーは日本を民主化するため，財閥解体や農地改革などの改革を行った。　②　(ウ)が誤り。連合国軍(GHQ)は労働組合の結成を奨励した。

問12①　日本国憲法は1946年11月3日に公布され，その半年後の1947年5月3日に施行された。現在，11月3日は文化の日，5月3日は憲法記念日として祝日になっている。　②　日本国憲法第9条の「平和主義」，第11条の「基本的人権の尊重」は，「国民主権」と合わせて，日本国憲法の三つの基本原理と呼ばれる。

問13①　朝鮮戦争は，ソ連が北朝鮮，アメリカが韓国を支援したため，韓国と北朝鮮の間で対立が激化し，1950年，北朝鮮が韓国に突如侵攻して始まった。アメリカによる物資の買いつけ，在日アメリカ軍人やその家族の日本国内での支出などを特殊需要(特需)といい，これによる好景気を特需景気という。　②　(エ)が誤り。パソコン普及率は1990年後半から急速に上昇した。　③　四大公害病については右表参照。

公害名	原因	発生地域
水俣病	水質汚濁 (メチル水銀)	八代海沿岸 (熊本県・鹿児島県)
新潟水俣病	水質汚濁 (メチル水銀)	阿賀野川流域 (新潟県)
イタイイタイ病	水質汚濁 (カドミウム)	神通川流域 (富山県)
四日市ぜんそく	大気汚染 (硫黄酸化物など)	四日市市 (三重県)

3 **問1** (エ)「共謀罪」の趣旨を含む改正組織的犯罪処罰法は，2017年の参院本会議で可決・成立された。

問2 (ウ)国の予算において，社会保障費と防衛費が全体の半分以上を占めており，社会保障費>国債費だから，Aが社会保障費，Bが防衛費，Cが国債費である。

問3 (イ)衆議院で内閣不信任決議案が可決されると，内閣は総辞職するか，10日以内に衆議院を解散しなければならない。

問4 (ア)が誤り。「国土交通省」でなく「総務省」であれば正しい。

問5 (エ)が誤り。裁判員制度は，重大な刑事事件の一審について，くじで選ばれた6人の裁判員と3人の裁判官で審議し，有罪か無罪か，有罪であればどのような量刑が適当かを決定する制度である。

平成30年度 解答例・解説

《解答例》

1 (1)ア　(2)エ　(3)トレーサビリティ　(4)ウ　(5)ア　(6)ア，ウ，エ　(7)イ
(8)(Ⅰ)オ→ア→ウ→エ→イ　(Ⅱ)イ　(9)ジャストインタイム方式　(10)ウ　(11)ア　(12)エ

2 (1)ア　(2)ウ　(3)イ　(4)大和朝廷の支配は，九州北部から関東にまで及んでいた。　(5)ア　(6)エ
(7)石見銀山　(8)イ　(9)大塩平八郎　(10)ウ→ア→イ→エ　(11)エ

3 (1)ア　(2)(Ⅰ)関税　(Ⅱ)エ　(3)エ　(4)1．ア　2．エ　(5)イ　(6)イ　(7)1．ウ　2．エ　(8)生命
(9)イ　(10)ぜいたく　(11)ウ　(12)ア　(13)エルサレム

4 (1)イ　(2)ア　(3)Ⅰ．×　Ⅱ．×　Ⅲ．○　Ⅳ．×　(4)イ　(5)イ　(6)エ　(7)希望の党　(8)ウ　(9)ア
(10)衆議院で最も議席の数が多い政党の代表者が首相になる。　(11)世論

《解　説》

1 (1)　『「広告費の推移」における変化の理由』とあることから，2015 年の単年だけの数値を見ても推移を読み取ることはできないと判断してアを選ぶ。

(2)　エが誤り。メールやＳＮＳの情報をすぐに広めて拡散させると，個人情報などがもれ，プライバシーが侵害される危険性があるから，情報を吟味する必要がある。

(4)　北陸地方は，水田単作地帯が広がることがポイントだから，農産物生産額の合計に占める米の割合が最も高いウを選ぶ。アは米の生産額が高いことから東北地方，イは畜産の生産額が高いことから北海道，残ったエが中国・四国地方である。

(5)　比較的温暖な地域で栽培される野菜を選べばよいからアである。

(6)　養殖と栽培漁業をまとめて育てる漁業という。魚を育てるためのデータを選べばよい。

(7)　イが正しい。自動車の生産額は 130.0537×0.41＝53.3…(兆円)である。総生産額のうち自動車生産は約４割だからアは誤り。生産額が２番目に多い分野は電気機器であり，その生産額は 130.0537×0.13＝16.9…(兆円)だからウは誤り。自動車生産額は全体の約５分の２を占めているからエは誤り。

(8)　日産自動車やスバルにおいて，完成後の検査を無資格者が長年行っていたことが問題となった。

(11)　「植物工場の野菜を買う良さ」とあるのでアが正しい。露地栽培の欠点と比較すればアを導き出せる。

(12)　製造業の工場では，働く人口が 300 人以上を大工場，300 人未満を中小工場というから，エは中小工場の特徴を説明していない。

2 (1)　アが正しい。縄文時代には王や豪族は存在しないからイは誤り。のぼりがまは古墳時代から使われたからウは誤り。土器の中に食べ物のあとが残っていたことからわかるのは，土器をどのようなことに使っていたかだから，エは誤り。

⑵　ウが正しい。文中に「縄文時代よりも以前は，大阪地方は今よりも７～８度くらい気温が低く，今の札幌のあたりのような気候」とあることから，縄文時代になって気温が上昇したと判断する。縄文時代は平均気温も今より高く，海水面は現在より４～５ｍ程度高かったと言われている。この現象を縄文海進という。

⑶　イが正しい。高床倉庫は住居ではないからアは誤り。集落に物見やぐらがあったことは，集落の有力者が中国に使者を送ることと関係ないからウは誤り。『日本書紀』は奈良時代の歴史書だからエは誤り。

⑷　埼玉県の稲荷山古墳から鉄剣，熊本県の江田船山古墳から鉄刀が出土している。

⑸　アは聖徳太子が制定したと言われる十七条の憲法である。イは聖武天皇の大仏造立の詔，ウは明治政府の発表した五箇条の御誓文，エは江戸幕府が出した武家諸法度の一部である。

⑹　カラフルな彩色が施された『源氏物語絵巻』は，水墨画のような墨一色ではないからエが誤り。

⑺　石州銀は，江戸時代の毛利氏が発行したものが広く知られているが，豊臣秀吉が作らせた文禄石州銀が朝鮮出兵の際の軍用に使われたと言われている。

⑻　「天下の台所」は大阪のことであり，大名の蔵屋敷が立ち並ぶイである。アは『江戸図屏風』左隻の江戸城，イは『菱垣新綿番船川口出帆之図』，ウは『洛中洛外図屏風』の祇園祭，エは『浮絵駿河町呉服屋図』である。

⑽　アは平等院鳳凰堂（平安時代），イは慈照寺銀閣（室町時代），ウは螺鈿紫檀五弦琵琶（奈良時代），エは本居宣長の『古事記伝』（江戸時代）だから，ウ→ア→イ→エとなる。

⑾　説明文の５段落目に「百舌鳥古墳群から北に行くと…四天王寺というお寺」「四天王寺から地図を北へ見ていくと，今の大阪城が見つかり」とあることから，南から北に向かって，百舌鳥古墳群（Ｂ）→四天王寺（Ａ）→大阪城（Ｃ）と位置するとわかる。

3　⑵　ア～エのすべてがトランプ大統領の行ってきたことだが，貿易に関係するものがＴＰＰしかないことから容易に判断できる。パリ協定は，京都議定書に代わる2020年からの温室効果ガスの排出削減についての協定である。

⑶　エが正しい。日清戦争の講和条約である下関条約で得た賠償金が２億両（テール），三国干渉による遼東半島の返還分として得た賠償金が３千万両だから，全部で２億３千万両（当時の日本円で約３億６千万円）であった。これらの賠償金の80％以上が軍事拡張費や臨時軍事費にあてられた。日清戦争にかかった戦費約２億円は，当時の国家予算の２倍余りだから，アは誤り。戦費約２億円より，賠償金約３億６千万円の方が多いから，イは誤り。皇室財産にあてられたのは，賠償金の５％程度だから，ウは誤り。

⑷１　アが正しい。イは朝鮮半島，ウは山東半島，エは済州島である。　２　日清戦争で清が敗れたことにより，朝鮮が清から自立し，その結果，日本とロシアが朝鮮半島をめぐって対立することになった。

⑸　イが正しい。日露戦争の講和条約であるポーツマス条約で，樺太の南部と満州（長春以南）の鉄道のほか，朝鮮における日本の指導監督権，遼東半島の旅順・大連の租借権，沿海州などでの漁業権などを得た。

⑹　イの柳宗悦はわからなくても，アが小渕恵三元首相，ウが田中正造，エが野口英世とわかれば導き出せる。

⑺１　昭和時代は1926年～1989年である。配給制は太平洋戦争時の1942年から始まったからウが誤り。

２　エが正しい。このグラフは，1929年の価格を100として見ているので，米・麦・まゆそれぞれの価格の変化は読み取れるが，米・麦・まゆの価格を比較することはできないから，ア・イ・ウは誤り。

⑾　ヨーロッパの西ドイツ以西が西側諸国，東ドイツ以東が東側諸国に大別される。

⒀　ユダヤ教，キリスト教，イスラム教の共通の聖地からエルサレムを導く。

4　⑴　2017年現在の日本の高齢化率（全人口に占める65歳以上の占める割合）は約27％と，超高齢社会となっている。

⑶　国民の三大義務は，「納税の義務」「勤労の義務」「子女に普通教育を受けさせる義務」だから，Ⅲは○である。Ⅰ・Ⅱ・Ⅳはいずれも国民の権利である。

⑷　少子高齢化が進む中で，日本の支出における社会保障費の額は年々増加していることは覚えておきたい。地方財政費とは，地方交付税交付金や国庫支出金などの国から地方公共団体に配分される財源である。

⑸　東京電力福島第一原子力発電所でメルトダウン(メルトスルー)が起き，現在もその処理は終わっていない。

⑹　ＰＫＯ活動としての南スーダンへの陸上自衛隊派遣は，2012〜2017 年の約５年間で終了した。イラクへは 2003〜2009 年，カンボジアへは 1992〜1993 年，東ティモールへは 2002〜2004 年に派遣された。

⑻　ウが正しい。市長選挙と衆議院議員選挙に 25 歳から立候補できる。都道府県会議員議員選挙の選挙権は 18 歳以上だから 25 歳有権者は投票できるのでアは誤り。国会のうち解散がない議院は参議院であり，立候補は 30 歳からだから，イは誤り。市議会議員選挙への立候補は 25 歳からだからエは誤り。

⑼　アが正しい。イ．違憲立法審査権は裁判所の権限である。ウ．条約の承認は国会の権限である。エ．内閣が意思決定を行う会議は閣議である。

⑽　衆議院と参議院の指名が一致せず，両院協議会を開いても一致しないときは衆議院の指名が優先される。衆議院は人気が短く，解散もあり，国民の意見がより反映しやすいといった理由から，参議院より衆議院の議決が優越することがある。

平成29年度 解答例・解説

《解答例》

1 問１．グローバル　問２．(イ)　問３．(ウ)　問４．①(ウ)　②広島市　問５．(エ)　問６．(エ)
問７．(ア)　問８．(エ)　問９．①朝鮮戦争　②(イ)

2 問１．(エ)　問２．地産地消　問３．(ウ)　問４．①ＴＰＰ　②(ウ)　問５．(ア)
問６．①(イ)　②(イ)

3 問１．18　問２．(ウ)　問３．(ア)　問４．①富岡製糸場　②地租は地価の３％を現金で納める税なので，米が不作で収入が減っても，政府に納める税金の額は変わらないから。　問５．西南戦争　問６．(イ)
問７．(エ)　問８．(ア)　問９．直接国税を15円以上納める満25歳以上の男子。　問10．(イ)
問11．(エ)　問12．(イ)　問13．(イ)　問14．満州　問15．(ウ)
問16．(ウ)→(ア)→(イ)→(オ)→(エ)　問17．①(ア)　②(イ)

4 問１．①(エ)　②(ウ)　問２．①(イ)　②(ウ)　③高松塚古墳　④紫式部　⑤(イ)
問３．①(イ)→(ウ)→(ア)　②前野良沢　問４．シャクシャイン　問５．①(エ)　②(イ)

5 [記号／正しい語句]　(1)[(イ)／青森県]　(2)[(イ)／天智天皇]　(3)[(ウ)／菅原道真]
(4)[(ウ)／富士川の戦い]　(5)[(エ)／地頭]　(6)[(ア)／足利義満]

《解　説》

1 **問２**　シリア国内では内戦が長引き，多くの人々が国外に脱出している。周辺国の難民キャンプに入れる人はごくわずかであるため，ヨーロッパを初めとする国際社会に難民の受け入れが求められている。2015年９月にドイツのメルケル首相が難民の受け入れを発表すると，100万を超える難民がドイツに流入したが，これにより国内では治安の悪化や宗教間の対立が表面化するなど，ドイツの人々と難民との間で摩擦が生じている。(ア)のオランドはフランスの大統領，(ウ)のメイはイギリスの首相，(エ)のプーチンはロシアの大統領である。

問３　駆けつけ警護とは，武装集団に民間人が襲われたとき，その民間人を助けに向かう任務のことをいう。

問４①　(ア)はカナダ，(イ)はメキシコ，(ウ)はキューバ，(エ)はベネズエラ，(オ)はアイスランドである。

②　アメリカの世論が日本への原爆投下を否定的に捉えるようになったことにともない，オバマ大統領の広島への訪問が実現した。

問５　サミットは，日本・アメリカ・カナダ・イギリス・フランス・イタリア・ドイツの７か国(Ｇ７)およびＥＵ内の欧州理事会の議長・欧州委員会の委員長で構成される。2014年に起こったウクライナ問題のため，ロシアがサミットのメンバーから外されたので覚えておこう。

問７　アメリカの二大政党は共和党と民主党であり，前アメリカ大統領のオバマは民主党所属である。

問８　1997年には京都で地球温暖化防止会議が開催されたので，(エ)が正答となる。(ア)は福井県鯖江市，(イ)は愛知県豊田市，(ウ)は石川県輪島市について述べた文である。

問９①　ソ連は北朝鮮を，アメリカは韓国を支援したため，韓国と北朝鮮の間で対立が激化し，1950年，北朝鮮が韓国に突如侵攻して朝鮮戦争が始まった。朝鮮戦争は1953年に休戦したが，2017年３月時点，終戦に至っていない。

②　(ア)は1960年代後半，(ウ)は1970年代，(エ)は1940年代のできごとである。

2 問１　４つの品目のうち，小麦は最も自給率が低いので，(エ)が正答となる。(ア)は米，(イ)は野菜，(ウ)は肉である。

問２　地産地消とは，その地域で生産した農産品を地元の人々が消費することをいう。地元の人々が地元の農家でつくった農産品を買えば，その地域のお金は他の地域に流出することなく，地域内で循環する。

問３　農作物を地域ブランド化しても，供給量が安定するとは限らないので，(ウ)は誤り。

問４①　ＴＰＰは，太平洋地域における高い水準の貿易自由化を目標とする協定である。関税の撤廃のみならず，知的財産権など関税が影響しない分野を含めたルールの統一が図られている。なお，アメリカを除く11か国中の７か国が手続きを完了したことで，2018年12月に発効した。

②　ＴＰＰには太平洋を取り巻く国々が交渉に参加できるので，大西洋に面する(ウ)のブラジルは含まれない。

問５　日本の工業地帯・工業地域のうち，中京工業地帯は最も機械工業がさかんな工業地帯なので，(ア)が正答となる。(イ)は京浜工業地帯，(ウ)は瀬戸内工業地域，(エ)は阪神工業地帯である。

問６①　各国による排他的経済水域の設定・石油危機による燃料費の高騰の影響を受け，1970年代後半から(イ)遠洋漁業が衰退し始めた。その後，遠洋漁業を行っていた漁船は(ア)沖合漁業にシフトしていき，イワシの豊漁もあり，1980年代に沖合漁業は頭一つ飛び抜けた漁獲量を記録した。しかし，イワシを取りすぎたことから沖合漁業は徐々に衰退していき，現在は(エ)海面養殖業の漁獲量が増加している。(ウ)沿岸漁業を含め，漁業全体の高齢化や後継者不足が著しく，全体としての漁獲量は緩やかに減少し続けている。(オ)は内水面漁業・養殖業である。

3 問１　選挙権年齢の歴史について，右表参照。

選挙法改正年 (主なもののみ抜粋)	直接国税の要件	性別による制限	年齢による制限
1889年	15円以上	男子のみ	満25歳以上
1925年	なし	男子のみ	満25歳以上
1945年	なし	なし	満20歳以上
2015年	なし	なし	満18歳以上

問２　(ア)・(イ)・(エ)は，1858年に結ばれた日米修好通商条約の内容である。

問３　(ア)は坂本龍馬，(イ)は勝海舟，(ウ)は木戸孝允，(エ)は岩倉具視である。

問５　征韓論が退けられ政府を去った西郷隆盛は，鹿児島に帰郷して私塾を開いていたが，特権をうばわれたことに不満を持っていた士族らにかつぎ上げられ，1877年に西南戦争を起こした。

問６　秩父事件は，1884年に自由党員が中心となって起こした激化事件である。借金の減額や免除を求めた農民らが蜂起したが，鎮圧された。

問９　右上表参照。

問10　風刺画には，朝鮮(魚)をめぐって対立する日本(左)と清(右)，漁夫の利を狙うロシア(中央)が描かれている。

問11　1889年時点での総人口にしめる有権者の割合は1.1％だったが，1900年の選挙権の拡大(直接国税を10円以上納める満25歳以上の男子)で，総人口に占める有権者の割合は倍増した。

問12　(イ)のできごとは1935年(脱退の通告は1933年)であり，1930年代のはじめとはいえない。

問13　(ア)は原爆の子の像の真下にある石碑に刻まれている内容，(ウ)は雑誌『青鞜』の創刊に寄せて，平塚らいてうが寄稿した文，(エ)は太平洋戦争中の標語である。

問15　1932年５月15日，海軍の青年将校らによって犬養毅首相が暗殺された事件を五・一五事件という。後継の斉藤実(まこと)首相は政党の総裁ではない軍人であったため，政党政治はとだえた。

問16　(ア)は1939年，(イ)は1940年(日独伊三国同盟)，(ウ)は1937年，(エ)は1945年，(オ)は1941年のできごとである。

問17①　(イ)はアメリカ国家安全保障局，(ウ)は国際司法裁判所，(エ)は世界貿易機関の略称である。

4 問１① (ア)はトルコ，(イ)はエジプト，(ウ)はサウジアラビアである。 ②(ア)はスウェーデン，(イ)はタイ，(エ)はインドである。

問２① (イ)について，隋の都は洛陽ではなく長安にあった。 ② 飛鳥寺には，飛鳥大仏がある。

④ かな文字の発明によって，日本人の感情をきめ細やかに表すことができるようになり，さまざまな文学作品が生まれた。紫式部の『源氏物語』，清少納言の『枕草子』，紀貫之の『土佐日記』などは，国風文化を代表する文学作品である。 ⑤ (イ)の織田信長は，長崎ではなく安土城下にキリスト教の学校を建てることを許した。

問３① 幕領でキリスト教禁止(1612 年)→全国でキリスト教禁止(1613 年)→スペイン船の来航禁止(1624 年)→(イ)日本人の帰国・海外渡航の禁止(1635 年)→(ウ)島原・天草一揆(1637～1638 年)→ポルトガル船の来航禁止(1639 年)→(ア)オランダの商館を平戸から出島に移す(1641 年)，の流れを理解しておこう。

問５② (ア)の歌川広重は『東海道五十三次』などを描いた浮世絵師，(ウ)の勝海舟は江戸城の無血開城を果たした幕臣・政治家，(エ)の本居宣長は日本古来の日本人の精神を探求する国学を大成した国学者である。

5 (1) 福岡県にある著名な遺跡として，水田跡がみつかった板付遺跡があげられる。

(2) 壬申の乱で勝利した大海人皇子は，天武天皇として即位した。

(3) 藤原頼通は，11 世紀に摂関政治によって権勢を極めた人物で，平等院鳳凰堂を建てた。

(4) 長篠の戦い(1575 年)は，織田信長・徳川家康連合軍が，鉄砲を有効に用いて武田勝頼の騎馬隊を破った戦いである。

(5) 守護は国ごとにおかれ，軍事・警察の役割をになった。

(6) 足利尊氏は京都に幕府を開いた，室町幕府の初代将軍である。

平成28年度 解答例・解説

《解答例》

1 問1．(1)秋田　(2)長崎　(3)群馬　問2．④　問3．ア　問4．オ　問5．ア　問6．ウ
問7．オ

2 問1．ア　問2．ウ　問3．防人　問4．エ　問5．菅原道真　問6．ア　問7．ウ
問8．エ　問9．イ　問10．木簡　問11．ウ→イ→ア→エ　問12．エ　問13．雪舟
問14．イ　問15．エ　問16．イ　問17．ウ　問18．文明開化　問19．ア　問20．イ
問21．イ→ア→エ→ウ　問22．主要なエネルギー源が石炭から石油に代わったうえに，海外から安くて良質な石炭が輸入されるようになったから。　問23．八幡製鉄所　問24．ウ→イ→エ→ア　問25．ア

3 問1．(1)安倍晋三　(2)18　(3)リオデジャネイロ　(4)ペキン　(5)バラク・オバマ　問2．ア　問3．イ
問4．エ　問5．ウ　問6．エ　問7．ウ　問8．ウ　問9．エ　問10．①　問11．エ

《解　説》

1 問1．(1)「白神」は秋田県・青森県にまたがる白神山地のことを指し，「こまち」は「あきたこまち」のことを指す。　(2)雲仙普賢岳は長崎県にある火山である。　(3)浅間山は群馬県・長野県にまたがる火山であり，群馬県の嬬恋村でキャベツの栽培がさかんに行われている。

問2．④「讃岐」は香川県の旧国名である。①広島県　②岡山県　③愛媛県　⑤徳島県　⑥和歌山県

問4．オ．小麦は，北海道の十勝平野のほか，福岡県・佐賀県に広がる筑紫平野で生産されている。

問5．ア．日本の小麦輸入先は，アメリカ(51.8%)・カナダ(31.2%)・オーストラリア(16.1%)である(2014年)。

問6．ア．東南アジア諸国連合の略称はＡＳＥＡＮである。　イ．このような名称の会議はない。なお，アジア太平洋経済協力会議の略称はＡＰＥＣである。　エ．略称はない。

問7．環太平洋戦略的経済連携協定には太平洋を取り巻く国々が参加しているので，太平洋に面していないオのイギリスは参加していない。

2 問1．ア．東海道新幹線は，東京オリンピックの開催に合わせて開通した。

問2．名古屋駅から博多駅までに新幹線が通る都道府県は，(愛知県)－岐阜県－滋賀県－京都府－大阪府－兵庫県－岡山県－広島県－山口県－(福岡県)である。アは山口県，イは京都府，ウは奈良県，エは岐阜県で起きたできごとだから，ウが正答となる。

問3．防人とは北九州の警備についた兵士のこと。当初は手当てや補償もなく，民衆にとって重い負担となった。

問4．エ．板付遺跡は縄文時代晩期～弥生時代早期の遺跡であり，かつて日本で主流だった「日本で稲作は弥生時代から始まった」という説をくつがえしたことで知られている。

問5．894年，菅原道真は藤原氏の策略により，長らく派遣されていなかった遣唐使に選ばれ，国外に追いやられようとしていた。そこで道真は，唐の衰退と航海の危険を理由に遣唐使の派遣の延期を宇多天皇に進言し，こ

れが聞き入れられた。そうして国内にとどまった道真だったが，後に藤原氏によってあらぬ罪をかけられて大宰府に左遷されてしまい，そこで亡くなった。道真の死後，朝廷では相次いで災厄が起こったことから，これが道真の祟りだと恐れられ，道真を「天神様」とあがめる風潮ができあがり，現在では学問の神様とされている。
問６．６．「寒冷な草原」に着目する。氷河期は，今からおよそ１万年前に終わった。
問７．ウは骨角器で，釣り針として用いられた。アは石包丁，イは木製の鋤（すき），エは竪杵（たてぎね）である。
問８．エ．石室は古墳の内部につくられた。
問９．イ．遣唐使は飛鳥～平安時代初期にかけて派遣された。奈良時代につくられた東大寺の正倉院には，シルクロードを通って中国にもたらされ，そこから遣唐使が日本に持ち帰った品々が収められている。
問 10．木簡は荷札として用いられたほか，役所の文書や字の練習をするためにも用いられた。
問 11．ア．鎌倉時代　イ．奈良時代　ウ．飛鳥時代　エ．安土桃山時代
問 12．ア．鉄砲ではなく「てつはう(火器)」ならば正しい。　イ．元寇が起こったとき，北条政子はすでに故人である。また元寇は防衛戦だったために新たな領土を手に入れることができず，幕府は十分な恩賞を御家人に与えることができなかった。　ウ．水城ではなく防塁(石塁)ならば正しい。
問 14．イは江戸時代の人々の生活について説明した文である。
問 15．エは京都の祇園祭のようすを描いた『祇園祭礼図屏風』であり，キリスト教とは関連しない。
問 16．ア．朝鮮との貿易や外交は対馬藩を通しておこなわれた。　ウ．琉球王国の王の代替わりごとに謝恩使が，将軍の代替わりごとに慶賀使が，それぞれ江戸に派遣された。　エ．中国人の居住域としてあてがわれた唐人屋敷は二重の堀と塀に囲まれ，基本的に出入りが制限されていた。
問 17．ウ．1641 年，オランダの商館が平戸から出島に移されることで，日本の鎖国体制は完成した。
問 19．イ．大日本帝国憲法の制定にあたっては，君主権の強いドイツ(プロイセン)の憲法が参考にされた。
ウ．『学問のすすめ』には欧米の思想の影響が見られる。　エ．学制にはフランスの影響が見られる。
問 20．アの『原爆の子の像』とウの『原爆ドーム』は，広島の平和記念公園にある。エは『平和の礎（いしじ）』で，沖縄の平和祈念公園にある。
問 21．アは，日露戦争(1904～1905 年)に出征した弟を思って与謝野晶子が詠んだ歌である。イは，日清戦争(1894～1895 年)の宣戦詔書（しょうしょ）である。ウは，1939 年に撮影された，日中戦争中の写真である。エは，1931 年に始まった満州事変に関する文章である。
問 22．解答例にある「主要なエネルギー源が石炭から石油に代わったこと」をエネルギー革命という。
問 23．八幡製鉄所は，中国から鉄鉱石を輸入しやすく，筑豊炭田から石炭を輸送しやすい北九州の地につくられた。
問 24．ア．「自衛隊向け」とあるので，自衛隊が組織された 1954 年以降のこと。イ．第一次世界大戦は 1914 年に始まり，1918 年に終わった。　ウ．ペリー来航は 1853 年のこと。　エ．太平洋戦争は 1941 年に始まった。

3 問１．⑵右表参照。

選挙権	満 18 歳以上
衆議院議員・都道府県の議会議員・市(区)町村長・市(区)町村の議会議員の被選挙権	満 25 歳以上
参議院議員・都道府県知事の被選挙権	満 30 歳以上

※2016 年の夏に実施される参議院議員通常選挙以降

問２．アはリアス海岸，イは砂浜海岸，ウは三角州の写真である。リアス海岸は，三重県の志摩半島のほか，東北地方の三陸海岸，福井県の若狭湾岸・長崎県・愛媛県などで見られる。
問４．エ．2016 年２月現在，ドイツの原子力発電所の再稼働はことさら大きく議論されていない。
問５．ア．参議院議員選挙は，基本的に都道府県を単位とする選挙区制となっている(高知・徳島と鳥取・島根は合区制となったので覚えておこう)。　イ．衆議院議員選挙について述べた文である。　エ．参議院議員選挙は５倍を超える一票の格差が問題とされている。　／問６．エ．25 歳以上ではなく 20 歳以上ならば正しい。

問８．ソ連が安全保障理事会で拒否権を発動していたため，日本はサンフランシスコ平和条約で独立を回復した後も国際連合に加盟できなかった。1956 年，日ソ共同宣言を発表してソ連と国交を回復したことで，日本の国際連合加盟にソ連の反対がなくなり，日本は国際連合への加盟を果たすことができた。

問 10．①オーストラリア　②ニュージーランド　③コロンビア　④ブラジル　⑤アルゼンチン

問 11．「８年の任期」とあることから，Aに「５」が入らないと判断する。

平成27年度 解答例・解説

《解答例》

1　問１．貝塚　　問２．海津

2　問１．ウ　　問２．ウ　　問３．大田　　問４．ア　　問５．太平洋ベルト　　問６．(C)海　(D)船
問７．①めがね　②福井　　問８．ア　　問９．①イスラム教　②シェールガス　　問 10．エ
問 11．首里城

3　問１．参勤交代　　問２．飛脚　　問３．日本橋　　問４．天下の台所　　問５．エ　　問６．ウ
問７．イ　　問８．エ

4　問１．フランス　　問２．西南戦争　　問３．ウ　　問４．エ　　問５．ウ　　問６．ア
問７．エ→ウ→ア→イ　　問８．ラジオ　　問９．エ
問 10．原子爆弾は，８月６日に広島，８月９日に長崎に投下された。　　問 11．サンフランシスコ
問 12．ウ　　問 13．(電気)冷蔵庫　　問 14．エ　　問 15．ウ　　問 16．風評被害　　問 17．基本的人権
問 18．メディアリテラシー　　問 19．ア→ウ→イ→エ

5　問１．ロシア　　問２．イ　　問３．集団的　　問４．ウ　　問５．ア　　問６．エ　　問７．４

《解　説》

1　問１．貝塚からは，煮炊きなどに用いられた縄文土器のかけらも見つかっている。

問２．木曽三川(木曽川・長良川・揖斐川)に囲まれた海津市のような下流域では，古くから河川の氾濫による洪水が多かった。そのため，これらの地域では，輪中と呼ばれる堤防で周囲をめぐらせた地域をつくり，中でも家屋などの重要な建物は土を盛るなどして周囲より高いところに建てられた。

2　問２．ウ．企業数では，中小企業の方が大企業より圧倒的に多い。

問３．東京国際空港とは羽田空港のこと。

問４．ア．東京湾に面する大田区は，多摩川をはさんで神奈川県川崎市と隣り合っている。
イ．町田市　ウ．足立区　エ．奥多摩町

問５．太平洋ベルトは，関東地方から九州地方北部にかけてのびている。

問７．②羽二重は，肌触りがよくつやのある絹織物で，礼服や羽織などに用いられる。

問８．東大阪市は，日本で最も中小工場が集まった地域である。　ア．ＪＡＸＡ(宇宙航空研究開発機構)とともに人工衛星の製作にたずさわった。

問９．①イスラム教は世界三大宗教の一つである。サウジアラビアに聖地メッカがあり，インドネシア・中東・北アフリカに信者が多い。世界三大宗教にはほかに，キリスト教・仏教がある。
②アメリカでは，1990 年代からシェールガスの開発が進められてきた。

問 10. ア．明ではなく宋ならば正しい。　イ．遣唐使ではなく遣隋使ならば正しい。　ウ．吉野ヶ里遺跡は佐賀県にある弥生時代の遺跡である。

問 11. 首里城は世界文化遺産に登録されている。

3 問１．参勤交代…大名を江戸と領地に１年おきに住まわせる制度。将軍と大名の主従関係の確認という意味合いを持ったが，参勤交代にかかる費用などのために，藩の財政は苦しくなった。

問２．飛脚は，現代における郵便の役割をになっていた。

問３．江戸の日本橋は，五街道(東海道・中山道・日光道中・奥州道中・甲州道中)すべての起点となった。

問４．経済の中心地である大阪には，諸藩の蔵屋敷がおかれた。

問５．エ．『熈代勝覧』は，20 世紀末にドイツで発見された絵巻で，19 世紀初頭の江戸日本橋のようすが描かれている。

問６．ア．歌川広重/『東海道五十三次』などを描いた浮世絵師　イ．本居宣長/国学を大成した人物　ウ．近松門左衛門　エ．徳川慶喜/大政奉還を行った江戸幕府 15 代将軍

問７．イ．十返舎一九(じっぺんしゃいっく)によって書かれた滑稽本である。

問８．エ．日本は，治外法権(領事裁判権)を認めていたので，外国人を日本の法律で裁けなかった。

4 問１．フランス人ブリューナの指導のもと，群馬県に富岡製糸場が設立された。

問２．征韓論が退けられた後，政府を去った西郷隆盛は，鹿児島に帰郷して私塾を開いていたが，特権をうばわれたことに不満を持っていた士族らにかつぎ上げられ，1877 年に西南戦争を起こした。

問３．ウ．立志社がつくられるなど，高知県は自由民権運動が活発な地域であった。

問４．ア．1890 年　イ．1895 年(下関条約)　ウ．1897 年　エ．1904～1905 年(日露戦争)

問５．ウ．日清戦争の戦死者は約１万 4000 人，日露戦争の戦死者は約８万 5000 人であった。

問６．ア．与謝野晶子が日露戦争に出征した弟を思って詠んだ反戦詩である。　イ．韓国併合(1910 年)を批判して石川啄木が詠んだ歌　ウ．福沢諭吉が著した『学問のすゝめ』の冒頭　エ．平塚らいてうが雑誌『青鞜』に寄稿した文の冒頭

問７．ア．1922 年　イ．1925 年(普通選挙法の成立)　ウ．1920 年　エ．1919 年(三・一独立運動)

問９．ア．中国ではなく朝鮮ならば正しい(創氏改名の実施は 1940 年)。　イ．内容は正しいが，1900 年代初頭のできごとである。　ウ．ペキン郊外の盧溝橋で日中両軍が衝突した。　エ．正しい。1931 年のできごとである。

問 11. サンフランシスコ平和条約により，日本は主権を回復し，国際社会に復帰した。

問 12. 沖縄は 1972 年に返還された。　アは 1950～1964 年，イは 1964～1970 年，ウは 1970～1978 年，エは 1978 年以降の期間を示しているから，ウが正答。

問 14. ア．1997 年　イ．1995 年　ウ．2003 年　エ．1968 年(資本主義国の中で，アメリカに次いで第２位)

問 15. ウ．言論の自由が保障されているため，メディアはさまざまな角度から情報を分析し，それを人びとに伝えることができる。

問 17. 基本的人権の尊重は，国民主権・平和主義と並ぶ日本国憲法の三大原則の１つである。

問 18. 世論の形成に新聞やテレビなどのマスメディアが果たす役割は大きく，情報を受け取る側のメディアリテラシーがしばしば問題となる。

問 19. ア．1914 年/「対独最後通牒」や記事中の「日英同盟」から，日本が第一次世界大戦に参戦したときの記事である。　イ．1941 年/「ハワイ真珠湾攻撃」から，太平洋戦争開戦時の記事である。　ウ．1923 年/「九月一日」「東京府地方を中心として大地震」から，関東大震災を報じた記事である。　エ．1945 年頃/「神風特

別攻撃隊出撃」から，太平洋戦争終戦間際の記事である。

5 問２．イ．2014 年４月，消費税が５％から８％に増税された。2015 年２月現在，2017 年４月に 10％に増税される予定である。　アは所得税，ウは固定資産税，エは住民税に関する説明である。

問３．集団的自衛権…ある国が攻撃されたとき，その国と密接な関係にある国が共同して防衛する権利

問４．ア．アルゼンチン　イ．チリ　ウ．ブラジル　エ．コロンビア

問５．ア．イギリス　イ．ギリシャ　ウ．インド　エ．カンボジア

問６．エ．最高裁判所長官を指名する権限は内閣が持っている。

問７．有権者 10000 人の選挙区の有権者が持つ１票は，有権者 40000 人の選挙区の有権者が持つ１票の，40000÷10000＝４(倍)の価値がある。

平成 26 年度 解答例・解説

《解答例》

1 問１．⑴サウジアラビア　⑵エジプト　⑶ドイツ　⑷中小工場〔別解〕中小企業　　問２．自給率
問３．⑴浮世絵　⑵(ウ)　　問４．⑴(ア)　⑵正倉院　⑶グラフ①…(ア)　グラフ②…(エ)
グラフ③…(エ)　　問５．平清盛　　問６．⑴明　⑵雪舟　　問７．⑴銀　⑵堺　　問８．(エ)

2 問１．⑴かつお　⑵焼津　　問２．楽市・楽座　　問３．(イ)　　問４．⑴庄内平野　⑵北前船

3 問１．(ウ)　　問２．①板垣退助　②(ウ)　　問３．華族　　問４．(エ)　　問５．①(ア)　②渋沢栄一
③(イ)　　問６．岡倉天心　　問７．ノルマントン号事件　　問８．①(ア)　②(ウ)　　問９．(ア)
問 10．①(エ)　②(ウ)

4 問１．(エ)　　問２．違憲立法審査権　　問３．①(エ)　②衆議院議員の任期は４年だが，解散があるため，それより短くなることがある。一方，参議院議員の任期は６年で解散はない。　　問４．(イ)
問５．(エ)　　問６．①(エ)　②12　　問７．1964　　問８．(ア)

《解　説》

1 問１．⑴日本は，サウジアラビアやアラブ首長国連邦など，中東の国々から多くの原油を輸入している。
⑶日本・ドイツ・イタリアは，第二次世界大戦中に日独伊三国同盟を結んでいた。ドイツは，ルール工業地帯を中心に発展を続け，現在ではＥＵ随一の工業国である。

問２．日本の食料自給率は約 40％で，特に小麦・大豆の自給率が低い。

問３．⑵(ア)『ポッピンを吹く女』を描いた浮世絵師。(イ)『奥の細道』を著した俳人。(エ)『古事記伝』を著した国学者。

問４．⑴(イ)遣唐使ではなく遣隋使。(ウ)法隆寺ではなく唐招提寺。(エ)平城京は，唐の都長安にならってつくられた。　⑵東大寺の正倉院には，螺鈿紫檀五絃琵琶や瑠璃色の杯などが納められている。　⑶表①：(ア)宮崎県では，暖かい気候をいかした促成栽培で，きゅうりを多く生産している。　表②：(エ)熊本県熊本市がすいかの生産量日本一の都市である。　表③：(エ)静岡県では，特に牧之原台地で茶の栽培がさかんに行われている。

問５．平清盛は一族の者を朝廷の高い位につけ，自らは太政大臣の地位につくなど，平氏の栄華を築いた人物である。

問６．⑴日本と明との間で行われた貿易は，倭寇と正式な貿易船を区別するために勘合という合い札を用いたので，勘合貿易とも呼ばれる。

問7．⑴島根県にある石見銀山は，世界文化遺産に登録されている。

問8．(ア)長州藩ではなく薩摩藩。(イ)仙台藩ではなく松前藩。(ウ)スペインではなくオランダ。

2 問1．⑴かつおは，漢字で「鰹」と書く。調は地域の特産物を都に運ぶ税で，その運搬もふくめて農民の負担となった。

問2．楽市・楽座は，座や関所を廃止して，商工業を活発にするために行われた。

問3．(イ)愛知県の瀬戸では瀬戸焼など，焼き物の生産がさかんである。

問4．⑴庄内平野には最上川が流れ，県の西部に位置している。　⑵北前船の航路を西廻り航路という。

3 問1．(ウ)長州藩出身の木戸孝允は，五箇条の御誓文の起草のほか，版籍奉還(1869 年)，廃藩置県(1871 年)に深くかかわった。

問2．1880 年，10 年後の国会開設が約束されると，板垣退助は自由党，大隈重信は立憲改進党を結成した。よって，(ウ)が正答。

問3．華族には，大名のほか公家も含まれた。

問4．(エ)フェノロサではなくモレル。フェノロサは，岡倉天心とともに日本美術の復興に尽力した人物である。

問5．①(ア)江戸が東京と改称されたのは 1868 年のことで，廃藩置県より前のできごとである。　③(イ)法律の成立には議会の同意が必要とされた。

問6．問4の解説参照。

問7．ノルマントン号事件は，船が沈没した際，イギリス人船長が日本人の乗客を見捨てたにもかかわらず，日本の法律で裁けなかったために軽い刑罰で済んだ事件。これにより，外国人が日本で起こした犯罪を日本の法律で裁くことができない領事裁判権(治外法権)の撤廃を求める声が高まった。

問8．①日清戦争の講和条約は下関条約。(ア)日清戦争ではなく日露戦争。　②日露戦争の講和条約はポーツマス条約。(ウ)日本は，下関条約で清から賠償金を得て，その一部を八幡製鉄所の設立のために使った。

問9．(ア)小村寿太郎は関税自主権の回復に成功し，陸奥宗光は，1894 年に領事裁判権の撤廃に成功した。

問10．①(エ)石川啄木は，歌集『一握の砂』を発表した詩人である。

4 問1．(エ)女性が選挙権を獲得したのは，太平洋戦争終結後の 1945 年 12 月のこと。

問2．違憲立法審査権は，すべての裁判所が持つ権限である。

問3．①(エ)最高裁判所長官は，内閣が指名し，天皇が任命する。　②参議院議員は，３年ごとに半数が改選される。

問4．(ア)世界保健機関　(ウ)国際通貨基金　(エ)国際労働機関

問5．(エ)世界文化遺産に登録されている日本の城には，姫路城(兵庫県)・首里城(沖縄県)があるが，名古屋城は世界遺産に登録されていない。

問6．①(ア)カナダ　(イ)アメリカ　(ウ)ブラジル　②経度差15度で１時間の時差が生じるから，アルゼンチンの標準時子午線は，15×３より，西経 45 度の経線である。したがって，日本との時差は，(135＋45)÷15＝12(時間)

問7．日本で行われたオリンピックの開催年は，

1964 年：東京オリンピック　1972 年：札幌オリンピック

1998 年：長野オリンピック　2020 年：東京オリンピック(予定)

問8．(ア)東京と大阪を結ぶ東海道新幹線は，東京オリンピック開催の直前に開通した。

平成25年度 解答例・解説

《解答例》

1 問1．[県名／地図]　A．[新潟／1]　B．[愛知／8]　C．[宮崎／11]　D．[鹿児島／13]　問2．イ
問3．ウ　問4．焼津　問5．ア　問6．イ　問7．栽培(さいばい)漁業　問8．タイ
問9．⑴中国〔別解〕中華人民共和国　⑵国名…ドイツ　地図…4　問10．オーストラリア

2 問1．エ　問2．ウ　問3．ウ　問4．ア　問5．生存　問6．四日市ぜんそく　問7．180
問8．イ　問9．オスプレイ

3 問1．エ　問2．イ　問3．ア　問4．古事記　問5．行基　問6．ア　問7．伊能忠敬
問8．ウ　問9．エ　問10．ウ　問11．ア　問12．エ→ア→ウ→イ　問13．エ　問14．長野県

4 問1．エ　問2．ウ→エ→ア→イ　問3．エ　問4．書院造　問5．能　問6．祇園(ぎおん)祭
問7．町人　問8．五人組　問9．寺子屋　問10．渋染(しぶぞめ)一揆　問11．イ　問12．秩父(ちちぶ)事件
問13．平等

《解　説》

1 問1．C・D．肉用牛の飼育頭数は北海道のほか，九州南部の県が多い。
問2．イ．2009年の小麦の自給率は11％。
問3．ウ．みかんは，和歌山県・愛媛県・静岡県の生産量が多い。
問6．イ．沿岸漁業ではなく沖合漁業。
問7．今までの漁業がとる漁業と呼ばれるのに対し，栽培(さいばい)漁業・養殖(ようしょく)業は，育てる漁業と呼ばれる。
問9．⑴2011年現在，中国は日本の最大の貿易相手国である。　⑵1．スペイン，2．フランス，3．イタリア，5．イギリス，6．ポーランド，7．フィンランド，8．スウェーデン。
問10．鉄鉱石：オーストラリア・ブラジル・南アフリカ共和国，石炭：オーストラリア・インドネシア・カナダの順に輸入量が多い(2011年)。

2 問1．エ．沖縄県。一年中温暖で，年間降水量が非常に多いのが特徴(とくちょう)。ア．瀬戸内の気候，イ．北海道の気候，ウ．日本海側の気候。
問2．ウ．利根川は，源流(げんりゅう)がある群馬県北部から関東平野を流れる河川。
問3．ア．1000mではなく800m。イ．木曽川ではなく信濃川。エ．このグラフから流域面積の広さを読み取ることはできない。
問4．ア．電子部品の工場は，沿岸部のほか長野県や東北地方の内陸部に多く立地する。ＩＣ(集積回路)などの電子部品は，小型・軽量のわりに単価が高いため，航空機やトラックなどの輸送でも利益を上げられるため，空港や高速道路の近くに工場が建てられることが多い。
問6．四日市ぜんそくの原因は，工場から出るばい煙による大気汚染。
問7．ヴァーチャルウォーターの量90ℓにつき，オレンジは225ｇ生産できるから，450÷225＝2より，
90×2＝180(ℓ)
問8．イ．ヨーロッパ連合(ＥＵ)は，60年以上もの間，欧州(おうしゅう)における平和と和解，民主主義と人権の向上に貢献(こうけん)した，というのが受賞理由である。

3 問1．エ．弥生時代のできごとではなく古墳時代のできごと。

問２．イ．百舌鳥古墳群には，世界最大級の前方後円墳の大仙古墳がある。

問３．ア．大化の改新は，中大兄皇子・中臣鎌足らによって行われた政治改革。「中国から帰国した留学生」は，旻・高向玄理。

問４．同時期に作られた歴史書に『日本書紀』がある(720年)。

問６．ア．『洛中洛外図屏風』に描かれている祇園祭の様子。

問８．ウ．『ハルマ和解』ではなく『蘭学事始』。

問９．⑨は地租改正。ア．地租改正では現金で納めた。イ．土地の価格(地価)の３％を税として納めた。ウ．当初は江戸時代と負担が変わらなかった。

問10．ウ．東郷平八郎は，日露戦争では日本海軍を率いた。

問11．日韓併合は1910年。ア．1886年，イ．1922年，ウ．1920年，エ．1911年。

問12．ア．1950年，イ．1960年，ウ．1954年，エ．1947年。

問13．エ．北ではなく東。水田地帯・市街地を歩いていくと古墳がある。

問14．レタスなどの高原野菜は，冷涼な気候を生かした抑制栽培がさかんな長野県で多く生産されている。

4 問１．エ．武士の館ではなく貴族の寝殿造の特徴である。

問２．ア．1185年３月22日，イ．1185年３月24日，ウ．1180年，エ．1184年。

問３．エ．大阪ではなく京都。

問４．書院造の建物として，銀閣の東求堂同仁斎が有名である。

問８．犯罪の防止などのため，相互に監視させることを目的につくらせた。

問９．武士の子は，藩校で主に朱子学を学んだ。

問11．イ．学制。日露戦争後には就学率が90％を超えた。

問13．これを平等権という。基本的人権の１つに分類される。

■ ご使用にあたってのお願い・ご注意

（1）問題文等の非掲載

著作権上の都合により，問題文や図表などの一部を掲載できない場合があります。

誠に申し訳ございませんが，ご了承くださいますようお願いいたします。

（2）過去問における時事性

過去問題集は，学習指導要領の改訂や社会状況の変化，新たな発見などにより，現在とは異なる表記や解説になっている場合があります。過去問の特性上，出題当時のままで出版していますので，あらかじめご了承ください。

（3）配点

学校等から配点が公表されている場合は，記載しています。公表されていない場合は，記載していません。

独自の予想配点は，出題者の意図と異なる場合があり，お客様が学習するうえで誤った判断をしてしまう恐れがあるため記載していません。

（4）無断複製等の禁止

購入された個人のお客様が，ご家庭でご自身またはご家族の学習のためにコピーをすることは可能ですが，それ以外の目的でコピー，スキャン，転載（ブログ，ＳＮＳなどでの公開を含みます）などをすることは法律により禁止されています。学校や学習塾などで，児童生徒のためにコピーをして使用することも法律により禁止されています。

ご不明な点や，違法な疑いのある行為を確認された場合は，弊社までご連絡ください。

（5）けがに注意

この問題集は針を外して使用します。針を外すときは，けがをしないように注意してください。また，表紙カバーや問題用紙の端で手指を傷つけないように十分注意してください。

（6）正誤

制作には万全を期しておりますが，万が一誤りなどがございましたら，弊社までご連絡ください。

なお，誤りが判明した場合は，弊社ウェブサイトの「ご購入者様のページ」に掲載しておりますので，そちらもご確認ください。

■ お問い合わせ

解答例，解説，印刷，製本など，問題集発行におけるすべての責任は弊社にあります。

ご不明な点がございましたら，弊社ウェブサイトの「お問い合わせ」フォームよりご連絡ください。迅速に対応いたしますが，営業日の都合で回答に数日を要する場合があります。

ご入力いただいたメールアドレス宛に自動返信メールをお送りしています。自動返信メールが届かない場合は，「よくある質問」の「メールの問い合わせに対し返信がありません。」の項目をご確認ください。

また弊社営業日（平日）は，午前９時から午後５時まで，電話でのお問い合わせも受け付けています。

2025 春

株式会社教英出版
〒422-8054　静岡県静岡市駿河区南安倍３丁目 12-28
TEL　054-288-2131　　FAX　054-288-2133
URL　https://kyoei-syuppan.net/
MAIL　siteform@kyoei-syuppan.net

教英出版　2025　30 の 1　南山中男子部７年分

(5)		(6)	

7.

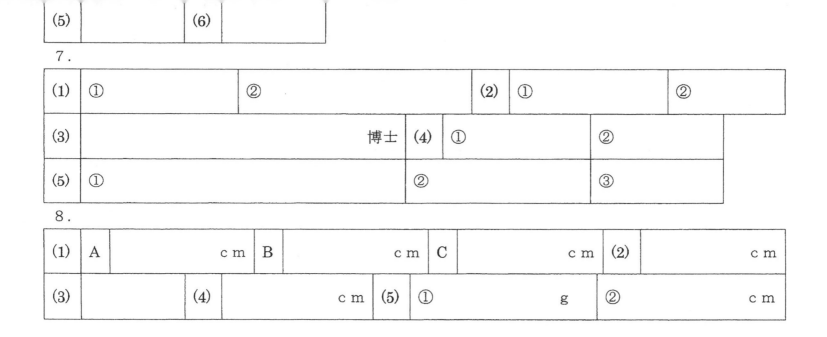

(1)	①	②	(2)	①	②
(3)	博士	(4)	①	②	
(5)	①	②	③		

8.

(1)	A	cm	B	cm	C	cm	(2)	cm
(3)		(4)	cm	(5)	① g	② cm		

受験番号	氏　名

成績		

200点満点
（配点非公表）

問10④	問10⑤	問10⑥	問10⑦	問11①	問11②	問12①
→ → →						年 月 日

問12②(ア)	問12②(イ)	問12②(ウ)

問12③

問13①

問13②	問13③

3

問1	問2	問3	問4	問5

受験番号	氏名

成績		

200点満点
(配点非公表)

2019年度(平成31年度) 南山中学校男子部入学試験 解答用紙 社会

1

問1①	問1②	問1③	問1④

問1⑤	問1⑥	問1⑦	問2

問3	問4	問5	問6	問7	問8	問9

問10	問11①	問11②	問12①	問12②	問12③

問13	問14

2

問1	問2①(ア)	問2①(イ)	問2②	問3	問4	問5①	問5②	問6①

問6②

2019年度（平成31年度）南山中学校男子部　入学試験問題解答用紙

理科

1．

(1)		(2)		(3)		(4)		(5)	

2．

(1)	口→(　　　)→(　　　)→(　　　)→(　　　)→(　　　)→ こう門	(2)	

(3)		(4)		(5)	

3．

(1)		(2)		(3)		(4)		(5)	

4．

(1)	%	(2)	g	(3)		(4)	%	(5)	g

5．

(1)		(2)		(3)		(4)		(5)	

6．

2019年度（平成31年度）南山中学校男子部　入学試験　解答用紙

算　　数

1

(1)	(2)	(3) 人	(4) 時間
(5) 本	(6) 通り		

2

円

3

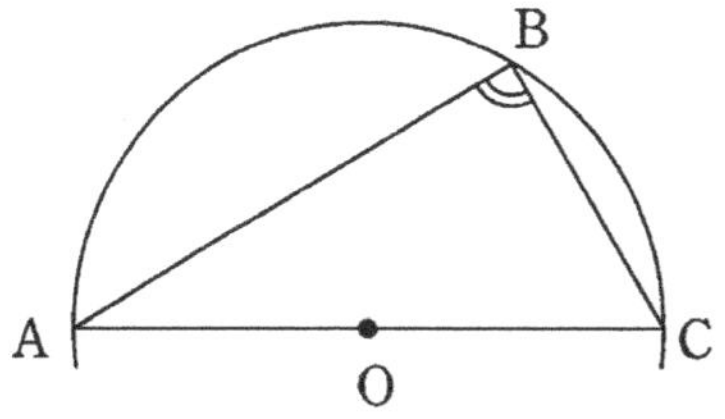

4

(1)

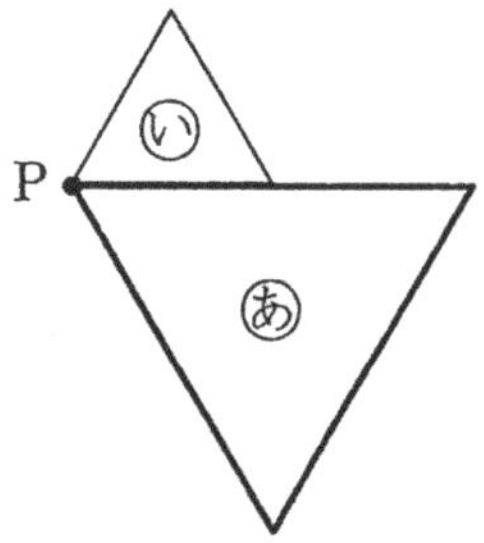

(2)

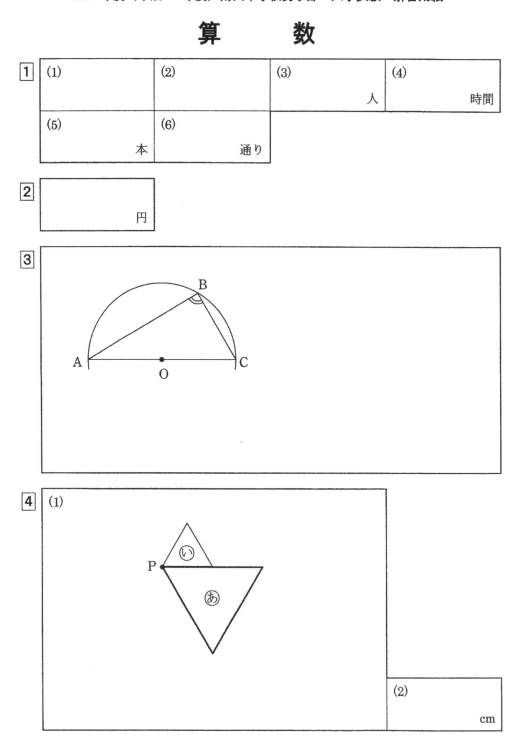

cm

5

(1) L	(2) km

6

(1)

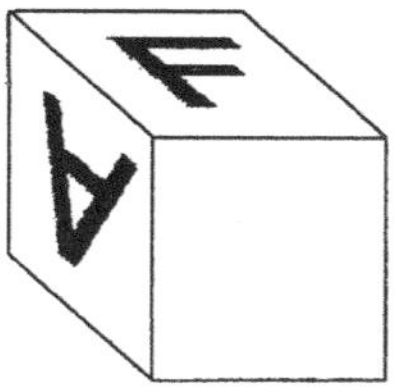

(2)

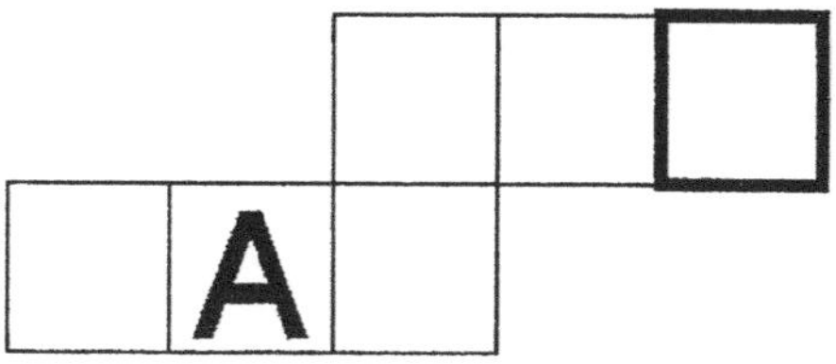

7

(1) 人

(2)

(3) 人

8

(1) L	(2) cm	(3)

受験番号	氏　　名	成　　績

200点満点
(配点非公表)

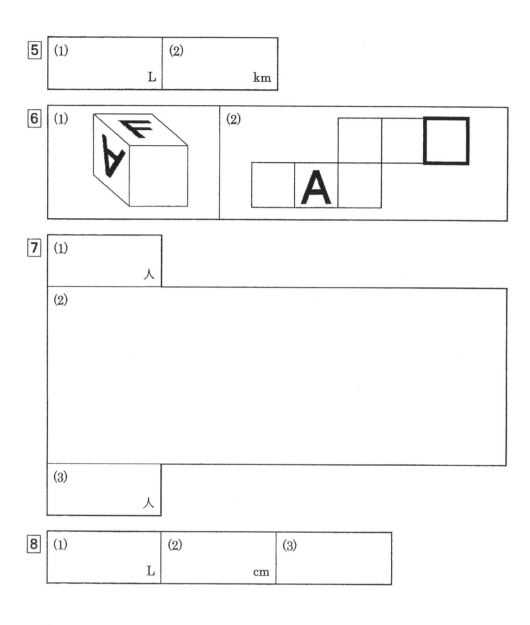

問２　下線部(b)に関して、下のグラフは国の予算（支出分）の項目別割合を示したものです。グラフ中のＡ～Ｃは何を示していますか。項目の正しい組み合わせを、次の(ｱ)～(ｶ)の中から一つ選びなさい。

(ｱ)　Ａ：国債費　　Ｂ：社会保障費　　Ｃ：防衛費

(ｲ)　Ａ：国債費　　Ｂ：防衛費　　Ｃ：社会保障費

(ｳ)　Ａ：社会保障費　　Ｂ：防衛費　　Ｃ：国債費

(ｴ)　Ａ：社会保障費　　Ｂ：国債費　　Ｃ：防衛費

(ｵ)　Ａ：防衛費　　Ｂ：社会保障費　　Ｃ：国債費

(ｶ)　Ａ：防衛費　　Ｂ国債費　　Ｃ：社会保障費

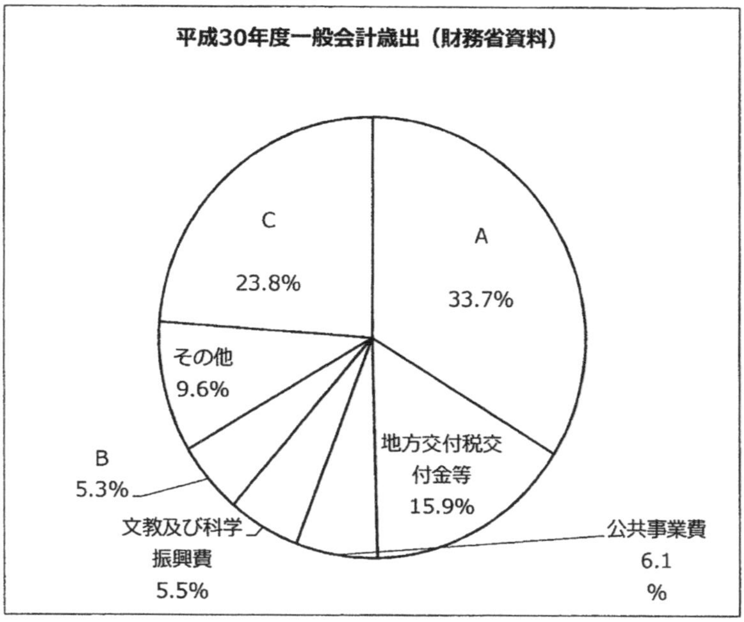

問３　下線部(c)に関して、次の(ｱ)～(ｴ)の中から、衆議院にのみ認められている権限を一つ選びなさい。

(ｱ)　外国と結んだ条約を承認する。

(ｲ)　内閣を信任しないことを決める。

(ｳ)　裁判官を裁く裁判を行う。

(ｴ)　内閣総理大臣を指名する。

問４　下線部(d)に関して、次の(ｱ)～(ｴ)の中から、各省庁について<u>間違って述べているもの</u>を一つ選びなさい。

(ｱ)　国土交通省は、国の行政組織や地方自治・通信などに関する仕事を担っている。

(ｲ)　厚生労働省は、国民の健康や労働などに関する仕事を担っている。

(ｳ)　国家公安委員会は、警察の最高機関で社会の安全に関する仕事を担っている。

(ｴ)　宮内庁は、皇室に関する仕事を担っている。

問５　下線部(e)に関して、次の(ｱ)～(ｴ)の中から、裁判員制度について<u>間違って述べているもの</u>を一つ選びなさい。

(ｱ)　裁判員制度の対象となる裁判は、殺人や放火などの重大な事件に限定されている。

(ｲ)　裁判員は20歳以上で衆議院議員の選挙権を持っている人のなかからくじで選ばれる。

(ｳ)　選ばれた裁判員は、裁判所の裁判官と話し合って判決を出す。

(ｴ)　裁判員裁判で下された判決は最終的な判決のため、２回目の裁判を行うことができない。

② 高度経済成長期（1954年12月～1973年11月）にみられた社会の変化として、間違っているものを、次の(ア)～(エ)の中から一つ選びなさい。

(ア) 鉄鋼や自動車など重化学工業が発達した。

(イ) 利用される主なエネルギー資源が石炭から石油にかわった。

(ウ) 新幹線や高速道路が整備され、人や物の移動・流通がより早くなった。

(エ) パソコンの普及が進み、大量の情報がより早く処理されるようになった。

③ 経済成長が進むとともに、公害による住民への被害もみられるようになった。四大公害病の一つで、有機水銀による水質汚染が原因となって1956年頃から熊本県で発生したものは何か答えなさい。

3 次の文章を読み、以下の問いに答えなさい。

日本国憲法の第4章から第6章にかけて、三権分立の原則が定められています。すなわち、立法権は国会に、行政権は内閣に、司法権は裁判所に属すると規定されており、三権が互いに権力を抑制しあうことによって、一部の権力が大化することを防ぎ、権力の均衡状態を保つことを図っているのです。

国会は衆議院と参議院からなり、(a)国民生活にかかわる法律を定めたり、政治を進めるための(b)予算を審議したりしています。衆参両院は議員定数が異なるだけでなく、任期も異なっています。また、(c)一部の権限については衆議院の優越が認められています。これは、衆参両院の間で性格の違いをつくることにより、国民にとってより良い政治を実現していくことを目的としています。

内閣は国会で決められた予算や法律に基づいて、国民全体のためのさまざまな仕事を、責任をもって行います。内閣の中心となるのは、国会で選出された内閣総理大臣です。内閣総理大臣は国務大臣を任命し、閣議を開いて政治の進め方を相談します。そして、国務大臣が統括する(d)各省庁が決められた政策を実行していきます。

裁判所は、大別すると最高裁判所と下級裁判所から成り立っています。それぞれの裁判所は国民の権利を守るため仕事をしています。また、(e)犯罪をおかした人を裁いたり、国会で制定された法律が憲法に違反していないかどうか断したりします。

問1 下線部(a)に関して、次の(ア)～(エ)の中から、2018年中に国会で可決・成立されたものではないものを一つ選びなさい。

(ア) 民法が改正され、2022年4月1日から成人年齢を20歳から18歳に引き下げることにした。

(イ) 働き方改革関連法が成立し、正社員と非正規社員の格差をなくすため、同じ仕事をした人には同一賃金を支払うことなどが定められた。

(ウ) 「出入国管理及び難民認定法」及び「法務省設置法」の一部が改正され、新たな外国人材受け入れのための在留資格が創設された。

(エ) 改正組織犯罪処罰法（「共謀罪」法）が成立し、特定の犯罪に関してはその計画段階から罪を問うことができるようになった。

う政治の混乱もみられました。孝明天皇には元号を変えることでそれまでの社会の雰囲気を一新したいという思いがあったようです。

一世一元の制が定められたことで、一つの元号は比較的長い年月にわたって使用されるようになりました。それによって、元号が変わるまでの間に起こったさまざまな出来事、あるいは技術革新によってもたらされた社会変化が、一つの時代の象徴としてみなされるようになったといえます。

明治時代には、大きく政治制度が変化し、江戸時代のものとはだいぶ変化した社会が形成されました。例えば、(e)江戸時代の身分制度が改まって武士階級がなくなり、藩も廃止されて新たに県がおかれることになりました。また、(f)江戸時代に禁止されていたキリスト教の信仰が認められるようになり、(g)西洋の文化や技術も積極的にとり入れられています。さらに、(h)中国や朝鮮に政治的・軍事的に進出していったのもこの時代です。

大正時代は日本の民主政治が発達した時代です。また、第一次世界大戦を経験した時代でもあります。文化面では、富裕者への自動車の普及と(i)マスメディアの発達がみられました。洋服も普及し、「モダンボーイ」「モダンガール」といった言葉も生まれました。

(j)昭和時代の最初の20年間は、政治の混迷と軍部の台頭がみられ、アジア・太平洋地域で戦争が行われました。アジア太平洋戦争に敗れた日本は、その後、(k)戦後復興の道を歩みます。(l)日本国憲法が制定され、民主的な社会と平和を尊重する国となった日本は、(m)20世紀後半には経済成長を遂げ、世界有数の経済大国となっていきました。

問1　下線部(a)に関して、日本と朝鮮のつながりについて述べたものとして、間違っているものを、次の(ア)～(エ)の中から一つ選びなさい。

(ア)　米づくりは、中国だけでなく朝鮮半島からも伝わったものである。

(イ)　朝鮮の高僧であった鑑真は、苦難の末に来日し、日本の寺や僧の制度を整え、奈良に唐招提寺を開いた。

(ウ)　佐賀県の伊万里焼や有田焼は、豊臣秀吉が朝鮮に大軍を送って攻撃した際、日本に連行された朝鮮人陶工たちによって始められたものである。

(エ)　江戸時代、朝鮮との貿易や外交は対馬藩を通して行われた。また、日朝両国の友好を深めるため、朝鮮通信使と呼ばれる使節団が江戸を訪れた。

問2　下線部(b)に関して、以下の①・②の問いに答えなさい。

①　以下の文章は日本国憲法の条文である。資料中の［ア］・［イ］にあてはまる適切な語句をそれぞれ漢字２字で答えなさい。

> 第１条　天皇は、日本国の［ア］であり日本国民統合の［ア］であつて、この地位は、主権の存する日本国民の総意に基く。
>
> 第３条　天皇の国事に関するすべての行為には、［イ］の助言と承認を必要とし、［イ］が、その責任を負ふ。

②　日本国憲法には天皇の主な仕事が定められているが、次の(ア)～(エ)の中から、間違っているものを一つ選びなさい。

(ア)　衆議院を解散すること。

(イ)　内閣総理大臣を任免すること。

(ウ)　外国の大使などをもてなすこと。

(エ)　条約を公布すること。

⑤ 第二次世界大戦において、日本が同盟を結んでいた国の組み合わせとして正しいものを、次の(ア)～(エ)の中から一つ選びなさい。

(ア)イギリスとイタリア　(イ)ドイツとイギリス　(ウ)ドイツとイタリア　(エ)イギリスとソ連

⑥ 戦争中の人々のくらしについて、間違って述べているものを、次の(ア)～(エ)の中から一つ選びなさい。

(ア) すべての政党が解散した。

(イ) 米の配給制が廃止された。

(ウ) 小学校で軍事教練が行われた。

(エ) 国民服が制定された。

⑦ 1945年7月、連合国側は日本に対して無条件降伏(ふく)を求める宣言を発表した。この宣言を何というか。

問11 下線部(k)に関して、戦後の占領下において、日本政府に指令を出していたのが連合国軍総司令部（GHQ）である。この連合国軍総司令部に関する次の①・②の問いに答えなさい。

① 右写真は連合国軍最高司令官であった人物を写したものである。この人物の名前を答えなさい。

② 連合国軍は日本の民主化を進めるための指令を次々と出し、日本政府はそれを受けて改革を進めた。戦後に行われた改革として、間違っているものを、次の(ア)～(エ)の中から一つ選びなさい。

(ア) 日本の政治に影響を与(あた)えていた特定の大会社が解散させられた。

(イ) 女性の参政権が認められるようになった。

(ウ) 労働組合の結成が禁止された。

(エ) 教育の制度が変わり、義務教育は小学校6年、中学校3年の9年間となった。

問12 下線部(l)に関して、次の①～③の問いに答えなさい。

① 日本国憲法が公布されたのはいつか。年月日を答えなさい。なお、年については西暦(れき)と元号のどちらを使ってもよい。

② 以下の資料は日本国憲法の条文である。資料中の［ア］～［ウ］にあてはまる適切な語句を漢字で答えなさい。

> 第9条 ① 日本国民は、正義と秩序(ちつ)を基調とする国際平和を誠実に希求し、国権の発動たる戦争と、［ア］による威嚇(いかく)又は［ア］の行使は、国際紛(ふん)争を解決する手段としては、永久にこれを放棄する。
>
> ② 前項(こう)の目的を達するために、陸海空軍その他の戦力は、これを保持しない。国の［イ］は、これを認めない。
>
> 第11条 国民は、すべての［ウ］の享有を妨(さまた)げられない。この憲法が国民に保障する［ウ］は、侵(おか)すことのできない永久の権利として、現在及び将来の国民に与へられる。

③ 日本国憲法が定める国民の義務を3つ答えなさい。

問13 下線部(m)に関して、次の問いに答えなさい。

① 1950年代中頃、日本の経済は急速に発展し、高度経済成長が始まった。それは、ある戦争が背景となって引き起こされたものである。この戦争がなぜ日本の経済成長を促(うなが)すことになったのか説明しなさい。ただし、文章中に戦争の名称を記入すること。

問8　下線部(h)に関して、次の①・②について述べた文章A・Bの文章の正誤を判断し、AとBがともに正しい場合

(ア)を、Aが正しくBが間違っている場合は(イ)を、Aが間違っておりBが正しい場合は(ウ)を、AとBがともに

違っている場合は(エ)を記入しなさい。

①　日清戦争

A：日清戦争は朝鮮半島で戦われた戦争である。

B：日清戦争に勝利した日本は清から山東半島をゆずり受けたが、その後清に返還した。

②　朝鮮における日本の植民地政策

A：　朝鮮の学校では日本語の授業が行われるようになった。その一方で、朝鮮語の授業は1911年から行われな

なった。

B：　朝鮮で行った土地調査により、多くの朝鮮の人々が土地を失うことになった。そのため、このような人のな

には、仕事を求めて日本や満州に移り住む人もいた。

問9　下線部(i)に関して、大正時代にみられたマスメディアの発達について、正しく述べているものを、次の(ア)～(エ

の中から一つ選びなさい。

(ア)　日本で最初の日刊新聞が発行された。

(イ)　インターネットによる情報通信が開始された。

(ウ)　テレビジョン放送が開始された。

(エ)　ラジオ放送が開始された。

問10　下線部(j)に関して、次の問いに答えなさい。

①　1931年におこった満州事変とはどのような出来事だったか。次の(ア)～(エ)の中から、正しいものを一つ選びな

い。

(ア)　日本軍と中国軍がペキン（北京）郊外で戦いを始め、日中戦争の発端となったことである。

(イ)　日本軍がナンキン（南京）を占領した際、武器を捨てた兵士や、女性や子どもを含む多くの中国人を殺害し

事件のことである。

(ウ)　満州に駐留していたロシア軍を日本軍が攻撃し、リュイシュン（旅順）203高地を奪い取った事件のことで

る。

(エ)　満州にいた日本軍が南満州鉄道の線路を爆破し、これを中国軍のしわざだとして攻撃を始め、満州の大部分

占領したことである。

②　1936年には軍人が大臣らを殺害する事件が発生した。事件発生の日にちなみ、この事件を何と呼んでいるか。

③　右写真の人物は兵庫県選出の衆議院議員で、国会における演説で②の事件を取り上げて軍人の政治介入を批判した。この人物の名前を、(ア)～(エ)の中から一つ選びなさい。

(ア)斎藤隆夫　　(イ)小村寿太郎　　(ウ)田中正造　　(エ)陸奥宗光

④　次の(ア)～(エ)の出来事を、古いものから順に並べかえなさい。

(ア)　日本軍による真珠湾攻撃が行われた。

(イ)　日本が国際連盟を脱退した。

(ウ)　アメリカ軍による東京大空襲が行われた。

(エ)　沖縄戦における組織的な戦闘が終了した。

3　下線部(c)に関して、安政年間（1855 年 1 月～1860 年 4 月）の 1858 年に日米修好通商条約が結ばれた。この条約によって開港された場所として、<u>間違っているもの</u>を、次の(ｱ)～(ｴ)の中から一つ選びなさい。

(ｱ) 新潟　　(ｲ) 神戸　　(ｳ) 横浜　　(ｴ) 広島

4　下線部(d)に関して、1853 年にアメリカ合衆国の使者ペリー率いる 4 隻の軍艦は、どこに来航したか。次の(ｱ)～(ｴ)の中から一つ選びなさい。

(ｱ) 浦賀　　(ｲ) 函館　　(ｳ) 長崎　　(ｴ) 仙台

5　下線部(e)に関して、以下の①・②の問いに答えなさい。

①　身分制の廃止に関して、<u>正しく述べているもの</u>を、次の(ｱ)～(ｴ)の中から一つ選びなさい。

(ｱ)　平民も名字をなのることができるようになった。

(ｲ)　平民も外出する際には刀をさすよう義務づけられた。

(ｳ)　士族には職業選択の自由がなかった。

(ｴ)　士族と平民の結婚は禁止された。

②　武士階級がなくなったことから、政府は 1873 年に法令を定め、20 歳になった男子に対して 3 年間軍隊に入ることを義務づけた。この法令を何というか。

6　下線部(f)に関して、以下の①・②の問いに答えなさい。

①　江戸時代にキリスト教の禁止令が出された時期を、右の年表中の［ア］～［エ］の中から一つ選びなさい。

［ア］

1624 年　スペイン人の来航を禁止する

［イ］

1637 年　島原・天草の一揆がおこる

［ウ］

1639 年　ポルトガル人の来航を禁止する

［エ］

②　2018 年に国連教育科学文化機関（ユネスコ）が、ある 2 つの県の潜伏キリシタン関連遺産の、世界文化遺産への登録を決定した。江戸時代のキリスト教弾圧の中で信仰を続けた宗教文化が評価されたが、そもそもなぜ戦国時代からこの地域にはキリシタンが多かったのか、その理由を説明しなさい。ただし、<u>文章中に</u>遺産のある県の名前を少なくとも一つ記入すること。

7　下線部(g)に関して、以下の①・②の問いに答えなさい。

①　西洋文化を積極的にとり入れようとするこの風潮を何と呼んでいるか。漢字 4 字で答えなさい。

②　①の風潮が高まる一方、日本の伝統文化が軽視される傾向もみられた。しかし、右の写真の人物は日本の古美術の保護に強い関心をもち、1884 年に法隆寺夢殿で秘仏とされていた救世観音像を開帳させたことで知られている。この人物の名前を答えなさい。

2019年度(平成31年度)　南山中学校男子部入学試験問題用紙　社会　(50分)

(指示していないところは、漢字で書いてもかなで書いてもかまいません)

1　次の文章は日本と海外の結びつきの歴史を述べたものである。これを読んで以下の問いに答えなさい。

(A) 日本列島は昔から世界と結びつき、各地域で独自の文化がつくられてきた。現在でもそうした地域ごとの特色は受け継がれている。

特に九州地方は海外との結びつきが古来より強く、[①]県(漢字指定)で発掘された弥生時代後半のものとされる吉野ケ里遺跡からは、中国製の貨幣や、奄美大島より南の浅い海などに生息している貝殻を使って作ったと思われる腕輪が発掘されている。また、近畿地方の豪族が4世紀頃に大王を中心につくったヤマト朝廷は、中国の王朝から積極的に大陸の文化をとり入れた。史料アの倭王「武」は、現在の研究でヤマト朝廷の[②]大王(カタカナ指定)、すなわち雄略天皇のことだと分かっている。(B) 九州地方はヤマト朝廷に征服された後も、独自に大陸の国々との交流をもつ豪族がいるなど、独自の社会を作っていた。

史料ア　…略…順帝の昇明二(478)年、武は使者を遣わして文書を奉り、次のように述べた。「私の国は中国からはるか遠いところを領域としています。昔から私の祖先は、自らよろいやかぶとを身につけ、山をこえて川をわたって各地で戦い、…略…そして東は五十五国、西は六十六国を征服し、さらに海をわたって北の九十五国を平定しました…略…　『宋書』倭国伝

ヤマト朝廷は中国や朝鮮半島の王朝と交流しつつ、聖徳太子と蘇我氏の政治改革や大化の改新のなかで全国を支配する制度を次第に整備していった。やがて国を治める法律である律令や、中国の王朝・唐の都である[③](漢字指定)にならって平城京や平安京がつくられていった。平安時代には藤原氏が大きな力を朝廷で持つようになり、藤原道長は特に大きな権力を持ったが、その頃になると (C) 日本の風土にあった文化がつくられた。

平安時代後半になると、各地の武士団が次第に力を持つようになり、やがて、西国に勢力を伸ばした武士団の平氏を率いた平清盛が朝廷で大きな力を持つようになった。平氏一族は平清盛の死後、源平合戦の末に壇ノ浦で源頼朝によって派遣された源義経が率いる源氏軍に滅ぼされたが、(D) 平清盛は中国の王朝との貿易を積極的にすすめたほか、武士の支配の仕組みを整備し、こうした制度は源頼朝が開いた鎌倉幕府にも引き継がれた。

鎌倉幕府が14世紀中頃にたおれ、その後の混乱を制した足利氏が室町幕府を開いたが、三代将軍足利義満は中国の王朝との貿易を熱心に行った。史料イは、義満が中国の王朝である[④](漢字指定)に使者を送り、国書を渡して日本と中国の交流の歴史を述べ、貿易を行おうとしている様子がわかるが、史料にある「日本准三后」とは義満のことであり、「皇帝」とは[④]の皇帝を指している。室町時代は鎌倉時代半ばに中国から伝わった水墨画を雪舟が大成したが、雪舟は中国に渡って約2年間学んでおり、室町時代における日本列島と大陸との交流が盛んだったことがわかる。

史料イ　…略…日本准三后であるわたしが、国書を[④]の皇帝陛下に差し上げます。日本国が開かれてから、使者を(中国に)送らなかったことはありません…略…。　『善隣国宝記』

応仁の乱によって室町幕府が衰え戦国時代になると、中国や朝鮮半島とだけでなく、[⑤]貿易と呼ばれるヨーロッパの国々との貿易が、堺や九州地方の都市で行われ、各地の戦国大名たちは自国の商工業を発展させようとして積極的に参加した。堺などの商業都市を支配し、市場の税や関所をなくすなど領地内の商工業を発展させ、急速に大きく領地を広げ、史料ウで宣教師たちに「尾張の王」と呼ばれた[⑥](漢字指定)も、その一人だった。

史料ウ　…略…尾張の王は、年齢三十七歳で、背が高くやせていて、髭が少しある。声はかん高く、非常に武を好み、粗野である。…略…戦術は巧で、ほとんど規律に服さず、部下の進言に従うこともめったにない。…略…　『耶蘇会士日本通信』

(E) 日本列島と世界の交流は江戸時代の、特に三代将軍徳川家光の頃から一時衰えたが、決して断絶したわけではなく、長崎の出島を通じてのオランダと中国の王朝との貿易、薩摩藩と琉球王国との外交や貿易、対馬藩と朝鮮との外交や貿易、蝦夷地でのアイヌとの取引など、(F) 日本と海外の交流は継続した。

琉球王国はかつて独立した王朝だった。15世紀中頃に尚氏が統一国家を建て、日本の戦国時代の頃は中国や日本だけでなく、東南アジアやヨーロッパの国々とも貿易を行って栄えた。史料エには、その頃国際的な貿易で栄えた琉球王国の様子と、その窓口で、現在の県庁所在地の[⑦]にある港の賑わいが書かれている。琉球王国は江戸時代に薩摩藩に征服されたが、幕府はこれを異国とみなしたため、中国との貿易は続いた。

問10　下線部(I)に関して、現在自動車産業は大きな転換期にあるといわれるが、その変化のキーワードに「自動化」がある。この「自動化」について、現在世界中の国や企業、そして研究機関が開発している人工知能技術を、アルファベット２字で答えなさい。

問11　下線部（J）に関連して、日本の農林水産業について次の①、②の問いに答えなさい。

① 日本が最も多く輸入に頼っている食料品を、次の(ア)～(エ)の中から一つ選びなさい。

(ア)乳製品　(イ)野菜　(ウ)小麦　(エ)米

② 日本は周囲を海に囲まれ、その近海は暖流と寒流がぶつかるため、えさになるプランクトンが多く、魚の種類も豊富で、漁業が盛んである。日本近海を通る海流のうち、太平洋側を通る寒流の名称を漢字で答えなさい。

問12　下線部（K）に関連して、次の問いに答えなさい。

① 情報通信の発達において私たちの身の回りが便利になる一方で、問題も多く起こるようになった。氏名・住所など、その人がだれかわかってしまう情報を何というか、漢字４字で答えなさい。

② 情報化した社会で大切と思われる情報モラルとして正しい説明を、次の(ア)～(エ)の中から一つ選びなさい。

(ア)　双方向の情報の受けわたしができるように、送り主がわからないメールにも返事をするのがマナーである。

(イ)　利用者を確認するためなどに用いる自分のパスワードを秘密にする。

(ウ)　世界中の人たちとの交流を進めるためにブログやSNSに自分の住所などを書き込むようにする。

(エ)　感動を分かち合うために、他の人が書いた文章や撮った写真を自分のものとして発信する。

③ 世界中の人々がそのサービスを利用している、アメリカ合衆国を代表するIT企業４社は、頭文字を取って「GAFA」と呼ばれている。この４社のうち、頭文字が「F」の企業名をカタカナで答えなさい。

問13　下線部（L）について、現在、二度の世界大戦の反省から構想が生まれ、1993年のマーストリヒト条約によって成立した国際組織が、イギリスの離脱問題などで大きな危機を迎えている。国際組織の名称をアルファベットで答えなさい。

問14　下線部（M）について、日本の産業に関する資料として間違っているものを、次の(ア)～(エ)の中から一つ選びなさ

(ア)　日本の工業地帯の生産額（2015）

中京工業地帯	約57兆円
阪神工業地帯	約32兆円
京浜工業地帯	約26兆円

(イ)　日本の輸出品の割合（2017）

自動車	41%
コンピュータ一部品	20%
せんい	15%

(ウ)貨物輸送の割合（2011）

鉄道	4.7%
自動車	54.1%
船	41.0%

(エ)　日本の鉄鉱石の輸入元（2017）

オーストラリア	57.7%
ブラジル	27.0%
カナダ	5.1%

（2018・19/『日本国勢図会』、2013/国土交通白書）

次の文章を読み、下線部に関する問いに答えなさい。

2019年５月には新天皇の即位が予定されており、これに伴って元号が改まることになります。元号は、歴史上では、の時々の権力者によって定められてきました。これは、君主が空間のみならず時間をも支配するという中国の思想に基くといわれています。中国の最古の元号は紀元前140年に漢（前漢）の皇帝であった武帝が定めた「建元」であり、本では645年に孝徳天皇が「大化」と号したのが最初であるといわれています。元号制は、(a)朝鮮やベトナムでも行れましたが、現在でも実施されているのは日本だけです。

さて、日本では1868年に一世一元の制が定められ、一人の(b)天皇につき元号は一つとなりました。言葉をかえれば、れ以前までは同一の天皇によって複数回にわたり元号が定められることがあったということです。例えば、明治天皇先代にあたる孝明天皇の治世では、嘉永・(c)安政・万延・文久・元治・慶応という６つの元号が制定されています。人の天皇による元号の変更の理由としては、自然災害や大事件の発生があげられます。嘉永から安政への変更を例にると、嘉永年間（1848年４月１日～1855年１月15日）には日本各地で大地震が連発するとともに、(d)黒船来航に伴

問3　下線部（B）に関して、九州地方についての説明として正しいものを、次の(ア)～(エ)の中から一つ選びなさい。

(ア)　奈良時代から平安時代にかけて、鴻臚館が筑紫国に置かれた。

(イ)　8月6日にアメリカの原子爆弾が投下された都市がある。

(ウ)　京浜工業地帯よりも工業生産額が多い北九州工業地域がある。

(エ)　平安時代に、難波に西国の防衛と外国との交渉を役割とする大宰府が置かれた。

問4　下線部（C）に関して、平安時代の国風文化の説明として間違っているものを、次の(ア)～(エ)の中から一つ選びなさい。

(ア)　貴族たちは囲碁やすごろくで遊び、男性は蹴鞠や乗馬もした。

(イ)　藤原道長の娘の教育係として仕えた紫式部は『源氏物語』を書いた。

(ウ)　貴族の男性は束帯と呼ばれる正装を行事で着用し、女性は宮殿の中で十二単と呼ばれる正装を着用した。

(エ)　現在の和室につながる書院造の住宅がつくられるなど、独自の文化がつくられた。

問5　下線部（D）に関して、平氏と海外との交流を示した史料を次の(ア)～(エ)の中から一つ選びなさい。

(ア)　「その国書には『太陽の昇るところの国の天子が、太陽の沈むところの国の天子に手紙を差し上げます。お変わりありませんか』と書かれていた」

(イ)　「天平十一年十一月三日、平群朝臣広成が天皇に謁見した。広成は天平五年に遣唐大使多治比真人広成の一行に加わって入唐した」

(ウ)　「(邸宅の) 門前には車や馬がたくさん集まって大変な賑わいである。中国の揚州の金、荊州の珠、呉郡の綾、蜀江の錦など滅多に手に入らない宝物が集まり、何一つ欠けたものがない」

(エ)　「(元軍は)太鼓を叩き、銅鑼を打ち、紙砲鉄砲をはなってときの声をあげた。その音声がとても大きいので、日本軍の馬は驚いてすくんでしまった」

問6　下線部（E）に関して、徳川家光の時代における海外との交流を示した史料を次の(ア)～(エ)の中から一つ選びなさい。

(ア)　「いきりす(イギリス)より日本へ、今度初めて渡海の船、万商売方の儀、相違無く仕るべく候」
　　※渡海の船…海をわたり、日本へ来た船。

(イ)　「文禄初年より長崎、京都、堺の者、御朱印を頂戴して、広南、…略…台湾…略…に商売として渡海する事御免之有り」
　　※御朱印…許可書のこと（貿易をすることを認める）。　※御免…許される。

(ウ)　「当初中楽市として仰せつけらるるの上は、諸座・諸役・諸公事等、悉く免許の事」
　　※免許…免除される。※諸公事…座の様々な税のこと。

(エ)　「異国へ日本の船遣わすの儀、堅く停止の事」
　　※遣わす…送る。

問7　下線部(F)に関して、右の絵画は19世紀のオランダの画家ゴッホの作品だが、この絵画は江戸時代のある美術品が19世紀頃のヨーロッパの美術に大きな影響を与えたことを示している。ある美術品とは何か、漢字3字で答えなさい。

問8　下線部(G)に関して、現代の北海道についての説明として間違っているものを、次の(ア)～(エ)の中から一つ選びなさい。

(ア)　帯広の12月の降水量は、新潟県上越の12月の降水量より多い。

(イ)　「アイヌ民族を先住民族とすることを求める決議」が国会で採択された。

(ウ)　十勝平野では輪作が行われている。

(エ)　肉用牛と乳用牛の頭数はどちらも全国1位である。

問9　下線部(H)に関して、日本は石油資源の多くを中東からの輸入に頼っているが、中東についての説明として間違っているものを、次の(ア)～(エ)の中から一つ選びなさい。

(ア)　サウジアラビアはイスラーム教の聖地メッカがあり、多くの巡礼者が訪れている。

(イ)　2011年からヨルダンではアサド政権と多数の反体制派の内戦が続いている。

(ウ)　イランではイスラーム教の少数宗派であるシーア派が多数を占めている。

(エ)　アンカラを首都とするトルコでは通貨としてリラが用いられている。

史料エ …略…首里にまします国王様が 浮島に ⑦ の港を造りになって 唐、南蛮の船が寄り集まる ⑦ 港よ 王城にまします国王様が…略…
『おもろさうし』

江戸時代の北海道は「蝦夷地」と呼ばれ、アイヌの人々が住んでおり、彼らは日本列島や大陸と交流し、狩りや漁でたものを、日本や中国の商人と取引していた。日本の窓口になった松前藩や商人たちの不正な取引に対してしばしばイヌは戦いを起こした。(G) 現在の北海道の地名もアイヌの言葉がもとになっているところが多い。

現代においても、日本は世界の国々との結びつきの中で成り立っている。(H) あらゆる工業生産に必要な原油は海外ら輸入されており、鉄鋼業に必要な鉄鉱石も、オーストラリアやブラジルなどから輸入されている。私たちが住む愛県と三重県を中心とした中京工業地帯は国内最大の工業生産額をほこるが、特に (I) 自動車産業が盛んで、全世界に出されている。自動車は交通手段や輸送手段として現代の世界になくてはならないものになっており、日本において物輸送の手段として鉄道や船よりも多く利用されている。さらに、日本の自動車会社は世界中に工場をつくり、現地人々と協力しながら生産・販売を行う現地生産もすすめており、世界各国と日本の交流に大きな役割を果たしている。た (J) 農林水産業についても、日本は多くの食料を海外から輸入しており、食料自給率の低下が問題になっている。

現代は (K) 交通手段と情報通信の発達によってグローバル化が進み、日本と世界の交流だけでなく、世界中の国々もた相互に交流することで成り立っている。グローバル化という現象は世界各国の農林水産業・鉱工業・サービス業なの産業に大きな影響を与え、その結果として人々の生活は良くも悪くも大きく変化してきた。(L) グローバル化によて世界中の人々が交流し合うということの良し悪しは現在大きな議論になっている。(M) 日本も例外ではなく、産業変化とともに人々の社会も大きく変化してきた。世界と結びつきながら発展してきたこの国が未来においてどうあるきかは、私たち一人一人が考えていかなければならない問題であるが、大切なのは世界中で起こっていることを他人と思わず、世界規模で持続可能な社会とは何かを考えていくことではないだろうか。

1 文章中の空欄 ① ～ ⑦ に入る語句を答えなさい。書き方が指定されている場合はその指示に従って答えなさい。

2 下線部(A)に関して、次の資料が示す都道府県名 X を漢字で答えなさい。

厄払いの伝統行事

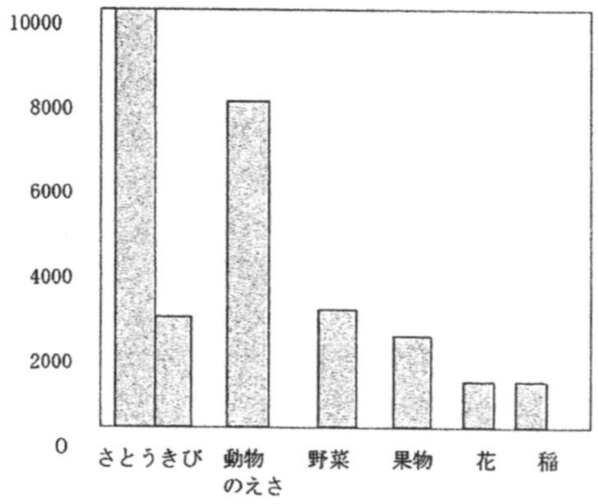

X 県の主な農産物の作付面積(ha)

2011/農林水産省統計表ほか

土地面積(㎢)	264
そのうち X 県(㎢)	186

全国の在日米軍の施設（2018/19『日本国勢図会』）

(3)　3 月 14 日、ブラックホールの研究で有名なイギリスの物理学者がこの世を去りました。この人物を答えなさい。

(4)　10 月 1 日、ノーベル医学生理学賞を日本人が受賞しました。

① 受賞した人物を、次の中から一つ選び記号で答えなさい。

ア．本庶佑（ほんじょたすく）　イ．大隅良典（おおくまよしのり）　ウ．山中伸弥（やまなかしんや）　エ．天野浩（あまのひろし）

② この人物に関連が深いものを、次の中から一つ選び記号で答えなさい。

ア．ips細胞（さいぼう）　イ．オプジーボ　ウ．オートファジー　エ．青色発光ダイオード

(5)　11 月 14 日、太陽にもっとも近い恒星（こうせい）を公転している惑星（わくせい）を発見したという論文が発表されました。

① この惑星を何というでしょうか。カタカナ 7 文字で答えなさい。

② 次の中から、恒星であるものをすべて選び記号で答えなさい。

ア．木星　イ．月　ウ．太陽　エ．北極星　オ．金星

③ 太陽の表面温度（黒点以外）と黒点の温度の組み合わせとして正しいものを、次の中から一つ選び記号で答えなさい。

	表面の温度	黒点の温度
ア．	約 6000℃	約 2000℃
イ．	約 6000℃	約 4000℃
ウ．	約 4000℃	約 2000℃
エ．	約 4000℃	約 6000℃
オ．	約 2000℃	約 4000℃
カ．	約 2000℃	約 6000℃

8． A、B、C の 3 種類のばねを用意していくつかの実験を行いました。図 1～3 はそれぞれの実験の様子を表します。下の表は天井（てんじょう）からつるしたそれぞれのばねに、おもりをつけたときのおもりの重さと、ばね全体の長さを表したものです。以下の問いに答えなさい。ただし、糸とばね、棒の重さはないものとし、太さは一様とする。

	A	B	C
10g	14cm	14cm	10.5cm
20g	18cm	16cm	13cm
30g	22cm	18cm	15.5cm

② サンゴの化石がふくまれていたことからこの土地は昔どのような場所であったと想像できるでしょうか。次の中から一つ選び記号で答えなさい。

ア．暖かく浅い海　　イ．暖かく浅いたん水の湖

ウ．冷たく浅い海　　エ．冷たく浅いたん水の湖

(4)　C地点ではあと何メートルほるとぎょう灰岩が出てくるでしょうか、答えなさい。

(5)　1つの層だけ、地層をつくる粒（つぶ）の大きさが目で見て確（かく）認できないほど小さなものでした。それはどの層になりますか、次の中から一つ選び記号で答えなさい。

ア．れき岩　　イ．砂岩　　ウ．でい岩

(6)　B地点の地層はどのようになっていたと想像できますか、次の中から一つ選び記号で答えなさい。

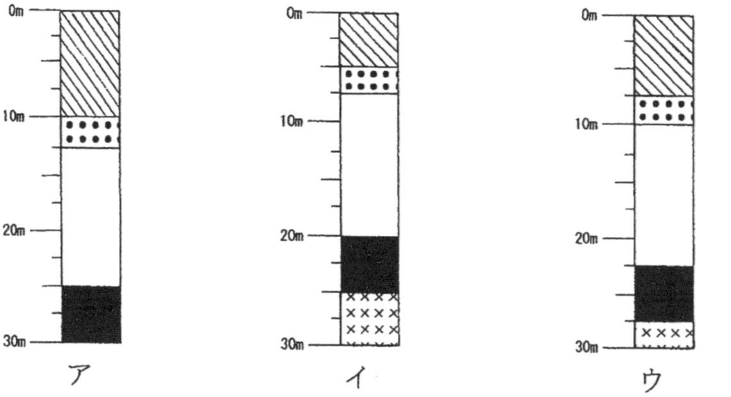

7．2018年の科学の話題について、以下の問いに答えなさい。

(1)　この年は台風による災害が多くありました。

① 台風によって海水がまきあがり、植物や建物に起こる災害のことを漢字2文字で答えなさい。

② 日本に多く分布しており、種でふえず、その多くが寿命（じゅみょう）をむかえ始めている日本の固有種で、①によって季節外れの開花をしてしまったのではないかと言われている樹木を何というでしょうか。カタカナ6文字で答えなさい。

(2)　1月31日に名古屋市内で月が欠けたように見える現象を観測しました。

① この現象を何というでしょうか。漢字2文字で答えなさい。

② この現象は太陽、月、地球がどういった順で並ぶと起きるでしょうか。次の中から一つ選び記号で答えなさい。

ア．　太陽　－　月　－　地球

イ．　太陽　－　地球　－　月

ウ．　地球　－　太陽　－　月

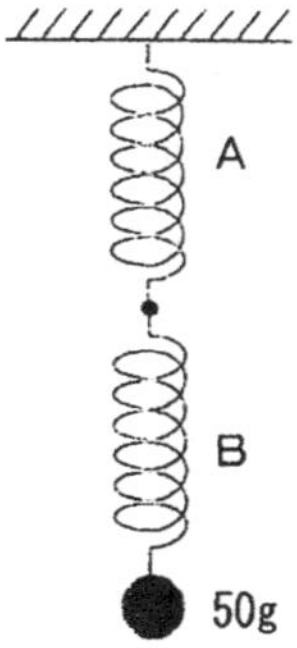

図1

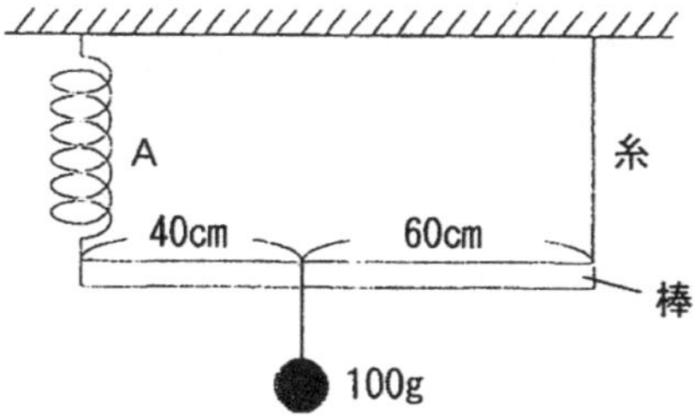

図2

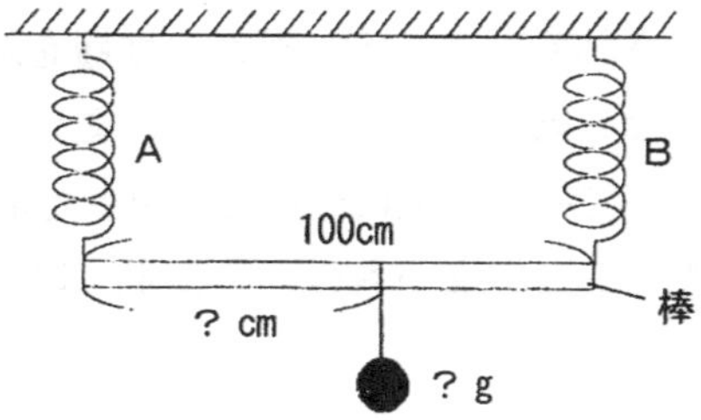

図3

(1)　おもりをつるしていないとき、ばねA、B、Cの長さをそれぞれ求めなさい。

(2)　図1のように、ばねAとばねBをたてに2本つなげて、50gのおもりをつるしました。2本のばねの伸びの長さの合計を求めなさい。

(3)　図1のばねAとばねBの位置を入れかえました。(2) の結果と比べてばねの伸びの長さの合計はどうなるか、次の中から一つ選びなさい。

ア．長くなる　　イ．短くなる　　ウ．変わらない

(4)　図2のように、100cmの棒の両はしにばねAと糸をつけ、100gのおもりをつるしたところ、水平となりました。このときのばねAの長さを求めなさい。

(5)　図3のように、100cmの棒の両はしにばねAとばねBをつけ、おもりをある位置につるしたところ、ばねA、Bともに20cmで水平となりました。

①　このときのおもりの重さは何gでしょうか。

②　おもりは左はしから何cmのところにつるしているでしょうか。

６．山南太郎くんは冬に山登りに行きました。その途中のA～C地点はボーリング調査がされていて、それぞれの地層を紙に１枚ずつ順番にスケッチしましたが、帰り道にB地点の紙だけなくしてしまいました。下の図はその時のスケッチです。A～C地点は同じ標高で一直線上に位置し、調べた地層は一定方向にかたむいていますが、まがったり切れたりしていないものとします。以下の問いに答えなさい。

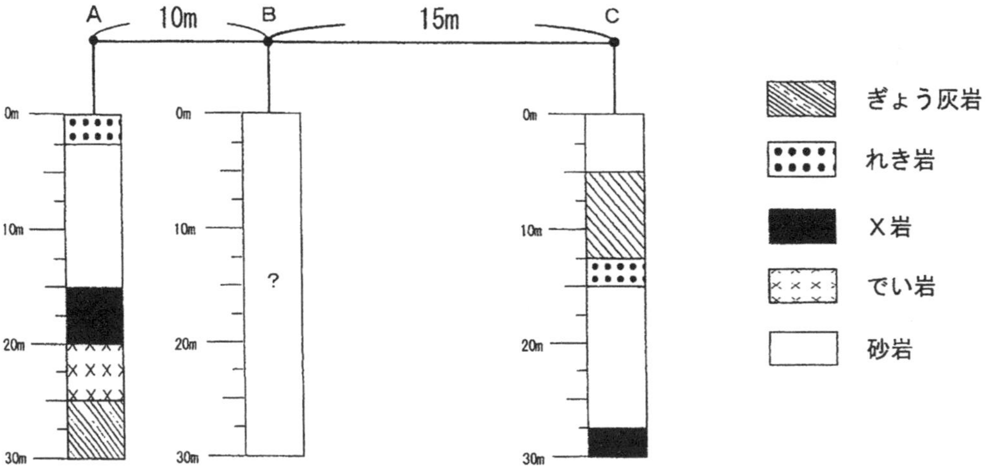

(1)　山南君が山登りに使った方位磁石がくるってしまいました。方位磁石の針の色の黒い部分が、北を向くように直す方法として、正しいものを次の中からすべて選び記号で答えなさい。

ア．棒磁石のS極を①の向きにこする。

イ．棒磁石のN極を①の向きにこする。

ウ．棒磁石のS極を②の向きにこする。

エ．棒磁石のN極を②の向きにこする。

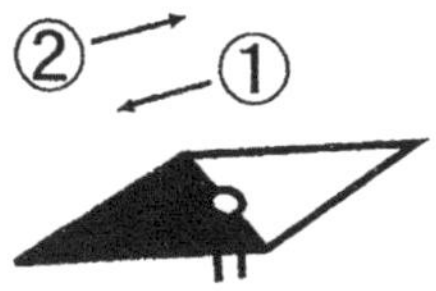

(2)　方位磁石のN極が北を向く理由としてもっともふさわしいものを、次の中から一つ選び記号で答えなさい。

ア．地球そのものが巨大な磁石であり、北極がS極、南極がN極になっているから

イ．地球そのものが巨大な磁石であり、北極がN極、南極がS極になっているから

ウ．北極星が強いS極であり、方位磁針を引き寄せているから

エ．北極星が強いN極であり、方位磁針を引き寄せているから

(3)　上の図のX岩にはサンゴの化石がふくまれていました。また、X岩はチョークの元にもなっています。この岩石に炭酸水をかけるとある気体が発生しました。

① ある気体とは何か、次の中から一つ選び記号で答えなさい。

ア．酸素　　イ．二酸化炭素　　ウ．水蒸気　　エ．水素　　オ．ちっ素

(5) 下線部④のハ虫類と両生類の説明について、正しくないものを次の中から一つ選び記号で答えなさい。

ア．ハ虫類も両生類も、体温はまわりの気温とともに変わってしまう。

イ．ハ虫類も両生類も、どくを持つものがいる。

ウ．ハ虫類も両生類も、心房(ぼう)は二つある。

エ．ハ虫類も両生類も、卵は水中にうむ。

オ．ハ虫類のからだはうろこでおおわれ脱皮(だっぴ)するが、両生類のからだはしめっており、えらから肺の呼吸に変わる。

2． 動物は食べ物を食べます。食べ物は口からいろいろな道すじを通ってこう門までいきます。下の語群は、動物のからだの中にある臓器(ぞうき)です。以下の問いに答えない。

〔語群〕※同じ記号を何度使用してもよい。

ア．小腸	イ．食道	ウ．肺	エ．たんのう	オ．大腸
カ．かん臓	キ．すい臓	ク．じん臓	ケ．十二指腸	コ．胃
サ．歯	シ．舌	ス．砂のう	セ．気管	

(1) ヒトのからだの場合、口からこう門まで食べ物が通る順番を、上の語群から選び、正しい順番で並べなさい。

口→（　　）→（　　）→（　　）→（　　）→（　　）→こう門

(2) 食べ物の消化と吸収を同時にする場所を、上の語群から二つ選びなさい。

(3) たくさんの菌(きん)がいて、主に水分を吸収する場所を、上の語群から一つ選びなさい。

(4) 消化液をつくるが、食べ物が通らない場所を、上の語群からすべて選びなさい。

(5) 次の中から胃のない動物を一つ選び記号で答えなさい。

A．フナ　　B．イヌ　　C．ハト　　D．カラス　　E．ブタ

3． 胃液を調べるために、ある動物をかいぼうしました。胃液にはAと①ペプシンが入っており、Aはペプシンのはたらきをよくするものです。Aを青色リトマス紙につけると、赤くなりました。さらに、Aの入った試験管に、アルミニウムを入れる実験をしたところ、アルミニウムはすぐに②気体を出して完全に溶(と)けました。このときにできた液体をBとします。以下の問いに答えなさい。

(1) Aにあてはまる液体を、次の中から一つ選び記号で答えなさい。

ア．食塩水　イ．石灰水　ウ．塩酸　エ．アンモニア水　オ．炭酸水

(2) 下線部①は主にどのような食品を消化しているでしょうか。次の中から一つ選び記号で答えなさい。

ア．牛乳や魚の骨などのカルシウム　イ．ご飯やパンなどのデンプン

ウ．キュウリなどの野菜にある食物せんい　エ．天ぷらなどの油

オ．牛や鳥、魚などの肉にあるタンパク質　カ．果物(くだもの)などのビタミン

(3) 下線部②を次の中から一つ選び記号で答えなさい。

ア．酸素　イ．二酸化炭素　ウ．水蒸気(すいじょうき)　エ．水素　オ．ちっ素

(4) 液体Bの入った試験管をガスバーナーで完全に蒸発(じょうはつ)させました。その結果について正しいものを、次の中から一つ選び記号で答えなさい。

ア．水の蒸発とともに何も残らなかった。

イ．白い粉が残り、それは食塩だった。

ウ．黒い炭が残った。

エ．白い粉が残ったが、アルミニウムではなかった。

オ．残った粉は元のアルミニウムよりも軽くなった。

(5) Aに水酸化ナトリウムを加えました。ある量に達すると、リトマス紙の色が変化しなくなりました。このときにできた水溶(よう)液を、次の中から一つ選び記号で答えなさい。

ア．食塩水　イ．石灰水　ウ．酢(す)　エ．アンモニア水　オ．炭酸水

4． 次の水溶液の濃(こ)さを計算で求めなさい。ただし、食塩は、水に完全で一様に溶けているものとします。以下の問いに答えなさい。

(1) 食塩6gを水54gに溶かしました。この食塩水の濃さは何%になるか求めなさい。

(2) (1) の食塩水を20%の濃さで200gにするには、食塩を何g加えればよいか求めなさい。

(3) (2) の食塩水に水150gを加えました。食塩水の濃さは何%になりますか、次の中からもっとも近い数値を一つ選び記号で答えなさい。

ア．8%　イ．11%　ウ．14%　エ．17%　オ．20%

(4) (3) の食塩水に、別の30%の食塩水150gを加えました。この食塩水の濃さは何%になるか求めなさい。

(5) (4) の食塩水から300gを蒸発皿にうつしかえて、完全に蒸発させました。このとき食塩は何g蒸発皿に残るのかを求めなさい。

5．山南太郎君と瀬戸聖子さんは、夏の暑い日、ある池に行きました。そこでいろいろなものを観察しました。池のまわりには草がはえていて、歩くとカエルやバッタがはねました。すると瀬戸さんが「キャー」と声をあげたので、そちらの方を見ると、ヘビがするすると木の根元へ逃げていきました。池の岩場にはカメが乗っていました。池の浅いところでサギが、池をつついて何かを食べていました。山南君が池に網を入れてすくうと、アメリカザリガニやオオクチバスなどがとれました。以下の問いに答えなさい。

(1) 食物連さの順番で正しいものを、次の中から一つ選び記号で答えなさい。

ア．草→カエル→サギ→ヘビ　イ．カメ→アメリカザリガニ→オオクチバス

ウ．草→バッタ→カエル→サギ　エ．バッタ→ヘビ→アメリカザリガニ

オ．カメ→サギ→アメリカザリガニ　カ．バッタ→アメリカザリガニ→サギ

キ．草→ヘビ→サギ→オオクチバス　ク．草→カメ→アメリカザリガニ→バッタ

(2) 水の中の食物連さの出発点になる生物としてもっともふさわしいのを、次の中から一つ選び記号で答えなさい。

ア．フナ　イ．アメリカザリガニ　ウ．ミジンコ

エ．オオクチバス　オ．ミカヅキモ

(3) この池にいたカメを調べたら、ミシシッピーアカミミガメという外国から来た生物でした。(2) のア～オのうち、外国から来た生物を二つ選び記号で答えなさい。

(4) 外国から来た生物によって、日本の生物環境に大きな問題が起きています。この問題を解決する方法としてもっともふさわしくないものを、次の中から一つ選び記号で答えなさい。

ア．外国の生物を買わない。

イ．外国の生物をつかまえたら、食べる。

ウ．外国の生物をつかまえたら、にがしてあげる。

エ．外国の生物を持ちこませないルールをつくり、それを守らせる。

オ．ペットは責任を持って死ぬまで飼い、それができないときは殺す。

(5) ビワやニジマス、キンギョ、コメなどは外国から来た生物であり、日本で愛されてきたものです。しかし今、もともと日本にいたとされていたあるサカナが、実は特定の場所にしかいない生物を食べつくしてしまい大きな問題となっています。そのサカナを次の中から一つ選び記号で答えなさい。

ア．コイ　イ．アユ　ウ．ウナギ　エ．フナ　オ．メダカ

理　科　(50分)

※計算で割り切れないものは、小数第二位を四捨五入して小数第一位まで求めなさい。
※問題に指定のないものについては漢字でもひらがなでもよい。

1．次の文章を読んで、以下の問いに答えなさい。

私は、ある動物園でいろいろな動物たちを見てきました。キリンとダチョウは同じところにいました。キリンは首が長く、４本のあしで歩いたり走ったりしていました。キリンにエサをあげた時、①顔をよく見ました。ダチョウも歩いたり走ったりしていましたが、キリンをおそうこともなければ、逆にキリンにおそわれることもありませんでした。でも、ダチョウのあしの数は２本しかないので、②種類が違(ちが)う生き物のように見えました。

次に自然動物館に入ると、夜に活動する動物たちがいました。その中で③ルーセットオオコウモリは、はねを使って飛び回っていました。館内の２階へ進むと、④ハ虫類と両生類の展示があり、私が見たところ、この２つの違いがよくわかりませんでした。

(1) 下線部①について、キリンを正面から見たとき、角は何本見えるでしょうか。次の中から一つ選び記号で答えなさい。

ア．１本　　イ．２本　　ウ．３本　　エ．４本　　オ．角はない

(2) 下線部②の理由について、正しい説明がされているものを、次の中から一つ選び記号で答えなさい。

ア．ダチョウの前あしの２本は、長い年月の間になくなっているから。
イ．キリンには角があり、ダチョウには角がないから。
ウ．キリンはたい生だが、ダチョウは卵(らん)生だから。
エ．キリンもダチョウも、ほぼ一定の体温をたもてないから。
オ．ダチョウは草食だが、キリンは肉食だから。

(3) 下線部③について、ルーセットオオコウモリは、どのなかまでしょうか。もっとも近いものを、次の中から一つ選び記号で答えなさい。

ア．ドジョウのなかま　　イ．イモリのなかま　　ウ．トカゲのなかま
エ．カラスのなかま　　オ．イノシシのなかま

(4) 次の中でハ虫類はどれでしょうか。次の中からすべて選び記号で答えなさい。

ア．オオサンショウウオ　　イ．アオダイショウ　　ウ．トノサマガエル
エ．スッポン　　オ．ニホンヤモリ

8 図のような目盛りが付いた一辺 60cm の立方体の形をした水そうの底に、２つの直方体の容器Ａ、容器Ｂが固定されています。容器Ａの真上から一定の割合で水を注ぎ、水そうを水で満たしました。グラフは、水を注ぎ始めてからの時間と、水そうの目盛りで測った水面の高さの関係を表したものです。水そうは水平に置いてあり、水そう・容器の厚さは考えないものとし、次の問いに答えなさい。

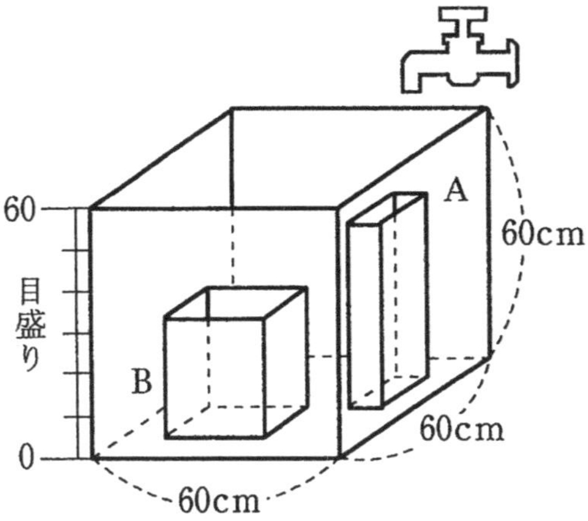

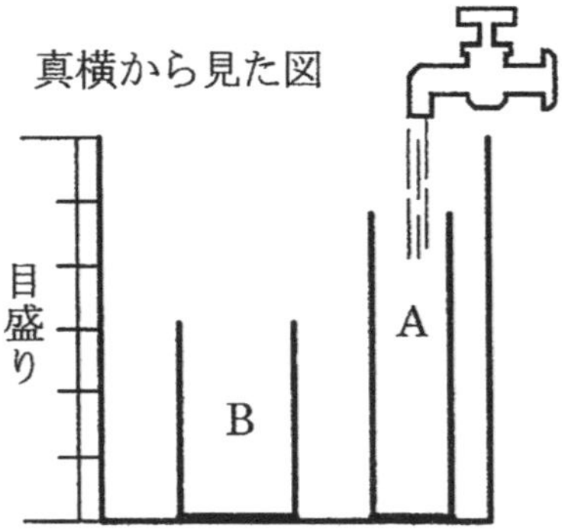

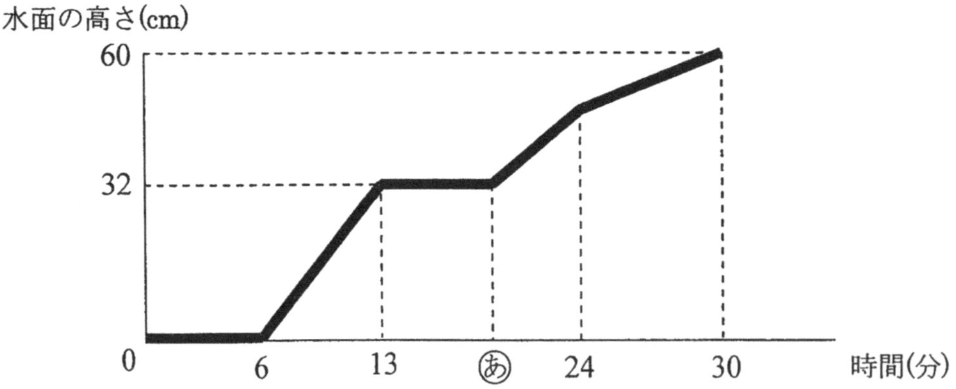

（１）毎分何Ｌの割合で水を注いだか求めなさい。

（２）容器Ａの高さは何 cm か求めなさい。

（３）グラフの㋐に当てはまる数値を求めなさい。

7 クラス35人全員で一斉にじゃんけんをしました。一般に、じゃんけんで出せる手と、それぞれ出ている指の本数は、下のようになります。次の問いに答えなさい。

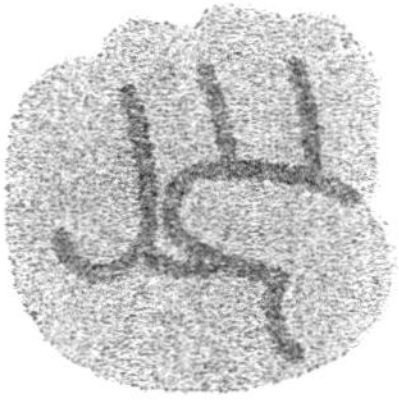

グー（指0本）

チョキ（指2本）

パー（指5本）

（1） 1回戦の結果は次の通りになりました。

□ グーを出した人がいなかったため、チョキを出した人の勝ち。
□ 出ている指の本数は、クラス全体で合計109本だった。

1回戦のじゃんけんで勝った人は何人か求めなさい。

（2） 2回戦の結果は次の通りになりました。

□ グーを出した人がいなかったため、チョキを出した人の勝ち。
□ 出ている指の本数は、クラス全体で合計95本だった。

この結果を見て、クラスメイトのタクヤ君はこう言いました。

タクヤ：えー、この結果はおかしいですね。こんなことあり得ないんです。
　　　　きっと指の本数を数え間違えていますよ。

タクヤ君が言うように、「出ている指の本数が95本になることはあり得ない」と断言できる理由を説明しなさい。

（3） 3回戦の結果は次の通りになりました。

□ グー、チョキ、パー、3種類の手が出たため、結果はあいこになった。
□ グー、チョキ、パー、それぞれ出した人数はすべて異なっていた。
□ パーを出した人が最も多かった。
□ 出ている指の本数は、クラス全体で合計85本だった。

3回戦のじゃんけんでパーを出した人は何人か求めなさい。ただし、（2）のように指の本数を数え間違えることはなかったものとします。

3 図で、3つの点A, B, Cは、いずれもOを中心とした円周上の点で、ACはこの円の直径です。

このとき、**ア**の角度が90度になる理由を説明しなさい。

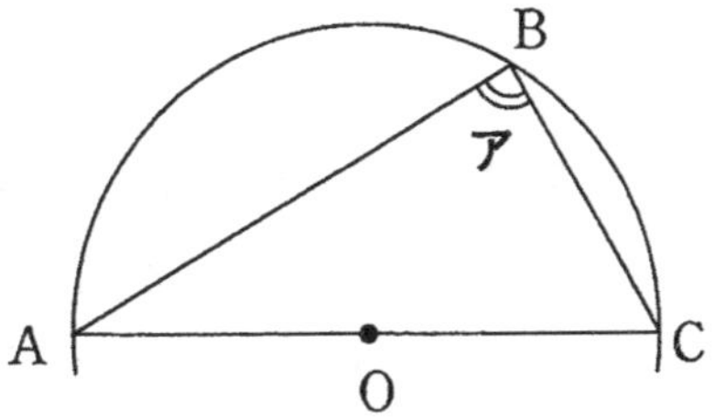

4 1辺の長さが2cmの正三角形㋐と、1辺の長さが1cmの正三角形㋑があります。図の位置から正三角形㋑を矢印の向きに、すべらないように回転させて、正三角形㋐の外側を1周して元の位置に戻(もど)ります。次の問いに答えなさい。

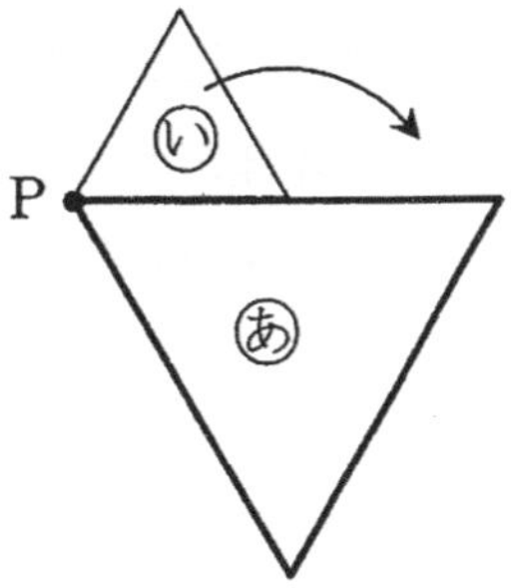

（1） 正三角形㋑の頂点Pが通過する線を作図し、太線で示しなさい。

（2） （1）で示した線の長さを求めなさい。

5 ナンザン自動車㈱が開発した**N・BOY**という自動車は、時速40kmで走行するとガソリン1Lあたり20km走行でき、時速90kmで走行するとガソリン1Lあたり30km走行できます。走行中、自動車がとまることはなく、また速度が変わる際にかかる時間は考えないものとし、次の問いに答えなさい。

（1） **N・BOY**に乗って、まず時速40kmで2時間走り、その後時速90kmに速度を上げて3時間走った場合、消費したガソリンは何Lになるか求めなさい。

（2） **N・BOY**に乗って、まず時速40kmで走り、その後時速90kmに速度を上げて走ったところ、ガソリン21Lを消費し、走行時間は8時間となりました。このとき、走行距離(きょり)は何kmになるか求めなさい。

（5） 野球で、ヒットを打った回数とアウトになった回数の合計を「打数」といい、「打数」をもとにする量としたときのヒットを打った回数の割合を「打率」ということにします。また、「打率」は歩合で表します。

昨年、アメリカ大リーグ エンジェルスの大谷翔平選手は投打の二刀流で活躍し、新人賞を獲得しました。大谷選手の2018年の成績は、326打数に対して93回ヒットを打ったので、「打率」は2割8分5厘となります。ここから、大谷選手がアウトになることなくヒットを打ち続ける場合、最短であと何本のヒットを打てば、打率が3割を上回ることになるか求めなさい。

（6） あきら君の手元には「1円切手」「5円切手」「10円切手」「50円切手」の4種類の切手がたくさんあり、それぞれ必要な枚数を使うことができます。これら4種類の切手をそれぞれ最低でも1枚ずつ使い、82円分の切手を封筒に貼る方法は何通りあるか求めなさい。

2 あきら君の家の近くにある郵便局で荷物を送る場合、右の表のように決められた郵送料金が必要になります。重さは封筒の重さもふくめて計算します。

重さ	料金
50gまで	120円
100gまで	140円
150gまで	200円
250gまで	240円
500gまで	390円

例えば、1冊240gの本2冊を10gの封筒に入れて郵送する場合、重さは全部で490gとなり、料金は390円になります。また、この本を1冊ずつ2つの封筒に入れて郵送する場合、本の入った封筒1つの重さが250gとなり、封筒1つを送るための料金は240円で、封筒2つの合計の料金は480円となります。

あきら君は、京都のみやびさんに1個70gのアクセサリーを4個送ります。封筒の重さは10gで、1つの封筒にアクセサリーを4個まで入れることができますが、必要であれば封筒を4つまで使うことができます。料金が最も安くなるように発送するとき、郵送料金は何円になるか求めなさい。

6 オサム君は図1のようにAからFまでのアルファベットを書き込んだ立方体の展開図を作り、図2のように組み立てました。

図1

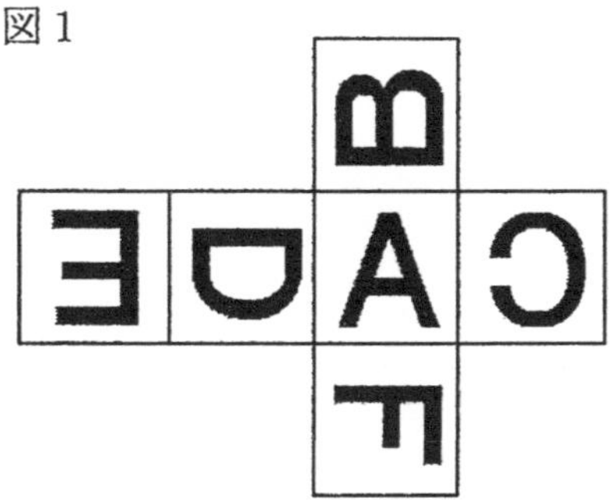

図2

解答例

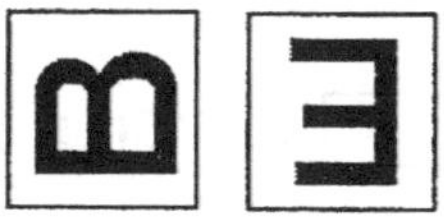

（1） 図2の（★）に当てはまるアルファベットを、解答例のように**アルファベットの向きを考えた上で**、解答欄の枠の中に書きなさい。

（2） 図2の立方体を、図1の展開図とは異なる展開図になるように切り開いて、図3のような展開図を作りました。太線で示した面に書かれているアルファベットを、解答例のように**アルファベットの向きを考えた上で**、解答欄の枠の中に書きなさい。

図3

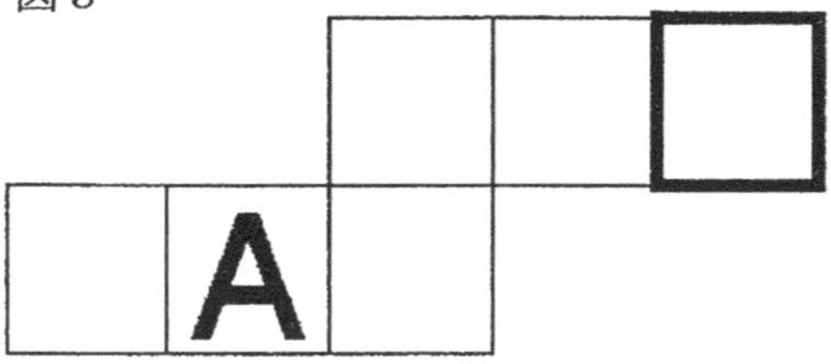

2019年度（平成31年度）南山中学校男子部　入学試験　問題用紙

算　　数 （60分）

答えは解答用紙に書きなさい。
分数で答えるときは、約分して答えなさい。
必要であれば、円周率は3.14としなさい。

1 次の問いに答えなさい。

（1） $\square$ に当てはまる数を答えなさい。

$$(2019-\square)\div 7\times\frac{3}{31}=27$$

（2） 次の計算をしなさい。

$$1\frac{1}{3}\times\left\{6-3\frac{1}{3}\div\left(1\frac{1}{2}-\frac{2}{3}\right)\right\}$$

（3） 40人クラスにおいて、男子の平均体重は42kg、女子の平均体重は40kgでした。クラス全員の平均体重が41.4kgであるとき、このクラスの男子の人数を求めなさい。

（4） ワタル君は7日間かけて、ある仕事の$\frac{3}{10}$を終えました。その後、残りの仕事を16日間で仕上げました。毎日同じ時間仕事をしましたが、最終日のみ他の日より2時間多く仕事をしました。ワタル君は最終日に何時間仕事をしたか求めなさい。

2018年度（平成30年度）南山中学校男子部　入学試験　問題用紙

算　　数

(60分)

答えは解答用紙に書きなさい。
分数で答えるときは、約分して答えなさい。

1　次の問いに答えなさい。

（1）　マサオ君のクラスでは先月計算テストを行いました。受験した男子は18人、女子は20人で、男子の平均点は女子の平均点より1.9点高くなりました。男子の平均点が77.5点であるとき、クラス全員の平均点を求めなさい。

（2）　ニュースなどでしばしば耳にする言葉「為替（かわせ）レート」。これは、ある国の通貨と別の国の通貨の交換（かん）比率です。より正確な比率を与えるため、お金の単位であっても小数で表します。例えば、為替レートが「1ドル＝112.8円」ならば、1ドルを得るために112.8円が必要です。

為替レートが「1ドル＝112.8円」「1ユーロ＝1.2ドル」のとき、1ユーロを得るために必要な円はいくらか求めなさい。

（3）　図で、四角形ABCDは正方形です。この正方形を、図のように頂点Bを中心として、26度回転させました。

ア, **イ**の角度をそれぞれ求めなさい。

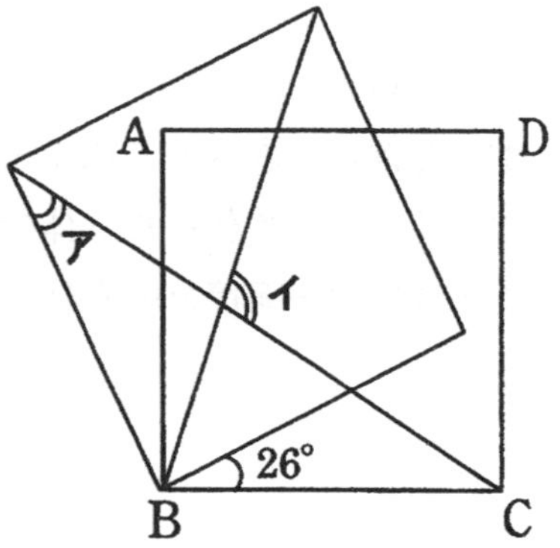

5 A君はP地点、B君はQ地点、C君はR地点からそれぞれ出発し、一定の速さで進みます。３人の速さはそれぞれA君が分速100m、B君が時速5km、C君は時速13kmです。また図の・はすべて1km間隔(かく)で均等にうたれています。

３人は同時に出発し、1時間後に合流することにしました。合流地点として適切である、３人とも１時間以内に到(とう)達できる範(はん)囲を作図し、斜(しゃ)線で示しなさい。

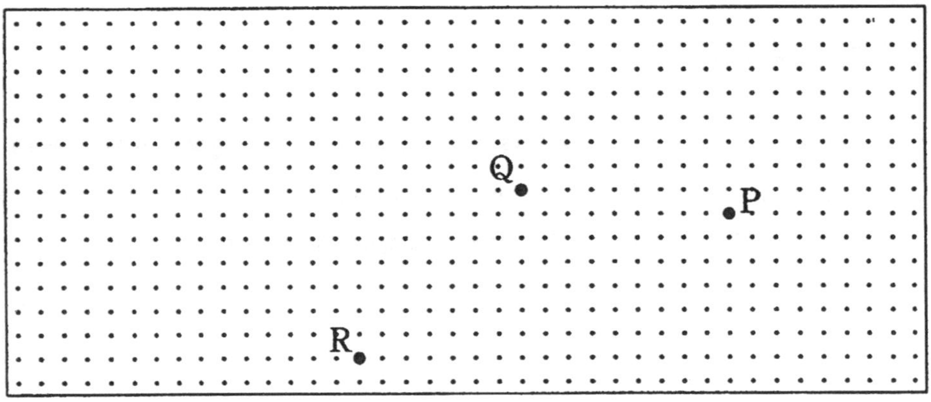

6 次の問いに答えなさい。

（1） 図１は、１辺9cmの立方体を反対側の面までまっすぐに直方体をくりぬいて作った立体です。この立体の表面積を求めなさい。

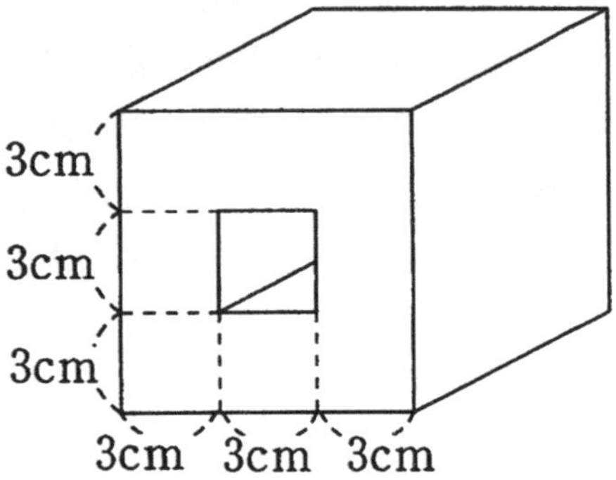

図１

（2） 図２は、（1）でできた立体を、別の方向から同様の方法でまっすぐにくりぬいて作った立体です。この立体の表面積を求めなさい。

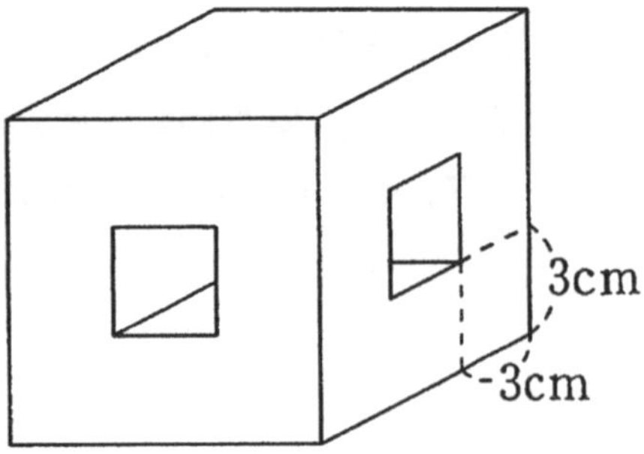

図２

7 ある動物園で、期間限定の夜間営業を行うことにしました。この夜間営業は毎日午後6時から3時間行い、その際必ず動物園内の外灯をつけます。1本の外灯を1時間使うのにかかる電気代は60円です。はじめは園内にある外灯のうち120本をつけて夜間営業を開始しますが、日没から時間の経過とともに、動物園全体が暗くなるため、途(と)中からは園内にある180本すべての外灯をつけます。夜間営業での入園料は、大人150円、子供100円です。ある日の夜間営業における来場者数は480人で、大人と子供の入場者数の比は2：3でした。

（1） この日の夜間営業における入場料の売り上げを求めなさい。

（2） （1）で求めた入場料売り上げを、その日の夜間営業にかかる電気代よりも30000円以上多くするには、すべての外灯をつけ始める時刻を午後何時何分以降にすればよいか求めなさい。

8 ケンジ君は地上から空を見上げていました。すると、自分の真上を飛行機が飛んでいるのを見かけました。ちょうど手に持っていた定規を空にかざして、飛んでいる飛行機に重ねてみたところ、見えていた飛行機の長さはちょうど2cmでした。ケンジ君がそのまま観察を続けてみたところ、この飛行機はケンジ君の定規でちょうど30cmにあたる距離(きょり)を5秒で進みました。帰宅したケンジ君が、インターネットでこの飛行機の全長を調べてみたところ、70mと分かりました。ケンジ君が見ている間、飛行機の見えている大きさは変わらず、飛行機は直進していたものとし、またケンジ君は定規の位置を固定して観察していたものとします。

（1） 実際の飛行機の速さは秒速何mか求めなさい。

（2） ケンジ君は飛行機の飛んでいた高さを調べるために実験を行いました。はじめに直径20cmの風船に糸をくくりつけ、この風船をまっすぐ上に飛ばしました。風船が観測地点からちょうど26mあがったときに、飛行機の長さを測ったときと同じ方法で、定規で風船の直径を測ってみたところ、見えていた風船の直径は2cmでした。風船は球形であるものとし、また風船は風などの影響(えいきょう)を受けずにまっすぐ上にあがったものとします。この実験からケンジ君の見た飛行機は、観測地点から何mの高さを飛んでいたと予想できるか求めなさい。

２０１８年度（平成３０年度）　南山中学校男子部　入学試験問題

理科　　(50分)

問題に指定のないものについては漢字でもひらがなでもよい。

１．

次の文章は、みなみ君が名古屋へ家族旅行をしたときの思い出を感想文にしたものです。これを読んで、以下の各問いに答えなさい。

「名古屋は魅力に欠ける街だといわれることが多いですが、見所もいろいろあったし、食べ物もおいしかったです。その中でも特に印象に残っていることは次のことです。まず最初に名古屋港水族館に行きました。イルカのショーではイルカの頭の良さにおどろき、シャチは想像していたより大きかったです。(A)イルカもシャチも小さいときには母乳を飲んで育っていくことを知りました。また、イワシの群れが、(B)海水がたくさん入っている大きな水そうの中を泳ぐ姿は圧巻でした。この水そうにイワシが(C)何匹いるのか、数える方法を考えてみたいです。次に名古屋城に行きました。金のしゃちほこはとてもかがやいていました。でも、学校で(D)金属をとかす水よう液について習ったばかりだったので、(E)酸性の雨によって金がとけてしまわないか疑問に思いました。その日の夕食は、名古屋名物の食事が食べられるお店へ行きました。ぼくは(F)ウナギが好きなのでひつまぶしを、父は(G)みそ煮込み(H)うどん、母は(I)手羽の唐揚げ定食をそれぞれ食べました。父からも母からも少しずつもらって食べましたが、どれもおいしかったです。」

(1)　下線部(A)について、イルカやシャチは小さいときには母乳を飲んで育っていきます。そのことを考えて、次のア～エの生き物のうち、イルカやシャチに一番近い生き物を一つ選び記号で答えなさい。

ア．サメ　　イ．ウミガメ　　ウ．ペンギン　　エ．ウシ

(2)　下線部(B)について、海水の塩分のう度が３．５％だったとすると、この海水２００ｇに水を加えて２％の塩分のう度にするためには、何ｇの水を加えればよいですか。整数で答えなさい。

(3)　下線部(C)について、ある池において、あみを使ってフナを３０匹つかまえて、すべてに目印をつけてすぐに池にもどしました。数日後、時間や場所などすべて同じ条件であみを使って再びフナを４０匹つかまえたところ、そのうち６匹に目印がついていました。目印をつけたフナがかたよることなく十分に池全体に行きわたっているものとして、この池全体にすんでいるフナの数を推定し、整数で答えなさい。ただし、目印をつけることによってフナが弱ったり死んだりせず、また、その目印は消えないものとします。

(12)　下線部(I)について、手羽はニワトリのつばさの一部を食用としています。ニワトリのつばさとヒトのうでは、見た目やはたらきはちがいますが、同じ器官からそれぞれ進化したので、基本的なつくりは同じです。下の図１のＡに対応している骨を図２のア～ウから一つ選び記号で答えなさい。

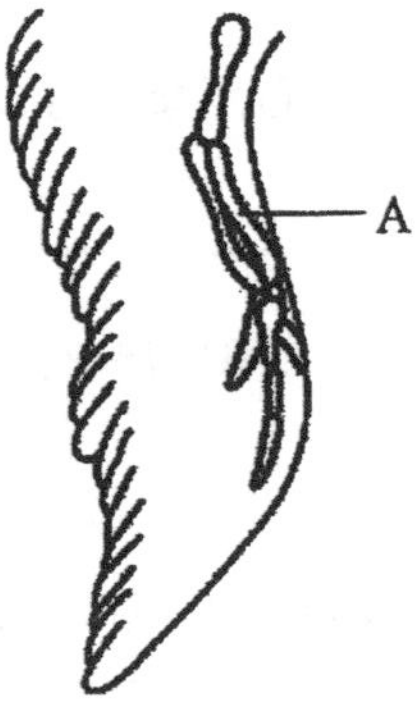

図１

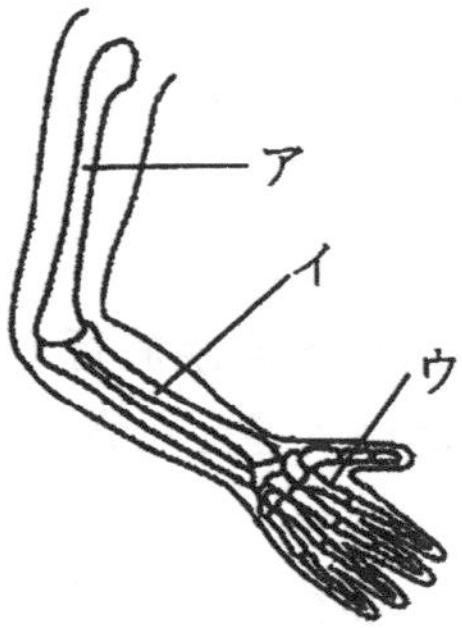

図２

２．

右の図は、前から見たヒトの主な臓器のようすを表したものです。次の(1)～(3)の説明を表している臓器の名前を答え、その臓器を表しているものを右図のア～キから選び記号で答えなさい。あてはまるものがなければ「なし」と答えなさい。

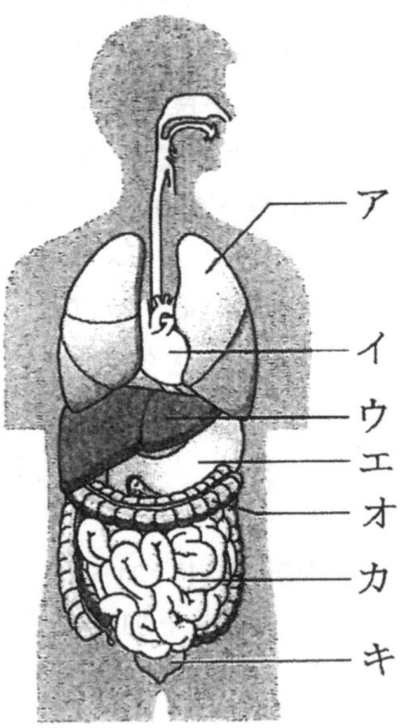

(1)　からだに吸収された養分は血液によってここへ運ばれ、運ばれた養分の一部を一時的にたくわえたり、からだにとって害のあるものを害のないものに変えるなどのはたらきを持つ。

(2)　からだの各部分でいらなくなったものは血液によってここへ運ばれる。いらなくなったものを血液からとり除いてにょうをつくるはたらきを持つ。

(3)　血液を全身にじゅんかんさせる。

3．

3つのびんA、B、Cを用意し、図1のようにして、酸素はびんAに、二酸化炭素はびんBに、ちっ素はびんCにそれぞれ集めました。その後、図2のように火のついたろうそくを入れ、それぞれろうそくのようすを観察しました。

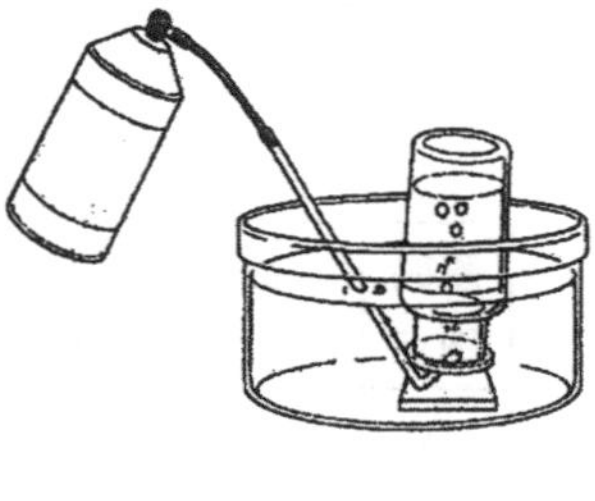

図1

(1) ろうそくを入れると火がすぐに消えてしまったびんを次のア～キから一つ選び記号で答えなさい。

ア．びんAのみ　イ．びんBのみ　ウ．びんCのみ
エ．びんAとびんB　オ．びんAとびんC
カ．びんBとびんC　キ．すべてのびん

図2

(2) ろうそくの火が消えた後、ろうそくを出して石灰水を入れ、ふたをしてふったとき、石灰水が白くにごったびんを(1)のア～キから一つ選び記号で答えなさい。

(3) 酸素は何にうすい過酸化水素水を加えると発生するか、答えなさい。

(4) 空気中にふくまれる二酸化炭素の体積の割合として一番近いものを次のア～エから一つ選び記号で答えなさい。

ア．４０％　イ．４％　ウ．０．４％　エ．０．０４％

(5) 空気中にふくまれる二酸化炭素の体積の割合は、1年間を通して見ると季節によって少しだけ変わります。次のア～エのうち、日本において二酸化炭素の体積の割合が最も低くなる季節を一つ選び記号で答えなさい。

ア．春　イ．夏　ウ．秋　エ．冬

4．

地球は太陽のまわりを1年かけて1周します。右の図1は、日本において、春分、夏(げ)至、秋分、冬至のときの地球の位置関係と、そのときに真夜中に南中する4つの星座の名前を表したものです。A～Dは、春分、夏至、秋分、冬至のうちのいずれかのときの地球の位置です。以下の各問いに答えなさい。

表は、ある地震に関するデータであり、Ａ ～ Ｃの各地点における観測データをまとめたものです。ただし、この地震で生じた波の速さは一定であるものとします。

表

観測地点	初期微動が始まった時刻	主要動が始まった時刻	震源からの距離（きょり）
A	８時２０分１７秒	８時２０分２５秒	５６ km
B	８時２０分２４秒	８時２０分３９秒	１０５ km
C	８時２０分３１秒	８時２０分５３秒	１５４ km

(1)　この地震におけるＰ波の速さは毎秒何 km ですか。

(2)　この地震の発生時刻は８時何分何秒ですか。

(3)　この地震において、Ｄ地点では８時２１分９秒に主要動が始まりました。Ｄ地点の震源からの距離は何 km ですか。

(4)　Ｅ地点は震源からの距離が１７５ km の場所にあります。この地震において、Ｅ地点では初期微動継続時間は何秒ですか。

(5)　この地震において、Ｆ地点では初期微動継続時間が３６秒でした。Ｆ地点の震源からの距離は何 km ですか。

(6)　次のア～オは地震に関連した事柄（がら）です。間違っているものを次のア～オからすべて選び記号で答えなさい。

ア．ふつう、震源に近い地点ほどゆれが大きく、震源から遠いほどゆれが小さい。
イ．気象庁の定める震度階級は、震度１～７の１０階級で表す。
ウ．地震によるある地点での地面のゆれの程度をマグニチュードという。
エ．マグニチュードが小さい地震ほど、ゆれる範囲（はん）はせまい。
オ．緊（きん）急地震速報とは、地震が発生した直後に気象庁から発表される情報で、震源に近い場所は遠い場所よりもゆれ始めの時間が早いことを利用して、警報を出すしくみである。

６．

水中に入れた物体にはたらく上向きの力を浮力といいます。浮力の大きさは、水に沈めた物体が押しのけた水の体積の重さに等しいという原理があります。浮力について、［Ⅰ］、［Ⅱ］の問いに答えなさい。ただし、水１ cm^3 の重さは１ｇとします。また滑車の摩擦や、滑車および糸の重さは考えないものとし、糸は十分な長さがありたるまないものとします。

［Ⅰ］

図１のように、体積５０ cm^3 の物体Ａをばねばかりにつるしたところ、ばねばかりの目盛りは１５０ｇになりました。次にビーカーに水を入れ、台ばかりにのせると合わせて３００ｇありました。この水の中に、図２のように物体Ａをばねばかりにつるしたまま沈めました。以下の各問いに答えなさい。

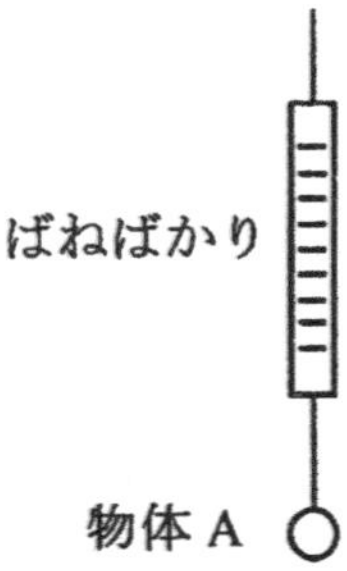

図１

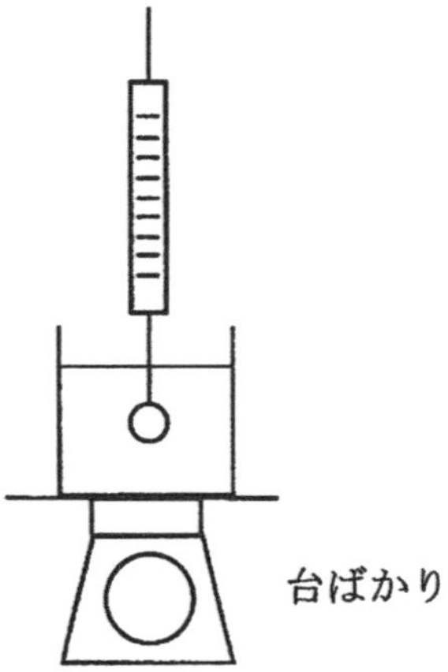

図２

(1)　物体Ａにはたらく浮力の大きさは何ｇですか。

(2)　ばねばかりの目盛りは何ｇになりますか。

(3)　台ばかりの目盛りは何ｇになりますか。

2018年度（平成30年度） 南山中学校男子部入学試験問題用紙 社会 （50分）

（指示していないところは、漢字で書いてもかなで書いてもかまいません。）

1 次の文章を読み、あとの問いに答えなさい。

リュウト君は授業で「世界中のネットワークから得られるデータを分析して、それを豊かな暮らしに役立てるＩｏＴ」というテレビ①コマーシャルを見ました。その後、人工知能や②インターネットを使った情報通信、ロボットの開発技術がこれからの産業にどんな影響を与えるのか、グループごとにまとめることになりました。以下は各グループのまとめです。

Aグループ　林業と新しい技術について

森林は日本の国土の約70％を占めている　⇔　日本の林業は人手不足で、多くの木材を輸入に頼っている

人工知能でデータ分析
ロボットやドローンの利用

⇨

・どの木を伐り出したら効率がいいか、森林へのダメージは少ないかを分析する
・人にかわってロボットが作業をする
・③木材がどのようなところで育ち、どのような人が加工したのかといった情報を消費者に示す。

Bグループ　技術開発が農業を変える！

農業は人手不足　→　すでに機械化が進められてきたけど…

○　広い田や畑を管理するためにドローンや自動運転の農業用機械を使う
・④日本では特に米づくりがさかんだから技術開発が米生産を発展させる！
・機械のサポートがあれば農業初心者でも安心！

○　センサーやカメラを使って生育状態をチェック
・気温や湿度などをセンサーで計測、カメラで状態を確認、人工知能が異常を見つける！

○　部屋の中で気温・湿度・光を管理して野菜などを育てる「植物工場」の登場
・光や気温や湿度はコンピュータで管理できるので植物工場の生産者は楽！
・気候の影響がないので⑤野菜の値段変動をおさえることができて消費者はうれしい！
・虫がつきにくいから食品加工業者が安心して野菜を利用できる！

Cグループ　水産業とデータ・人工知能

日本の水産業の特徴：日本の周辺はめぐまれた環境

＝　暖流と寒流がぶつかるところにある・大陸だながある

⇔　魚を獲りすぎてはいけない　→　漁師の経験でどれくらいとるか決める

情報通信技術や人工知能があれば…

魚の状態をデータにして判断　＝　経験にたよらなくてもいい

※⑥データから判断するのは養殖や栽培漁業にも活用できる　→　養殖は今の技術なら陸上でも可能！

Dグループ　技術開発といえば工業

日本の代表的⑦工業生産物は自動車

→　自動運転技術は自動車を変える

⑧自動車を作るのも多くの技術と知識が必要

→　技術や知識をコンピュータが身につけて自動車づくりをさらに自動化

すべてのものをインターネットにつないでデータを集める（これをIoTという）

→　人工知能なら部品や自動車の必要数がデータから予想できる

＝　⑨必要なときに、必要なだけを生産するという体制をより強化

として**最も必要のないもの**を、ア～エの中から一つ選びなさい。

ア　京浜工業地帯で全工場のうち中小工場が占める割合を示した円グラフ。

イ　注文によって少しずつ違うものを手作業で作っているという町工場の人の話。

ウ　せんい工業や食料品工業全体の生産額のうち中小工場の生産額が占める割合。

エ　1500人以上の製造業の工場で、働く人口が減少してきているということがわかる棒グラフ。

］次の文章を読み、あとの問いに答えなさい。

今度、家族で大阪旅行にいくことになったのでその計画を立てることになりました。ユニバーサルスタジオジャンにもいく予定ですが、お父さんは歴史が好きなので、大阪の歴史がわかる場所にもいくということになりましそこで大阪の歴史を家族で調べました。

縄文時代よりも以前は、大阪地方は今よりも7～8度くらい気温が低く、今の札幌のあたりのような気候だったではないかと考えられているようです。地図でわかったことですが、①縄文時代の②遺跡の多くは今の海岸線よもずいぶん内陸部にあります。

弥生時代には③周りに溝を掘った集落ができたようですが、洪水から集落を守るという意味もあったのではないと推測されています。大阪湾に面している場所なので、弥生時代の特徴である稲作以外にも海からとれる魚も重な食料だったようです。

大阪には古墳時代を代表する大きな古墳がいくつかあります。④このころの大和朝廷の力を示すものです。お父んも1つは古墳を見たいと言っていましたが、「航空写真ならわかりやすいけど、近くで見てもわからない」と姉反対し、古墳には行かないことになりました。

大阪でも古墳がたくさんある百舌鳥古墳群という地域から北にいくと天王寺という駅を地図で見つけました。こには「あべのハルカス」という高層ビルもありますが、近くには⑤聖徳太子が建てた四天王寺というお寺もあるとがわかりました。中大兄皇子による政治が始まると大阪の難波津という場所を一時都にしていたそうです。四王寺から地図を北へ見ていくと、今の大阪城が見つかります。大阪城の西側に大阪歴史博物館があり、難波津はのあたりだったようです。博物館で都の遺跡のようすも紹介していることがわかったので、お父さんの意見が採されて見学することになりました。奈良時代の聖武天皇も短い間ですが難波津に都をおいたようです。

平安時代には京都方面から今の熊野古道へいく（熊野詣をする）ために大阪を経由していったそうです。四天王の近くまで海があり、⑥海の向こう側の西方には極楽浄土があると信じられていたようです。大阪は京都に近いいうこともあって朝廷の土地もたくさんありましたが、鎌倉時代には北条氏が守護になったり、東国の御家人が頭になったりして鎌倉幕府の支配下になりました。

足利尊氏が室町幕府を成立させてからは、大阪南部の河内地方が足利氏と対立した楠木正成の拠点となっていました。戦国時代、蓮如が浄土真宗（一向宗）を広め、その拠点になったのが大阪本願寺です。織田信長と戦った阪本願寺は最後には屈服して、その土地をあけわたし、その後そこに⑦豊臣秀吉が大阪城を築城することになりした。信長や秀吉、家康はよく知っているし、戦国時代は好きだったのでぼくが大阪城に行きたいと言ったら、んな賛成してくれました。

江戸時代の大阪は「⑧天下の台所」といわれる商業都市に発展しました。大阪は水運を利用して京都ともつなが、大阪湾からは全国へ船による輸送をしていました。今の地図でもさまざまな河川・運河を見つけることができので、実際のようすを見てみたいと思いました。

大阪歴史博物館から西側へたどっていくとユニバーサルスタジオジャパンがあります。地図を見ていたらすぐ南に天保山という地名を見つけました。今は海遊館があるあたりです。詳しく調べてみると⑨天保の大飢饉と同じ天保」だということがわかりました。「天保」のころ、川底にたまった土を取り除く工事をして、その土を山にしのだそうです。天保山はロシアの船が大阪湾にやってきた時、大砲などを置く場所にもしたことがわかりました。のロシアの船はその後、下田にいって日露和親条約を結ぶための交渉をしました。大阪が⑩日本の歴史の流れとろいろなところで関連していることがわかり、調べているだけで楽しく感じました。

(1) 下線部①について、「縄文土器に関して見つかったこと」と、「見つかったことから説明できる土器の特徴」との組合せが正しいものを、ア～エの中から一つ選びなさい。

	見つかったこと	見つかったことから説明できる特徴
ア	土器の底にすすがついていた。	土器の中のものに火を通していた。
イ	炎のような形をした土器が見つかった。	王や豪族の墓のまわりに並べて使った。
ウ	土器を作ったのぼりがまが見つかった。	土器は目的にあわせて種類が増えた。
エ	土器の中に食べ物のあとが残っていた。	土をこね、焼くことで土器が作られた。

(2) 下線部②について、縄文時代の遺跡が内陸部にある理由として<u>気候と関連していると考えられるもの</u>を、ア～エの中から一つ選びなさい。

ア　大阪湾の埋め立てが進んだことで、縄文時代の海岸線は現在では内陸に位置するため。

イ　地球全体が氷河におおわれた時代で、今よりも海水面が低かったため。

ウ　縄文時代は現在よりも海水面が高く、海岸線が今の内陸まで来ていたため。

エ　縄文人は海沿いに暮らすことはなく、暖かい山間部に定住したため。

(3) 下線部③について、「集落に関して見つかったこと」と「見つかったことから説明できる集落の特徴」との組合せが正しいものを、ア～エの中から一つ選びなさい。

	見つかったこと	見つかったことから説明できる特徴
ア	高床倉庫が建てられた形跡が見つかった。	どれくらいの広さの住居に住んだか。
イ	矢じりがささったままの骨が見つかった。	人どうしが争っていた。
ウ	集落に物見やぐらがあった跡が見つかった。	集落の有力者が中国に使者を送った。
エ	『日本書紀』に大王の名前が書かれている。	弥生時代に身分の差はまだなかった。

(4) 下線部④について、埼玉県と熊本県で同じワカタケル大王の名をきざんだ剣や刀が見つかっています。このことから当時の大和朝廷の力についてどのようなことがわかるか説明しなさい。

(5) 下線部⑤について、聖徳太子が関係している資料を、ア～エの中から一つ選びなさい。

ア	第１条　人の和を第一にしなければなりません。 第２条　仏教をあつく信仰しなさい。 第３条　天皇の命令は必ず守りなさい。	イ	わたしは、人々とともに仏の世界に近づこうと思い、金銅の大仏をつくることを決心した。国中の銅を用いて大仏をつくり、大きな山をけずって仏堂を建て、仏の教えを広めよう。
ウ	一　政治のことは、会議を開き、みんなの意見を聞いて決めよう。 一　みんなが心を合わせ、国の政策をおこなおう。 一　これまでのよくないしきたりを改めよう。	エ	一　自分の領地の城を修理する場合、届け出ること。 一　将軍の許可なしに、大名どうしでけっこんしてはならない。 一　大きな船をつくってはいけない。

(6) 下線部⑥について、平安時代の貴族の生活や信仰についての説明として**誤っているもの**を、ア～エの中から一つ選びなさい。

ア　紫式部が書いた『源氏物語』には宇治川の東側に現世、西側に極楽浄土を想像させる場面が出てくる。

イ　末法の考え方が広まったため、阿弥陀仏に念仏を唱えればよいという教えが貴族や庶民の間に受け入れられた。

ウ　『年中行事絵巻』には朝廷の行事から庶民の生活まで、さまざまな行事の様子がえがかれている。

エ　『源氏物語絵巻』には十二単を着ている女性が水墨画でえがかれ、貴族のくらしを読み取ることができる。

(7) 下線部⑦について、豊臣秀吉は銀の鉱山を支配して石州銀という銀貨をつくりました。銀を産出していたのは何という銀山か漢字で答えなさい。

(8) 下線部⑧について、「天下の台所」大阪をえがいた絵を、ア～エの中から一つ選びなさい。

[　Ⅱ　]、[　Ⅲ　]の人物は、どの国を表していますか。正しい組み合わせを、ア～エの中から一つ選びなさい。

ア　Ⅰ　日本　　Ⅱ　ロシア　Ⅲ　イギリス　　イ　Ⅰ　イギリス　Ⅱ　ロシア　Ⅲ　日本

ウ　Ⅰ　イギリス　Ⅱ　日本　　Ⅲ　ロシア　　エ　Ⅰ　ロシア　　Ⅱ　日本　　Ⅲ　イギリス

）下線部⑤について、日露戦争が日本に与えた結果や、他国に与えた影響として正しいものを、ア～エの中から一つ選びなさい。

ア　この戦争に関(かか)わった日本側の兵力は日清戦争より多かったが、戦死者は少なかった。

イ　日露戦争の講和会議で、日本は樺太(からふと)（サハリン）の南部と満州の鉄道などを得た。

ウ　日露戦争後も、ロシアは韓国に軍隊を置く権利を認められた。

エ　日本とイギリスとの間で、領事裁判権をなくすことが決められた。

）下線部⑥について、日本の韓国併合後に韓国では独立運動が起き、日本はそれを弾圧しますが、その弾圧に対して反対するうったえを行った美術評論家は誰ですか。写真ア～エの中から一つ選びなさい。

ア

イ

ウ

エ

）下線部⑦について、次の問いに答えなさい。

1、昭和時代に入り生活が苦しくなったのはなぜか。その背景として**誤っているもの**を、ア～エの中から一つ選びなさい。

ア　1929年にアメリカからはじまった不景気が日本にもおしよせたから。

イ　第一次世界大戦後、ヨーロッパの産業が立ち直ったことによって、日本からの輸出がのびなくなったから。

ウ　すでにはじまっていた米・野菜や衣類の配給制がうまくいかず、配給が人々にいきわたらなくなってきたから。

エ　関東大震(しん)災によって、経済が混乱したから。

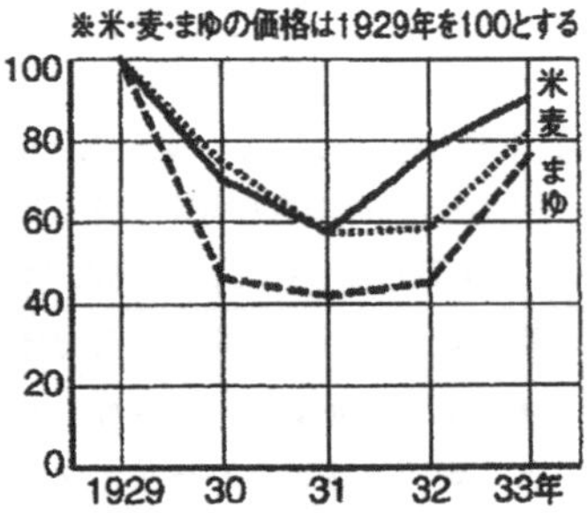

2、右の折れ線グラフは、1929年から1933年までの米・麦・まゆの価格の移り変わりを、1929年の価格を100として示しています。<u>このグラフから確実に読み取れる内容</u>を、ア～エの中から一つ選びなさい。

ア　1933年の段階で、米・麦・まゆの中で価格が一番高いのは、米である。

イ　1930年から32年まで、まゆの価格は、麦の価格より低い。

ウ　1931年の米と麦の価格は同じである。

エ　1931年のまゆの価格は、1929年の価格の半分以下になっている。

8）下線部⑧について、日本が満州に勢力をのばそうとしていたとき、「満州は日本の[　？　]線である」という考え方が登場しました。[　？　]に当てはまる言葉を漢字2文字で答えなさい。

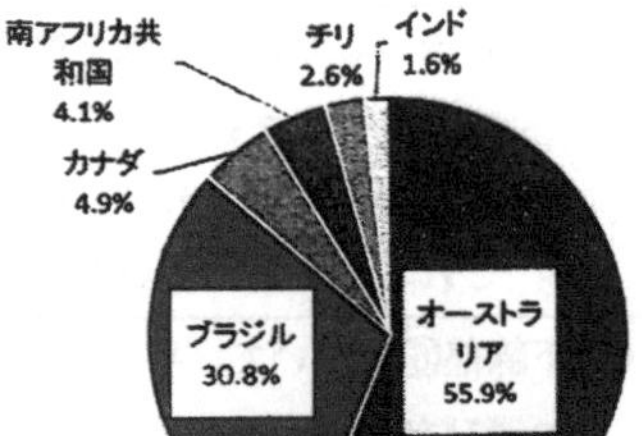

（日本国勢図会 2017/18 より作成）

9）下線部⑨について、右の円グラフは、ここでいう資源のうち、石油、鉄鉱石、石炭、米、いずれかの日本の輸入先（2016年）を表しています。この資源として正しいものを、ア～エの中から一つ選びなさい。

ア　石油　　イ　鉄鉱石　　ウ　石炭　　エ　米

10）下線部⑩について、右の二つの写真の[　？　]の部分には同じ言葉が入ります。ここに入るひらが

な4文字を答えなさい。

(11) 下線部⑪について、東西冷戦ではソ連を中心とする国々を東側、アメリカを中心とする国々を西側として
ますが、東西冷戦の名前をあらわしている東側と西側の境目を、ア～エの中から一つ選びなさい。

ア　北朝鮮と韓国の国境線　　　イ　フランスと西ドイツの国境線

ウ　西ドイツと東ドイツの国境線　　　エ　東ドイツとソ連の国境線

(12) 下線部⑫について、2017年10月にノーベル平和賞を受賞した「核兵器廃絶国際キャンペーン」の通称を、ア～エの中から一つ選びなさい。

ア　ICAN　　イ　YCAN　　ウ　RCAN　　エ　LCAN

(13) 下線部⑬について、2017年12月、アメリカのトランプ大統領は、ユダヤ教、キリスト教、イスラム教の共通の聖地となっている都市を、ユダヤ教を国教とするイスラエルの首都として認める発言を行い議論にな ました。この都市の名前をカタカナ5文字で答えなさい。

4 次の文章を読み、あとの問いに答えなさい。

富山県富山市には、ライトレールという名前の路面電車があります。このライトレール誕生の背景には、①日本全体で課題となっている高齢化が富山市でもすすみ、気軽に利用できる公共交通機関が必要であったことがあげられ、それゆえこの路面電車の設置には市の政治の働きが深くかかわっていました。このように住民のためにさまざまな事業をすすめる市町村や都道府県などを地方公共団体と言い、市であれば②市議会と市役所が中心となって活動しています。しかし、市や県の力だけでは実現できないこともありますので、国との協力も必要です。例えば、地方公共団体の仕事には住民からの③税金が使われていますが、④国の予算の中から地方公共団体への補助として出されるお金が使われることもありますし、⑤2011年に発生した東日本大震災のような大きな災害が起きた場合には⑥国が自衛隊を派遣するなど、直接に活動をすることもあります。

⑦このように地方の政治と国の政治の間には、それぞれが独自に活動をしながらも、密接な関係があります。ですから、私たちは、⑧地方議会の議員選挙や都道府県知事選挙、国会については衆議院議員や参議院議員の選挙、⑨内閣については⑩誰が内閣総理大臣になるかなど、⑪地方と国の政治の両方に関心を持ち、学んでいかなくてはいけません。

(1) 下線部①について、右のグラフは日本の人口を0～14歳、15～64歳、65歳以上の3つに分類したものです。65歳以上にあたる部分はどこですか。グラフ中のア～ウの中から一つ選びなさい。

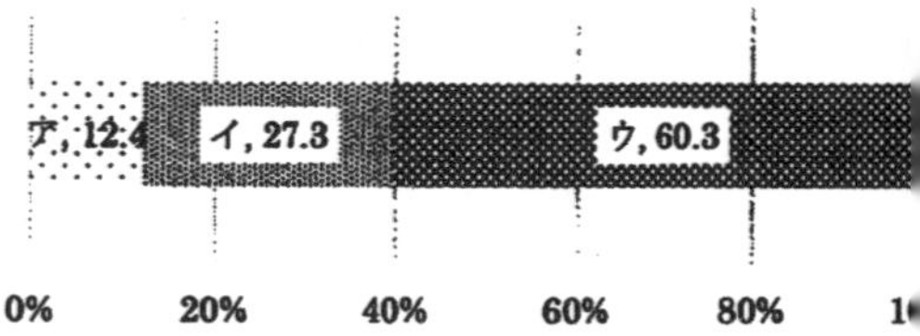

(日本国勢図会 2017/18より作成)

(2) 下線部②について、市議会と市役所の特徴の違いとして正しいものを、ア～エの中から一つ選びなさい。

ア　市の予算案の議決をするのが市議会で、予算案の作成・執行をするのが市役所です。

イ　市の施設建設などの計画案を作るのが市議会で、建設するかどうかを審議するのが市役所です。

ウ　市民が直接請求をすることができるのが市議会で、市民が投票で一般の職員を選ぶことができるのが市役所です。

エ　主に警察の仕事や裁判を行うのが市議会で、主に消防の仕事を行うのが市役所です。

(3) 下線部③について、日本国憲法に書かれている国民の義務には、納税の義務のほかにどのような義務がありますか。義務であるものには解答欄に○を、義務ではないものには解答欄に×と書きなさい。

Ⅰ　教育を受ける義務　　　Ⅱ　投票にいく義務

Ⅲ　子どもに教育を受けさせる義務　　　Ⅳ　働く人が団結する義務

(4) 下線部④について、2014年度の日本国の支出として正しいものを、次の円グラフのア～エの中から一つ選びなさい。

2018 年度（平成 30 年度）南山中学校男子部　入学試験　解答用紙

算　　数

1

(1)	(2)	(3)ア	イ
点	円	度	度

2

(1)	(2)
円	円

3

(1)	(2)
IE:EF = 　　　：	cm

4

5

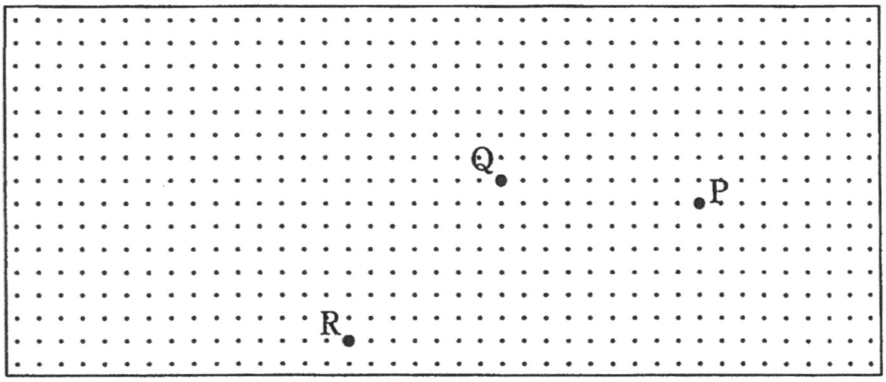

2018年度(平成30年度)　南山中学校男子部　入試問題解答用紙

理　科

1.

(1)		(2)	g	(3)	匹	(4)			
(5)		(6)		(7)		(8)		(9)	
(10)		(11)		(12)					

2.

(1)	名前	記号	(2)	名前	記号
(3)	名前	記号			

3.

(1)		(2)		(3)		(4)		(5)	

2018年度(平成30年度)　南山中学校男子部 入学試験　解答用紙　社会

1

(1)	(2)	(3)	(4)	(5)	(6)

(7)	(8) (Ⅰ)	(Ⅱ)
	→ → → →	

(9)	(10)	(11)	(12)

2

(1)	(2)	(3)	(4)

(5)	(6)	(7)

(8)	(9)	(10)	(11)
		→ → →	

3

(7) 1	(7) 2	(8)	(9)	(10)	(11)	(12)

(13)

4

(1)	(2)	(3) Ⅰ	Ⅱ	Ⅲ	Ⅳ	(4)	(5)	(6)

(7)	(8)	(9)	(10)

(11)

受 験 番 号	氏 名

成績		

※200点満点
(配点非公表)

5.

(1)	毎秒　　　　　　km	(2)	8時　　分　　秒	(3)	km
(4)	秒	(5)	km	(6)	

6.

[Ⅰ]	(1)	g		(2)	g	(3)	g			
[Ⅱ]	(4)		(5)	cm	(6)	g	(7)	g		
	(8)	cm²		(9)	g					

※200点満点
(配点非公表)

受験番号	氏名

成績		

6

(1)	(2)
cm²	cm²

7

(1)	(2)
円	午後　時　分

8

(1)	(2)
秒速　m	m

9

(1)	(2)
(3)	(4) 通り

(5)

※200点満点
(配点非公表)

受験番号	氏　名	成　績

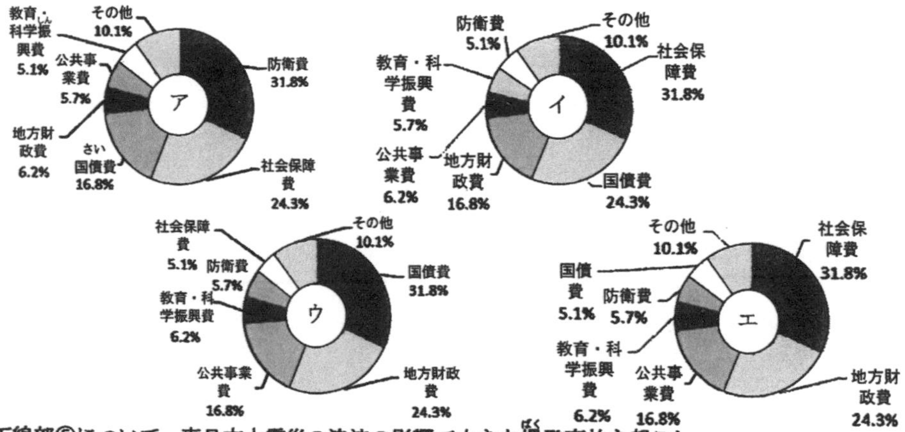

(5) 下線部⑤について、東日本大震災の津波の影響で大きな爆発事故を起こした東京電力の原子力発電所は、どの都道府県にありますか。右の地図のア～カの中から一つ選びなさい。

(6) 下線部⑥について。自衛隊は海外にも派遣されていますが、国連の平和維持活動として2017年5月まで派遣されていた国を、ア～エの中から一つ選びなさい。

ア イラク　イ カンボジア　ウ 東ティモール　エ 南スーダン

(7) 下線部⑦について、地方公共団体の知事や市長が政党を作り、国会に議席を持とうとすることがあります。2017年9月に、小池百合子東京都知事が当時代表となって立ち上げた政党の名前を答えなさい。

(8) 下線部⑧について、日本の住所などの条件を満たした25歳有権者の選挙権・被選挙権についての説明として正しいものを、ア～エの中から一つ選びなさい。

ア 都道府県会議員選挙に投票できず、都道府県知事選挙に立候補もできない。
イ 国会のうち解散がない議院の選挙に立候補でき、投票もできる。
ウ 市長選挙に立候補でき、国会のうち解散がある議院の選挙にも立候補できる。
エ 国会議員の選挙で投票する権利はあるが、市議会議員選挙に立候補できない。

(9) 下線部⑨について。内閣が意思決定を行うための会議について正しいものを、ア～エの中から一つ選びなさい。

ア この会議では、原則として多数決ではなく全会一致で決定が行われる。
イ この会議では、国会の作った法律が憲法に違反していないか調べ、判決を出す。
ウ この会議では、外国と結んだ条約の承認が行われる。
エ この会議の名前は、専門委員会という。

(10) 下線部⑩について。仮に衆議院と参議院の各党の議席の数や、内閣総理大臣（首相）の所属している政党などが右の表のようになっていたとします。この表から読み取れる限りで、どのような人物が首相になるのかを説明しなさい。説明するときには、表の中の言葉を使って構いませんが、X年、Y年、A党、B党、C党、という言葉と、具体的な数値を使ってはいけません。

	衆議院の議席の数	参議院の議席の数	首相になった議員
X年	A党：300議席 B党：100議席 C党：65議席	A党：150議席 B党：47議席 C党：45議席	A党の代表
Y年	A党：100議席 B党：240議席 C党：125議席	A党：200議席 B党：30議席 C党：12議席	B党の代表

(11) 下線部⑪について、選挙のほかに、社会や政治について多くの人々がもっている意見が大きな力になり政治を動かすことがあります。このような意見を何と言いますか。漢字2文字で答えなさい。

を、そして国家の自国中心主義を考えねばなりません。

明治に生まれた新たな日本の政府は、江戸時代の終わりに江戸幕府が欧米諸国と結んだ条約の不平等な内容、例えば②外国からの輸入品にかける税金を自由に決めることができないといった点を改正しようと努力していましたが、日本の近代化のおくれなどを理由にされ、なかなか進めることができませんでした。そこで日本は経済力や軍事力を高め近代化を進めるとともに、朝鮮に不平等な条約を結ばせて勢力をのばそうとしましたが、朝鮮では清（中国）の影響力が強かったため対立が深まり、1894年に③日清戦争が始まりました。④日本はこの戦争に勝ちましたが、ロシアなどの干渉を受けて手に入れた領土の一部を清（中国）に返すことになり、さらにロシアが朝鮮（韓国）に勢力をのばしたことで、1904年には⑤日露戦争を戦うことになりました。日露戦争に勝った後、⑥日本は韓国を併合し、さらに日清・日露戦争の勝利もあり1911年には不平等条約を改正することができました。

⑦その後の日本は第一次世界大戦の影響もあり好況になっていましたが、昭和時代に入ると、生活が苦しい世の中になりました。⑧この状況を乗り切るため、1931年には満州にいた日本軍が中国軍を攻撃し、満州事変が起こりました。満州事変後、日本は中国北東部にも勢力を広げようとしたことで日中戦争が始まり、さらに⑨戦争に必要な資源をえるために東南アジアに進出したことでアメリカやイギリスと対立し、太平洋戦争が始まりました。⑩日中戦争、太平洋戦争を通じて、人々の暮らしは非常に苦しくなりました。

太平洋戦争が終わると、朝鮮半島は日本の領土ではなくなりましたが、⑪アメリカとソ連の対立である東西冷戦によって北朝鮮と韓国の２つの国家に分かれてしまい、1950年には朝鮮戦争が起きました。このように朝鮮半島の国には、他国の意思に左右されてきた歴史があるのです。

さて、歴史を振り返ると、日本への不平等条約の押しつけも、朝鮮半島への支配も、東西冷戦も、そして北朝鮮の強硬な外交も、国家の自国中心主義が深くかかわっていることがわかります。だとすれば、いま世界で起きている様々な紛争や対立は、⑫平和を望む意思と、⑬他国との対話や協調によってしか解決できないのではないでしょうか。

(1) 下線部①について、2017年８月・９月の北朝鮮のミサイル発射に対して、日本では全国瞬時警報システムを発動し注意喚起を行いました。このシステムの通称を、ア～エの中から一つ選びなさい。

ア　J-アラート　　イ　M-アラート　　ウ　K-アラート　　エ　N-アラート

(2) 下線部②について、2017年、アメリカのトランプ大統領は、外国からの輸入品にかける税金の撤廃・削減をさせないための決定をしました。（Ⅰ）この税金の名前を答え、（Ⅱ）トランプ大統領のその決定を、ア～エの中から一つ選びなさい。

ア　特定のイスラム教国の人々に対するアメリカへの入国禁止　　イ　パリ協定からの離脱表明

ウ　FBI（連邦捜査局）長官の解任　　エ　TPP（環太平洋経済連携協定）離脱の大統領令に署名

(3) 下線部③について、日清戦争の賠償金などや、当時の日本の予算などについて述べた文として正しいものを、ア～エの中から一つ選びなさい。

ア　日清戦争後の1895年の日本の国の歳入額は、日本の日清戦争での戦費を上回っていた。

イ　清からの賠償金は、日本の日清戦争での戦費を下回っていた。

ウ　清からの賠償金の半分以上が皇室財産に入れられた。

エ　清からの賠償金の半分以上が軍事関連費として使われた。

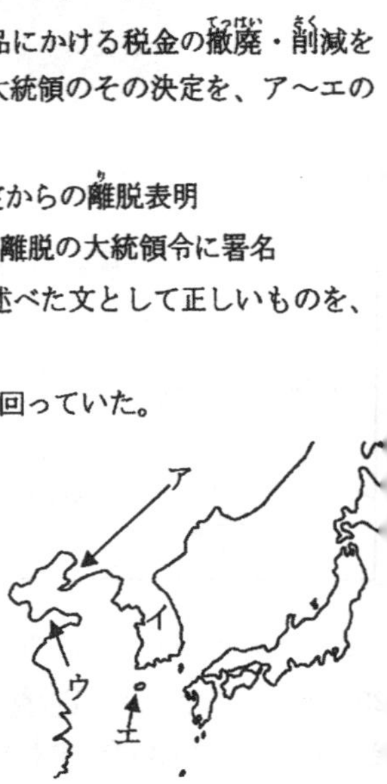

(4) 下線部④について、次の問いに答えなさい。

1、日清戦争後のロシアなどの干渉によって日本が清に返還した半島または島を、右の地図のア～エの中から一つ選びなさい。

2、文中の日清戦争後の東アジアの関係をえがいたふうし画の中で、[Ⅰ]、

ア

イ

ウ

エ

(9) 下線部⑨について、この飢饉の影響で大阪の元役人が反乱を起こし、大商人から米を取り上げて人々に分け与えようとしました。この人物の名前を漢字で答えなさい。

(10) 下線部⑩について、日本の文化の歴史の中で登場する次のものを年代順にならべかえて記号で答えなさい。

ア

イ

ウ

※「傳」＝「伝」

エ

(11) 文中から読み取れるＡ四天王寺・Ｂ百舌鳥古墳群・Ｃ大阪城・Ｄユニバーサルスタジオジャパンの位置関係として正しいものを、ア〜エの中から一つ選びなさい。

次の文章を読み、あとの問いに答えなさい。

2017年も、残念ながら①北朝鮮の弾道ミサイル発射実験は続き、日本やアメリカを始めとした国々は強く抗議しきました。なぜ北朝鮮は強硬な外交をするのでしょうか。答えを探るには、北朝鮮が日本の植民地であった歴史ものを、ア～エの中から一つ選びなさい。

(5) 下線部⑤について、作物は収穫される季節が限られるものが多いため値段が変動しやすい。それを克服するための手段として、温暖な気候を利用してビニールハウスや温室などで野菜の早づくりがおこなわれている。こうした生産物としてふさわしいものを、ア～エの中から一つ選びなさい。

ア　ピーマン　　イ　キャベツ　　ウ　レタス　　エ　だいこん

(6) 下線部⑥について、養殖や栽培漁業でコンピュータなどによる分析に活用できると考えられるデータを、ア～オの中から**すべて**選びなさい。

ア　水に含まれる酸素や有害物質、植物プランクトンの量

イ　カツオの一本づりに使うつりざおからわかったつり糸の消費量

ウ　生け簀にいる魚の数や魚の食欲といった魚自体の状態

エ　どのようなエサをどれだけ与えたかという記録

オ　大型船がどれくらいの期間、どこを移動して漁をしたかという記録

(7) 下線部⑦について、右の機械工業の内訳に関する資料について述べた文として正しいものを、ア～エの中から一つ選びなさい。

機械工業の内訳

総生産額 130 兆 537 億円（2014 年）

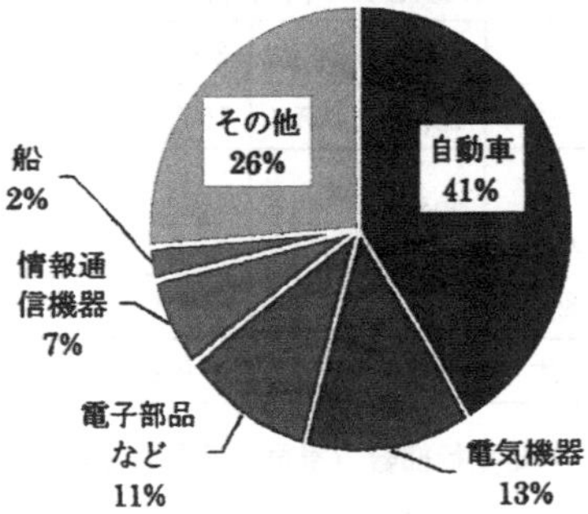

（日本国勢図会 2017/18 より作成）

ア　総生産額のうち約 6 割を自動車生産が占めており、その生産額は 80 兆円をこえる。

イ　自動車の生産額は 50 兆円をこえ、機械工業のなかでも最も生産額が多くなっている。

ウ　生産額が 2 番目に多い分野はグラフによると約 40 兆円の生産額となる。

エ　自動車生産額が約 4 分の 1 を占めており、電気機器と電子部品の合計生産額より多い。

(8) 下線部⑧について、（Ⅰ）自動車の組み立て工程を順番にならべかえ、（Ⅱ）2017 年に大手自動車メーカーで資格がない人がおこなって問題となった工程を一つ選び記号で答えなさい。

ア　ようせつ　　イ　完成検査　　ウ　とそう　　エ　組み立てライン　　オ　プレス

(9) 下線部⑨について、このことを何と言うか答えなさい。

(10) [　あ　]に当てはまる適切な文を、ア～エの中から一つ選びなさい。

ア　工場ではごくわずかな生産量であることからとても安価な

イ　工場で必要な分量をみきわめて生産できるのでとても安価な

ウ　工場の設置や運営に必要な費用がかかり高価になってしまう

エ　工場では大量生産が可能で高価になってしまう

(11) 下線部⑩について、ここであげられている問題があったとしても植物工場の野菜を買う良さを説明した意見として正しいものを、ア～エの中から一つ選びなさい。

ア　工場内で生産しているので農薬や虫がついているといった心配がなく、安心して利用できると食品加工業者の人が言っていた。

イ　工場内で管理されて育った野菜は自然の中で育ったものではないので、人の体にどんな影響がでるかわからないと植物の専門家が言っていた。

ウ　誰が育ててどのような経路で消費者のもとに届いたかを消費者に伝えるのは、植物工場でも畑でも同じように伝えることができると植物工場の人が言っていた。

エ　畑で育てた野菜は台風や長雨といった気候の影響を受けないので、工場で育てた野菜よりも常に値段が高いとお店の人が言っていた。

(12) 下線部⑪について、次のア～エの資料を使って中小工場の特徴を説明しようと思います。説明のための資料

各グループの発表後には、クラスで意見を出し合いました。農業の班に対しては「植物工場」の野菜は[　あ　]
っ、⑩畑で育てた野菜に比べるとあまり売れないという
とをテレビでやっていたという意見がでました。また、
業の班には自動車だけが工業生産ではないのではない
という意見や、⑪技術と知識なら中小工場で働く人たち
ことを忘れてはいけないのではないかという意見が出
ました。

広告費の推移（単位：億円）

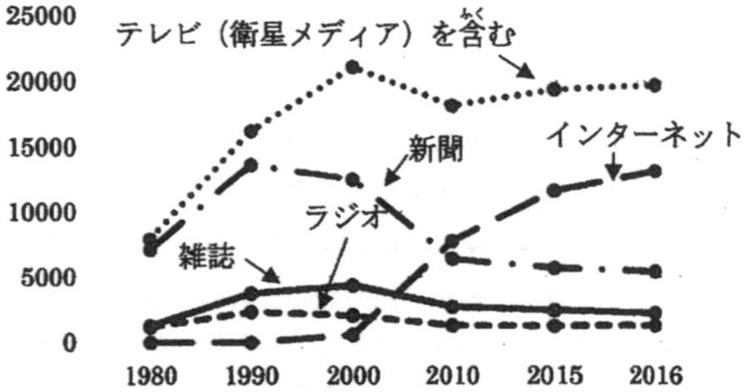

）下線部①について、右に示した「広告費の推移」における変化の理由を説明するための資料として**最も必要のないもの**を、ア～エの中から一つ選びなさい。
（資料はすべて日本国勢図会 2017/18 より作成）

ア　平日の年代別主要メディアの
1日あたりの利用時間（2015年　単位：分）

	10代	20代	30代	40代	50代	60代
テレビ	155.8	155.4	197.1	208.6	300.1	317.1
インターネット	221.3	210	131.3	91.9	70.4	37.1
新聞	0.4	2.0	5.1	9.8	18	33.2
ラジオ	0.6	4.4	9.2	5.9	11.3	31.7

イ　文庫と新書の出版点数（単位：点）

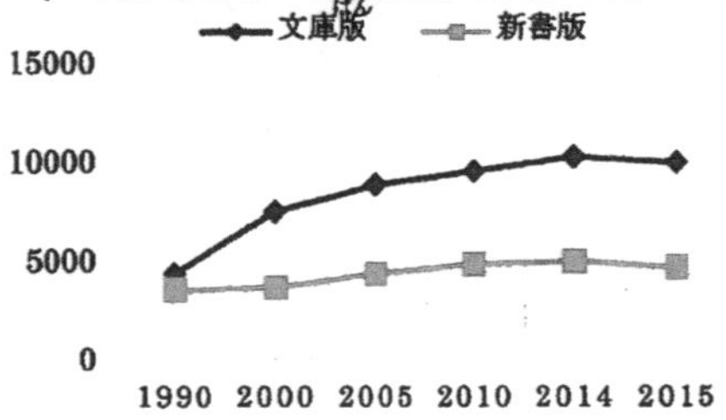

ウ　新聞発行部数（単位：千部）■一般紙 ■スポーツ紙

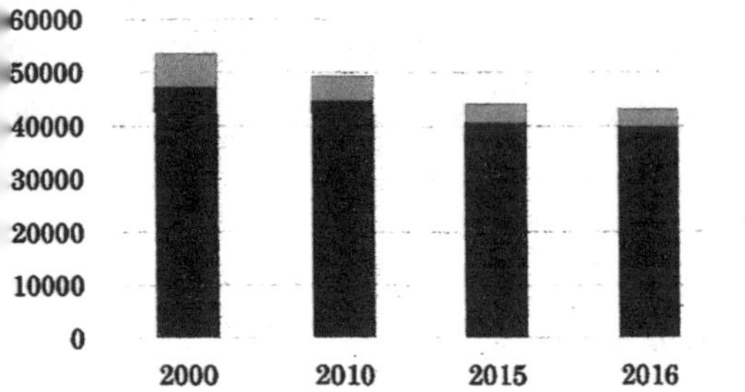

エ　インターネット利用動向

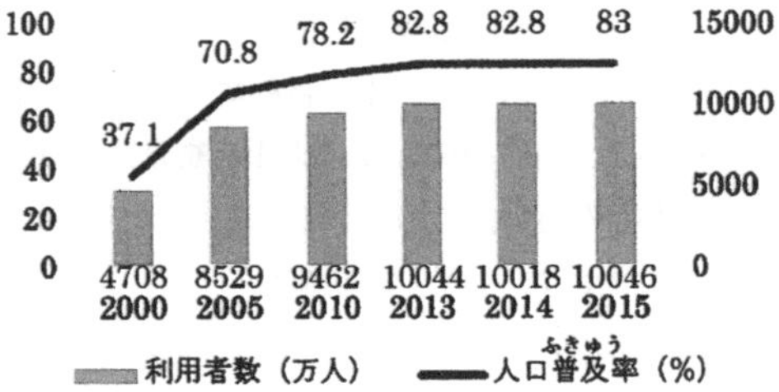

）下線部②について、インターネットを使った情報活用について述べた文として**誤っているもの**を、ア～エの中から一つ選びなさい。

ア　はなれた地域でも医師と妊婦さんが連絡をとりあって健診を受けることができたり、高齢者のようすを見守るときに役立つ。

イ　インターネットの情報は誰が提供したものかわからないので、情報の内容をよく確認しなければいけない。

ウ　インターネットを通して流れた情報は止めることができないので、名前や住所、顔写真、パスワードのような個人情報のとりあつかいは特に注意が必要である。

エ　メールやSNSなどでは情報を広めることが簡単にできるので、お願いがきたらすぐに情報を広めて協力するとインターネットの便利さが増す。

）下線部③について、このような生産者や生産のようすを記録し、消費者にわかるようにするしくみを何というか答えなさい。

）下線部④について、右の表は北海道、東北地方、北陸地方、中国・四国地方の農産物生産額を表しています（単位：百億円）。北陸地方を表している

	合計	米	野菜	果実	畜産	その他
ア	123	34	22	19	41	6
イ	111	11	21	1	60	18
ウ	39	22	6	1	8	2
エ	80	14	21	12	27	6

（農林水産省「全国地域別農業産出額の推移（2014）」より）

資料1－5

［Ⅱ］

図３のような高さ１０ cm の直方体の木片を用意しました。、この木片を水の入ったビーカーに浮かべ、台ばかりにのせたところ、図 4 のようになりました。このとき、木片の水面上の高さは1 cm でした。次に図 5 のように、１０ g のおもりと定滑車、および動滑車が糸でつながれており、木片は動滑車に糸でつるしました。このとき、木片の水面上の高さは２ cm になり、台ばかりの目盛りは５００ g になりました。以下の各問いに答えなさい。

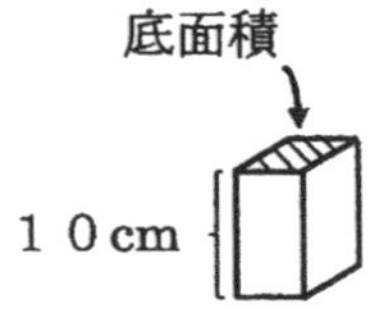

図３

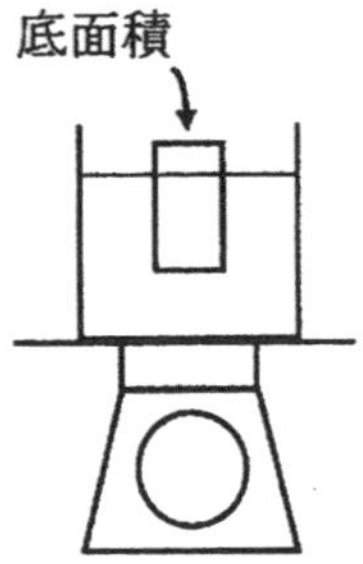

図４

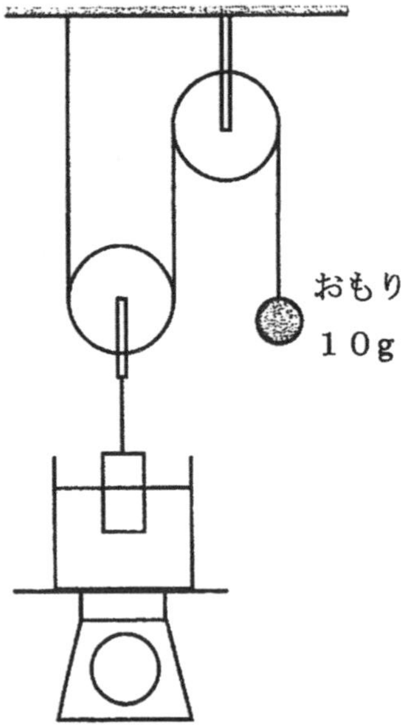

図５

(4)　木片が図 4 のように水面に浮いているとき、木片にはたらく重力と浮力の大きさの関係を正しく表したものを、次のア～ウから一つ選び記号で答えなさい。

ア．重力の大きさ　＞　浮力の大きさ

イ．重力の大きさ　＝　浮力の大きさ

ウ．重力の大きさ　＜　浮力の大きさ

(5)　図５のおもりを２０ｇのものととりかえると、木片の水面上の高さは何 cm になりますか。

(6)　(5)のとき、台ばかりの目盛りは何 g になりますか。

(7)　木片の重さは何 g ですか。

(8)　図３より、木片の底面積は何 cm^2 ですか。

(9)　ビーカーと水の重さを合わせると何 g になりますか。

(5)　１月１０日の２２時ごろ、日本のある場所で南の空を見ると、図２のＣの位置にオリオン座が見られました。２月１０日の２０時ごろ、オリオン座はどの位置に見えますか。図２のＡ～Ｅから一つ選び記号で答えなさい。

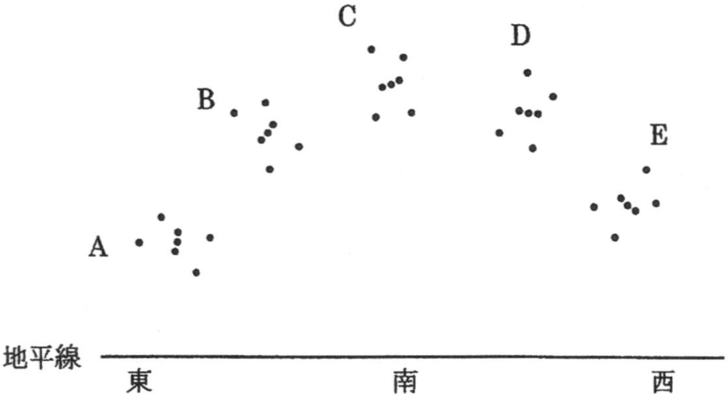

図２

５．

次の文章は地震について述べたものです。これを読んで、以下の各問いに答えなさい。

いろいろな原因で地下の岩石には力が加わり、ゆがみが生じています。岩石がこの力に耐えられなくなると破壊され、岩盤がずれます。これが地震です。破壊が始まった点のことを震源とよびます。

地震が起こって地面がゆれるとき、はじめカタカタと小さくゆれ、ついでユサユサと大きくゆれることが多いです。このような地震のゆれを地震計で記録すると、図のようになります。はじめの小さなゆれを初期微動、あとに続く大きなゆれを主要動といいます。地震が起こると、震源から速さのちがう 2 つの波が同時に発生してまわりに伝わっていきます。初期微動は速さの速い波（P 波）による地面のゆれであり、主要動は遅い波（S 波）によるゆれです。この２つの波が届くまでの時間の差を初期微動継続時間といいます。

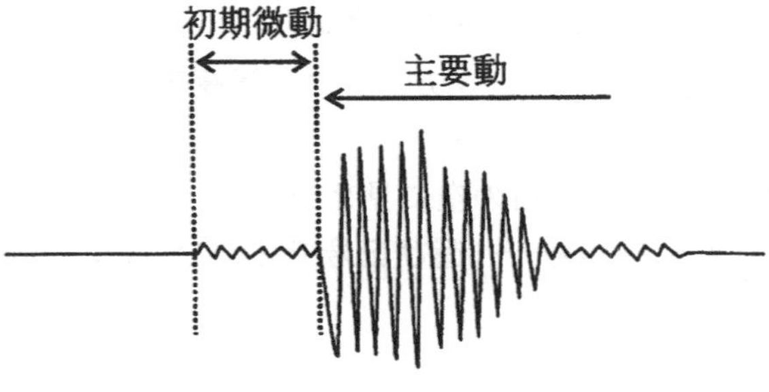

図

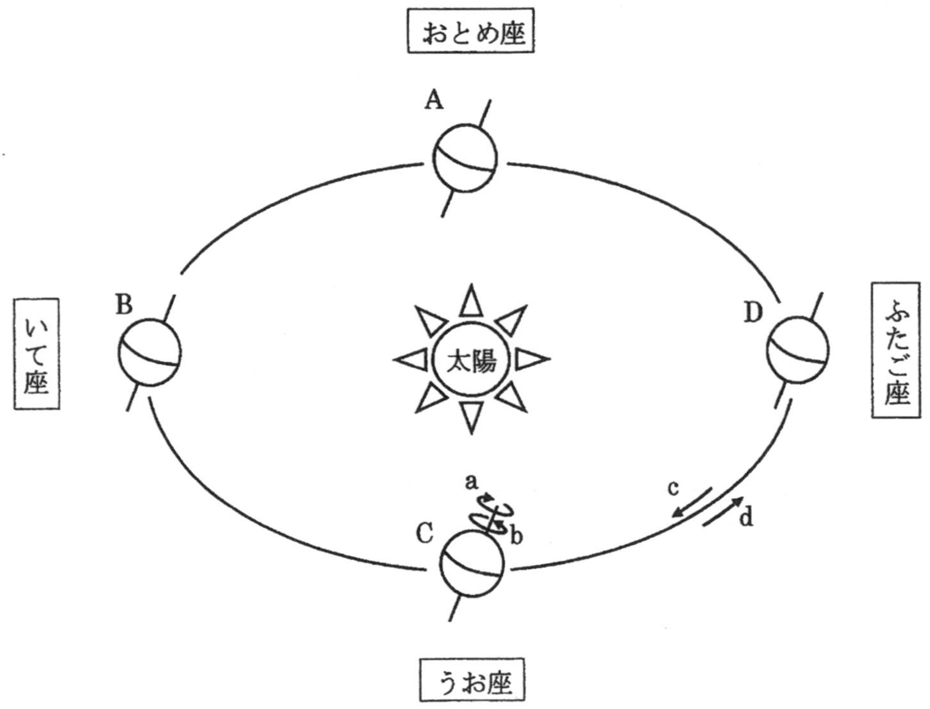

図 1

(1) 図 1 の a ～ d のいずれかは、地球の自転と公転の向きを表しています。正しい組み合わせを次のア～エから一つ選び記号で答えなさい。

ア. 自転の向きは a、公転の向きは c である。

イ. 自転の向きは a、公転の向きは d である。

ウ. 自転の向きは b、公転の向きは c である。

エ. 自転の向きは b、公転の向きは d である。

(2) 日本が春分のとき、地球はどの位置にありますか。図 1 の A ～ D から一つ選び記号で答えなさい。

(3) 地球が図 1 の A の位置にあるとき、おとめ座が東の空に見えるのはいつごろですか。次のア～エから一つ選び記号で答えなさい。

ア. 明け方　　イ. 正午　　ウ. 夕方　　エ. 真夜中

(4) ある日の明け方にふたご座が西の空に見えました。このとき、地球はどの位置にありますか。図 1 の A ～ D から一つ選び記号で答えなさい。

(9)　下線部(G)について、みそはダイズというマメのなかまからできています。次のア～ウのうち、マメのなかまを表している図を一つ選び記号で答えなさい。矢印の先にあるスケッチは、それぞれの植物の茎(くき)の断面と葉の表面のようすをそれぞれ表しているものとします。

ア.

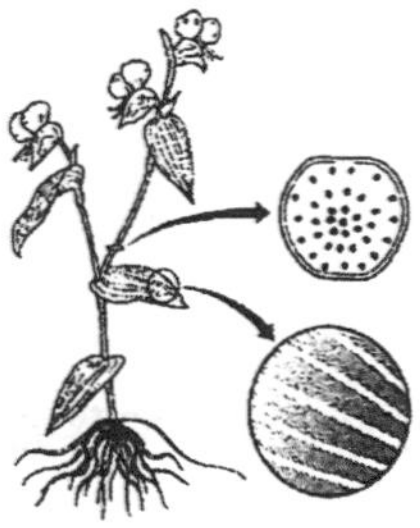

イ.

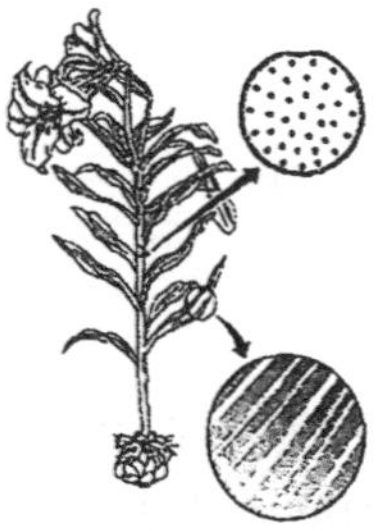

ウ.

(10)　下線部(H)について、うどんのめんはコムギというイネのなかまからできています。次のア、イのうち、イネのなかまの発芽のようすを表しているものを選び記号で答えなさい。

ア.

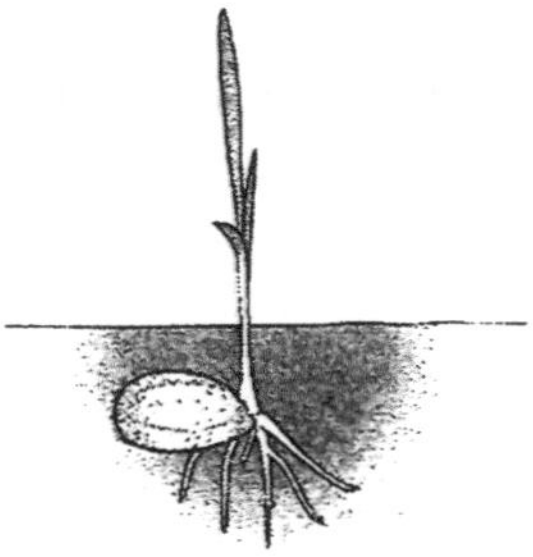

イ.

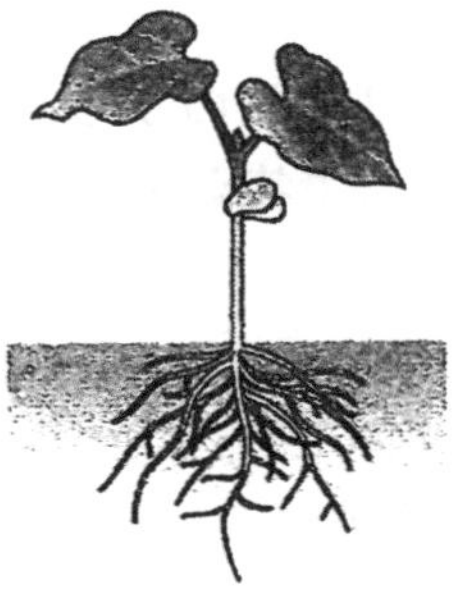

(11)　種子が発芽するために必要な条件は「適当な温度」、「空気」とあと一つは何か、答えなさい。

(4)　下線部(D)について、次のア～カの水よう液と金属の組み合わせのうち、水よう液に金属があわを出してとける組み合わせをすべて選び記号で答えなさい。

ア．塩酸・アルミニウム
イ．水酸化ナトリウム水よう液・アルミニウム
ウ．食塩水・アルミニウム
エ．塩酸・鉄
オ．水酸化ナトリウム水よう液・鉄
カ．食塩水・鉄

(5)　次のア～オの水よう液をそれぞれ蒸発皿に取り、熱して水をすべて蒸発させた後に何も残らないものをすべて選び記号で答えなさい。

ア．食塩水
イ．炭酸水
ウ．砂糖水
エ．アンモニア水
オ．石灰水（せっかいすい）

(6)　次のア～オの水よう液のうち、青色のリトマス試験紙を赤色に変化させる水よう液をすべて選び記号で答えなさい。

ア．食塩水
イ．炭酸水
ウ．砂糖水
エ．アンモニア水
オ．石灰水

(7)　下線部(E)について、金の水よう液へのとけ方として適当なものを一つ選び記号で答えなさい。

ア．塩酸にとける
イ．炭酸水にとける
ウ．食塩水にとける
エ．ほとんどの水よう液にとけない

(8)　下線部(F)について、ウナギはえらを使って呼吸をします。そのことを考えて、次のア～エの生き物のうち、ウナギに一番近い生き物を一つ選び記号で答えなさい。

ア．ヘビ　　イ．フナ　　ウ．ミミズ　　エ．イルカ

9 ①, ②, ③, ④の４つの番号が書かれたボタンと、A, B, C, Dの４つの電球があります。それぞれのボタンは銅線で電球とつながっており、ボタンを押すと、つながっているすべての電球について、明かりが消えている場合はつき、ついている場合は消えます。

ボタン①は電球A、ボタン②は２つの電球BとC、そしてボタン④はすべての電球とそれぞれつながっています。例えば、電球Cだけついている状態で、①→②の順にボタンを押すと、電球は右のように変化します。どの問題についても、はじめ４つの電球は図１のようにすべて消えているものとします。

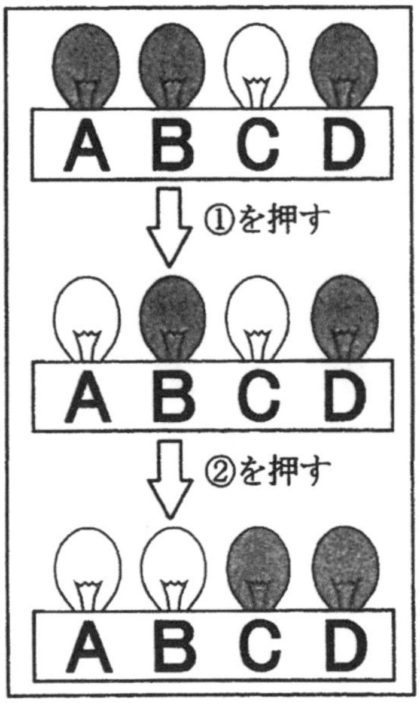

図１（はじめの状態）

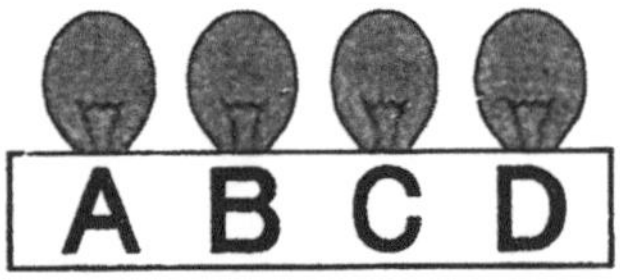

図２（②→③→④）

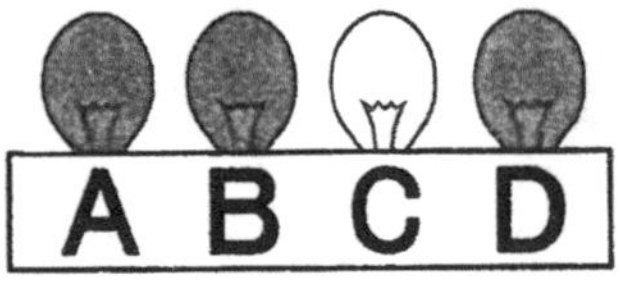

（1） ④→②→①→②の順にボタンを押したとき、明かりがついている電球をすべて答えなさい。

（2） ④を３回押した後、②を７回押し、最後に①を12回押したとき、明かりがついている電球をすべて答えなさい。

（3） ②→③→④の順にボタンを押したところ、図２の状態になりました。ボタン③がつながっている電球をすべて答えなさい。

（4） ボタンを３回だけ押して、４つの電球の明かりがすべてついた状態になるような押し方は何通りあるか求めなさい。ただし、３回のうち最低１回は、必ず④を押すこととし、④→①→④ と ①→④→④ のように押すボタンが同じでも順番が同じではない押し方は、別の押し方と考えます。また、ボタン③は（3）で求めた電球とつながっているものとします。

（5） （2）ではボタンを合計22回押していますが、ボタンを押す回数を２回におさえて、最終的に明かりがついている電球を同じにすることができます。また、例えば、③→③→①→④→②と合計５回押したときも、押す回数を３回におさえて、最終的に明かりがついている電球を同じにすることができます。このように５回以上ボタンを押す場合は、どのような押し方であっても、押す回数を４回以内におさえることができます。その理由を説明しなさい。

3 図で、四角形ABCDは1辺の長さが8cmの正方形です。点Cが辺ADの真ん中の点Eと重なるように折り、その折り目を図のようにFGとします。このとき、DFの長さは3cmになりました。折った後に点Bが移る点をH、辺ABと辺HEの交点をIとするとき、次の問いに答えなさい。

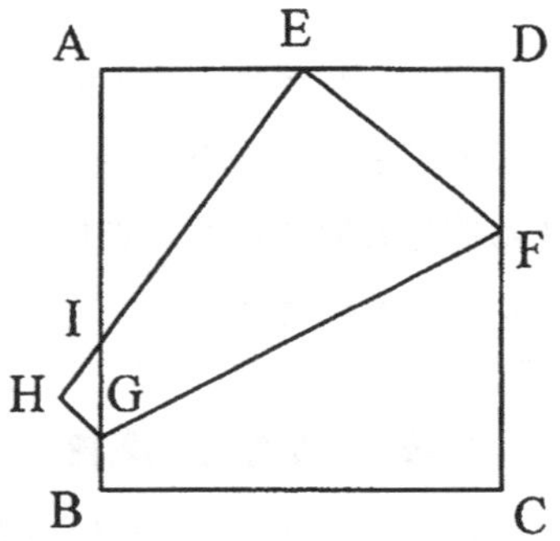

(1)　IEとEFの長さの比を最も簡単な整数で表しなさい

(2)　GBの長さを求めなさい。

4 この春、南山中学校に入学したシゲル君とサトシ君の会話文を読み、会話の中でシゲル君が紹介(しょうかい)した公式の成り立つ理由を説明しなさい。

シゲル：おはようサトシ。部活はもう決めたかい。

サトシ：おはよう。陸上部に入ろうと思っているんだ。昨年、陸上の桐生(きりゅう)選手が日本人初の9秒台を記録しただろ。

シゲル：100mを約10秒で走るんだっけ？

サトシ：正確には9秒98だぞ。きっと道を走る車より速いんじゃないかな。

シゲル：例えば100mを10秒ちょうどで走った場合、速さは秒速10mになるけど。

サトシ：ん一、秒速10mって時速にすると、どれくらいなんだろう？

シゲル：ちょっと待って……。これだ。この公式、役に立つんじゃないか？

> シゲル君が紹介した公式
>
> 秒速△mを時速○kmに直したいときは、$△\times\dfrac{18}{5}=○$ で求められる。

シゲル：どうかな？この本にのっていたんだけど。

サトシ：ん一、確かに便利だけど、僕(ぼく)はこういう公式、あんまり好きじゃないかな。先生も言ってたじゃん。「公式を正確に覚えることは大切ですが、数学の学習においてもっと大切なのは、公式の成り立つ理由を考えることですよ」って。

シゲル：確かにそうだな。じゃあ、その『成り立つ理由』を一緒(しょ)に考えてみようぜ。

サトシ：それは面白そうだ。よし、さっそくやってみよう！

2 南山中学校には制服がないため、生徒たちはそれぞれ思い思いの服装で学校生活を送っています。この春、南山中学校に入学するユキオ君とカズタカ君は、学校で着用する服を買いに近所の衣料品店へ行きました。衣料品店では次のような案内で、セールを行っています。

> **小学校、中学校、高校に入学するお客様の新生活を応援します！**
>
> # ♪♪♪新生活応援セール♪♪♪
>
> **セール①**　**お買い得！コート・マフラー・防寒具！**
> ※値引きシールの付いた商品につきましては、
> 値引きされた値段から、さらにレジにて２割引します。
> **セール②**　**３点セットでのお買い上げでお得！**
> ※「シャツ」「長ズボン」「シューズ」それぞれ１点ずつ、
> 一度に合計３点をお買い上げの場合、レジにて２割引します。
> 注意
> ※上記セール①②は、この４月に入学するお客様が対象です。
> ※当店の価格表示はすべて、消費税がふくまれています。

（1）　自転車通学を予定しているユキオ君は来年の冬に向けてコートを買うことにしました。お目当てのコートには『３割引』と書かれた値引きシールが貼ってあり、セール中のため、さらにレジで割引されて2800円を支払いました。このコートの値引き前の値段を求めなさい。

（2）　カズタカ君はシャツと長ズボンを買いに来ましたが、セールの内容を確認し、シューズも買うことにしました。このとき、シャツと長ズボンの値段の合計金額と、レジで支払った金額はともに6000円で同じでした。カズタカ君が買ったシューズの値段を求めなさい。

2017 年度（平成 29 年度）南山中学校男子部　入学試験　問題用紙

算　　数

答えは解答用紙に書きなさい。

分数で答えるときは、約分して答えなさい。

必要であれば、円周率は 3.14 としなさい。

（60分）

1　次の問いに答えなさい。

（1）　次の計算をしなさい。

$$\left\{2\frac{1}{2}\times(0.8-\frac{7}{15})-0.4\right\}\div 4\frac{1}{3}$$

（2）　$\square$ に当てはまる数を答えなさい。

$$\frac{5}{2}+(\square-0.2)\div\frac{1}{2}=3.7$$

（3）　山田君のクラスでは先月漢字テストを行いました。男子、女子の平均点はそれぞれ 75 点、82 点で、クラス全員の平均点は 79 点でした。男子の人数が 18 人であるとき、女子の人数を求めなさい。

（4）　図のように長方形の紙を頂点が辺と重なるように折ったところ、●で示した角度は 52 度になりました。角**ア**の大きさを求めなさい。

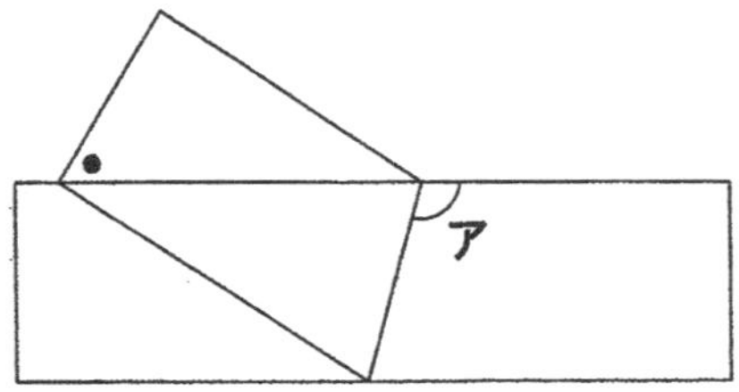

5 右の図のように、直方体の容器Aの中に円柱の容器Bを置きます。この状態で2つの容器に水を1.4ℓ 注いだところ、2つの容器はともにいっぱいになりました。容器の厚さは考えないものとして、次の問いに答えなさい。

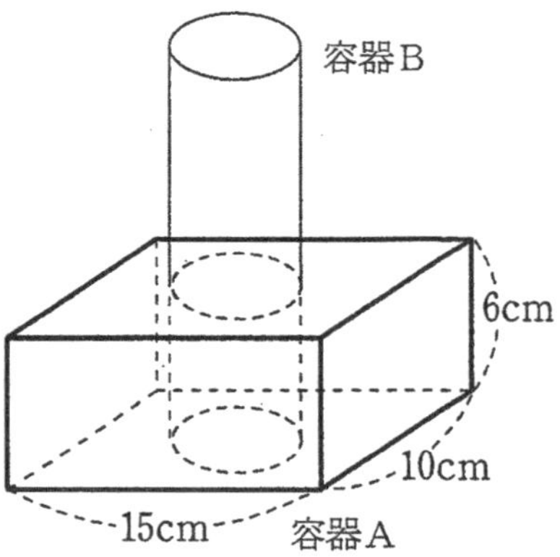

（1） 容器Bのうち、容器Aの上部に突き出ている部分の体積を求めなさい。

（2） 容器Aと容器Bの底面積の比は3：1です。容器Bの水をすべて捨て、容器Aに残った水をすべて容器Bに入れると、水面の高さは何cmになるか求めなさい。

6 南山中学校のテニス部ではテニスコートを用いて実戦的な練習を行います。練習はシングルス形式とダブルス形式の2種類があり、1つのコートでシングルス形式では同時に2人、ダブルス形式では同時に4人が練習できます。実力や経験に関係なく、コート内での練習時間（シングルス形式とダブルス形式の練習時間）が全員同じになるよう、2つの形式を組み合わせてコートを譲り合って練習します。練習部員の入れ換えにかかる時間は考えないものとして、次の問いに答えなさい。

（1） 1年生の部員4人は、1つのコートで練習を行いました。はじめの60分はシングルス形式で練習を行い、最後の20分はダブルス形式で練習を行ったとき、1人がコート内で練習する時間は何分か求めなさい。

（2） 2年生の部員6人が1つのコートで150分練習を行い、全員がコート内で60分の練習を行いたいとき、シングルス形式、ダブルス形式、それぞれの練習時間を何分にすればよいか求めなさい。

7 図でABの間は5cm、BCの間は3cm離れています。また、３つの点A、B、Cは次の決まりにしたがって動きます。

・点Aは動かない

・点Bは点Aとの距離を、いつも5cmに保った状態で動く

・点Cは点Bとの距離を、いつも3cmに保った状態で動く

（1） 点Cの動くことができる範囲を解答用紙に作図し、斜線で示しなさい。このとき、作図に用いた円や直線は消さないで、解答用紙に残しなさい。

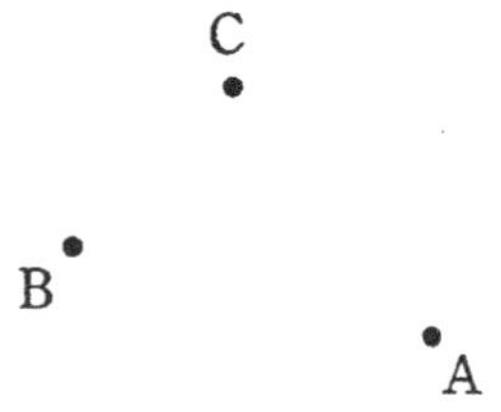

（2） （1）で作図した範囲を図形㋐とします。点Cの動くことができない範囲のうち、点Aを含む部分を図形㋑としたとき、図形㋐と図形㋑の面積比を最も簡単な整数で表しなさい。

理科

（50分）

1　重さが130gのビーカーA～Gを使い、水の重さと水の温度を変え、ホウ酸が水に溶けるようすを実験し、観察しました。表1は、100gの水に溶けきるホウ酸の重さと水の温度の関係を表しています。表2は、この実験の結果をまとめたものです。以下の問いに答えなさい。

表1　100gの水に溶けるホウ酸の重さ

水の温度(℃)	0	10	20	40	60
ホウ酸(g)	3	4	5	8	15

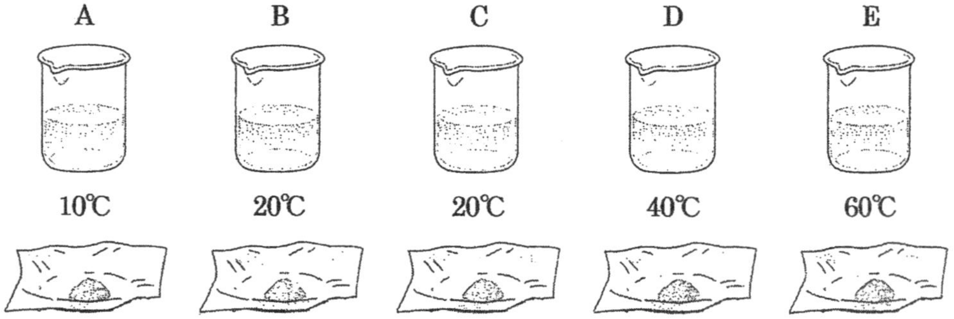

表2　実験結果

ビーカー	A	B	C	D	E
水の温度（℃）	10	20	20	40	60
ホウ酸を加える前の重さ（g）	280	210	230	180	230
ホウ酸を加えた後の重さ（g）	300	214	232	200	240

(1)　加えたホウ酸が溶け残っていないビーカーをすべて選び、A～Eの記号で答えなさい。

(2)　溶けきれずに残っているホウ酸の量が最も多いものを選び、A～Eの記号で答えなさい。

(3)　新しいビーカーFを用意し、20℃の水でビーカーCと同じ濃さのよう液を350gつくりたい。ホウ酸を何g用意すればよいか。答えは小数第2位を四捨五入して小数第1位まで求めなさい。

(4)　ビーカーAのよう液とビーカーDのよう液を合わせた後、60℃にあたためてろ過し、ろ液を新しいビーカーGに入れました。ビーカーG全体の重さが何gになるかを答えなさい。

(6) 次の文の（ア）～（ウ）に当てはまる語句を下の語群から選び記入しなさい。

図3のように月が動くとき『月は見かけ上（　ア　）から（　イ　）へ約（　ウ　）週間で1回自転する。』

【語群】　東　西　南　北　1　2　4　8

(7) 約400年程前のイタリアの物理学者でもあり、天文学者である彼(かれ)は、初めて天体を望遠鏡を用いて観察した。彼は、天の川が無数の恒星(こうせい)の集合体であることを発見した。この人物の名を答えよ。

3　北山・南山から流れ出している北川・南川のようすを表した下の図を見て、以下の問いに答えなさい。

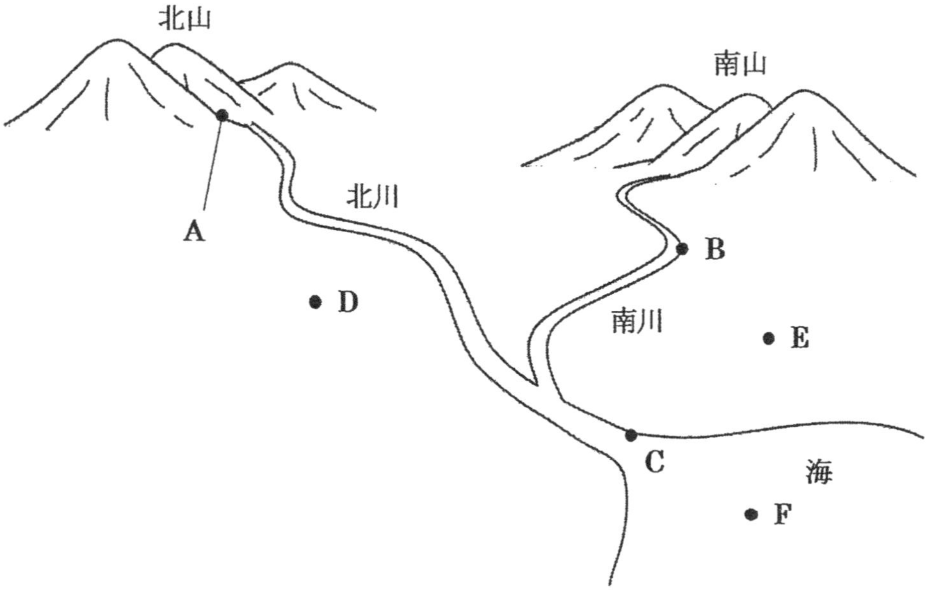

(1)　次の文は、A 地点（上流)、B 地点（中流)、C 地点（下流）についての説明である。A 地点についての説明文には A を、B 地点についての説明文には B を 、C 地点についての説明文には C を解答用紙に記入しなさい。

①　V 字谷がみられる。

②　川底に角が取れて丸みをおびたにぎりこぶし大ほどの石が多く見られる。

③　川が蛇行（だこう）している部分が取り残されてできる地形が見られる。

④　川幅（はば）が広く、水量が多く、流速は遅（おそ）い。

(2)　南山から流れる南川の B 地点の川底と石のようすを上流から見た図として正しいものを選び、ア～エの記号で答えなさい。

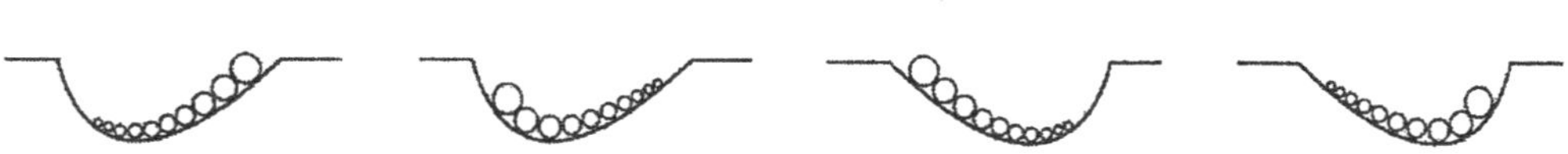

(3)　雨水がゆっくりと流れ出るように調節するはたらきがあり、“緑のダム”といわれているものは何ですか。

5　輪軸(じく)とかっ車を使って実験を行いました。輪軸とは直径のちがうかっ車が中心の軸で固定されていて、1つのかっ車に力を加えると他のかっ車も一緒に回るようになっています。(1)～(3)では同じ輪軸を用いるとして、以下の問いに答えなさい。ただし、輪軸のかっ車の半径は内側から順に2cm、4cm、8cmとし、摩擦や空気抵抗、輪軸の重さやかっ車の重さ、糸の重さは考えないものとする。

(1)　図1のように、一番内側のかっ車に40gのおもりをつけました。この輪軸をつり合わせるためにはA点に何gのおもりをつるせばよいか答えなさい。

(2)　図のように、一番外側のかっ車に50gのおもりを、外側から2番目のかっ車に20gのおもりをつけました。この輪軸をつり合わせるためにはA点 に何gのおもりをつるせばよいか答えなさい。

(3)　図のように一番内側のかっ車には40gのおもりを、一番外側のかっ車には別のかっ車をとりつけた。別のかっ車には200gのおもりをつけてある。この輪軸をつり合わせるためにはA点に何gのおもりをつるせばよいか答えなさい。

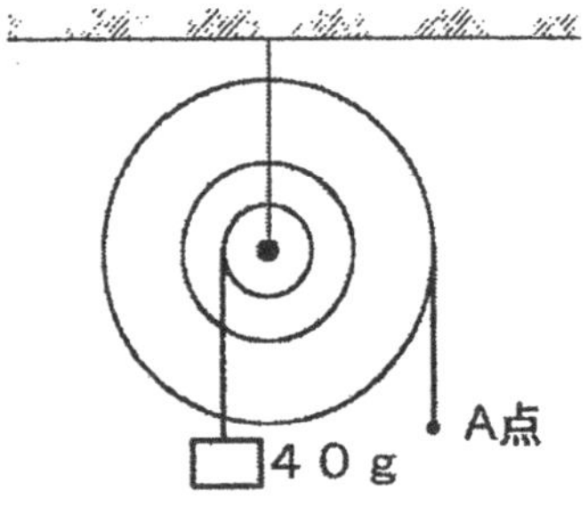

図1

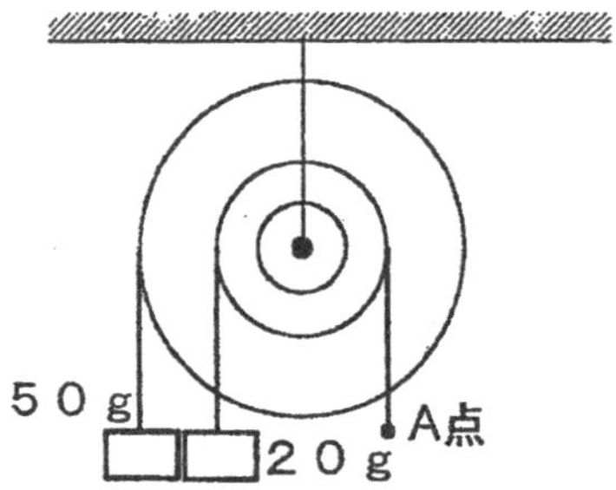

図2

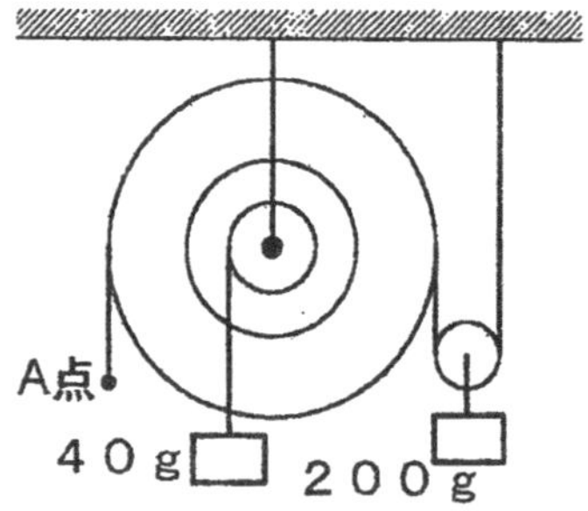

図3

(4)　図4のように輪軸を取り外し、かっ車を3つとりつけた一番右のかっ車に35gのおもりをつけました。このかっ車をつり合わせるためには、A点に何gのおもりをつるせばよいか答えなさい。

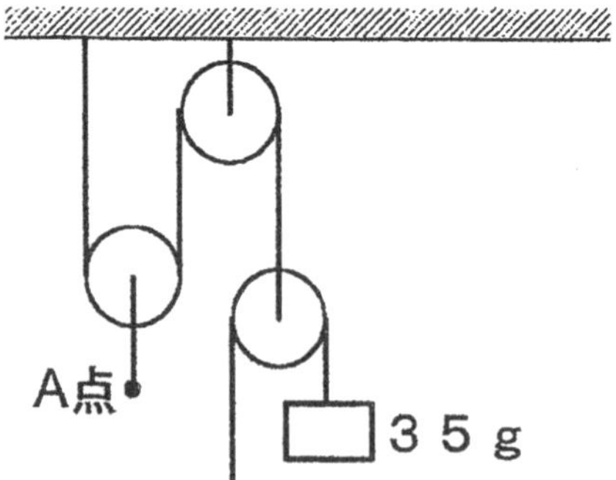

図4

6 摩擦のないなめらかな面で小球を転がす実験を行いました。ただし、空気抵抗や衝突によりエネルギーは失われないものとし、A 点では小球に速さを与えないように転がし、図の BC 間は水平で、なおかつ BC 間では速さは変わらないものとして考えなさい。

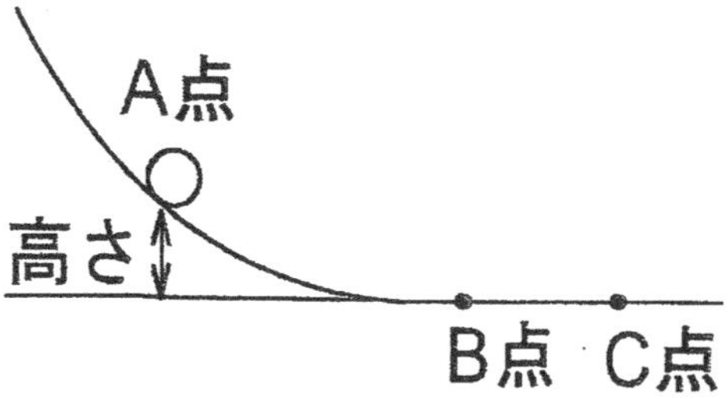

図 1

実験 1

図 1 のように、小球を転がし始める A 点の高さを変えて、BC 間の速さがどのように変わるのかを調べました。表 1 はその結果です。

表 1

A 点の高さ［cm］	45	125	180	320
BC 間の速さ[m/秒]×BC 間の速さ[m/秒]	9	25	36	64

(1) A 点の高さ［cm］を 47.5[cm]にすると、BC 間の速さ[m/秒]×BC 間の速さ[m/秒]の値はいくらになるか答えなさい。

(2) BC 間の速さ[m/秒]×BC 間の速さ[m/秒]の値を 121 にしたい。このとき、A 点の高さをいくらにすればよいか答えなさい。

(3) BC 間の速さ[m/秒]を 1.6[m/秒]にしたい。このとき、A 点の高さをいくらにすればよいか答えなさい。

(4) A 点の高さが 405[cm]のとき、BC 間の速さはいくらになるか答えなさい。

実験 2

次に図 1 の C 点の先にある、D 点(水平面の延長線上)にばねを固定しました。ばねの C 点側には板を固定してあります。
この実験では、A 点から小球を転がすのではなく、C 点から小球に速さを与えて転がしました。C 点から転がした小球をばねにぶつけるとき、ばねがどれぐらい縮むかを調べました。ただし、ばねにぶつかるまで速さは変わらないものとし、ばねの縮みに限界はなく、空気抵抗や衝突によりエネルギーは失われないものとします。
表 2 はその結果です。

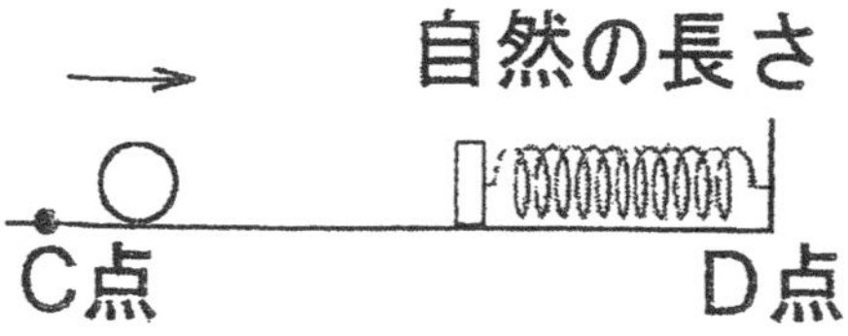

図 2

２０１７年度(平成２９年度)　南山中学校男子部　入学試験問題用紙　社会

＊ 指示していないところは漢字で書いてもかなで書いてもかまいません。また、「選びなさい」と言う問題は、記号で答えなさい。

(50分)

1　次の文章を読み、以下の問いに答えなさい。

経済・文化・政治などが国境をこえて深くつながっていくことを(　あ　)化と言います。ですから地球温暖化などの環境問題や人類の命にかかわる核兵器の問題、そして(1)難民問題などは、まさに(　あ　)な問題と言えます。もちろん、このような国境をまたいだ問題を解決するために(2)国際連合などの組織がありますが、それ以前にそれぞれの国家が良い関係を作ろうとすることが最も大切です。例えば、(3)アメリカのオバマ前大統領が 2016 年におこなった、これまで関係が悪かった国や太平洋戦争に関わる地域への訪問は、国と国との関係を良くしていく行動だと言えるでしょう。

しかし、世界を見回してみると国同士の協力関係がうまくいかなくなってしまうのではないかと心配になるできごとも起きています。(4)2016 年 5 月の伊勢志摩サミットでは、これまで G8 のメンバーであった国家の一つが参加を停止され、6 月にはイギリスが国民投票で(5)EU から脱退を決定、11 月に行われた(6)アメリカ大統領選挙で勝利したトランプ氏は、その選挙運動中に同じく 11 月に発効した(7)地球温暖化に関するパリ協定に対して、否定的な主張をしていました。また、2016 年には、(8)北朝鮮が数回の核実験を行いました。

これからの未来を作るみなさんには、自国のことだけでなく(　あ　)な見方で物事を考えてほしいと思います。

問１　文中の(　あ　)に当てはまる地球規模のつながりを意味する言葉をカタカナで答えなさい。

問２　下線部(1)に関して、ドイツは、第二次世界大戦中にユダヤ人を迫害した歴史を持つ国です。その歴史を踏まえて、現在のドイツの首相は難民受け入れに寛容な姿勢を示しました。この人物の名前を選びなさい。

(ア)フランソワ＝オランド　(イ)アンゲラ＝メルケル　(ウ)テリーザ＝メイ　(エ)ウラジーミル＝プーチン

問３　下線部(2)に関して、国際連合の行う平和維持活動に自衛隊も参加していますが、国際平和協力法の改正によって、2016 年 3 月から自衛隊に認められた活動は何と呼ばれていますか。以下の中から一つ選びなさい。

(ア)正当防衛　(イ)敵地への空爆　(ウ)駆けつけ警護　(エ)災害救助

問４　下線部(3)に関して、以下の問いに答えよ。

① 2016 年 3 月、オバマ前大統領は現職大統領として 88 年ぶりにある国を訪問しました。この国を右の地図から一つ選びなさい。

② 2016 年 5 月 27 日、オバマ前大統領がアメリカの現職大統領として初めて訪問した日本の都市はどこですか。漢字で答えなさい。

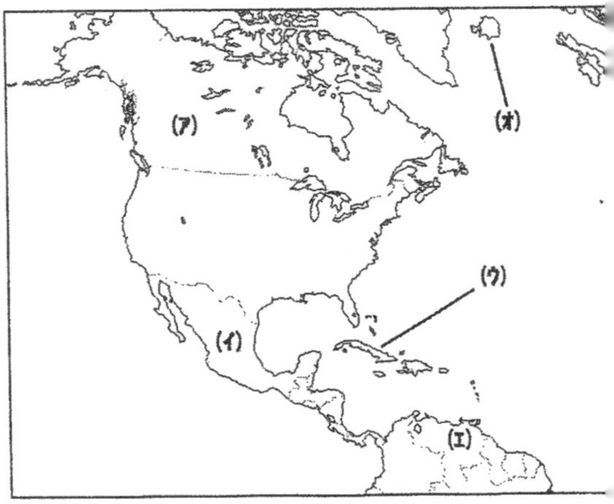

問５　下線部(4)に関して、参加を停止された国家を、以下の中から一つ選びなさい。

(ア)ドイツ　(イ)イギリス　(ウ)トルコ　(エ)ロシア

6　下線部(6)に関して、以下の①・②の問いに答えなさい。

①　右の表は日本の漁業種類別漁獲量の推移を示したものです。200海里水域（排他的経済水域）が設定されたことで、漁獲量にも大きな影響がみられました。表に示された(ア)～(オ)の中から、遠洋漁業にあたるものを選びなさい。

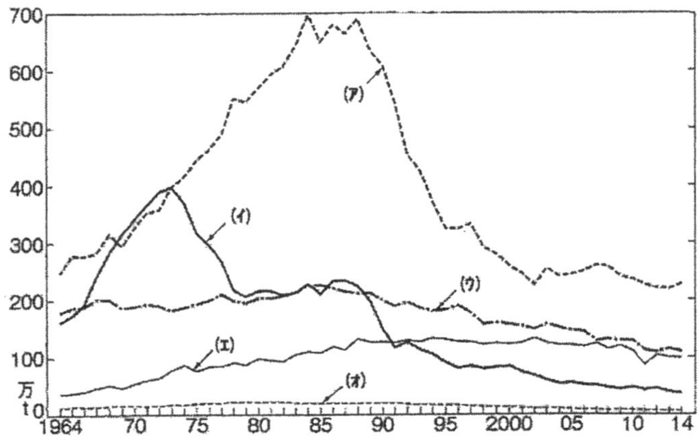

<出典>『日本国勢図絵 2016／17』

②　近年の日本の漁業について間違って述べているものを一つ選びなさい。

(ア)　いそやけなどが原因で漁場の環境が悪化したり、とりすぎなどの影響で魚が減り、沿岸漁業や沖合漁業の漁獲量が減ってきている。

(イ)　漁業で働く人の数は一時減少傾向が続いていたが、2010年代以降は女性漁師が増えてきており、現在では全体として増加傾向にある。

(ウ)　養殖業の漁獲量は近年横ばいであるが、えさの原料の魚粉の多くを輸入に頼っているため、養殖業者にとってえさ代が大きな負担となっている。

(エ)　水産資源を守るため、サンマやマアジなど７つの魚種については、日本で１年間にとる漁獲量を決め、その範囲でとる取り決めがなされている。

］次の文章を読み、以下の問いに答えなさい。

2016年７月に行われた参議院議員選挙では、(1)投票のできる年齢が20歳以上から(　あ　)歳以上にき下げられました。私たちは、一定の年齢になれば投票ができることを当たり前に考えていますが、票する権利は、民衆の運動をとおして得られたものなのです。

江戸時代は、(2)1853年のペリー来航をきっかけに大きくゆらぎ、旧幕府軍との戦争に(3)新政府軍勝利し、新しい時代が始まりました。

新政府は、(4)国の力を強くするために地租改正や国営工場の設置を進めましたが、新しい負担も多なり、民衆の不満は高まりました。当初この不満は(5)士族による反乱としてあらわれましたが、こがしずめられると、(6)言論を用いる自由民権運動が中心になりました。

民衆の不満をうけた政府は国会を開くことを約束し、憲法の作成にとりかかります。しかし、(7)政の中心人物の一人である伊藤博文の考えが反映され、1889年に発布された大日本帝国憲法では、法の制定、軍隊への命令や(8)外国と条約を結ぶことなどは全て天皇の権限とされており、さらに議会うち(9)衆議院では一部の人々にしか選挙権が与えられていませんでした。

その後、選挙権は少しずつ広がりました。(10)日本は【　Ⅰ　】への影響力をめぐる、1894年に始った日清戦争に勝利しますが、【　Ⅱ　】などによる要求を受け、得た領土の一部を返すことになりした。この干渉と政府の対応への国民の不満の高まりもあり、(11)1900年には、選挙権を持つ人々範囲が広げられました。1914年にヨーロッパではじまった第一次世界大戦では、日本は戦勝国となさらに輸出によって景気も良くなりましたが、戦争の終わりごろからは物の値段が上がりはじめたり、(12)戦後は様々な原因によって民衆の生活は苦しくなっていきました。ですが、(13)このような不満は、民衆の民主主義への意識を高めることにもなり、様々な運動の結果、1925年には普通選挙に関する法律が作られ、選挙権はさらに広がりました。

さて、このように明治・大正時代に選挙権は広がりましたが、昭和時代に入っても景気が良くならない日本では、(14)中国の東北部を日本のものにしようと主張する政治家や軍人が出てきました。ここから先の日本では、(15)軍人の主張が政治に強く影響し、最終的には(16)太平洋戦争へと向かい、敗戦をすることになるのです。

敗戦後占領された日本では、(17)連合国軍総司令部の指示で民主化が進められ、男女平等普通選挙が実現しました。そして、2016年の選挙から投票のできる年齢が引き下げられたのは、最初に書いたとおりです。みなさんのほとんどが選挙権を持つのは、高校3年生のときですから、中学・高校としっかり学び、選挙権を使って欲しいと願っています。

問1　下線部(1)に関して、(　あ　)に当てはまる数字を答えなさい。

問2　下線部(2)に関して、ペリー来航への対応として1854年に幕府が結んだ条約の内容を説明した次の文章のうち、正しいものを一つ選びなさい。

(ア)　日本は輸入品に対して自由に税金をかけることができない。

(イ)　条約の相手国の国民が日本で罪を犯しても日本の法律で裁くことができない。

(ウ)　下田(しもだ)と函館(はこだて)の二つの港を開き、条約の相手国の船に物資の補給をしなければならない。

(エ)　函館、横浜、長崎、新潟、神戸の五港を、貿易のために開かなければならない。

問3　下線部(3)に関して、新政府の方針が書かれた五箇(か)条の御誓文(ごせいもん)の内容に影響を与えたとされる「船中八策」を考えた人物を、以下の写真から一人選びなさい。

(ア)

(イ)

(ウ)

(エ)

問4　下線部(4)に関して、以下の問いに答えなさい。

①　国営工場の一つで、現在世界遺産となっている群馬県にある工場の名前を漢字で答えなさい。

②　地租改正によって、それまでの収穫(かく)高に応じて米で納めていた制度が変わり、その結果、不作の場合は農民の税の負担が重くなることがありました。負担が重くなる理由を、地租の説明を入れながら答えなさい。

問5　下線部(5)に関して、1877年に起きた西郷隆盛を中心とした士族の反乱を漢字で答えなさい。

問6　下線部(6)に関して、自由民権運動の広がりと激化の一つである秩父(ちちぶ)事件に加わった人たちの大多数は、どのような人たちでしたか。正しいものを一つ選びなさい。

(ア)商工業者　(イ)農民　(ウ)外国人　(エ)知識人

問7　下線部(7)に関して、現在の日本の国会議事堂内には伊藤博文を含めて三人の銅像があります。残りの人物のうち、一人は自由党を作った板垣退助です。もう一人の人物を選びなさい。

(ア)木戸孝允　(イ)大久保利通　(ウ)福沢諭吉　(エ)大隈重信

1　下線部(1)に関して、以下の問いに答えなさい。

①　イランの位置を、右の地図中の(ア)〜(エ)の中から一つ選びなさい。

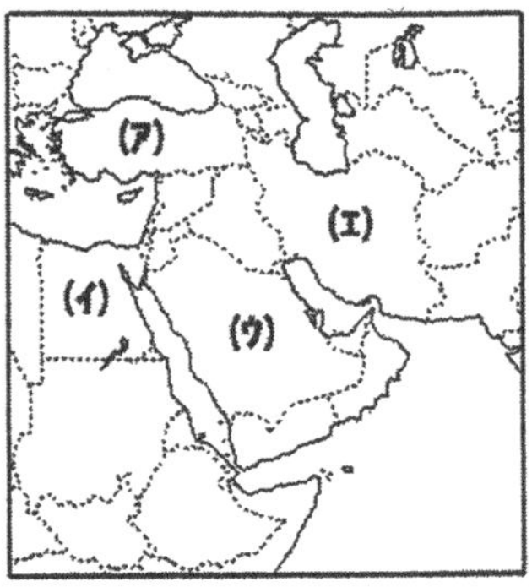

②　イランについて正しく述べているものを一つ選びなさい。

(ア)　ストックホルムを首都とし、国民の多くはキリスト教徒である。

(イ)　バンコクを首都とし、国民の多くは仏教徒である。

(ウ)　テヘランを首都とし、国民の多くはイスラム教徒である。

(エ)　デリーを首都とし、国民の多くはヒンドゥー教徒である。

2　下線部(2)に関して、以下の問いに答えなさい。

①　日本と中国の交流について間違って述べているものを一つ選びなさい。

(ア)　邪馬台国の女王であった卑弥呼は、魏に使いを送り、贈り物をしたので、魏の皇帝から織物や銅の鏡などを授かった。

(イ)　遣隋使として中国に派遣された小野妹子は、隋の都であった洛陽で皇帝に国書を差し出した。

(ウ)　聖武天皇の招きによって来日した中国僧の鑑真は、僧たちが学ぶ寺院である唐招提寺を創建した。

(エ)　雪舟は、周防（山口県）を治めていた大内氏の保護のもとで明に渡り、水墨画を学んだ。

②　中国や朝鮮から日本に仏教が伝わったのは6世紀のことです。日本で最も古い大仏といわれる仏像が蘇我氏によって建てられた寺院に置かれています。この寺院の名前を一つ選びなさい。

(ア)興福寺　　(イ)薬師寺　　(ウ)飛鳥寺　　(エ)東大寺

③　右の壁画は、昭和47年、奈良県にある7世紀から8世紀ころにつくられた古墳で発見されました。壁画に描かれた女性たちの髪型や衣装には、中国や朝鮮の文化の影響がみられます。この古墳の名前を答えなさい。

④　かな文字は中国から伝えられた漢字をもとにして日本でつくられたものです。かな文字を使って『源氏物語』を書いた人物の名前を答えなさい。

⑤　戦国時代から安土桃山時代にかけての時期には、全国の諸大名がスペインやポルトガルの商人・宣教師と交流し、ヨーロッパ文化をとり入れようとはかりました。このことに関して、間違って述べているものを一つ選びなさい。

(ア)　キリスト教はスペインの宣教師フランシスコ=ザビエルによって日本に伝えられた。

(イ)　キリスト教を保護した織田信長は、長崎にキリスト教の学校を建てることを許した。

(ウ)　1543年、種子島に漂着したポルトガル人によって鉄砲が日本に伝えられると、堺や国友などでさかんに生産されるようになった。

(エ)　堺や長崎などの港を中心に行われた南蛮貿易では、南蛮船から生糸や鉄砲がもたらされ、日本から金や銀、漆器などの工芸品が持ち出された。

問3　下線部(3)に関して、以下の問いに答えなさい。

①　次の(ア)～(ウ)を時代順に並べかえなさい。

(ア)　平戸のオランダ商館を長崎の出島に移した。

(イ)　日本人の海外渡航・帰国を禁止した。

(ウ)　島原・天草一揆が発生した。

②　江戸時代の中ごろから、洋書の輸入ができるようになると、蘭学（西洋の学問）を学ぶ人々か増えていきました。杉田玄白とともにオランダ語の医学書をほん訳し、『解体新書』と名づけて出版した中津藩の医者の名前を答えなさい。

問4　下線部(4)に関して、松前藩は蝦夷地(北海道)のアイヌの人々と交易を行っていましたが、それは不公平な取引でした。このことに反発して、1669年にアイヌの反乱が起こりました。この反乱の指導者の名前を答えなさい。

問5　下線部(5)に関して、以下の問いに答えなさい。

①　対馬藩は朝鮮との貿易を行うため、朝鮮半島のある都市に毎年船を派遣しました。この都市の名前を一つ選びなさい。

(ア)ハンソン(漢城)　(イ)キョンジュ(慶州)　(ウ)ピョンヤン(平壌)　(エ)プサン(釜山)

②　右の肖像画は、滋賀県長浜市高月町の出身で、対馬藩の朝鮮通信使を接待する役を担った人物を描いたものです。この人物は朝鮮に渡って言葉や文化を学び、江戸に向かう通信使に同行するなど、朝鮮との友好に努めました。この人物の名前を一つ選びなさい。

(ア)歌川広重　(イ)雨森芳洲　(ウ)勝海舟　(エ)本居宣長

5　次の(1)～(6)に関して、選択肢(ア)～(エ)の中から、波線部が間違っているものを選び、その記号を答えるとともに、正しい語句を記入しなさい。

(1)　縄文時代・弥生時代の社会

(ア)　縄文時代の人々は竪穴住居に暮らしていた。

(イ)　福岡県の三内丸山遺跡は縄文時代の遺跡で、今から約5500年前の人々がくらしていた。

(ウ)　弥生時代には米作りが行われ、石包丁を使って稲の穂を刈り取っていた。

(エ)　佐賀県の吉野ケ里遺跡は１～３世紀ごろの弥生時代後期の遺跡で、集落のまわりを大きな二重の堀やさくで囲んであった。

(2)　７～８世紀の歴史

(ア)　聖徳太子が建てた法隆寺は、現存する世界最古の木造建築として、日本で最初に世界文化遺産に登録された。

(イ)　中臣鎌足とともに、645年に蘇我氏をたおした中大兄皇子は、のちに天武天皇となった。

(ウ)　８世紀の人々にかせられた税のひとつである調は、織物や地方の特産物を納めるものであった。

(エ)　743年、近江国（滋賀県）の紫香楽宮にいた聖武天皇は大仏をつくる詔を出した。

2017年度（平成29年度）南山中学校男子部　入学試験　解答用紙

算　数

1

(1)	(2)	(3) 人	(4) 度
(5) 歳			

2

(1) BH:HE = ：	(2) cm²

3

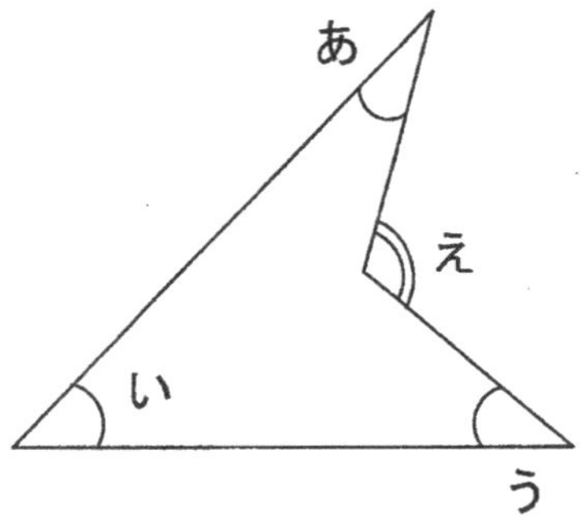

4

(1) 通り	(2) 通り	(3) 通り

5

(1) cm^3	(2) cm

6

(1) 分	(2)シングルス 分	ダブルス 分

教英出版

2017 年度（平成 29 年度）　南山中学校男子部　入学試験問題解答用紙

理科

1

(1)		(2)		(3)	g	(4)	g
(5)		(6)	%	(7)	℃		

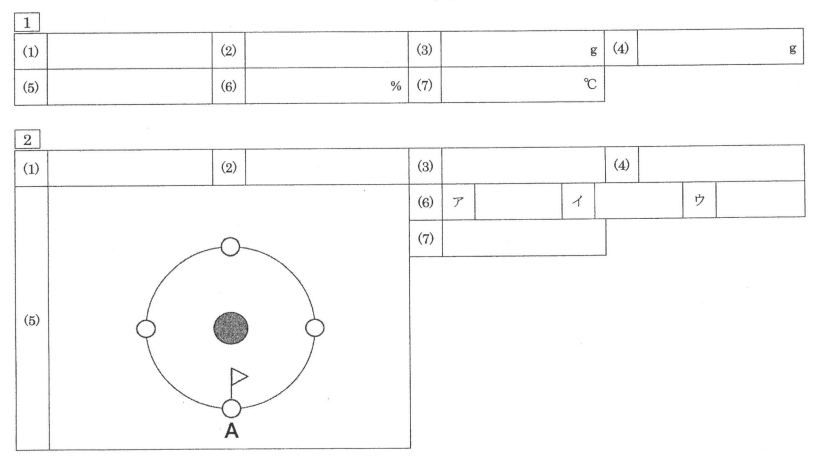

2

(1)		(2)		(3)		(4)	

(6)	ア		イ		ウ	
(7)						

(5)

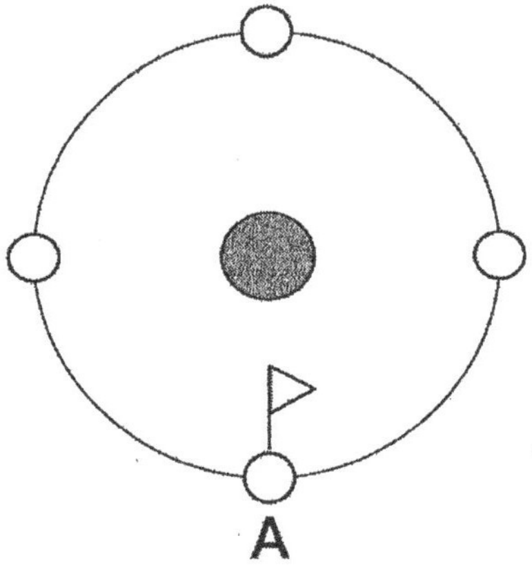

3

2017年度（平成29年度） 南山中学校男子部 入学試験 解答用紙 社会

1

問1	問2	問3	問4①	問4②	問5	問6	問7

問8	問9①	問9②

2

問1	問2	問3	問4①	問4②	問5	問6①	問6②

3

問1	問2	問3	問4①

問4②

問5	問6	問7	問8

問9

						→ → → →

問17①	問17②

4

問1①	問1②	問2①	問2②	問2③	問2④	問2⑤

問3①	問3②	問4	問5①	問5②
→ →				

5

(1)		(2)		(3)	
記号	正しい語句	記号	正しい語句	記号	正しい語句
(4)		(5)		(6)	
記号	正しい語句	記号	正しい語句	記号	正しい語句

受験番号	氏　　名

成績		
	※200点満点 （配点非公表）	

(5)	(　　) → (　　) → (　　) → (　　) → (　　) → 土地が隆起した	(6)	

4

(1)		(2)			(3)		(4)	
(5)		(6)	①		②		(7)	

5

(1)	g	(2)	g	(3)	g	(4)	g

6

(1)		(2)	cm	(3)	cm	(4)	m/秒
(5)		(6)		(7)	cm	(8)	

受験番号	氏名

成績		
	※200点満点 (配点非公表)	

7

(1)

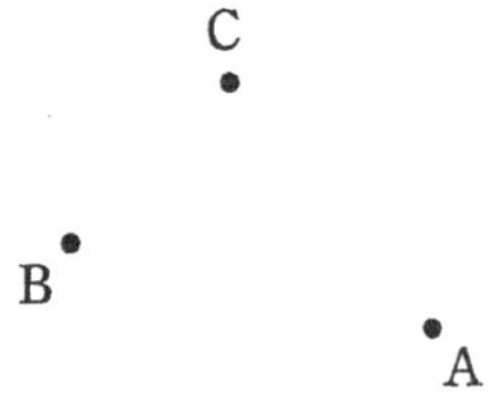

(2) ㋐：㋑

　：

8

(1)

m

(2)

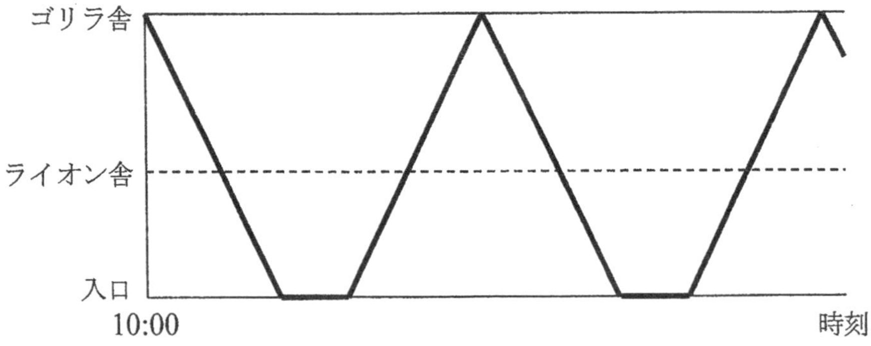

(3)

分速　m

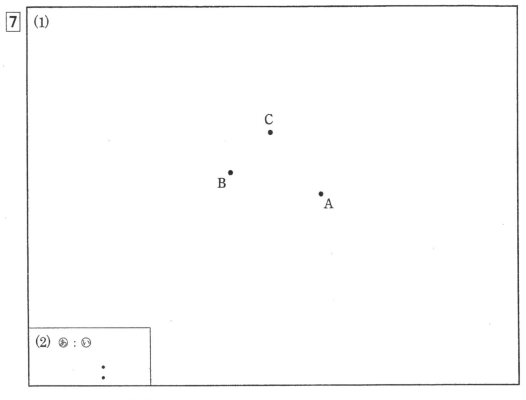

		成　績	
受 験 番 号	氏　　名		
		※200点満点 （配点非公表）	

) 平安時代

(ア) 「この世をば　わが世とぞ思う　望月の　欠けたることも　なしと思えば」という和歌は藤原道長がよんだもので、政治に対して藤原氏が強い影響力をもっていたことを示している。

(イ) 平安時代の中ごろに成立した寝殿造は貴族の住宅様式のことである。

(ウ) 9世紀の終わりに、藤原頼通の意見もあって、遣唐使が取りやめになった。

(エ) 清少納言は、かな文字を使って、『枕草子』を書いた。

) 源氏と平氏の争い

(ア) 平清盛は平治の乱で源頼朝の父を破った。

(イ) 平清盛の孫は天皇に即位し、安徳天皇となった。

(ウ) 源頼朝は1180年におこなわれた長篠の戦いで平氏に勝利した。

(エ) 1185年、源義経は壇ノ浦の戦いで平氏の軍に勝利し、平氏をほろぼした。

) 鎌倉幕府のしくみ

(ア) 鎌倉におかれた政所は、政治や幕府の財政をになった。

(イ) 鎌倉におかれた問注所は、御家人たちの裁判をになった。

(ウ) 承久の乱後、京都には六波羅探題がおかれ、京都の警備や朝廷の監視をになった。

(エ) 守護は私有地(荘園)で税の取立てや犯罪の取りしまりをになった。

) 室町時代

(ア) 足利尊氏が幕府の役所を京都の室町に置いたことから、足利氏の幕府を室町幕府と呼んでいる。

(イ) 足利義政によって京都の東山に建てられた銀閣は2層からなる建物である。

(ウ) 人々は木綿でつくられた衣服を着るようになった。

(エ) 日本の伝統芸能である能は、観阿弥・世阿弥の父子によって、大成された。

問 14　下線部(14)に関して、当時の日本における中国東北部の呼び名を漢字２字で答えなさい。

問 15　下線部(15)に関して、軍人の政治に対する影響を強めるきっかけになった、1932 年に起きた軍人による総理大臣らの殺害事件を一つ選びなさい。

(ア)二・二六事件　(イ)三・一事件　(ウ)五・一五事件　(エ)八・一五事件

問 16　下線部(16)に関して、以下の太平洋戦争終結までの出来事を、起きた順に並べかえなさい。

(ア)　第二次世界大戦が始まる。

(イ)　日本、ドイツ、イタリアによる軍事同盟が結ばれる。

(ウ)　日本と中国の全面戦争(日中戦争)が始まる。

(エ)　広島、長崎への原爆投下。

(オ)　日本による真珠湾への攻撃。

問 17　下線部(17)に関して、以下の問いに答えなさい。

①　連合国軍総司令部をアルファベット３字であらわしたものを一つ選びなさい。

(ア)GHQ　(イ)NSA　(ウ)ICJ　(エ)WTO

②　連合国軍総司令部が行った日本のしくみの改革として、正しいものを一つ選びなさい。

(ア)　日本の経済力を高めるために、大会社を育成した。

(イ)　国民の色々な意見が議会にとどくように、政党を復活させた。

(ウ)　日本が自分の力で国を守れるように、自衛隊を作った。

(エ)　国民に教育が行きとどくように、日本で初めての義務教育のしくみを整えた。

4　次の文章を読み、以下の問いに答えなさい。

2016 年 10 月、以下の記事が新聞に掲載されました。

> 奈良市の平城宮跡から出土した８世紀中頃の木簡に、ペルシャ(現代の(1)イラン付近)を意味する「破斯」という名字を持つ役人の名前が書かれていたことが、奈良文化財研究所の調査でわかた。国内でペルシャ人の名前を記した出土遺物が確認されるのは初めてで、奈良時代の日本の国性を裏付ける成果となる。
>
> 2016 年 10 月 5 日　『読売新聞（大阪版)』・朝刊

日本は四方を海で囲まれた島国ですが、古来人々は海を越えて諸外国と交流を重ねてきました。(2)この国際交流のなかで、人々は自分たちのものとは異なる文化への理解を深めるとともに、それをとり入れ、技術や政治制度、文化を発展させてきました。上の新聞記事は、奈良時代に、日本か遠く離れたペルシャから人がやって来ていたこと、さらにはその人が役人として仕えていたという興味深いことを伝えています。この「破斯」という名字を持つ人物が当時の日本社会でどのように活躍ていたのかを想像すると、歴史のロマンをかき立てられるのではないでしょうか。

日本と諸外国間の交流は、戦争が生じた後に一時的に消極的になることはあったものの、交流がく途絶えてしまったということはありませんでした。江戸時代には(3)「鎖国」が行われていましたが日本は(4)松前藩、(5)対馬藩、薩摩藩、長崎の４カ所で、特定の国や人々とは交流をし続けました。

8　下線部(8)に関して、現在の日本の制度では条約を結ぶときにいくつかの組織が関わるようになっています。どの組織がどのような関わりを持っているかについて正しく説明したものを一つ選びなさい。

(ア)　条約を結ぶのが内閣、条約を承認するのが国会。

(イ)　条約を結ぶのが国会、条約を承認するのが内閣。

(ウ)　条約を結ぶのが裁判所、条約を承認するのが内閣。

(エ)　条約を結ぶのが国会、条約を承認するのが外務省。

9　下線部(9)に関して、日本で最初の衆議院議員選挙のとき、選挙権を与えられた人たちの条件はどのようなものでしたか。説明しなさい。

10　下線部(10)に関して、下記のふうし画は、日清戦争の前に描(えが)かれたものである。【　Ⅰ　】と【　Ⅱ　】に当てはまる組み合わせとして正しいものを一つ選びなさい。

※問題のつごうで、ふうし画を修正しています。

(ア)　【　Ⅰ　】の魚が中国、【　Ⅱ　】の人物がイギリス

(イ)　【　Ⅰ　】の魚が朝鮮、【　Ⅱ　】の人物がロシア

(ウ)　【　Ⅰ　】の魚が中国、【　Ⅱ　】の人物がアメリカ

(エ)　【　Ⅰ　】の魚が沖縄、【　Ⅱ　】の人物が中国

11　下線部(11)に関して、1900年の選挙権の拡大で、当時の総人口にしめる有権者の割合はいくつになりましたか。正しいものを一つ選びなさい。

(ア)0.5%　(イ)0.8%　(ウ)1.1%　(エ)2.2%

12　下線部(12)に関して、1920年代から1930年代のはじめに、民衆の生活が苦しくなった原因と考えられる出来事として<u>間違っているもの</u>を一つ選びなさい。

(ア)　関東大震(しん)災による混乱。

(イ)　国際連盟から脱退したことによる国際的孤(こ)立。

(ウ)　ヨーロッパの国々の産業の立ち直り。

(エ)　アメリカから世界に広まった不況(きょう)。

13　下線部(13)に関して。民主主義の高まりの一つとして、全国水平社の結成がありますが、その大会で読み上げられたものを一つ選びなさい。

(ア)　「これはぼくらの叫(さけ)びです。これは私たちの祈(いの)りです。」

(イ)　「人の世に熱あれ、人間に光あれ。」

(ウ)　「元始、女性は実に太陽であった。」

(エ)　「アジアは一家　日本は柱」

問1　右の表の数字は2013年度の日本の米、小麦、野菜、肉の自給率を示したものです。表に示された(ア)～(エ)の中から、小麦の自給率にあたるものを選びなさい。

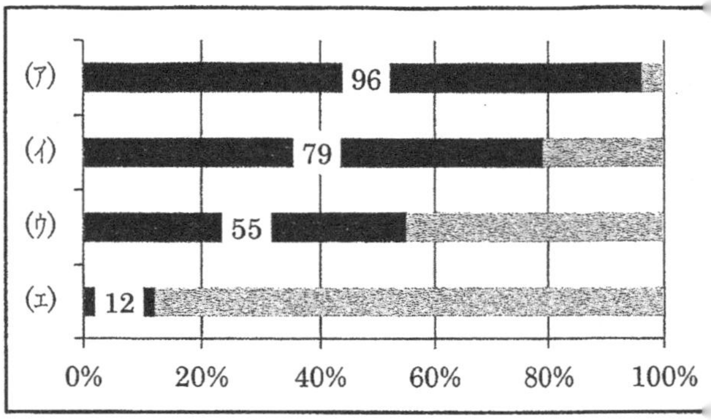

＜数値の出典＞　『日本国勢図絵 2016／17』より作成。

問2　下線部(2)に関して、遠いところから食料を運んでくるよりも、なるべく住んでいる土地のそで生産された食料を使うのが望ましいという考えを何といいますか。漢字4字で答えなさい。

問3　下線部(3)に関して、農作物の地域ブランド化について間違って述べているものを一つ選びなさい。

(ア)　農作物を地域ブランド化すると、他の地域で生産されたものとの差別化がなされ、より高い格で販売することが可能となる。

(イ)　農作物を地域ブランド化すると、消費者からの信頼を得やすくなり、買い手がひき続き買っくれるようになることが期待できる。

(ウ)　農作物を地域ブランド化すると、農作物の品質が毎年一定のものとなり、供給量も安定する。

(エ)　農作物を地域ブランド化すると、国内市場のみならず、海外市場からも高い評価や信頼を得すくなる。

問4　下線部(4)に関して、以下の①・②の問いに答えなさい。

①　「環太平洋戦略的経済連携協定」の略称を何といいますか。アルファベット3字で記入しなさい

②　この協定に参加の意向を示した国として間違っているものを一つ選びなさい。

(ア)オーストラリア　(イ)チリ　(ウ)ブラジル　(エ)カナダ

問5　下線部(5)に関して、下の表の数字は京浜工業地帯、中京工業地帯、阪神工業地帯、瀬戸内工地域の製造品出荷額等の構成の割合(2014年)を示したものです。表に示された(ア)～(エ)の中か中京工業地帯にあたるものを選びなさい。

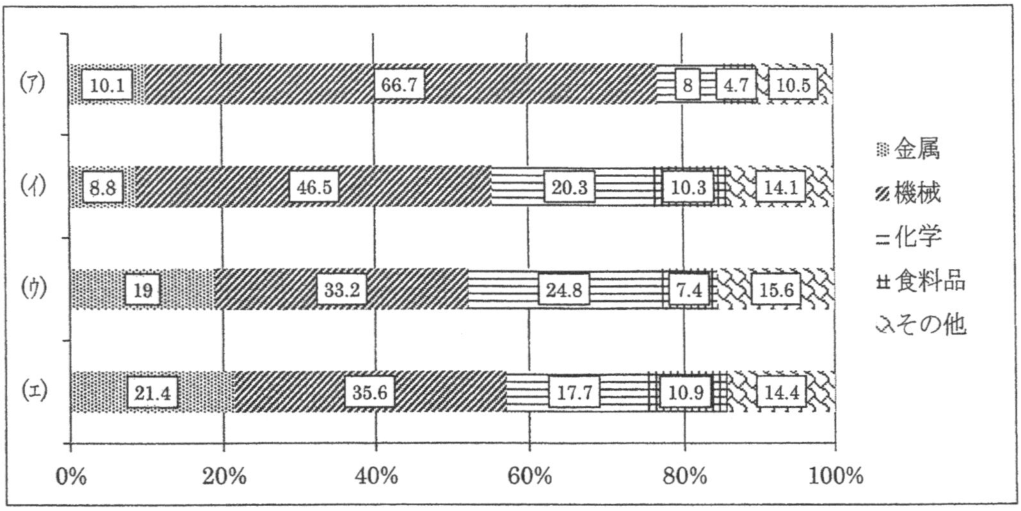

＜数値の出典＞　『日本国勢図絵 2016／17』より作成。

6　下線部(5)に関して、EUの正式名称を以下のうちから一つ選びなさい。

(ア)ヨーロッパ経済共同体　(イ)ヨーロッパ自由貿易連合　(ウ)ヨーロッパ共同体　(エ)ヨーロッパ連合

7　下線部(6)に関して、トランプ氏はどの政党の候補者でしたか。以下の中から一つ選びなさい。

(ア)共和党　(イ)独立党　(ウ)立憲党　(エ)民主党

8　下線部(7)に関して、パリ協定は 1997 年に開かれた地球温暖化を防止する国際会議で決められた議定書にかわるものですが、この 1997 年の国際会議が行われた市の説明をしているものを一つ選びなさい。

(ア)　めがねわくの生産がさかんで、日本のめがねわくの 90%以上を作っている。

(イ)　この市に本社を置く自動車会社の影響で、周辺にも関連工場が多く、この市をふくむ県は、日本で自動車生産額が最も多い。

(ウ)　輪島塗と呼ばれる漆器づくりがさかんである。

(エ)　日本の古い都のあった場所であり、そのイメージを守るために建物の高さなどを制限する政策が進められている。

9　下線部(8)に関して、以下の問いに答えよ。

①　1950 年に北朝鮮と韓国との間に起きた戦争の名前を答えなさい。

②　1950 年代の日本の様子を正しく説明しているものを一つ選びなさい。

(ア)　あらたな日常品として、自動車・クーラー・カラーテレビがふきゅうした。

(イ)　アメリカからの物資の注文によって経済が立ち直り、高度経済成長期がはじまった。

(ウ)　石油危機(オイルショック)による世界経済の混乱が日本にもおよび、その後の不景気につながった。

(エ)　日本国憲法が公布され、国民の基本的人権が保障されるようになった。

]　次の文章を読み、以下の問いに答えなさい。

右の表は日本と主な国々の食料自給の推移を示したものです。農林水産省発表によると、平成 27 年度の(1)日本食料自給率は 39%(カロリーベース)で。日本の食料自給率は、近年は横ばい向にあるものの、長期的に見れば低下向にあります。そのため、(2)近年日本は食料自給を高めるために国産のもを消費するよう推奨する試みがなされています。また、宮崎県の完熟マンゴ「太陽のタマゴ」のように、(3)農作物地域ブランド化しようとする試みもさんに行われています。2016 年 12 月に、国会は(4)環太平洋戦略的経済連携協定への参加を承認しました。この承認の背景には、協定に参加することで日本の農業製品・(5)工業製品がより大規模に海外市場へ輸出されるようになるのではないかという期待感があります。しかし、一方で、日本への外国製品の輸入もより容易になるため、農業や(6)漁業などさまざまな産業界から心配する声もあります。

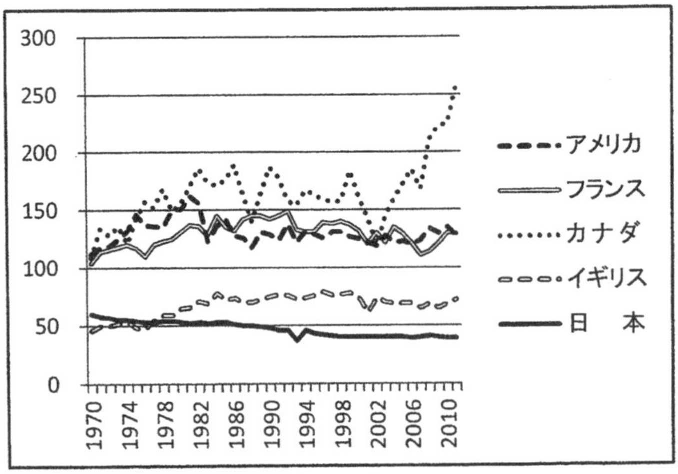

＜数値の出典＞　農林水産省ホームページ（http://www.maff.go.jp/）で発表されているデータをもとに作成。

表2

C点の速さ[m/秒]×C点の速さ[m/秒]	9	25	36	81
自然の長さからの縮み[m]×自然の長さからの縮み[m]	1.8	5	7.2	16.2

(5)　自然の長さからの縮み[m]×自然の長さからの縮み[m]の値を 8.0 にしたい。このとき、C点の速さ[m/秒]×C点の速さ[m/秒]の値はいくらにすればよいか答えなさい。

(6)　C点の速さを 2.0[m/秒]にしたとき、自然の長さからの縮み[m]×自然の長さからの縮み[m]の値はいくらになるか答えなさい。

(7)　図1のA点から小球を転がして図2のばねを縮めたい(C点で速さを加えることはしない)。このとき、自然の長さからの縮み[m]×自然の長さからの縮み[m]の値を 9.8 にするためには、A点の高さをいくらにすればよいか答えなさい。

物体が動いているとき、物体は「運動エネルギー」を持ちます。質量が同じ物体であれば、物体の速さが同じとき「運動エネルギー」の大きさは等しくなります。また、物体が高い場所にあるとき、物体は「高さのエネルギー」を持ちます。質量が同じ物体であれば、地面からの高さが同じとき「高さのエネルギー」の大きさは等しくなります。物体が「速さ」と「高さ」を同時に持っているときは、「運動エネルギー」と「高さのエネルギー」を同時に持つことができます。摩擦や空気抵抗などがない場合、2つのエネルギーにはスタート地点からゴール地点まで以下の関係式が成り立ちます。

物体の持つ「運動エネルギー」　＋　物体の持つ「高さのエネルギー」　＝　一定

以上のことをふまえて次の問題について答えなさい。

(8)　図3のようにA点をスタート地点とし、摩擦のないなめらかな面で小球を転がしたところ、小球はB点から飛び出していきました。このとき、飛び出した小球は最高でどの高さまで上がるか。図3のア～ウの中から最も適切なものを選びなさい。ただし、空気抵抗の影響(えいきょう)はないものとします。A点では速さを与えない。

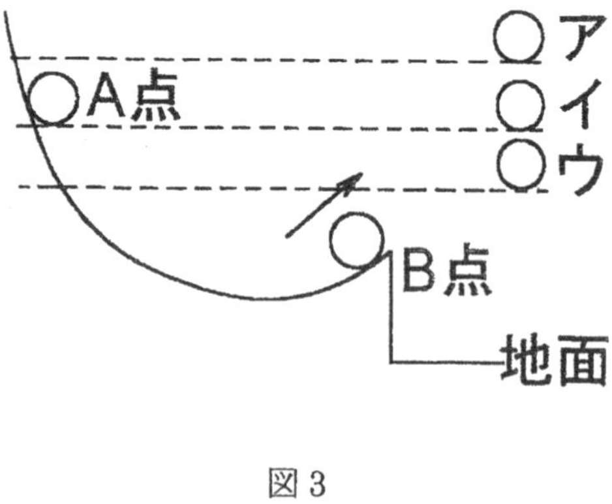

図3

4　人間は呼吸を行うことで生命活動に必要な酸素を体内に取り入れ、二酸化炭素を体外に放出している。以下の問いに答えなさい。

(1)　人間がはき出した気体をポリエチレンの袋(ふくろ)に入れ、ある液体を混ぜた。その後袋を振(ふ)って中身をかき混ぜると液体が白く濁(にご)りました。袋に入れた液体は何か答えなさい。

(2)　呼吸によってある器官に酸素が取り込(こ)まれ、その後さらに小さな袋状(じょう)の器官のはたらきで血液中に取り込まれます。この袋状の器官の名前は何か答えなさい。

(3)　植物には、二酸化炭素を吸収し、酸素を放出するという呼吸とは対(つい)になるようなはたらきがあります。この植物特有のはたらきは何か答えなさい。

(4)　(3)のはたらきにおいて、酸素を作り出すために必要なものを二酸化炭素以外に2つ書きなさい。

(5)　以下のア～クの文は、呼吸と(3)のはたらきに関連した事柄(ことがら)です。正しいものをすべて選びなさい。

ア　人間がはき出した気体には1：1の割合で酸素と二酸化炭素が含(ふく)まれている
イ　人間がはき出した気体のほぼ100パーセントは二酸化炭素である
ウ　人間は呼吸で取り入れた酸素を使って、食べ物から得た養分からエネルギーを取り出している
エ　植物は呼吸をしない
オ　植物は夜の間は呼吸をしない
カ　植物は昼の間も夜の間も(3)のはたらきを行っている
キ　植物は夜の間は(3)のはたらきをしない
ク　(3)のはたらきの結果、酸素以外につくられた物質にヨウ素液を加えると色が変わる

(6)　以下の①、②は水中にいる小さい生物です。それぞれの名前を答えなさい。

①

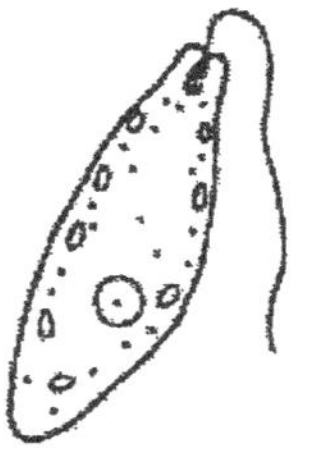

②

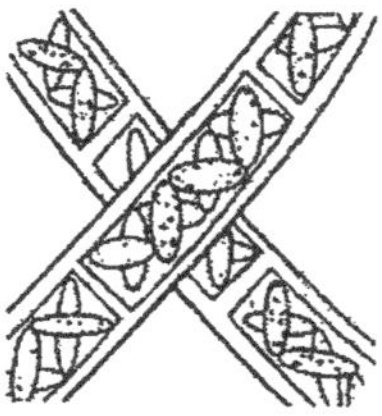

(7)　2016年のノーベル生理学・医学賞に大隅(おおすみ)良典さんが選ばれました。これは酵母(こうぼ)の細胞(さいぼう)遺伝学的な研究で、世界で初めて［　　　］（自食作用：細胞内(さいぼうない)におけるリサイクリング機能）の分子レベルでのメカニズムの解明に成功したものです。［　　　］に入る言葉をカタカナで答えなさい。

(4) F 地点の海底の地層を調べたところ、右図のようになっていました。この地層をつくったと考えられる海水面や海底の変化はどれですか。次のア～エの中から一つ選びなさい。

ア　土地が隆起(りゅうき)して、海水面が上昇(じょうしょう)した。
イ　土地が隆起して、海水面が下降した。
ウ　土地が沈降(ちんこう)して、海水面が上昇した。
エ　土地が沈降して、海水面が下降した。

(5) E 地点近くで地層の崖(がけ)を見つけました。この地域で起こったできごとを古い順に並べよ。

① 大きな地震(じしん)が発生した。
② 土地が沈降した。
③ 南山が噴火(ふんか)した。
④ 土地が隆起した。
⑤ 地層が傾(かたむ)いた。

(　) → (　) → (　) → (　) → (　)
→土地が隆起した

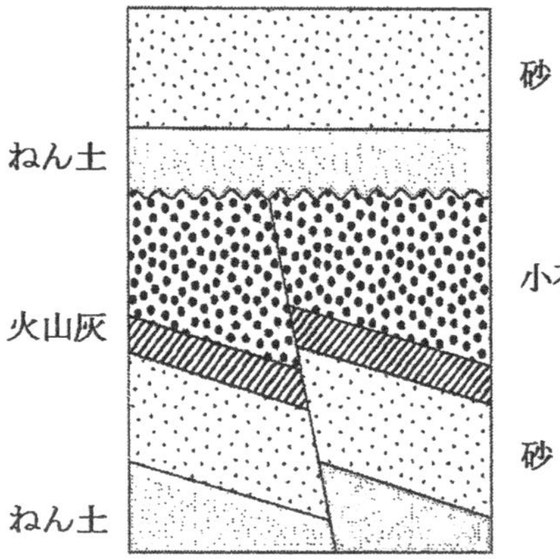

(6) 図１はD付近の地域の地形図であり、図２は図１の①～④の各地点で調べた地層を図に表したものです。この地域の地層はどちらの方向に傾いている（下がっている）と考えられますか。下の語群から選び答えなさい。ただし、図１は上が北である。

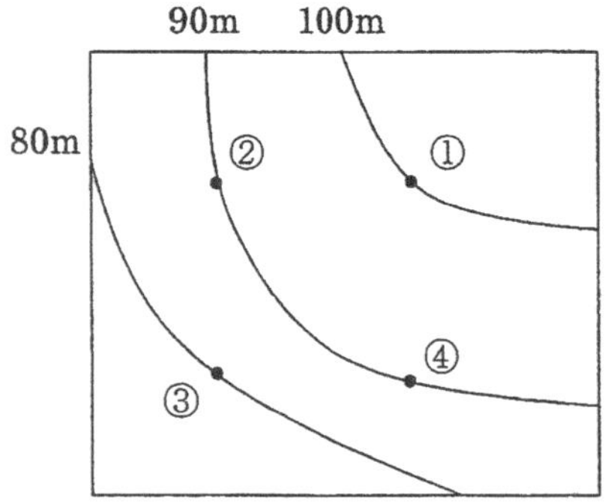

図1

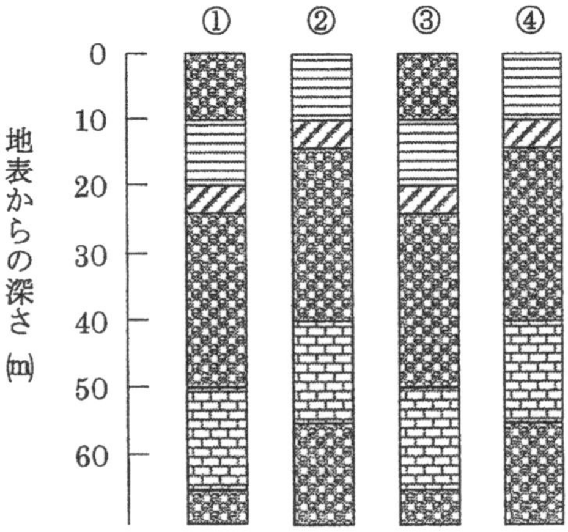

図2

【語群】　東　西　南　北　北東　北西　南東　南西

2　図１は、地球の北極の真上から見た地球と月の位置関係を表したものです。以下の問いに答えなさい。

(1)　明け方、名古屋市で南の空に見える月は図１のどの位置の月ですか。図１のA～Hから選び、記号で答えなさい。

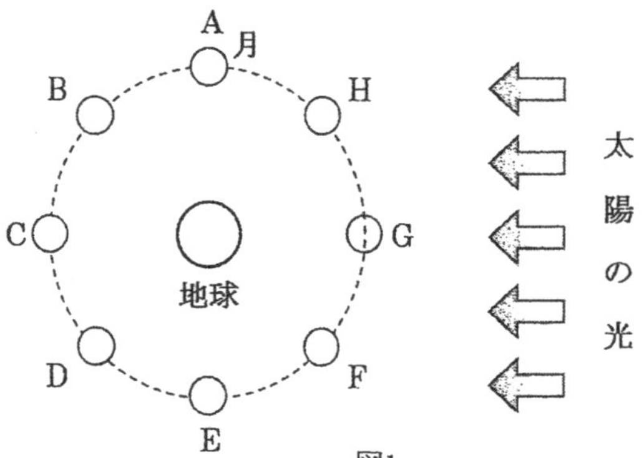

図1

(2)　(1)の月の形を下のア～キから選び、記号で答えなさい。

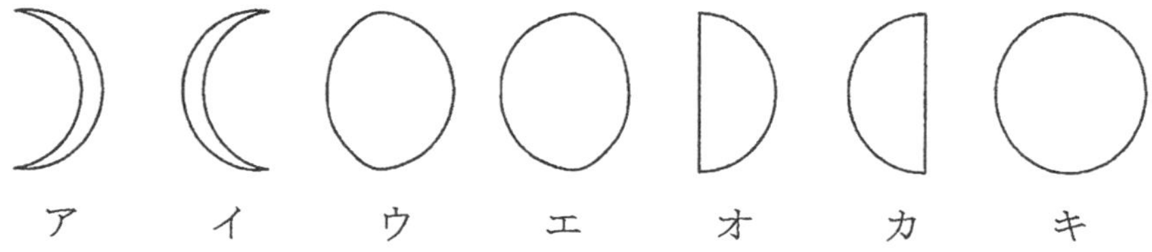

(3)　(1)で見えた月の形を始めとして、(2)のア～キまでを満ち欠けの順に並べたとき、■に入る月の形はどれですか。ア～キから選び、記号で答えなさい。

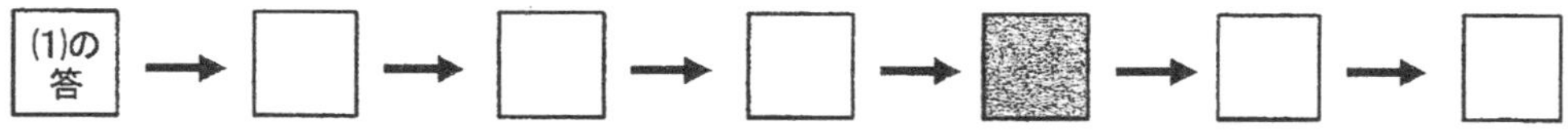

(4)　図２は、月面から見た地球のようすです。図２のように見えるのは、図１のどの位置にある月から見たときですか。図１のA～Hから選び、記号で答えなさい。

図2

(5)　月の公転周期と月の自転周期が同じで、月の自転の向きが図３のようであるとき、月の表面に立たせた旗(はた)の位置および旗の向きがどのようになるかをB～Dに書き込(こ)みなさい。解答欄(らん)の図は、B～Dを省略してあります。

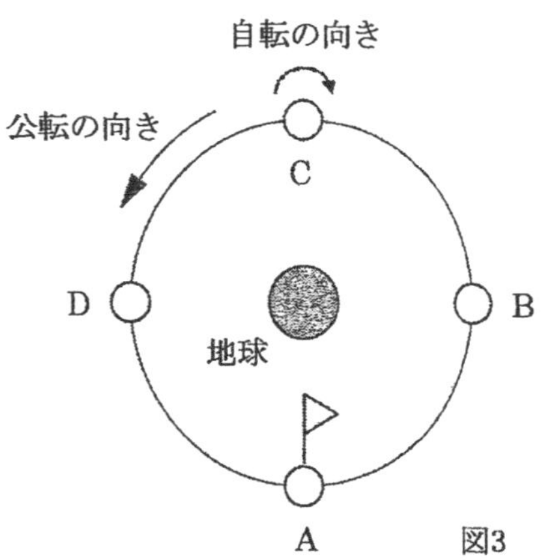

図3

(5)　(4)でろ過するときに必要な器具をすべて選び、ア～コの記号で答えなさい。

ア　ろうと　　イ　ビーカー　　ウ　ガラス管　　エ　ガラス棒　　オ　ろ紙

カ　ろうと台　キ　こまごめピペット　　ク　ピンセット　　ケ　薬さじ　　コ　ゴム栓(せん)

(6)　ビーカーBを100℃に加熱し、水を60g蒸発させました。このときのよう液の濃さを求めなさい。答えは小数第2位を四捨五入して小数第1位まで求めなさい。

(7)　60℃でビーカーDと同じ濃さのよう液を350g用意し、温度を下げていきました。結晶(けっしょう)があらわれ始める温度は何℃ですか。

8 ユウキ君の町にある動物園では、動物を見学するための園内専用のバスが走っています。このバスは園内を一定の速さで走行し、入口の停留所を出発すると、動物園の最も奥(おく)にあるゴリラ舎まで行き、ゴリラ舎で止まることなく引き返して、入口の停留所まで戻(もど)ります。入口の停留所では乗客が乗り降りするために毎回同じ時間だけ停車し、再びゴリラ舎へ向けて出発します。

グラフは10時からの園内バスの動きを表しています。ユウキ君は10時に入口の停留所を分速90mの速さで出発し、ゴリラ舎へ向かいました。10時14分にライオン舎を通過し、そこでバスとすれ違(ちが)いました。ユウキ君は立ち止まることなく、ライオン舎からは速度を落として、一定の速さでゴリラ舎へ向かいました。その後、カバ舎の前でバスに追い抜(ぬ)かれ、キリン舎のところでもう一度バスとすれ違いましたが、それ以降はバスとは出会わず、最後はバスと同時にゴリラ舎に到(とう)着しました。

入口からゴリラ舎までの道は一本で、バスもユウキ君も同じ道を通るものとし、次の問いに答えなさい。

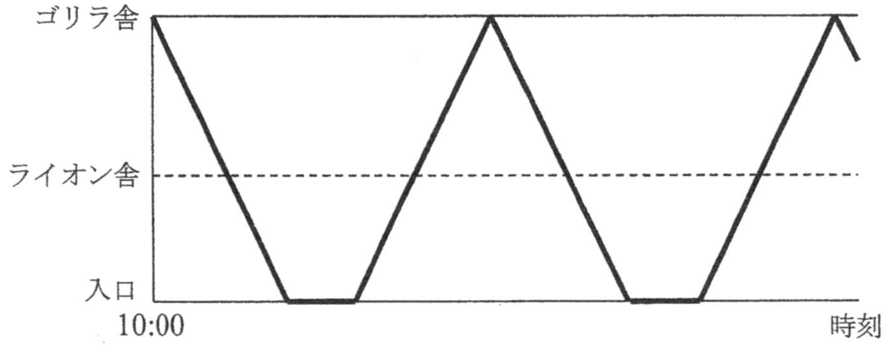

（1） 入口からライオン舎までの距離を求めなさい。

（2） ユウキ君が入口の停留所を出発して、ゴリラ舎に到着するまでの移動の様子を、グラフに表しなさい。

※ 解答用紙のグラフに直接記入しなさい。

（3） ライオン舎とキリン舎の距離が840mであるとき、園内バスの速度を求めなさい。

[3] 三角形の角度について、次の性質1が成り立ちます。

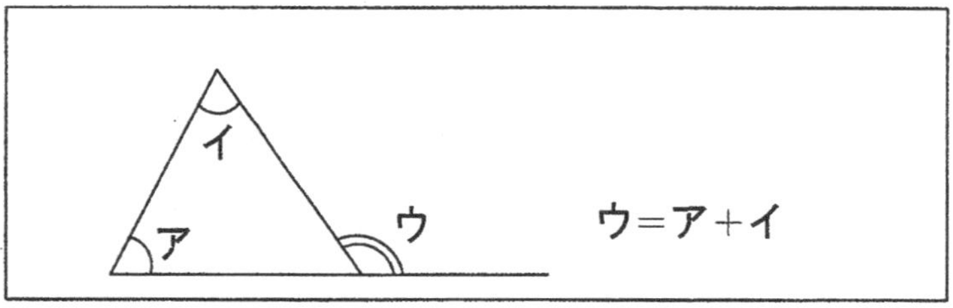

性質1を使って、次の性質2が成り立つことを説明しなさい。

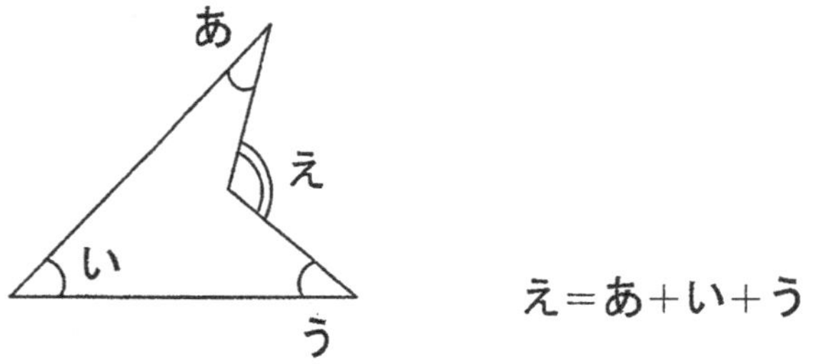

[4] 下の図は名古屋市内の地下鉄の主な駅を表しています。駅から駅へは矢印の方向にしか進まないものとします。名古屋駅から出発したとき、次の行き方はそれぞれ何通りあるか求めなさい。

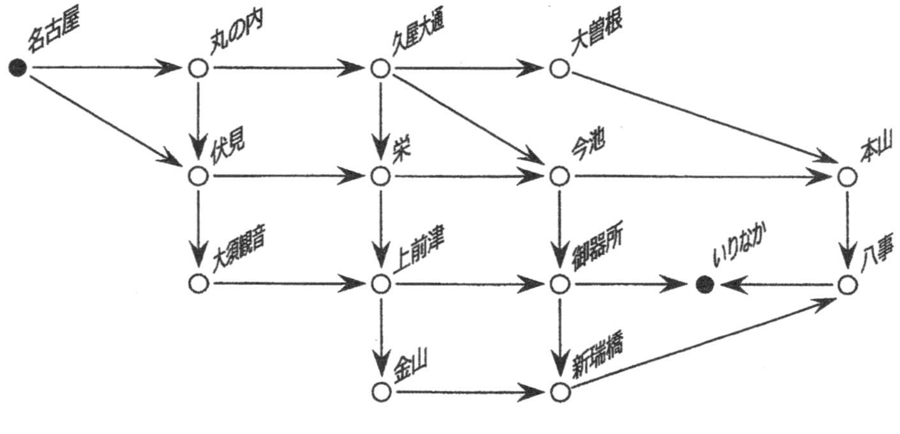

（1） 名古屋から、本山（もとやま）、八事（やごと）の順に通って、いりなかへ行く方法

（2） 名古屋から、金山（かなやま）を通って、いりなかへ行く方法

（3） 名古屋から、いりなかへ行く方法

（5） N山中学校の入試を翌日に控えたT君は、入試前夜、次のような祖父からの手紙を手渡(わた)されました。

孫よ、いよいよ明日はN山中学校の入試日である。私は生まれてから現在までのはじめの$\frac{1}{3}$を学生として勉学に励(はげ)み、その後、生まれてから現在までの$\frac{1}{6}$を過ぎてから結婚(こん)し、同時に娘を授かった。君のお母さんだ。

君のお母さんは、私が結婚してから現在までの$\frac{5}{7}$を過ごしたところで結婚・出産し、君が生まれた。その君も現在12歳(さい)だ。

孫よ、明日の入試、悔(く)いが残らぬよう最後まで全力で問題に取り組むのだ。君の実力が十分に発揮(き)できれば、君はきっとN山中学校で充(じゅう)実した日々を送れる。そう、かつての私のようにね。

追伸(しん)

現在、私が何歳であるか。今の君なら、きっと分かるはずだ。入試結果と共に、後日私に告げてほしい。吉報(きっぽう)を待っている。

後日、合格通知を手にT君が祖父へ告げた正解は何歳か求めなさい。

2 四角形ABCDは平行四辺形で、辺ADの真ん中の点をE、辺BCを3等分する点を図のようにF, Gとします。AFとBEの交点をHとし、次の問いに答えなさい。

（1） BHとHEの長さの比を最も簡単な整数で表しなさい。

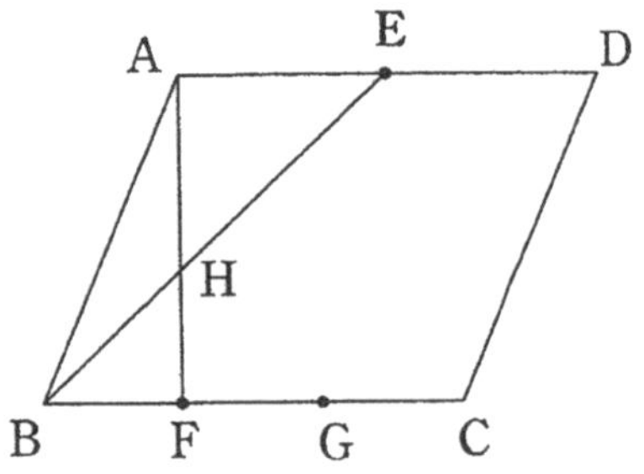

（2） 三角形ABHの面積が5cm²であるとき、平行四辺形ABCDの面積を求めなさい。

2016年度（平成28年度）南山中学校男子部　入学試験　問題用紙

算　　数

答えは解答用紙に書きなさい。

分数で答えるときは、約分して答えなさい。

(60分)

1 次の問いに答えなさい。

（1）　□ に当てはまる数を答えなさい。

$$\frac{1}{3}\times(4-2\div\square)+6\frac{2}{3}=7$$

（2）　8%の食塩水150gが入ったビーカーに3%の食塩水100gを混ぜます。次に、ビーカー内の食塩水 100g を捨て、残った食塩水の水分を蒸発させ、12%の食塩水を作りました。できあがった食塩水は何gか求めなさい。

（3）　ユウイチ君は球形の団子を積み重ねて、お月見団子を作ります。右図は2段重ねと3段重ねのお月見団子を斜（なな）め上から見たものです。6段重ねのお月見団子を作るときに必要な団子は何個か求めなさい。

2段重ね

3段重ね

（4）　図で、２つの●と３つの○はそれぞれ等しい角度です。角アの大きさを求めなさい。

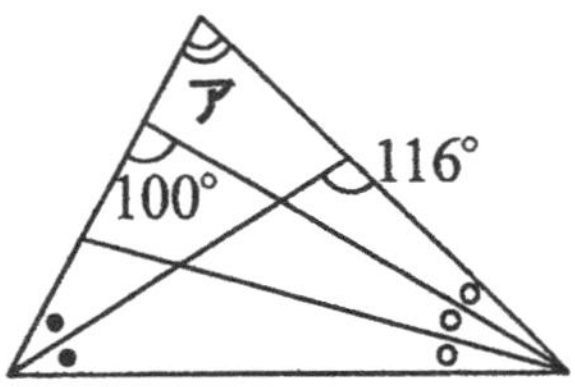

4 右図の直角二等辺三角形の面積は、次のように求めることができます。

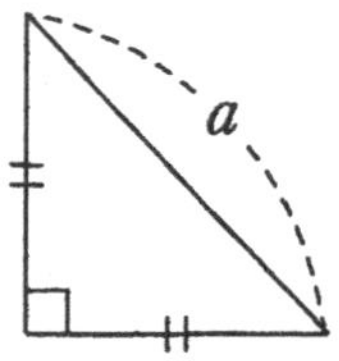

$$(\text{直角二等辺三角形の面積}) = \frac{1}{4} \times a \times a$$

この計算で面積が正しく求められる理由を説明しなさい。必要であれば、解答用紙の図を用いてもかまいません。

5 図で示した長さの辺をもつ、角 A と角 B を直角とする台形 ABCD があります。点 P は A を出発して時計回りに順に D→C→…と動き、点 Q は B を出発して反時計回りに順に C→D→…と動きます。２つの点 P、Q は一定の速さで台形の辺を回り続け、ちょうど台形の頂点 C 上で初めてすれ違(ちが)いました。グラフは時間(秒)と三角形 BCP の面積(cm^2)の変化を表したものです。

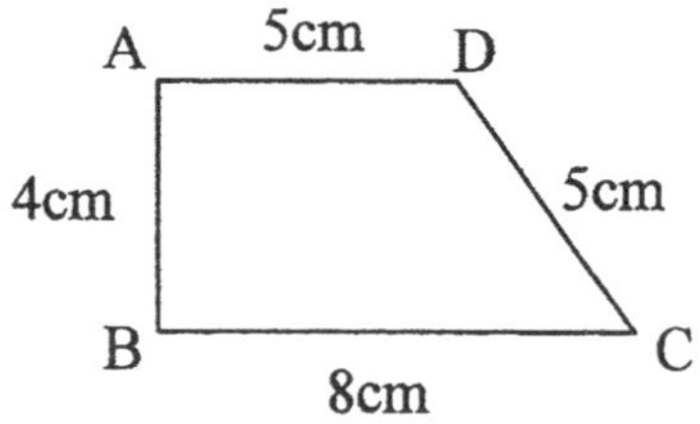

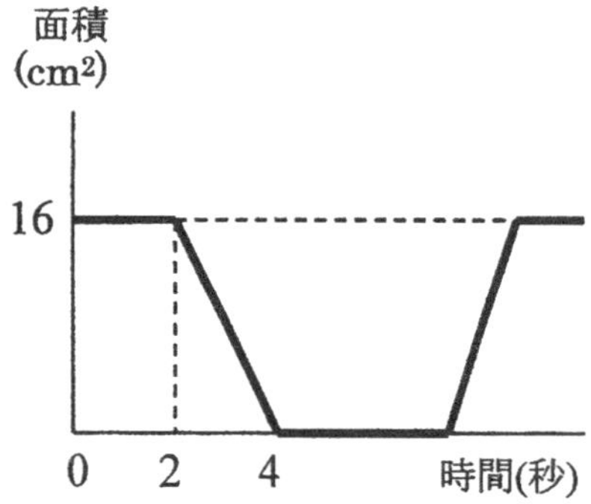

（1） 点 Q の速さは毎秒何 cm か求めなさい。

（2） 点 Q が B を出発してから、再び B に戻(もど)るまでの三角形 BCQ の面積の変化をグラフに表しなさい。
※ 解答用紙のグラフに直接記入しなさい。

（3） ２つの点 P、Q が２回目にすれ違う点を E とします。AE の長さは何 cm か求めなさい。

（4） 出発してから 2016 秒までに２つの点 P、Q は何回すれ違うか求めなさい。

6 円周率について、次の問いに答えなさい。

（1） 算数における円周率とは、どのような数ですか。言葉で説明しなさい。

（2） 蘭子さんは粘土を用いて円周率を求めてみることにしました。まず、$1cm^3$あたり 2.4g の粘土を用いて、一辺の長さが 5cm の立方体を作りました。次に立方体の上面に、コンパスを用いて円をかき、粘土をへらで削ることにより、この円を底面とする円柱を作りました。削り落とした粘土の重さが 146.4g であるとき、円柱の重さは何 g か求めなさい。

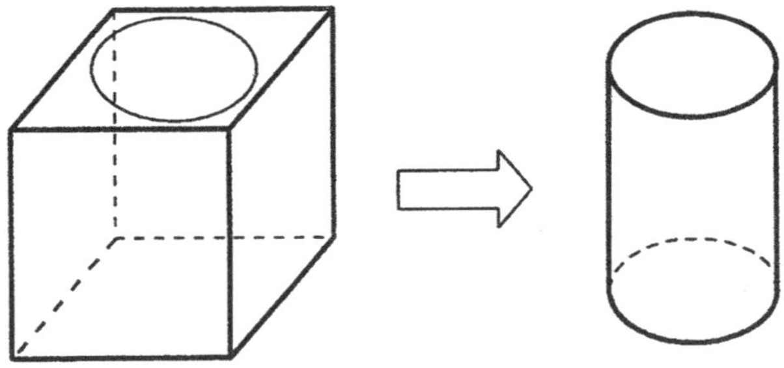

（3） （2）で重さを求めた円柱の底面の半径は 2cm でした。この結果を用いて、円周率のおよその値を求めなさい。求める過程も書きなさい。

7 右図で示されたような５つの的へダーツを投げるゲームがあります。A 君が投げたダーツは△、B 君が投げたダーツは□で表されます。２人はそれぞれ４本ずつダーツを投げ、次のルールに従って点数を与えます。

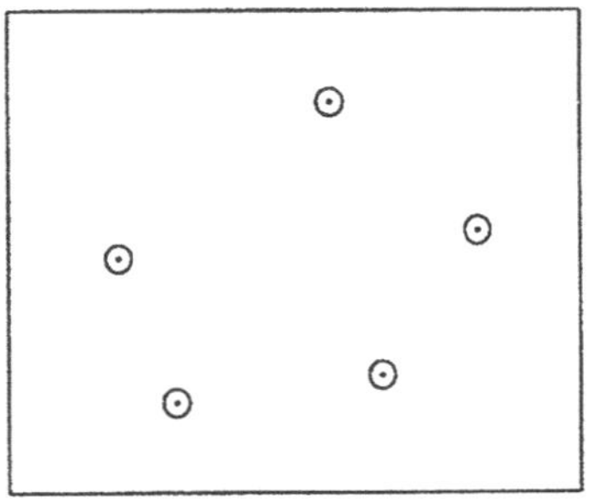

<点数の与え方>

１つの的について、その的に最も近いダーツを投げた人に１点が与えられる。これを５つの的すべてについて行う。ただし、的から最も近いダーツが同じ距離で２本以上ある場合、あとに投げた人に点数を与える。また、的とダーツの距離は、それぞれの中央に記されている点(・)の距離とする。点数はダーツを投げるたびに加えていくのでなく、その時点におけるダーツの位置で判定する。従って、２人の点数の和はいつも５点となる。

2016（平成28年度）年度　南山中学校男子部　入学試験問題

理　科

問題に指定のないものについては漢字でもひらがなでもよい。

(50分)

1. 次の文章を読んで、以下の問いに答えなさい。

日本は、世界でも火山が多い島国である。たとえば、雲仙普賢岳（うんぜんふげんだけ）は1991年6月に（①）を引き起こし、多くの死者を出した。昨年の5月に、口永良部島（くちえらぶじま）の新岳（しんだけ）が噴（ふん）火した時にも（①）が起きたが、突（とっ）然のことにもかかわらず、死者が出なかったのは不幸中の幸いだった。なお九州では、この他にも鹿児島（かごしま）県の（②）や熊本（くまもと）県の（③）が噴火するなど、これらの火山の近くにある鹿児島県にある川内（せんだい）原子力発電所の再稼働（さいかどう）を心配する意見もある。また、雲仙普賢岳よりも多くの死者を出し、戦後最悪の噴火となったのが、2014年の御嶽山（おんたけさん）である。このときは、地下から上昇する（④）が、地下水にふれたことで、短時間で水が（⑤）に変わり、その力が噴火を引き起こしたと考えられている。噴火には（④）の性質や水との交わりなど、いろいろな条件によって、さまざまな変化が起こる。北海道の有珠山（うすざん）も今まで紹介してきた火山と同じ、噴火を繰（く）り返す活火山であるが、その活動によって1944年から2年ほどで（⑥）という新しい山ができた。この理由は（④）の粘（ねば）りけが強く、さらさらと流れ出したりしないからである。

(1) ①～⑤に入る語句を、次の語群（ぐん）から選び、記号で答えなさい。

【語群】

ア	氷	イ	塩酸	ウ	水蒸気	エ	硫酸（りゅうさん）	オ	マグマ（溶（よう）岩）
カ	阿蘇山（あそさん）	キ	箱根	ク	桜島	ケ	三原山	コ	浅間山
サ	富士山	シ	土石流	ス	対流	セ	火砕（さい）流	ソ	放射線

(2) ⑥に入る山の名前を漢字で答えなさい。

(3) 火山の噴火は悪いことばかりではない。火山のめぐみとして正しいものを下の中からすべて選び、記号で答えなさい。なお、順番は問わない。

ア　津（つ）波　　イ　空気の浄（じょう）化　　ウ　温泉　　エ　雪崩（なだれ）　　オ　発電　　カ　栽培（さいばい）

(4) 地層を観察すると、過去に起きた火山の噴火を調べることができることもある。それは主に何がふり積もってできたものか。漢字で答えなさい。

(5) 大地の動きによっておこる地面のずれを何というか。漢字で答えなさい。

3. 月と太陽について、次の問いに答えなさい。なお、観測者は日本にいて、天候は快晴とする。

(1) 太陽が地平線に沈みかけているとき、東の地平線から月が出てきた。このときの月の形を何というか。次の中からもっともふさわしいものを一つ選び、記号で答えなさい。

ア 新月　**イ** 三日月　**ウ** 満月　**エ** 半月（上弦）　**オ** 半月（下弦）

(2) 次の中から、もっともふさわしいものを一つ選び、記号で答えなさい。

ア 月は朝夕なら見られるが、太陽の南中時に見られることは決してない。

イ 新月は、太陽と月の間に地球が入り、その影のため見えないのである。

ウ 新月から数えて２７日後、日の出前に東の空に三日月と同じような形の月が見えた。

エ 半月で西側が明るいとき、太陽は東側にある。

オ 満月の時、日食が見られる。

(3) ある日、上弦の月である半月が観察された。この日から何日後に満月となるか予想し、次の中からもっともふさわしいものを一つ選び、記号で答えなさい。

ア ３日後　**イ** ５日後　**ウ** ７日後　**エ** １５日後　**オ** ２２．５日後

(4) 太陽は、自ら光を発することができる恒星（こうせい）である。太陽は主に何からできているか、次の中から、もっともふさわしいものを一つ選び、記号で答えなさい。

ア 水素　**イ** 酸素　**ウ** ちっ素　**エ** 二酸化炭素　**オ** マグマ（溶岩）

(5) 昨年、ノーベル賞を受賞された梶田（かじ）教授（東京大学）は、岐阜（ぎふ）県にあるスーパーカミオカンデにて〇〇〇〇〇〇振動（しんどう）を発見した。これは太陽からも出ている。この物質名をカタカナ６字で答えなさい。

(6) 夜空を見上げると、太陽のような恒星がたくさんある。夏と冬の大三角は有名だが、春にも大三角をつくる恒星が三つある。次の中から正しい組み合わせを一つ選び、記号で答えなさい。

ア おとめ座のスピカ―うしかい座のアークトゥルス―しし座のレグルス

イ 北斗（と）七星―うしかい座のアークトゥルス―おとめ座のスピカ

ウ うしかい座のアークトゥルス―しし座のデネボラ―おとめ座のスピカ

エ しし座のレグルス―北斗七星―おとめ座のスピカ

オ うしかい座のアークトゥルス―おうし座のアルデバラン―スバル星

(7) ある日の午後８時に北斗七星が東の空に上がった。午後１１時には、どこで見られるか。北極星を中心にしたとき、何度動くか計算し、答えなさい。

4. 以下の問いに答えなさい。

⑴　右図のような装置を組み立てました。支点、力点、作用点の 3 つの点のうち、1 つの条件を変えたとき、手で支える力が小さくなる物をすべて選び、記号で答えなさい。

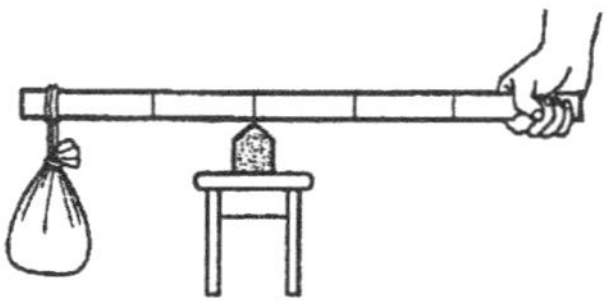

ア　作用点と支点の位置を変えずに、力点の位置を右に動かす。

イ　力点と支点の位置を変えずに、作用点の位置を左に動かす。

ウ　力点と作用点の位置を変えずに、支点の位置を左に動かす。

⑵　長さ 80cm のバットの中央より点Aの方へ 5cm ずらしたところにひもを巻いたら水平を保ちました。次に巻いたひもの位置から左へ 3cm のところに 30g のおもりをつり下げました。10g のおもりを使って水平を保つためには、点 B から何 cm のところにつり下げたらよいですか。ただし、バットの材質はどこも同じで、太さだけが違います。

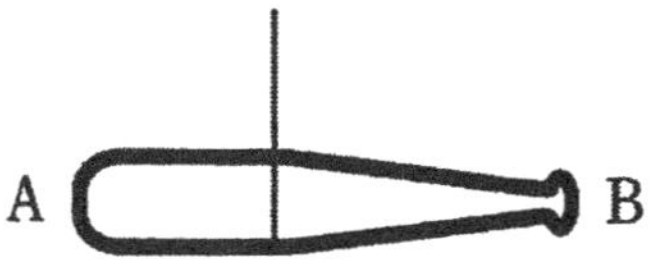

⑶　一定の太さの棒を使い、右の図 1 のようにおもりをつり下げたところ棒は水平になりました。次に図 2 のように左右に同じ重さのおもりを 1 個ずつ増やし、左のおもりを 3 個、右のおもりを 4 個にします。左のおもりの位置は変えないでつり合わせるためには、右のおもりの支点からの距離を図 1 と比べて何倍のところにすればよいですか。

図1

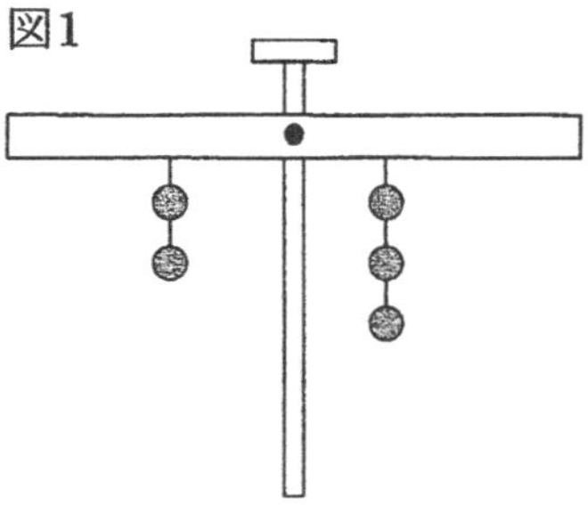

図2

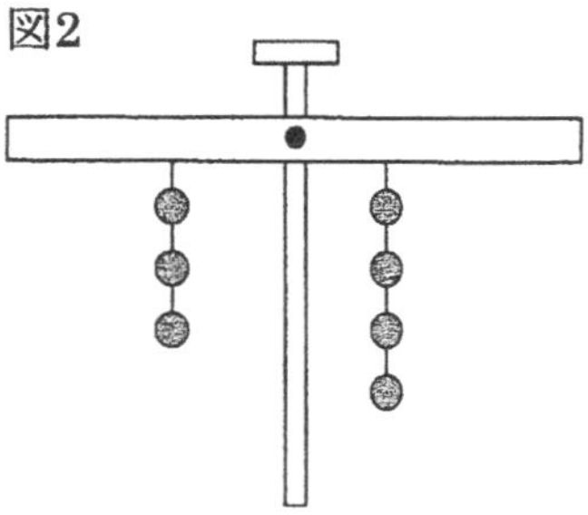

⑷　右の図のような一定の太さの棒の A～D の位置におもりを 1 つずつつり下げて水平を保ちたい。8g、12g、16g、20g の 4 個のおもりを使うとき、A～D にどのおもりをつり下げたら水平を保てるか。水平を保てる組み合わせをすべて答えなさい。

解答例；A－8g、B－12g、C－16g、D－20g

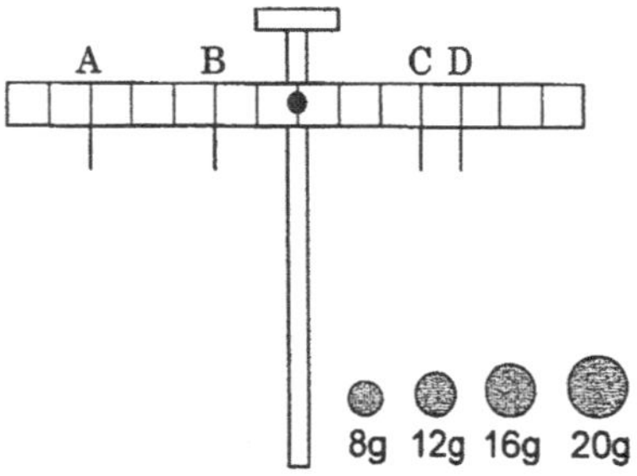

(5) 右利きの山野くんと左利きの南川さんが上皿てんびんを使いました。次の**ア～オ**のうち、説明文と図が正しいものをすべて選び、記号で答えなさい。

ア 山野くんが食塩 30g をはかりとった。

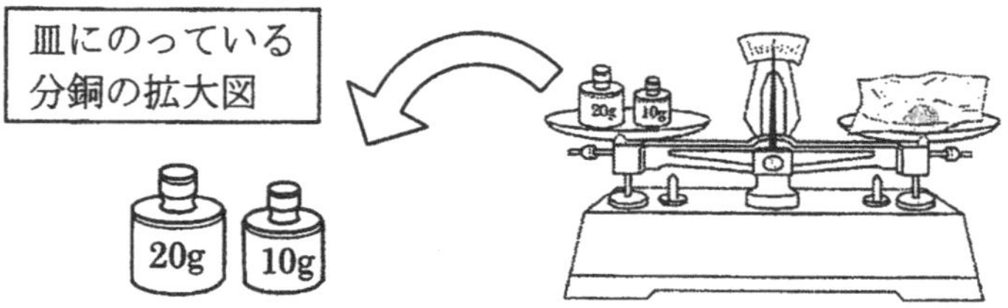

イ 南川さんが食塩 13g をはかりとった。

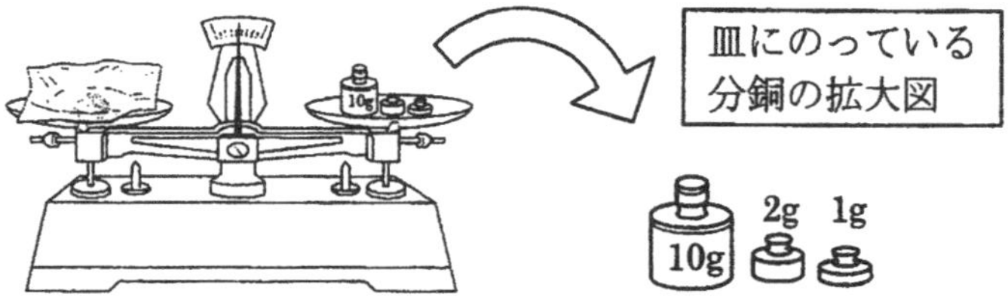

ウ 山野くんがボールの重さをはかったら 32g だった。

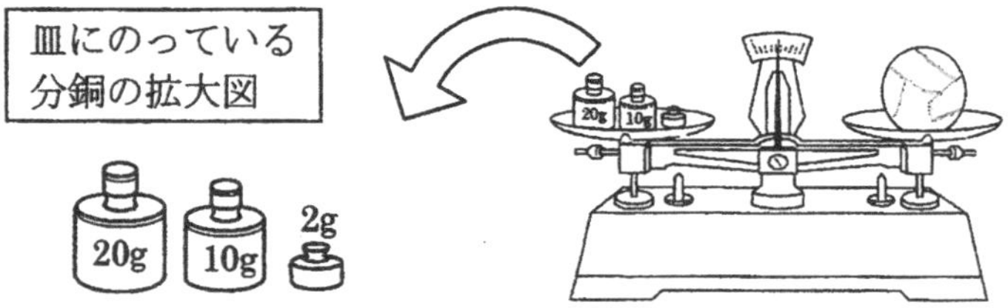

エ 山野くんが 30g のビーカーを使って食塩水 25g をはかりとった。

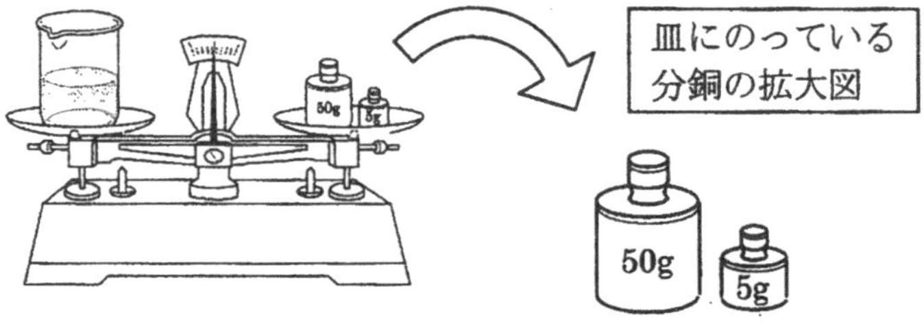

オ 南川さんがビーカーに入った食塩水の重さをはかったら、全体で 47g だった。

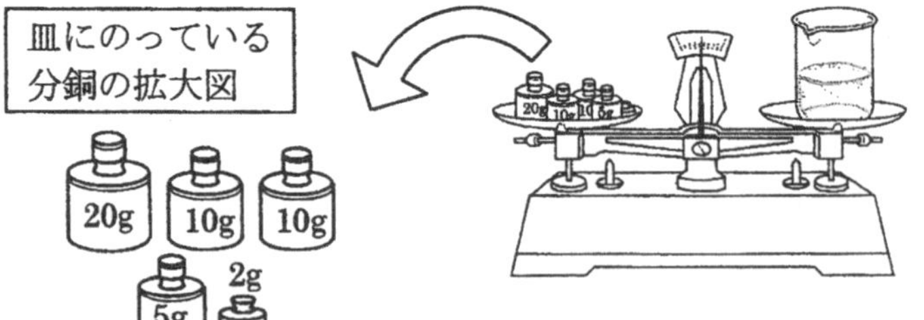

7. 青色リトマス紙を赤色に変化させる薬品 A 20 ㎤に赤色リトマス紙を青色に変える薬品 B を加えていくと水に溶(と)けない白い粒(つぶ)が生じた。右のグラフは、加えた薬品 B の体積と生じた白い粒の重さの関係を示したものである。以下の問いに答えなさい。

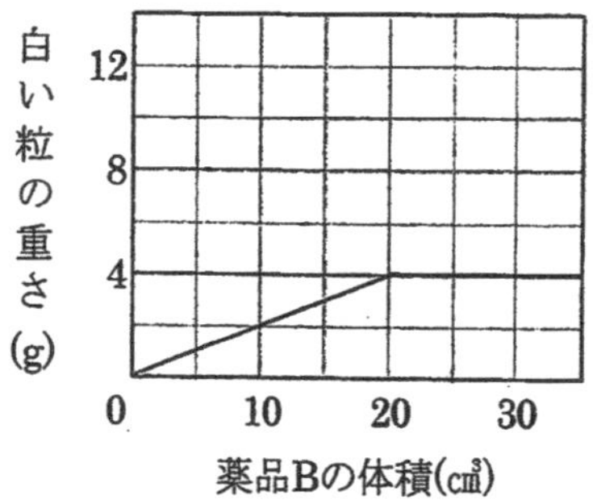

⑴ 薬品 A と同じ反応を示すものを次の**ア～カ**からすべて選び、記号で答えなさい。

ア 塩酸　　**イ** アンモニア水　　**ウ** 酢
エ 石けん水　　**オ** 蒸留水　　**カ** さとう水

⑵ 薬品 A 12 ㎤に薬品 B を 30 ㎤加えると、白い粒は何 g 生じますか。

⑶ 次の①、②のように条件を変えたとき、加えた薬品 B と生じる白い粒の重さの関係を表すグラフとして正しいものを、**ア～ケ**の中から選び、記号で答えなさい。

① 薬品 A の体積はそのままで、濃(こ)さを $\frac{1}{2}$ 倍にする。

② 薬品 A の体積はそのままで、薬品 A・B ともに濃さを 2 倍にする。

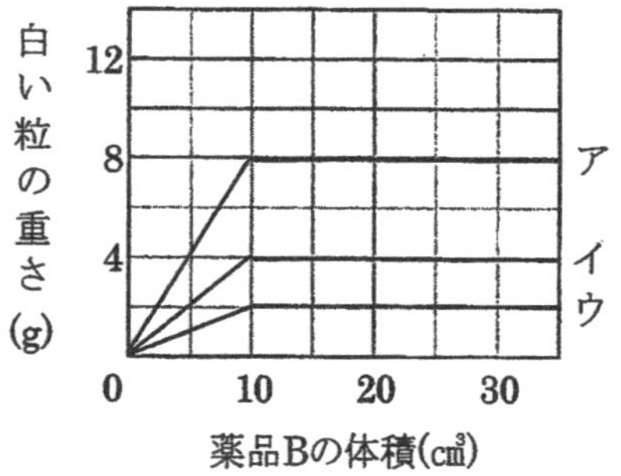

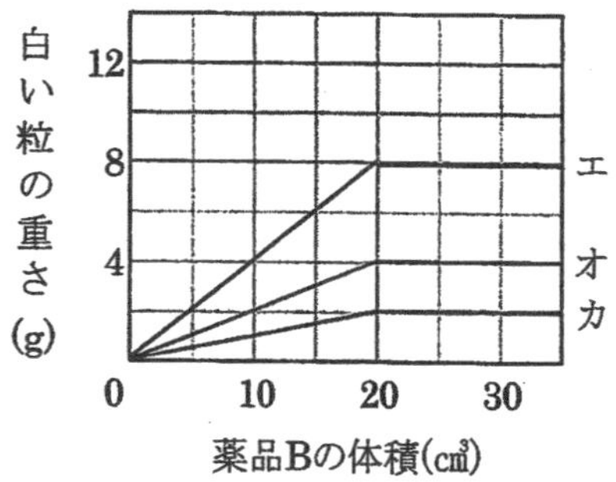

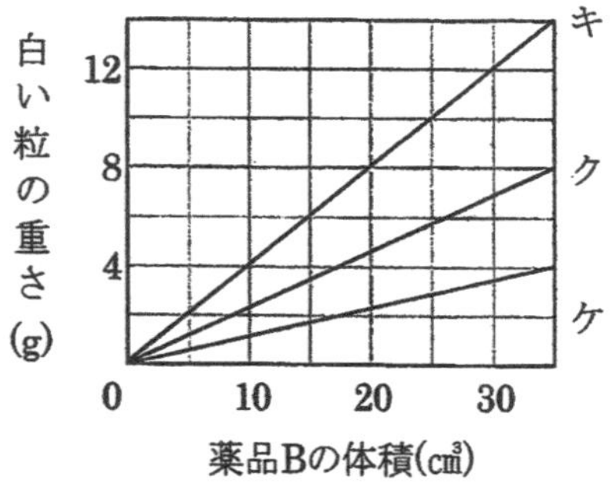

2016年度(平成28年度) 南山中学校男子部入学試験問題用紙 社会

(30分)　　(指示していないところは、漢字で書いてもかなで書いてもかまいません。)

1　次の文章を読み、あとの問いに答えなさい。

皆さんはうどんは好きですか？　日本には地域によって様々なうどんがあります。それを「ご当地うどん」と呼んでいます。よく知られているのはⒶ「讃岐うどん」ですね。この愛知県にも、讃岐うどんのお店がたくさんあります。皆さんの中にも食べたことのある人もいるのではないでしょうか。さらに、（　1　）県には「稲庭うどん」があり、つるつるとしたのど越しが好まれており、多くの人たちに食べられています。他にも（　2　）県の「五島うどん」や（　3　）県の「水沢うどん」など、その地域を代表するうどんがたくさんあります。愛知県にも名古屋めしで有名な「きしめん」やⒷ「豊橋カレーうどん」などのご当地うどんがあります。昨年11月には、愛知県蒲郡市で「第5回うどんサミット」が開かれました。優勝したのは「北海道純雪うどん」で、一昨年優勝した名古屋の「金鯱カレーきしめん」は2位でした。

ところで、うどんの原料は何ですか？　そうです。小麦ですね。Ⓒ日本では小麦の生産量が少ないため、Ⓓ多くを輸入に頼っています。しかし、これからそれらの価格が安くなるのではないかと期待されています。なぜなら、昨年ⒺTPPに加盟することを大筋で合意したからです。これは日本を含めてⒻ12か国で構成されており、その中で日本はアメリカに次いで経済の大きな国になります。

問１　文中の空欄（　1　）・（　2　）・（　3　）に該当する都道府県の名前を、次のかるたをヒントに答えなさい。

（　1　）県についてのかるた　（　2　）県についてのかるた　（　3　）県についてのかるた

（1）	（2）	（3）
白神の 木々を彩る こまち米	ちゃんぽんを 食べ見る 雲仙普賢岳	浅間山 眼下に広がる キャベツ畑

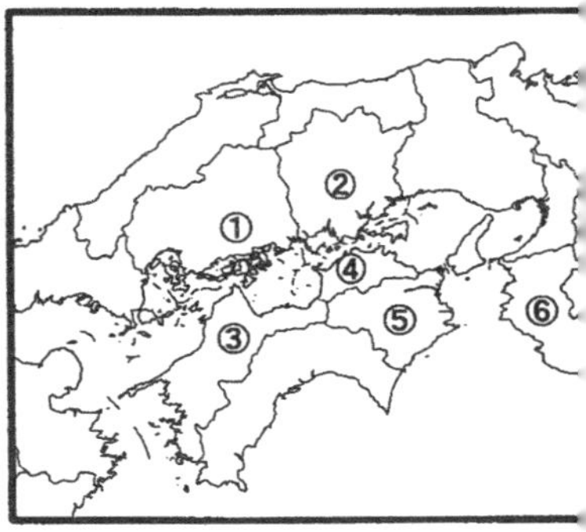

問２　下線部Ⓐについて、「讃岐うどん」を特産品としている都道府県を右の地図の①～⑥の中から一つ選びなさい。

問３　下線部Ⓑについて、豊橋カレーうどんには、豊橋が生産量日本一のある食材が入っています。それは何ですか、次のア～オの中から一つ選びなさい。

ア　うずら卵　　イ　手羽先　　ウ　とんかつ

エ　レタス　　オ　うなぎ

問４　下線部Ⓒについて、小麦生産の少ない日本の中で、最も生産量の多い都道府県はどこですか。次のア～オの中から一つ選びなさい。

ア　沖縄県　　イ　島根県　　ウ　岐阜県　　エ　栃木県　　オ　北海道

問５　下線部Ⓓについて、日本の小麦輸入は上位3か国でほぼ100%となっています。その中で最も輸入量が多い国を、次のア～エの中から一つ選びなさい。

ア　アメリカ　　イ　フランス　　ウ　インド　　エ　中国

問６　下線部Ⓔは何を表していますか。次のア～エの中から一つ選びなさい。

ア　東南アジア諸国連合　　イ　環太平洋経済協力会議

ウ　環太平洋戦略的経済連携協定　　エ　環太平洋造山帯

ウ　古墳の大きさや出土品から、強大な力で人々を治めた王や豪族がいたことがわかる。

エ　古墳の表面には、石室（遺体をほうむる部屋）をつくり、その周囲に埴輪（はにわ）を並べた。

問9　下線部9について、遣唐使が行っていたころの中国のようすとして正しいものを、次のア～エの中から一つ選びなさい。

ア　モンゴルが中国にせめこんで国をつくり、高麗（こうらい）も支配した。

イ　シルクロードを通じて、西アジアやヨーロッパとの交流が盛んだった。

ウ　中国は勘合（かんごう）を持っている相手としか貿易をしなかった。

エ　中国は朝鮮へ勢力をのばそうとしてロシアと対立していた。

問10　下線部10について、律令が定めた税制度によって都には日本各地から多くの産物が運ばれました。それらを管理するために、今でいう手紙や書類の代わりとして使っていた木の札を何とよぶか答えなさい。

問11　下線部11について、仏教に関連する出来事ア～エを年代の古い順に並べ替えなさい。

ア　阿弥陀（あみだ）仏に念仏を唱えればよいという教えが庶（しょ）民の間にも受け入れられていった。

イ　聖武天皇は、日本に正式に仏教を広めるために、中国から鑑真という僧を招いた。

ウ　「仏教をあつく信仰しなさい」と書かれた役人の心構えがつくられた。

エ　一向宗の中心地である石山本願寺が織田信長に降伏（ふく）した。

問12　下線部12について、元のしゅう来について述べた文として正しいものを、次のア～エの中から一つ選びなさい。

ア　元軍の集団戦法や火薬兵器の鉄砲（ぼう）は、日本にないものだったため御家人たちを苦しめた。

イ　元軍と戦った竹崎季長は戦いの後、北条政子から多くのほうびをもらった。

ウ　元軍の2度目のしゅう来に備えて、北条時宗は博多に水城（みずき）をつくらせた。

エ　元軍は、武士たちの抵抗（ていこう）や暴風雨などにより、大きな損害を受けて大陸に引き上げた。

問13　下線部13について、天橋立（あまのはしだて）や四季花鳥図をすみ絵で描いた僧侶の名前を答えなさい。

問14　下線部14について、鎌倉・室町時代の人々の生活について説明した文として**誤っているもの**を、次のア～エの中から一つ選びなさい。

ア　牛や馬にすきをひかせて農地を深く耕した。

イ　浮世絵が大量に刷られ、多くの人々に買い求められた。

ウ　人が多く集まる場所で市が開かれるようなった。

エ　草や灰を肥料にするなど、収穫（かく）を増やすことに努めた。

問15　下線部15について、キリスト教に関する絵図として**誤っているもの**を、次のア～エの中から一つ選びなさい。

ア

イ

ウ

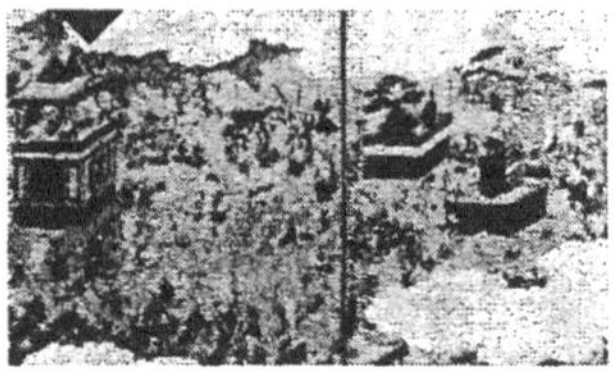

エ

問 16　下線部 16 について、「四つの口」を通した貿易・交易、外交について説明した文として正しいものを、次のア～エの中から一つ選びなさい。

ア　朝鮮との貿易や外交は松前藩を通しておこなわれ、朝鮮通信使が日本を訪れた。

イ　アイヌの人々が中国から手に入れた蝦夷錦は、日本で高値で取り引きされた。

ウ　江戸の将軍や琉球の国王がかわると、将軍が琉球国王にあいさつしにいった。

エ　長崎にやってきた中国人はオランダ人とは違い、長崎の町を自由に移動できた。

問 17　下線部 17 について、オランダとの貿易をおこなった出島の説明として正しいものを、次のア～エの中から一つ選びなさい。

ア　天草四郎という少年をかしらに一揆勢がたてこもった。

イ　唐人屋敷がつくられ、役人や一部の商人しか出入りできなかった。

ウ　長崎の港の一部を埋め立ててつくった人工の島である。

エ　日本人商人が多く居住したので日本町ともよばれた。

問 18　下線部 18 について、明治時代になると、欧米の制度や生活様式が取り入れられ、郵便がはじまったり、新聞や雑誌の発行も盛んとなりました。こうした世の中の動きを何というか、漢字 4 字で答えなさい。

問 19　下線部 19 について、技術や考え方を学んだ外国とそれが反映されたものの組み合せが正しいものを、次のア～エの中から一つ選びなさい。

ア　富岡製糸場　―　フランス　　　　イ　大日本帝国憲法　―　イギリス

ウ　『学問のすすめ』　―　中国　　　　エ　学制　―　朝鮮

問 20　下線部 20 について、この平和公園にあるものを、次のア～エの中から一つ選びなさい。

ア

イ

ウ

エ

問 21　下線部 21 について、戦争関連の資料ア～エを年代の古い順に並べ替えて記号で答えなさい。

ア

ああおとうとよ　君を泣く
君死にたまうことなかれ
末に生まれし君なれば
親のなさけはまさりしも
親は刃をにぎらせて
人を殺せとおしえしや
人を殺して死ねよとて
二十四までをそだてしや

イ

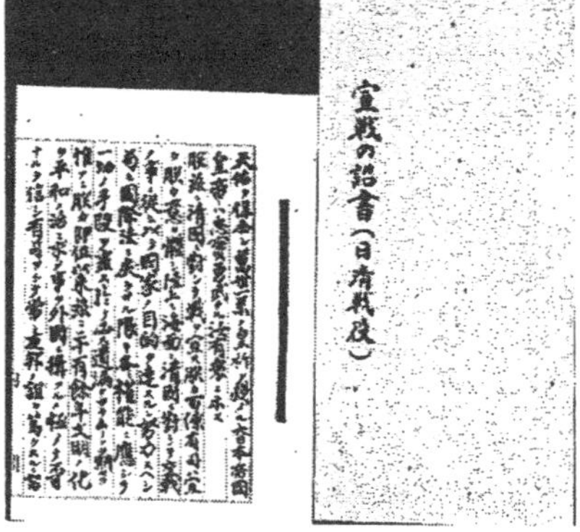

ウ　1925年の改正は、納税額に関係なく、25歳以上の男性にのみ選挙権が与えられた。

エ　1945年の改正は、25歳以上の男女すべてに選挙権が与えられた。

問7　下線部Ⓕの理由の一つに、若者が積極的に議論し、意見を述べるようになったことがあげられます。昨年の安保関連法に関して行動した若者の団体を何といいますか、次のア～エの中から一つ選びなさい。

ア　クールズ　　イ　ゴールズ　　ウ　シールズ　　エ　ボールズ

問8　下線部Ⓖについて、60年前の1956年にある国と国交を樹立したことにより、日本は国際連合に加盟しました。その国はどこですか、次のア～オの中から一つ選びなさい。

ア　韓国　　イ　中国　　ウ　ソ連　　エ　トルコ　　オ　アメリカ

問9　下線部Ⓗについて述べた文のうち正しいものを、次のア～エの中から一つ選びなさい。

ア　ブラジルは世界最大のカカオ豆の生産地で、チョコレート消費量も世界ナンバーワンである。

イ　ブラジルは、きれいな海に囲まれているため水産業が盛んであり、就業人口（働いている人の数）も、すべての産業の中で最も多い。

ウ　ブラジルは日本の最大の貿易相手国であり、日本はブラジルから石油などの資源を多く輸入している。

エ　ブラジルは、南米で最も人口の多い国であり、その数はおよそ2億人である。

問10　下線部Ⓘについて、この2つの都市がある国を右の地図の①～⑤の中から一つ選びなさい。

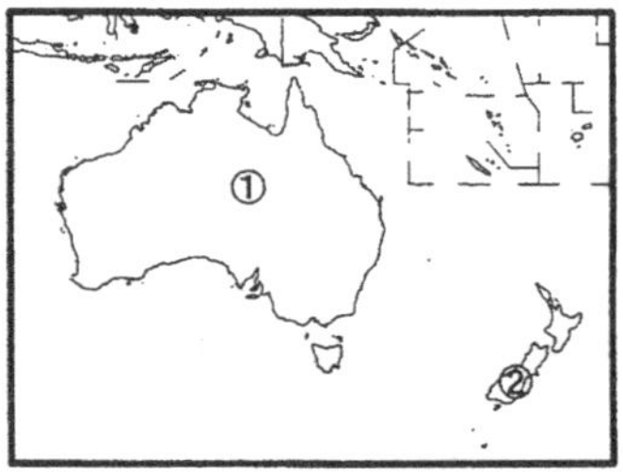

問11　文中の下線部Ⓙについて、それがなぜかを述べた次の文の空欄 [A]・[B] に当てはまる数字の組み合わせとして正しいものを、次のア～エの中から一つ選びなさい。なお、文中の（　5　）は本文中の（　5　）と同じ人物である。

> アメリカ大統領の任期は1期 [A] 年であるが、[B] 選（[B] 回大統領にえらばれる事）が禁じられており、2009年1月に就任した（　5　）は、8年の任期を終えるため、次回の大統領選挙には立候補できないから。

ア　A＝5　B=3　　イ　A＝4　B=2

ウ　A＝5　B=4　　エ　A＝4　B=3

2016年度（平成28年度）南山中学校男子部　入学試験　解答用紙

算　　数

1

(1)	(2)	(3)	(4)
	g	個	度

(5)

2

(1)	(2)	(3)
分	通り	円

3

(1)
午前　　　　時　　　　分

(2)

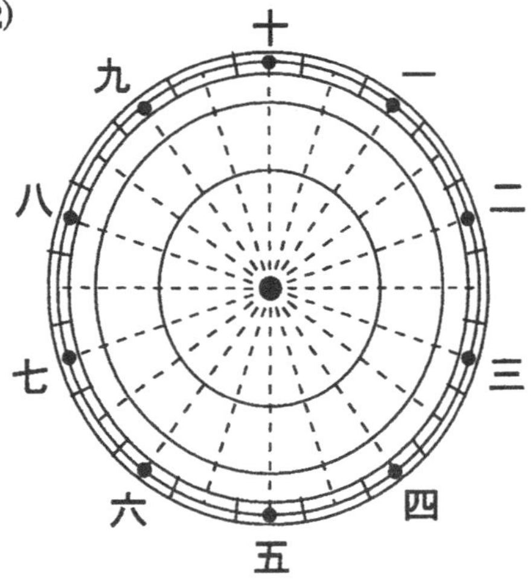

4

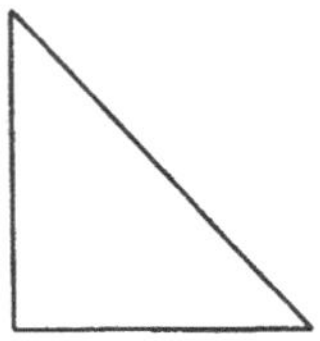

2016年度（平成28年度）　南山中学校男子部　入学試験問題解答用紙

理科

1.

(1)	①		②		③		④		⑤	
(2)		(3)		(4)		(5)			

2.

A	(1)		(2)		(3)		(4)		(5)	
B	(1)		(2)		(3)		(4)			

3.

(1)		(2)		(3)		(4)		(5)	
(6)		(7)	度						

4.

(1)		(2)	cm	(3)	倍

(4)

解答例；A －8g、B－12g、C－16g、D－20g

答えは点線より右へ書きなさい。

2016年度(平成28年度)　南山中学校男子部　入学試験　解答用紙　社会

1

問1 (1)	問1 (2)	問1 (3)	問2	問3	問4
県	県	県			

問5	問6	問7

2

問1	問2	問3	問4	問5	問6	問7

問8	問9	問10	問11	問12
			→ → →	

問13	問14	問15	問16	問17	問18	問19

問20	問21
	→ → →

問22

問 23	問 24	問 25
	→ → →	

3

問 1 (1)	問 1 (2)	問 1 (3)	問 1 (4)
	才		

問 1 (5)	問 2	問 3	問 4	問 5	問 6	問 7

問 8	問 9	問 10	問 11

受験番号	氏　　名

成績		

※100点満点
(配点非公表)

(1)	解答例；A－アとB－ア	

(2)	cm	(3)		(4)	

6.

(1)		(2)		(3)		(4)	回目	(5)	

7.

(1)		(2)	g	(3)	①		②		(4)

8.

(1)	年	(2)	cm

受験番号	氏名	成績		

※200点満点
（配点非公表）

H28.南山中（男子部）

5

(1) 毎秒　　cm

(2)

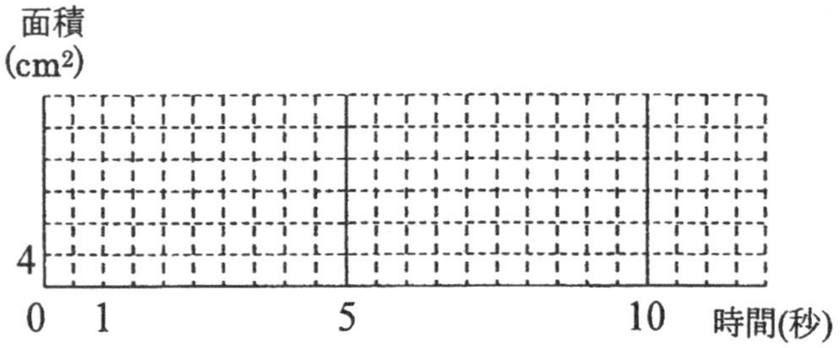

(3) 　　cm

(4) 　　回

6

(1)

(2) 　　g

(3)

答え

7

(1) A君　　点 ｜ B君　　点

(2)

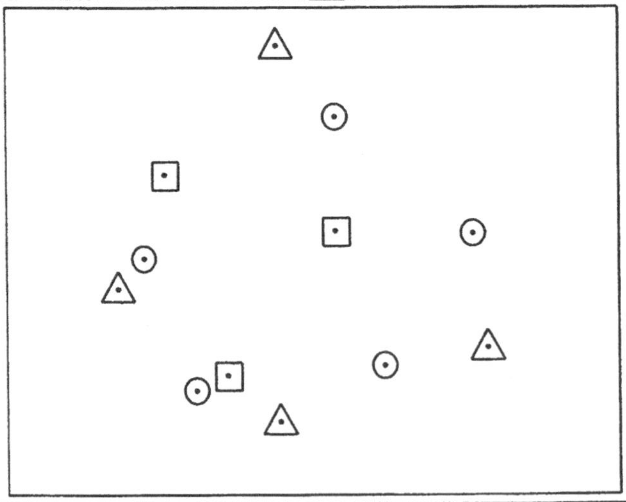

受験番号	氏　　名	成　　績

※200点満点
（配点非公表）

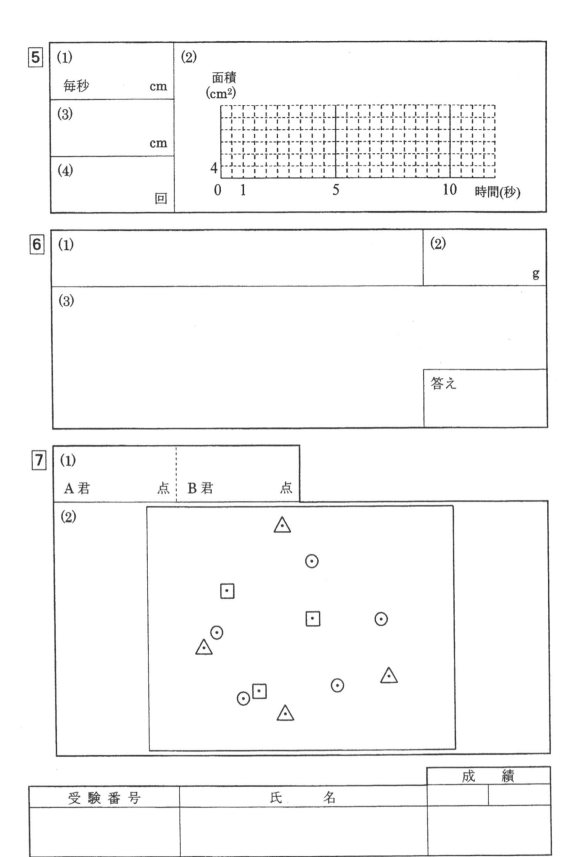

際連合に加盟してから60年目を迎え、担うべき役割がますます大きくなりそうです。

世界に目を向けてみると、8 月にはⒽブラジルの（ 3 ）でオリンピックが開催されます。南半球での開催はⒾメルボルン（1956年）、シドニー（2000年）に次いで3回目となり、ブラジルでの開催は初めてです。ブラジルは、2014年にはサッカーのワールドカップも開催されており、オリンピックでの経済効果がさらに期待されています。日本でも2020年の夏季オリンピック開催に向けて準備が進められています。また、2022年の冬季オリンピック会場に選ばれたのが2008年に夏季オリンピックが開催された（ 4 ）で、史上初の夏冬のオリンピック開催地となります。

11 月にはアメリカで大統領選挙が行われます。現在のアメリカ大統領は 2009 年 1 月に就任した（ 5 ）ですが、Ⓙアメリカ大統領として日本で会えるのは5月の伊勢志摩サミットが最後かもしれません。

このように、2016 年は、日本を含めて世界にとって大きな変化の年になりそうです。そしてそれは皆さんにも当てはまります。この大きな変化をより良いものにするため、互いに頑張っていきましょう。

問1　（ 1 ）～（ 5 ）に入る適語を答えなさい。なお、（ 1 ）はフルネームで答えること。

問2　下線部Ⓐについて、この場所の地形の特徴を最もよくあらわしている写真を、次のア～ウの中から一つ選びなさい。

ア 
イ 
ウ 

問3　下線部Ⓑについて、現在この都市の辺野古に移設が予定されている飛行場はどこの飛行場を移設しようとしているか、次のア～オの中から一つ選びなさい。

ア　嘉手納飛行場　　イ　普天間飛行場　　ウ　岩国飛行場
エ　横田飛行場　　オ　三沢飛行場

問4　下線部Ⓒについて、現在の課題に**当てはまらないもの**を、次のア～エの中から一つ選びなさい。

ア　イスラム国（IS）への対応の問題　　イ　シリア難民受け入れの問題
ウ　地球温暖化問題　　エ　ドイツの原子力発電所再稼働の問題

問5　下線部Ⓓについて述べた次の文のうち正しいものを、次のア～エの中から一つ選びなさい。

ア　参議院議員選挙は、立候補者に投票する市町村単位の選挙区選出制と、政党に投票する比例代表制からなっている。
イ　参議院議員選挙は、小選挙区比例代表並立制である。
ウ　今年の参議院議員選挙は、選挙区の区割りが変更されたため、愛知県は議席数が増えることになった。
エ　衆議院議員選挙は、一票の価値が問題となり、最高裁判所で違憲判決が出されたが、参議院議員選挙は、一票の価値が問われたことはない。

問6　下線部Ⓔについて、その変化について述べた次の文のうち**誤っているもの**を、次のア～エの中から一つ選びなさい。

ア　1890 年の第 1 回衆議院議員選挙は、現在までで最も投票率が高い国政選挙であった。
イ　その後、2 回の改正（1900 年、1919 年）で、納税額による制限が引き下げられた。

ウ

エ

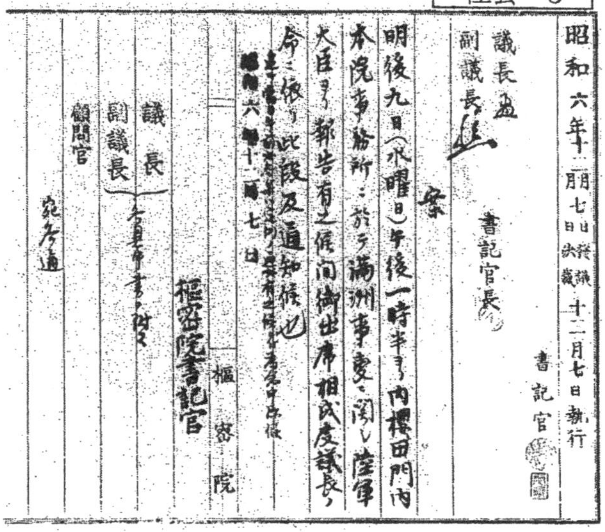

問 22　下線部 22 について、人々がいなくなったのは石炭を掘り出す必要がなくなったからです。なぜ石炭は使われなくなったのか理由を簡単に説明しなさい。

問 23　下線部 23 について、この製鉄所の名前を答えなさい。

問 24　下線部 24 について、長崎造船所に関係する出来事ア～エを年代の古い順に並べ替えて記号で答えなさい。

ア　クルーズ客船やタンカー、自衛隊向けの船を建造するようになった。

イ　第一次世界大戦のころは、造船業が発展したため長崎造船所も活気づいた。

ウ　ペリー来航の影響で長崎に海軍の教育施(し)設や造船所がつくられた。

エ　太平洋戦争開始後、戦艦「武蔵(むさし)」が長崎造船所で建造された。

問 25　下線部 25 について、日本が朝鮮半島を支配している **1919** 年 3 月に朝鮮の独立をめざす大きな運動がおこりました。その時に「日本は、朝鮮の人々の自由と独立をうばった。反抗する朝鮮の人々よりも、おろかなのは、圧迫するわれわれである。」とうったえた人物がいます。この人物の名前を次のア～エの中から一つ選びなさい。

ア　柳宗悦　　イ　平塚らいてう　　ウ　津田梅子　　エ　北里柴三郎

3　次の文章を読み、あとの問いに答えなさい。

2016 年は日本においても、世界においても様々な行事が予定されており、大きな転換(かん)を迎(むか)える年になるかもしれません。

日本では、5 月に三重県志摩(しま)市賢島(かしこじま)で第 42 回目のサミット(先進国首脳(しゅのう)会議)、通称Ⓐ伊勢志摩サミットが開かれます。日本では 1979 年、1986 年、1997 年の東京と 2000 年のⒷ名護(なご)(沖縄)、2008 年の洞爺(とうや)湖(北海道)に次ぐ開催(さい)です。このサミットはⒸ世界の様々な課題を解決するために毎年行われている重要な会議で、世界の平和と安定に向けた話し合いが行われます。日本からは(1)総理大臣をはじめ、閣僚(りょう)(大臣)が出席する予定です。また、国内ではⒹ選挙制度が大きく変わります。それは選挙権を行使できる年齢(れい)が(2)才に引き下げられるということです。歴史的に見ても、Ⓔ選挙権は時代と共に大きな変化を遂(と)げてきました。今回の変化がどのような効果をもたらすのかは、まだわかりませんが、Ⓕ大きな期待が寄せられています。さらに、12 月にはⒼ国問１　下線部１について、東海道新幹線が開通したころの日本のようすとしてもっとも正しいものを、次のア～エの中から一つ選びなさい。

ア　東京オリンピックが開かれ、日本の産業が急速に成長した。

イ　さとうや米などの生活必需品が、切符制・配給制となった。

ウ　朝鮮戦争がはじまり、連合国軍総司令部の指令で警察予備隊がつくられた。

エ　条約の一部を改正して領事裁判権をなくすことに成功した。

問２　下線部２について、名古屋駅から博多駅に到着するまでに新幹線が通る都道府県で起きた出来事として**誤っているもの**を、次のア～エの中から一つ選びなさい。

ア　壇ノ浦の戦いが起きた　　イ　平等院鳳凰堂が建てられた

ウ　平城京に都が移った　　　エ　関ヶ原の戦いが起きた

問３　下線部３に関連して、以下の史料にある「わたし」は大宰府のもとで北九州の守りにあたりました。このような兵士を何というか漢字で答えなさい。

着物のすそにとりすがって泣く子どもたちを、わたしは、家においてきてしまった。あの子どもたちには母親がいないが、今ごろどうしているのだろうか。(『万葉集』より)

問４　下線部４について、板付遺跡の特徴としてもっとも正しいものを、次のア～エの中から一つ選びなさい。

ア　食料として食べた貝がらや動物の骨が多く見つかり、それらが捨てられた場所だった。

イ　集落の跡が見つかり、その集落のまわりを大きな二重の堀やさくで囲んでいた。

ウ　この遺跡にある前方後円墳からは「ワカタケル大王」と書かれた刀剣が見つかった。

エ　水田の跡が見つかり、約2300年前の人びとが米づくりをしていたことがわかった。

問５　下線部５について、太宰府天満宮で学問の神様とされている人物を答えなさい。

問６　下線部６について、このような時代として正しいものを、次のア～エの中から一つ選びなさい。

ア　旧石器時代　　イ　縄文時代　　ウ　弥生時代　　エ　飛鳥時代

問７　下線部７について、水田稲作に使われたものとして**誤っているもの**を、次のア～エの中から一つ選びなさい。

ア

イ

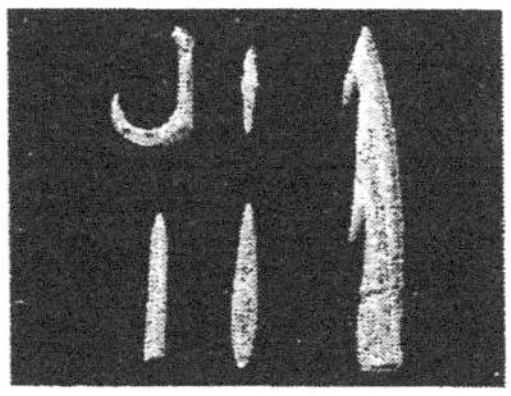
ウ

エ

問８　下線部８について、古墳時代について述べた文として**誤っているもの**を、次のア～エの中から一つ選びなさい。

ア　前方後円墳の分布を見ると大和（奈良県）や河内（大阪府）地方に巨大な古墳が多くある。

イ　古墳からは銅鏡や鉄の刀、鉄製の刃をはめたくわなどが出土することがある。

問7　下線部Ⓕに**当てはまらない国**を、次のア～オの中から一つ選びなさい。

ア　ベトナム　　イ　オーストラリア　　ウ　マレーシア　　エ　メキシコ　　オ　イギリス

2　次の文章を読み、あとの問いに答えなさい。

夏休みにしょうた君は家族で九州へ行ってきました。そこでいろいろな歴史に関するものを見ることができました。しょうた君と家族は 1 新幹線で 2 名古屋駅から博多駅へ行きました。その後、レンタカーを借りて 3 太宰府に行きました。移動途中に教科書に書かれていた 4 板付遺跡の近くを通りました。太宰府には太宰府天満宮というところがあります。5 学問の神さまがまつられているそうなので、しょうた君は中学受験の合格をお願いしました。

そのあとで、太宰府天満宮の近くにある九州国立博物館も見学しました。博物館では、「海の道、アジアの路」というテーマで展示されていました。6 寒冷な草原で狩猟をおこなっていたころから温暖化して人びとが森や海へと進出するまでの時代のコーナーでは、阿蘇山の噴火で九州の地形ができたことや、土器や石器について知ることができました。次の展示では 7 水田稲作や 8 古墳時代に渡来人がもたらした焼き物や乗馬の文化が出てきて、九州北部が金属器のふるさとだということがわかりました。次のコーナーは 9 遣唐使の時代というところでした。東アジアのいろいろな地域との交流で 10 律令や 11 仏教が日本に伝わったことがわかりました。遣唐使の積み荷を再現した模型は当時のようすを具体的にイメージすることができました。また、12 元のしゅう来や 13 僧侶たちの交流、民間の交易によって 14 鎌倉時代や室町時代も中国の影響を受けていることがわかりました。最後は、15 キリスト教の伝来や、江戸時代に海外との窓口になった「16 四つの口」について、長崎での中国や 17 オランダとの貿易について学ぶことができました。九州は朝鮮半島や中国に近いということもあって、歴史や文化でのつながりがとても深いということがわかりました。

博物館見学を終えたあと、しょうた君と家族は長崎に向かいました。長崎で最初に行った場所は大浦天主堂でした。ここは 18 明治時代になってキリスト教徒が江戸時代を通して隠れて信仰を守ってきたことを明らかにした場所です。次にそのとなりにあるグラバー園に行きました。幕末から明治にかけての長崎には 19 外国人が多く暮らしたことがわかりました。グラバー園はとても広い敷地で、長崎の港を見下ろすことができる見晴らしのいい場所でした。

その後、坂本竜馬がつくった亀山社中のあった場所を見学して、長崎に投下された原爆を今に伝える平和公園や原爆資料館に向かいました。20 平和公園には平和祈念像やさまざまな慰霊碑がありました。原爆資料館では原爆によってボロボロになってしまった浦上天主堂という教会が再現されていて、21 戦争の悲惨さが心に残りました。

最後に長崎港から軍艦島クルーズに行きました。軍艦島というのは、2015 年に「明治日本の産業革命遺産」として世界遺産になった炭鉱の島です。22 昔は多くの人が暮らしたそうですが、今は無人島となっていて、遠くから見たようすが軍艦のように見えるので、軍艦島と呼ばれています。「明治日本の産業革命遺産」には軍艦島のほかに、23 日清戦争の賠償金でつくられた製鉄所や 24 長崎造船所、萩の反射炉といったものが一緒に登録されています。しかし、「明治日本の産業革命遺産」については 25 朝鮮半島から連れてこられた人たちが炭鉱のような危険をともなう場所で労働させられた事実をめぐって世界遺産にするかどうかの議論があったということをしょうた君はお父さんから聞かされ、歴史の見方が一つだけではないことがわかりました。また、しょうた君は今回の旅行で一つの町を通して歴史を知ることが面白いと感じたので、他の地域や町についても調べてみたいと思うようになりました。

⑷　薬品 B が入ったビーカー①に、薬品 A を加えると、白い粒ができました。次に右の図の実験装置で、ビーカー①にできた白い粒をとりのぞき、残りの水溶液をビーカー②にためました。次に、ビーカー②の水溶液を 2 本の試験管にとり、薬品 A、薬品 B をそれぞれに加えると、薬品 B を加えた方だけに白い粒ができた。このことからビーカー②の水溶液は⑴の**ア～カ**のどれと同じ性質であると考えられますか。⑴の**ア～カ**の中からすべて選び、記号で答えなさい。

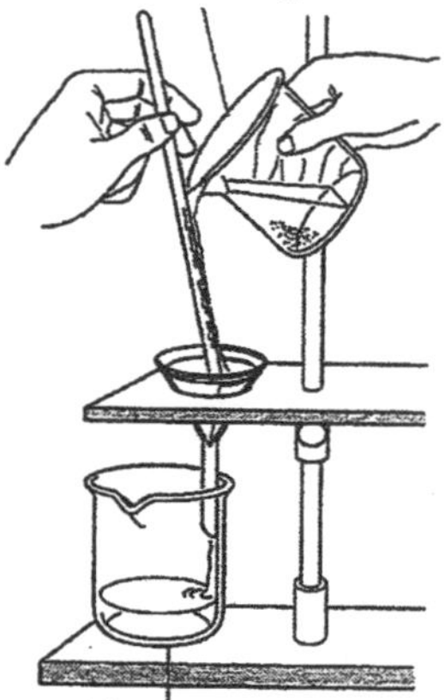

8. 以下の問いに答えなさい。

⑴　近年 LED 電球は白熱電球に比べ費用がかからないということでますます注目されています。どちらの電球も 1 日に 6 時間使用するとして、LED 電球の方が費用が安くなるのは何年使用した場合か。右の表を利用して、計算しなさい。ただし、1 年を 365 日とし、答えは小数第 2 位を四捨五入して小数第 1 位まで求めなさい。

	購入代金	電気代（1時間あたり）
LED電球	2715円	0.12円
白熱電球	150円	0.97円

⑵　0℃で正しい長さを示す真ちゅう製のものさしで、鉄の棒の長さを 20℃ではかったら、目盛りは 25cm を示しました。この棒の 20℃での正しい長さは何 cm ですか。ただし、長さ 1m の真ちゅうと鉄が 1℃だけ温度が上がったときにのびる長さを表した右の表を使って答えなさい。

金属の種類	のびる長さ
真ちゅう	0.0175mm
鉄	0.0117mm

6. 上皿てんびんの使い方について、以下の問いに答えなさい。

(1) 持ち運び方として正しいものを、次の**ア～エ**から選び、記号で答えなさい。

ア 両手でてんびんの台（下の部分）を持って運ぶ。

イ 両手でてんびんの腕(うで)の部分を持って運ぶ。

ウ 片手でてんびんの台を持ち、もう片方の手で分銅の箱を持って運ぶ。

エ 片手でてんびんの腕(うで)を持ち、もう片方の手で分銅の箱を持って運ぶ。

(2) つり合っているかどうか確かめる方法として、正しいものを次の**ア～エ**から選び、記号で答えなさい。

ア はりが目盛り板の真ん中で止まっていることで確かめる。

イ はりが右と左に同じだけふれていることで確かめる。

ウ うでが水平になっていることで確かめる。

エ 右の皿と左の皿の高さが同じになっていることで確かめる。

(3) 保管するときの方法として、正しいものを次の**ア～エ**から選び、記号で答えなさい。

ア 皿と本体を別々にして保管する。

イ 皿を左右に乗せた状態で保管する。

ウ 皿を左右どちらか一方に乗せて保管する。

エ 特に決まりはない。

(4) 右の分銅を使ってボールの重さをはかったら73gでした。分銅をピンセットでつまんでからはなすまでを1回の操作と数えると、何回目の操作でこのボールの重さを確認することができるかを答えなさい。

5. 以下の問いに答えなさい。

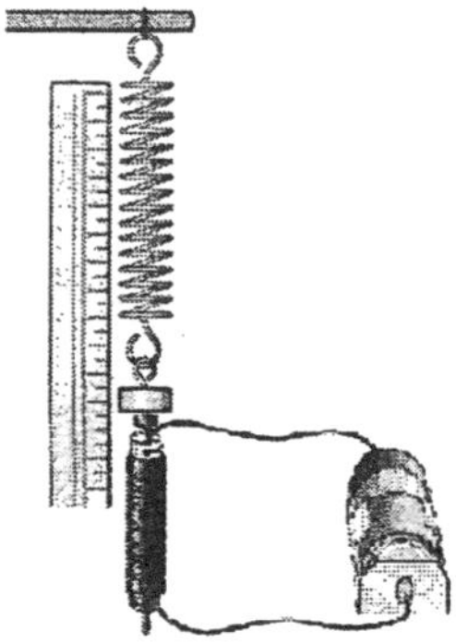

同じ太さの鉄くぎにビニル導線をまいて電磁石を作りました。次にこの電磁石をバネに取り付けた鉄片にくっつけ、バネを引きのばし、電磁石と鉄片が離れた地点でのバネののびの長さを調べました。以下の表は、ビニル導線の巻き数や乾電池の数を変えて実験をしたときのバネののびを表した結果です。

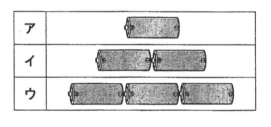

表1　乾電池の個数を変えずに行った結果

コイルの巻き数(回)	50	100	150	200
バネののび(cm)	0.3	0.6	0.9	1.2

表2　同じ巻き数の電磁石で行った結果

乾電池の個数(個)	1	2	3
バネののび(cm)	0.3	0.6	0.9

(1) コイル部分にA～D、電源部分に**ア～ウ**をそれぞれ1つずつ使用して電磁石を作るとき、バネが引きのばされた長さが、同じである組み合わせをすべて解答例のように答えなさい。

解答例；A－**ア**とB－**ア**

A	50回巻き
B	100回巻き
C	150回巻き
D	200回巻き

ア	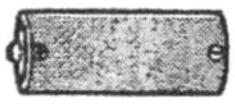
イ	
ウ	

(2) A～Dのコイル以外に、300回巻きのコイルを作り、電源部分に**イ**を使用して引きのばされる長さを測ったところ、3.6cmでした。この実験結果から考えて、120回巻きのコイルと電源部分に**ウ**を使用すると、バネは何cmひきのばされますか。

(3) 次の電気器具**ア～ク**のうち、電磁石のはたらきを利用している物をすべて選び、記号で答えなさい。

ア　洗濯機　　**イ**　ハンダごて　　**ウ**　扇風機　　**エ**　リニアモーターカー
オ　電動鉛筆削り機　　**カ**　電気スタンド　　**キ**　電熱器　　**ク**　アイロン

(4) 電信機や蓄電器など1000以上の発明をしたアメリカの科学者の名前を答えなさい。

B.メダカの観察を始めると、山野くんと南川さんは、いろいろなことに気がついた。たとえば、オスとメスでは違(ちが)いがあることや池ではえさをあげなくても生きていることなどである。以下の問いに答えなさい。

(1) メダカのメスに見られる特徴(ちょう)を、次の中からすべて選び、記号で答えなさい。なお、順番は問わない。

ア 背びれに切れ込みがある。
イ 背びれに切れ込みはない。
ウ しりびれが平行四辺形に近い形である。
エ しりびれが三角に近い形である。
オ おびれがほそ長い。
カ むなびれが大きく一枚多い。

(2) えさについては、池の水に原因があるのではないかと予想し、顕微鏡(けんびきょう)で池の水を調べてみた。すると、目には見えない小さな生物がいた。次の中から、大きいもの順（左から）に正しく並んでいるものを一つ選び、記号で答えなさい。

ア ゾウリムシーミドリムシーミジンコ
イ ゾウリムシーミジンコーミドリムシ
ウ ミドリムシーミジンコーゾウリムシ
エ ミドリムシーゾウリムシーミジンコ
オ ミジンコーゾウリムシーミドリムシ
カ ミジンコーミドリムシーゾウリムシ

(3) 数日後、メダカの卵が、水そうの中にいれた植物に産みつけられた。次の中から正しいものを二つ選び、記号で答えなさい。なお、順番は問わない。

ア 卵は、飼育する初めからメスだけにしても産まれて、必ずふ化する。
イ 卵と精子の両方が子どもには必要で、それはヒトも同じである。
ウ 卵が産まれたあとは、水そうにそのまま入れておく。
エ 卵が産まれたあとは、水そうから取り出して親とは別にしておく。
オ 卵が産まれた後、ふ化した稚魚(ちぎょ)はお腹に袋(ふくろ)をもつが、これが浮袋(うきぶくろ)である。

(4) 水そうのメダカを一匹取り出し、チャックつきのビニル袋の中に、メダカと水を入れる。顕微鏡で尾びれを観察したら、血液の流れが観察できた。次の中から間違っているものを一つ選び、記号で答えなさい。

ア 尾びれは、メダカが速く泳ぐためにもっともよく使われる。
イ 血液は、腸から取り込んだ養分をからだ全体に運ぶ。
ウ 尾びれで観察される血液は、血管の中を一方向に流れている。
エ 血液は、酸素をからだ全体に運ぶが、その酸素はえらから取り入れる。
オ 尾びれは、もっとも多くの養分や酸素が必要なので、尾びれ全体に血液は広がり、その流れは、はっきりしない。

2. 山野くんと南川さんは、日本のある池でメダカを数匹つかまえて、飼育し観察することにした。このとき同じ池で水そうに入れるのにもっともふさわしい①植物と②背骨(せぼね)を持たない動物もとってきた。

A.学校に帰った二人は、飼育の準備を始めた。メダカを飼育するのに十分な大きさの水そうにじゃりをしきつめて、③水を入れた。次に池からとってきた植物と背骨を持たない動物とメダカを入れた。以下の問いに答えなさい。

(1) 下線①「植物」はどれか。次の中から一つ選び、記号で答えなさい。

ア スイレン　**イ** イネ　**ウ** オオカナダモ　**エ** アヤメ

(2) (1)で選んだ植物を、なぜメダカを飼育する水そうに入れたのか。次の中からもっともふさわしいものを一つ選び、記号で答えなさい。

ア 緑色はメダカのすがたを見やすくするから。
イ この植物は乾燥(かんそう)に強く、水そうの水を使わないから。
ウ メダカのえさとなり、かわりにメダカの卵を養分にもらう関係があるから。
エ ある程度の光が必要であるが、メダカの呼吸を助けるから。
オ この植物には水温を上げるはたらきがあるから。

(3) 下線②「背骨を持たない動物」はどれか。次の中から一つ選び、記号で答えなさい。

ア アサリ　**イ** タニシ　**ウ** ザリガニ　**エ** ムカデ

(4) (3)で選んだ動物を、なぜメダカを飼育する水そうに入れたのか。次の中から、もっともふさわしい理由を一つ選び、記号で答えなさい。

ア メダカの呼吸を助けるから。
イ メダカの数を一定に保つことができるから。
ウ メダカのえさとなり、かわりにメダカの卵を養分にもらう関係があるから。
エ メダカのふんを食べ、水そうの水がよごれにくいから。
オ この動物には水温を上げるはたらきがあるから。

(5) 下線③「水」にはどんな工夫が必要か。次の中から、もっともふさわしいものを一つ選び、記号で答えなさい。

ア 水道水をくみ置きして、翌日に入れる。
イ 水道水をそのまま入れる。
ウ 池の水を十分ふっとうさせ、冷ました後、大量の塩を加えてから入れる。
エ 池の水に十分な二酸化炭素を加えてから、水温を０度以下にして入れる。

図１はＡ君とＢ君がそれぞれ１本ずつダーツを投げた結果の図です。
この場合、Ａ君（△）、Ｂ君（□）の点数はそれぞれ２点、３点です。

（１）　Ａ君とＢ君がそれぞれ２本ずつダーツを投げた結果、的とダーツの位置関係は図２のようになりました。この時点でのＡ君、Ｂ君の点数はそれぞれ何点か求めなさい。

（２）　図３は、Ａ君が４本のダーツすべてを投げ終え、Ｂ君が３本のダーツを投げた途中経過です。この後、Ｂ君がダーツを１本投げて、ゲームは終了します。最終的にＢ君の点数がＡ君の点数より高くなるために、ダーツを当てなければならない範囲（はんい）を解答用紙に作図し、斜線（しゃせん）で示しなさい。

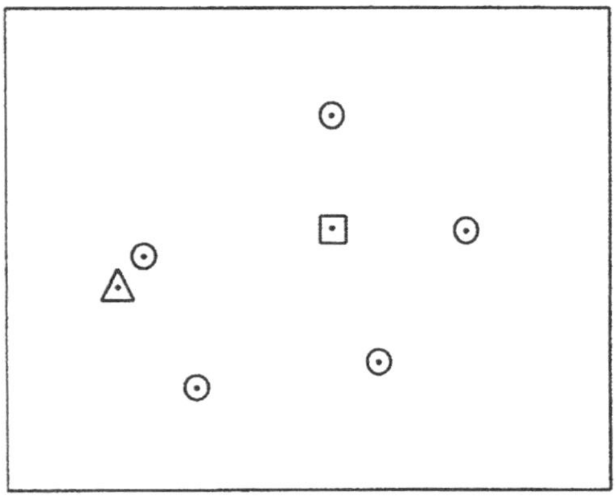

図１(Ａ君、Ｂ君ともに１本ずつ投げた)

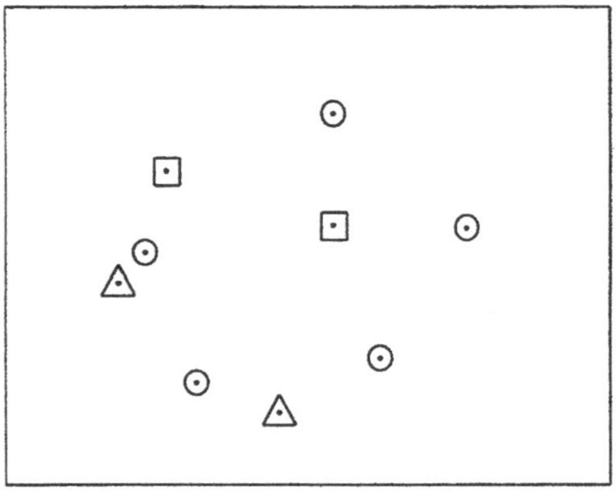

図２(Ａ君、Ｂ君ともに２本ずつ投げた)

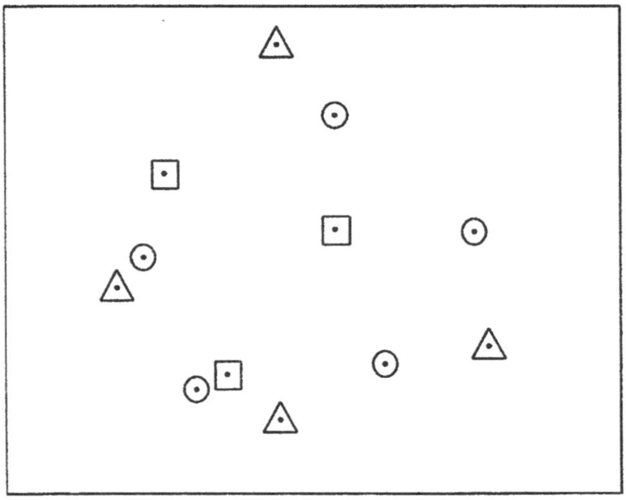

図３(Ａ君（△）が４本、Ｂ君（□）が３本投げた)

3 江戸時代、日本では1日を12等分し、右図で示すように「子」～「亥」までの12個の漢字と数字を用いて時刻を表していました。もともと「午後3時ごろ（右図の昼八ツ）に食べるもの」という意味で使われていた言葉は、「おやつ」という言葉に形を変え、現代でも私たちの暮らしの中で広く使われています。

コウキ君は1日を12等分ではなく、10等分して図のようなオリジナルの時計を作りました。この時計には長針と短針の2本の針があります。2本の針は、午前0時の時点で共に「十」を指しており、短針は1日に1周、長針は1日に10周します。また、2本の針は時計回りに一定の速さで回ります。

（1）　時計が下の図のようであるとき、実際の時刻は午前何時何分か求めなさい。

（2）　実際の時刻が午後9時のとき、この時計の長針と短針はどのようになっていますか。解答用紙の時計に2本の矢印（→）をかいて答えなさい。

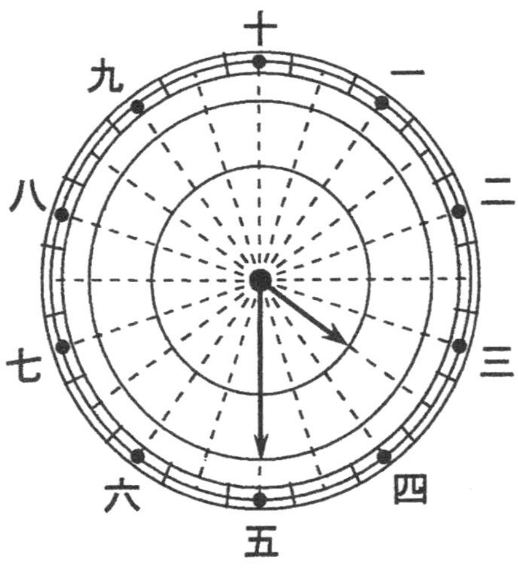

（5）　三角形 ABC は角 A を直角とする直角三角形で、辺 BC の真ん中の点を D とします。また、点 E は辺 AB 上の点で、三角形 EBC において角 B、角 C の大きさはそれぞれ 30°、15° です。

このとき、辺 AC と等しい長さの辺を次の①～⑥より**<u>すべて選び、番号で答えなさい</u>**。

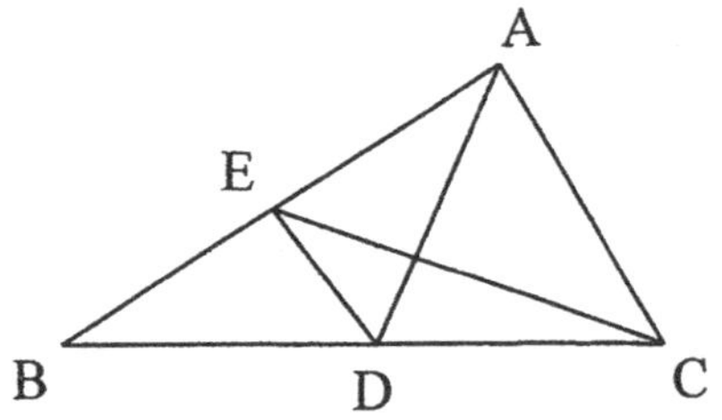

① 辺 AD　② 辺 AE　③ 辺 BD　④ 辺 BE　⑤ 辺 CD　⑥ 辺 CE

2 春菜さん、夏美さん、秋吉（あきよし）くん、冬男くんの４人は春菜さんの部屋（へや）でクリスマスパーティを開くことにしました。次の問いに答えなさい。

（1）　パーティのための部屋の飾（かざ）りつけ作業は４人だと 30 分かかります。今回は４人で作業を始めましたが途中（とちゅう）で夏美さんが飲み物を買いに出かけたので、その後は３人で最後まで作業を進めました。その結果、作業開始から終わるまでに 36 分かかりました。３人で作業を進めた時間は何分か求めなさい。ただし、４人が作業を行う能力は同じで、一定であるものとします。

（2）　４人は１人１つずつプレゼントを持ち寄りました。４人とも自分の用意したプレゼントを受け取ることがないように、４つのプレゼントを４人に配る方法は何通りあるか求めなさい。

（3）　パーティの料理は春菜さんが準備しました。４人分の飲み物は夏美さんがまとめて買いに行き、800 円支払（しはら）いました。パーティの料理・飲み物の支払いを４人とも同じにするため、夏美さん、秋吉くん、冬男くんがそれぞれ春菜さんにお金を渡（わた）したところ、夏美さんが春菜さんに渡した金額は 750 円でした。春菜さんが料理の準備に使った金額を求めなさい。

2015年度（平成27年度）南山中学校男子部　入学試験　問題用紙

算　　数

答えは解答用紙に書きなさい。分数で答えるときは、約分して答えなさい。

円周率は3.14とします。問題用紙の裏面は計算用紙として使ってよいものとします。

（60分）

1　次の□に当てはまる数を答えなさい。

(1) $3.5 \div 1\frac{4}{3} - \left\{1 - \left(\frac{2}{3} - \frac{2}{5}\right) \div \frac{4}{3}\right\} = \square$

(2) $\left(3 \times \frac{1}{5} + 2\frac{2}{3} \div \square\right) \div 1\frac{2}{3} = 1$

2　(1) ある本を全体の$\frac{4}{7}$より10ページ多く読んだところ、128ページ残りました。

この本は全部で何ページあるか答えなさい。

(2)　２つの食塩水Ａ、Ｂがあります。Ａは12％の食塩水500ｇで、Ｂは8％の食塩水300ｇです。Ａの食塩水を何ｇかＢに移したところ、２つの食塩水に含まれる食塩の量は同じになりました。何ｇ移したか答えなさい。

(3)　図のような直方体を、同じ大きさの立方体をすきまなく組み立ててつくります。このような立方体のうち最も大きい立方体の１辺の長さを答えなさい。

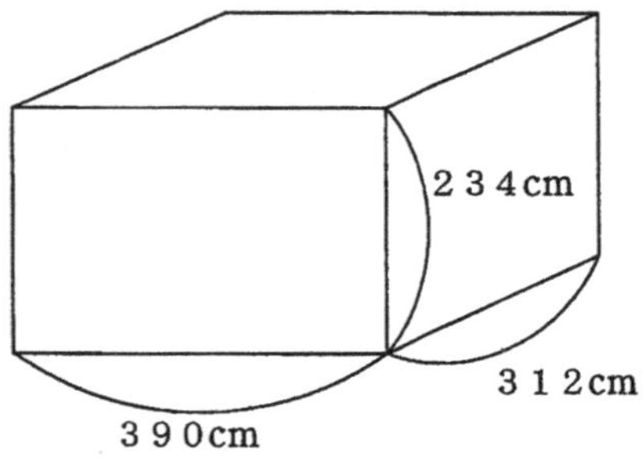

小学6年生のけいた君は、お父さんとお母さん、おじいちゃんとおばあちゃん、4才の弟と1才の妹の７人で、大人１人１泊10,000円のN旅館に３泊（ぱく）の旅行を計画して、旅行の１か月前に予約金として全額支払（しはら）いました。弟は子ども料金の食事・布団（ふとん）あり、妹は子ども料金の食事・布団なしで泊（と）まります。

N旅館では、予約して実際に宿泊（しゅくはく）しなかった場合にキャンセル料金を支払わなければなりません。キャンセル料金と子ども料金は以下のようになっています。

子ども料金
小学生：大人料金の50%
幼児：食事・布団あり 大人料金の40%
幼児：食事・布団なし 大人料金の20%

キャンセル料金	
1日前	宿泊料金の50%
7～2日前	宿泊料金の20%

(1) 予約金として支払った金額はいくらか答えなさい。

(2) 最初に予定していたのとは異なり、おばあちゃんは風邪（かぜ）をひき、旅行の３日前に３泊ともキャンセルをしました。けいた君は旅行の１日前に、１泊目に都合ができたため、おじいちゃんと１日遅（おく）れて来て１泊目はキャンセルをして２泊目からみんなと宿泊しました。N旅館からは後日、キャンセル料金との差額が返金されました。

N旅館に総額いくら支払ったか答えなさい。

6　六角形の内角の和が720度であることを右の図を用いて説明しなさい。ただし、三角形の内角の和が180度であることは使ってもよいものとします。

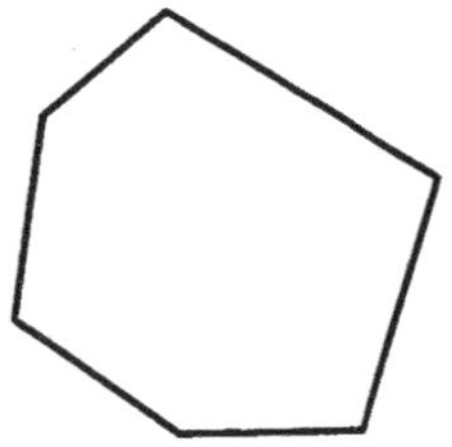

7　右のグラフは、ゆうた君が1時に自転車で家を出発し、駅を通り公園に行き、50分間公園で遊んでから、同じ道を通り家に帰った様子を表しています。行きと帰りの速さの比は3：5です。

(1) 公園には何時何分に着いたか答えなさい。

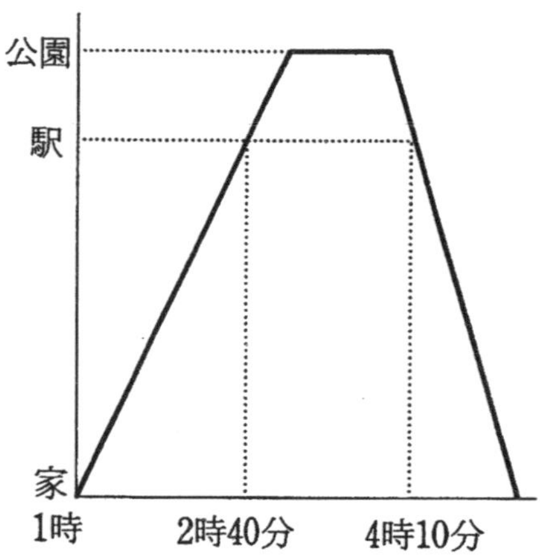

(2) 4時50分に通過した地点は家から6 kmの地点でした。行きの速さは時速何kmであるか答えなさい。

理　科

問題に指定のないものについては漢字でもひらがなでもよい。

答えは小数点第二位を四捨五入し、小数点第一位まで求めなさい。

（50分）

1．南野さんと山田くんは、名古屋市にある森の近くの畑で植物を育て、畑とその植物の様子を観察することにした。その畑には、秋の終わりになると、森からたくさんのかれ葉や小枝が落ちてきた。そして、春にはジャガイモの種いもとヘチマの種を植えた。やがて、ジャガイモもヘチマも地面から芽を出し成長した。夏の初めには、葉は大きくなり、それぞれが成長し花がさいた。そして、ジャガイモもヘチマもたくさん収穫（しゅうかく）することができた。

（１）山田くんは、畑の土をほってそこにいる生き物を観察した。次の中で畑の土の中に絶対にいないものはどれか。次のア～オから一つ選び、記号で答えなさい。

ア．ミミズ　イ．カブトムシのよう虫　ウ．ダンゴムシ　エ．カマキリ　オ．ムカデ

（２）秋に地面の上に落ちてきたかれ葉や小枝は、冬の間はあまり減らないが、春になるとなくなっていくように見える。そこで南野さんは、（１）のア～オの生き物たちが食べてしまうと予想した。次の中からかれ葉を食べるものとして、正しい組み合わせを次の①～⑤から一つ選び、番号で答えなさい。

① アイウエオ　② アイウエ　③ アイウ　④ アイ　⑤ ア

（３）（２）で冬の間、あまり変わらなかったのはなぜか。その理由として正しいものを、次のア～オから一つ選び、記号で答えなさい。

ア．寒い時は、かれ葉に養分が少ないから。

イ．寒い時は、草を食べるほにゅう類がかれ葉を食べないから。

ウ．寒い時は、土の中の生き物があまりかれ葉を食べないから。

エ．寒い時は、カマキリの卵のうからよう虫がうまれないから。

オ．寒い時は、ムカデがかれ葉を食べないから。

（４）チョウやトンボをこん虫類という。（１）のア～オの中でこん虫類を二つ選び、記号で答えなさい。なお、順番は問わない。

（５）山田くんは、ジャガイモとヘチマを観察した。８月の終わりにたくさん収穫できたものはどれか。次のア～エから一つ選び、記号で答えなさい。

ア．ジャガイモがたくさん収穫できた。

イ．ヘチマがたくさん収穫できた。

ウ．ジャガイモもヘチマもたくさん収穫できた。

エ．どちらもまだ収穫するには早すぎた。

ウ．二酸化炭素が増えたことで火は消えたが、「ある気体」が増えたことでねずみは死んだ。

エ．二酸化炭素が増えたことでねずみは死んだが、火は「ある気体」が増えたことで消えた。

オ．どちらも「ある気体」や二酸化炭素の増えた、減ったこととは関係ない。

（2）④と⑤の実験は、①～③の実験とはちがう条件が必要である。正しいものを、次のア～オから一つ選び、記号で答えなさい。

ア．光が十分に当たる必要がある。

イ．温度を低温（5℃）にする必要がある。

ウ．二酸化炭素を絶えず補給する必要がある。

エ．はち植えの土にはミミズがいなければならない。

オ．呼吸に必要な「ある気体」を補給する必要がある。

（3）（　A　）には、⑤の実験結果が入る。①～④の実験結果からどうなったと考えられるか。正しいものを、次のア～エから一つ選び、記号で答えなさい。

ア．②のねずみより早く死んでしまった

イ．②のねずみより長く生きた

ウ．③のねずみと同じくらい早く死んでしまった

エ．④のねずみよりずいぶん早く死んでしまった

（4）はち植えの植物は、二酸化炭素と水から「ある気体」と「あるもの」をつくる。①このはたらきを何というか、漢字で答えなさい。②「あるもの」を答えなさい。

（5）ねずみが行っている呼吸とろうそくの火について、もっともふさわしい説明を、次のア～オから二つ選び、記号で答えなさい。なお、順番は問わない。

ア．呼吸は、ものが燃えるより激しい反応である。

イ．ものが燃えることは、呼吸より激しい反応である。

ウ．「ある気体」を使う点では、どちらも同じ反応といえる。

エ．二酸化炭素を使う点では、どちらも同じ反応といえる。

オ．どちらも似ているようで、共通することは全くない。

（6）これらの実験と結果から、二酸化炭素は、どこから出てきたものか。正しいものを、次のア～オからすべて選び、記号で答えなさい。なお、順番は問わない。

ア．「ある気体」と水が反応して二酸化炭素に変化した。

イ．「ある気体」が熱と光によって二酸化炭素に変化した。

ウ．ろうそくから出てきた。

エ．はち植えの植物のからだから出てきた。

オ．ねずみのからだから出てきた。

4．下の図の1～4は、天井（てんじょう）に長さ 100cm の糸を固定し、おもりの重さ 30g のふりこをつるしたものである。次の問いに答えなさい。ただし、支点の部分のまさつと空気ていこうはないものとする。

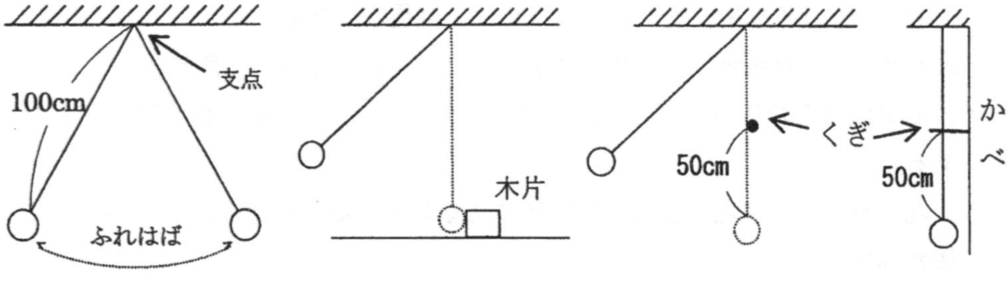

図1　図2　図3　図4

【実験1】

図1のようにふれはば 5cm でおもりを静かにはなすと、1往復 2.0 秒だった。

（1）このふりこのふれはばを大きくすると、おもりが一番下を通る時の速さはどうなったか。次のア～ウから一つ選び、記号で答えなさい。

ア．速くなった。　イ．遅くなった。　ウ．変わらなかった。

（2）以下のうちで正しいものを、次のア～カから二つ選び、記号で答えなさい。なお、順番は問わない。

ア．ふれはばと糸の長さは変えず、おもりの重さを 60g にすると1往復にかかる時間は長くなった。

イ．糸の長さは変えず、ふれはばを 10cm、おもりの重さを 60g にすると1往復にかかる時間は長くなった。

ウ．おもりの重さは変えず、糸の長さを 50cm、ふれはばを 10cm にすると1往復にかかる時間は短くなった。

エ．ふれはばは変えず、糸の長さを 300cm、おもりの重さを 10g にすると1往復にかかる時間は短くなった。

オ．おもりの重さは変えず、糸の長さを 200cm、ふれはばを 2.5cm にしても、1往復にかかる時間は変わらなかった。

カ．糸の長さは変えず、ふれはばを 2.5cm、おもりの重さを 60g にしても、1往復にかかる時間は変わらなかった。

【実験2】

図2のように、ふりこのおもりが一番下を通るときにあたるような位置に木片をおいた。

（3）おもりの重さが 30g のときと 60g のときでは木片はどのように移動するか。次のア～ウから一つ選び、記号で答えなさい。

（4）ア．晴れとくもりの天気は雲の量によって決まる。

イ．台風はその中心から遠くなるほど、多く雨がふり、風が強まる。

ウ．最近みられる集中ごう雨の雲の多くは、乱層雲である。

（5）ア．リゲル、プロキオン、シリウスを結んだ三角形を冬の大三角形という。

イ．七夕伝説のおりひめ星はこと座のアルタイルで、ひこ星はわし座のベガである。

ウ．北極星は一年中北の空で同じ位置にあるので、船の航海の道しるべとして使われた。

（6）ア．ギターの太い弦と細い弦を同時に同じ強さで弾くと、太い弦の音の方が低く聞こえた。

イ．やまびこは音の反射で聞こえる。

ウ．宇宙を飛んでいるスペースシャトルの外では音は鳴らない。

（7）ア．光電池は電気を光に変える装置である。

イ．光電池はソーラーカーに利用されている。

ウ．光電池を用いて電流を強くしたい場合は、光電池の面積を広くし、日光に対して直角に当てるように置けばよい。

7．2014年は理科についての話題が多くありました。9月末に長野県と岐阜県の県境にある（① ひらがな4文字）山が7年ぶりに噴火し、多くの被害をもたらしました。10月に実用的な青色（② アルファベット3文字）を開発したとして赤崎教授、天野教授、中村教授にノーベル物理学賞が授与され、日本中がわきました。10月8日の午後7時25分から午後8時25分までの間、約3年ぶりとなる（③ ひらがな3文字）月食が起こりました。12月には小惑星探査機『（④ ひらがな4文字） 2号』の打ち上げ成功、トヨタ自動車からはエコカーの『MIRAI（ミライ）』が世界でも発売されるなど、日本のすぐれた科学技術を世界に示しました。

（1）上の文の①～④についてそれぞれ指定されているとおりに答えなさい。

（2）『MIRAI（ミライ）』はガソリンを使わず、水素で作った電気で走る〇〇〇〇〇〇〇〇自動車ということで話題になった。〇に入る言葉をひらがな8文字で答えなさい。

（3）下線部の月食はどのような並びでどのようになる時におこるのかを25字以内で説明しなさい。地球、月、太陽という言葉を使いなさい。なお、句読点も1字にふくむ。

2015年度(平成27年度) 南山中学校男子部入学試験問題用紙 社会

(30分)　(指示していないところは、漢字で書いてもかなで書いてもかまいません。)

1 次の史料は8世紀につくられた、各地域の言い伝えや人びとの様子を記した『風土記』という書物のうち、常陸国（ひたちのくに）（現在の茨城県の大部分）について書かれたものの一部である。これに関して設問に答えなさい。

> 平津（ひらつ）の駅家（うまや）の西12里(約6.5km)に、大櫛（おおぐし）という岡（おか）がある。大昔、巨（きょ）人がおり、岡の上にいながら手が海まで届き、大ハマグリをさらうほどであった。巨人の食べた貝は、積もって岡になった。…

問1 文章中に出てくる「貝が積もった岡（丘）」とはおそらく、縄文時代に人びとが貝がらや動物の骨を捨てるためにつくった場所のことだと思われる。このような場所の名称（しょう）を漢字で書きなさい。

問2 この伝説のように、昔は海岸線に近かったために問1のような「貝が積もった岡（丘）」が存在する場所が岐阜県にもある。岐阜県最南端（たん）に位置し、木曽川、長良川、揖斐（いび）川に囲まれ、輪中で有名な市を漢字で書きなさい。

2 次の文章を読み、設問に答えなさい。

> 日本経済において、(A)中小企（き）業は常に企業数で約（ ① ）%前後の割合をしめてきた。また大企業と比較（かく）してみると、働いている人の数では全従業者数の約（ ② ）%、生産額(出荷額)でも約（ ③ ）%を中小企業がしめている。このように日本経済は中小企業によって支えられてきたといえる。
> しかし一方で、中小企業と大企業の間には資金力や生産性、給料、労働条件などで大きな格（かく）差が存在してきた。これは日本経済の二重構造と呼ばれている。

問1 下線部（A）に関して、法律で定められている、製造業における中小企業（中小工場）と大企業の境目となる従業員数は何人か。最も近い数字を一つ選びなさい。

ア 100　イ 200　ウ 300　エ 400

問2（ ① ）～（ ③ ）に入る数字の組み合わせとして最も正しいものを次のうちから一つ選びなさい。

ア ① 90 ② 50 ③ 30　　イ ① 50 ② 70 ③ 30

ウ ① 99 ② 70 ③ 50　　エ ① 30 ② 50 ③ 50

問3 下のグラフは東京都の（ B ）区の業種別工場数の割合を示すものであり、この区の工場は約90%が中小工場である。東京国際空港がある区としても知られる（ B ）区とはどこか答えなさい。

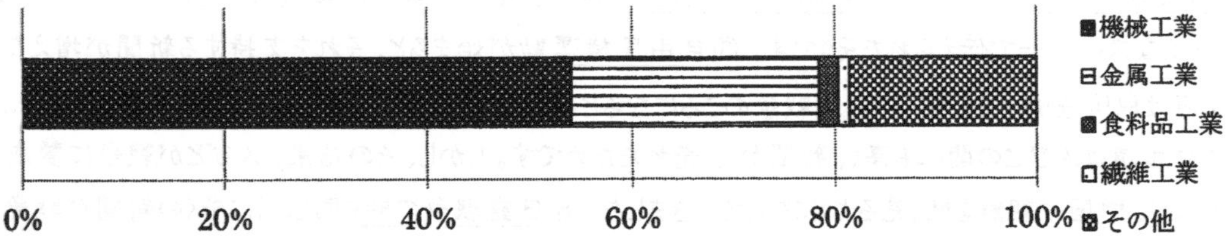

ア　東海道五十三次
イ　江戸図屏風
ウ　祇園祭礼図屏風
エ　熙代勝覧

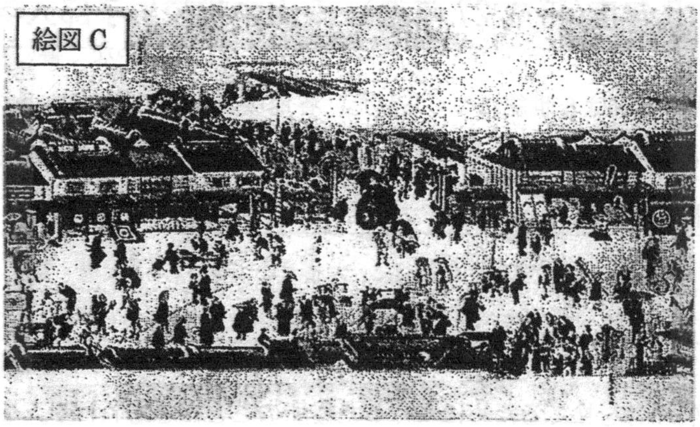
絵図C

6　下線部③について、人形浄瑠璃の脚本『国性爺合戦』を書いた人物の絵または写真を一つ選びなさい。

ア

イ

ウ

エ

7　下線部④について、江戸時代は出版文化も発達し、さまざまな本が出版された。そのうち弥次郎兵衛と喜多八の二人が伊勢参りのために旅をする話は江戸の人びとの人気を得た。この作品の名称を一つ選びなさい。

ア　『奥の細道』　　イ　『東海道中膝栗毛』
ウ　『善光寺道名所図会』　　エ　『東海道四谷怪談』

8　下線部⑤について、日本の開国について説明した文として誤っているものを一つ選びなさい。
ア　日米和親条約を結んで下田と函館の２港を開いた。
イ　日本が輸入する品物には税がかけられていた。
ウ　日米修好通商条約を結んで横浜や長崎などでの貿易を認めた。
エ　治外法権が認められていないので外国人を日本の法律で裁けなかった。

4　次の文章はしょうた君が歴史の中で情報がどのように伝えられたかを調べ、まとめたレポートです。文章を読んで、設問に答えなさい。

情報の伝え方が明治時代からどのように発達してきたのか調べました。最初に発達したのは新聞でした。①明治政府の近代化に対して②西郷隆盛が反乱した時は、複数の新聞が報道合戦をしました。戦いはドラマチックなストーリーで伝えられたそうです。③自由民権運動が始まると、それを支持する新聞が増えたため、政府は取りしまりをしました。④日清戦争のころになると新聞は戦争を応援しました。写真をのせるようになった戦争報道は人びとの関心も高く、新聞がよく売れたためです。しかし、その結果、人びとが戦争に賛成するようになり、中国や朝鮮を軽く見るようになっていきました。⑤日露戦争の時も同じように多くの新聞が戦争の開始とともに戦争ムードの報道をしました。⑥一部に戦争に反対する声もありましたが、ほとんどの人がその声に耳をかたむけませんでした。新聞は政府を応援するだけでなく、⑦米騒動の時は人びとの側を支持したため、騒動が拡大することにつながりました。

ところが、⑧1925 年から新聞とは違う新たな報道がはじまると、新聞の売り上げは落ちました。⑨中国との戦争が始まると、戦争に賛成する新聞が多くなりました。落ちた売り上げをもう一度上げるためです。⑩太平洋戦争では「日本軍の活躍」を政府が発表するまま人びとに伝えたため、人びとは正しい情報を手に入れることができませんでした。戦争が終わっても新聞は自由な報道ができたわけではありません。GHQ の検査があったからです。1951 年に⑪アメリカなどとの平和条約を結ぶ時も新聞はあまり取り上げませんでした。しかし、第五福竜丸がアメリカの水爆実験で被ばくした事件では新聞は原水爆禁止運動に協力しました。こうした新聞が持つ「訴える力」を知っていたため、⑫沖縄返還の時は政府が新聞を通して人びとの理解を得ようとしました。

⑬高度経済成長のころにはテレビという新しい情報も加わりました。今では⑭インターネットも広がっているので、⑮さまざまな情報が社会にあふれています。しかし、歴史を調べてみると、すべての情報が伝わっていないかもしれないこと、新聞なども時によって意見が違うということがわかりました。⑯情報の問題点を知ったうえで、⑰情報を受け取り、判断していかないといけないと強く感じました。

問１　下線部①について、政府が産業をさかんにするためにつくった富岡製糸場はどこの国の技師を招いてつくったか。国名を答えなさい。

問２　下線部②について、この反乱の名前を答えなさい。

問３ 下線部③について、国会を開設してほしいという署名に参加した人の人数（1874～1881 年）が 10001 人以上の都道府県を、右の地図から一つ選びなさい。

問４　下線部④について、日清戦争と同じ 1890 年代の出来事として誤っているものを一つ選びなさい。

ア　憲法にもとづいた最初の選挙がおこなわれ、第１回の国会が開かれた。

イ　日本が台湾を領土にした。

ウ　朝鮮が国号を大韓帝国（韓国）と改めた。

エ　リュイシュン（旅順）の戦いで 13 万人の日本の兵士の半数近くが死傷した。

問５　下線部⑤について、日清戦争・日露戦争について説明した文として誤っているものを一つ選びなさい。

ア　日清戦争の戦費よりも日露戦争の戦費の方が多かった。

イ　日清戦争での賠償金は日清戦争での日本の戦費よりも多かった。

ウ　日清戦争の戦死者と日露戦争の戦死者は同じくらいの数だった。

エ　日清戦争も日露戦争も朝鮮半島での勢力争いが戦争につながった。

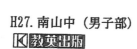

5 次の2014年に起きた主な出来事の表を見て設問に答えなさい。

2月	ソチ五輪が（ ① ）でおこなわれる
3月	（ ① ）がクリミアに介入
4月	②増税実施
5月	（ ③ ）自衛権の行使を容認する閣議決定
6月	④サッカーワールドカップの開催
9月	⑤スコットランドの独立に関する住民投票がおこなわれる
11月	⑥衆議院が解散される
12月	⑦衆議院議員選挙がおこなわれる

1 （ ① ）に適切な国名を答えなさい。

2 下線部②について、増税をした税金の種類として正しいものを一つ選びなさい。

ア 会社に勤めている人の給料にかかる税

イ ものを買ったときに払う税

ウ 土地や建物をもっている人が払う税

エ 市町村に住んでいる人が住んでいる地域に納める税

3 （ ③ ）に適切な語句を漢字3字で答えなさい。

4 下線部④について、サッカーワールドカップが開催された国を右の地図の中から一つ選びなさい。

5 下線部⑤について、スコットランドが現在所属する国の国旗を一つ選びなさい。

ア イ ウ エ

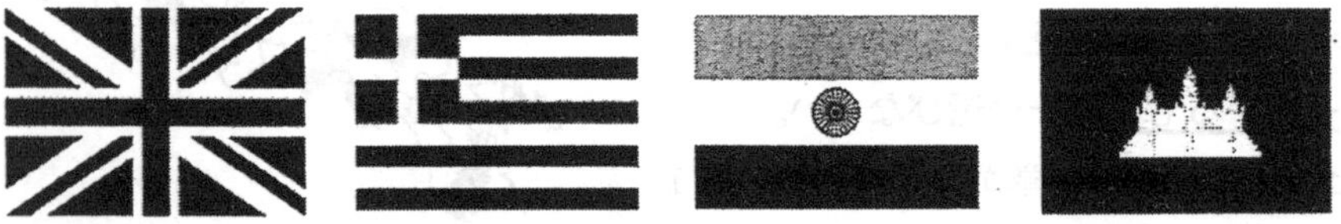

6 下線部⑥について、衆議院についての説明として誤っているものを一つ選びなさい。

ア 衆議院の任期は4年とされているが、その途中でも解散することがある。

イ 衆議院議員の選挙に投票できる人は20歳以上の男女とされている。

ウ 国の予算は必ず衆議院で先に話し合うことになっている。

エ 衆議院は最高裁判所長官を指名する権限を持っている。

7 下線部⑦について、衆議院議員選挙では「1票の格差」が問題にされている。議員一人を選ぶ時に選挙区によって有権者数の差が大きいと、同じ国民の1票でも格差が生まれてしまうという考え方である。例えば497,610人の選挙区と、204,930人の選挙区では1人の議員を選ぶ場合、有権者数の差から「約2.43倍の差がある」と表現する。仮に有権者40,000人の選挙区と、10,000人の選挙区があった場合、「1票の格差」はどれだけになるか、数字で答えなさい。

2015年度（平成27年度） 南山中学校男子部 入学試験 解答用紙

算　　数

1

(1)	(2)

2

(1) ページ	(2) g	(3) cm
(4)	(5) 度	(6)

3

(1)	(2)

4

(1)

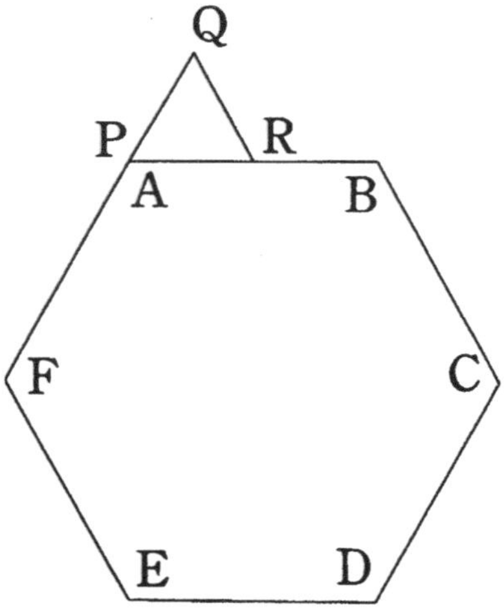

(2) cm

２０１５年度（平成２７年度）　南山中学校男子部　入学試験問題解答用紙

理　科

1．

(1)		(2)		(3)		(4)			(5)	

2．

(1)		(2)		(3)	①	②	(4)		(5)	
(6)			(7)		(8)		(9)		

3．

(1)		(2)		(3)		(4)	①	②
(5)			(6)					

4．

(1)		(2)			(3)		(4)		(5)	
(6)										

5．

2015年度(平成27年度)　南山中学校男子部　入学試験　解答用紙　社会

1

問 1	問 2
	市

2

問 1	問 2	問 3	問 4	問 5
		区		

問 6（C）	問 6（D）	問 7①	問 7②	問 8
			県	

問 9①	問 9②	問 10	問 11

3

問 1	問 2	問 3	問 4

問 5	問 6	問 7	問 8

4

問 1	問 2	問 3	問 4	問 5	問 6

→ → →			

問 10

問 11	問 12	問 13	問 14	問 15

問 16	問 17	問 18

問 19
→ → →

5

問 1	問 2	問 3	問 4	問 5	問 6	問 7
						倍

受験番号	氏　　名

成績		

※100点満点
（配点非公表）

6.

(1)		(2)		(3)		(4)	
(5)		(6)		(7)			

7.

(1)	①					②						
	③				④							
(2)												
(3)												

受験番号	氏名

成績		

※200点満点
（配点非公表）

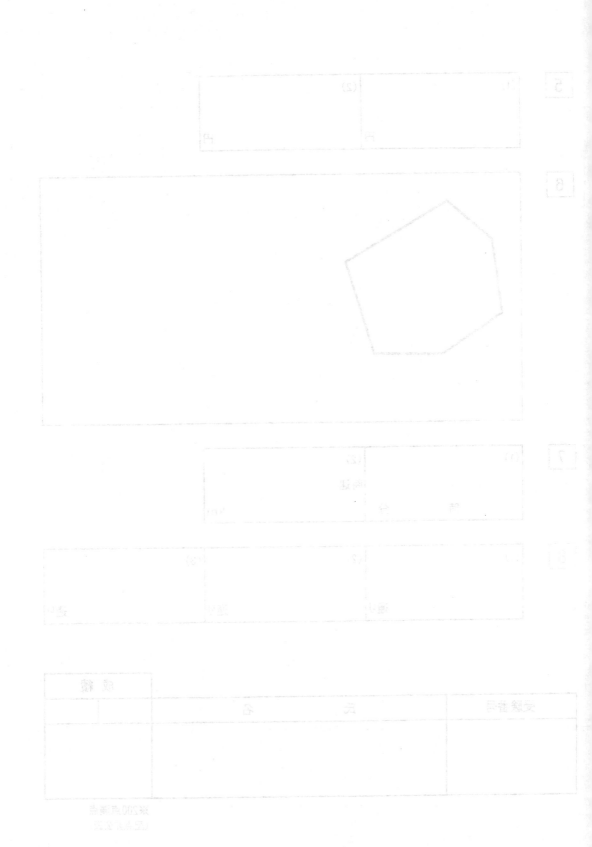

5

(1)	(2)
円	円

6

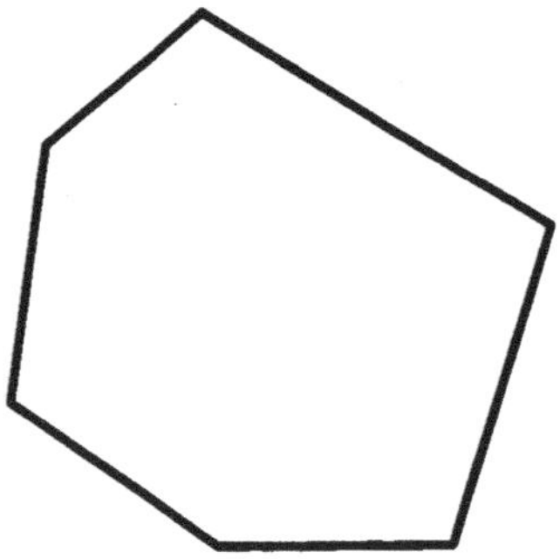

7

(1)	(2)
時　　分	時速　　km

8

(1)	(2)	(3)
通り	通り	通り

受験番号	氏　　名	成績	

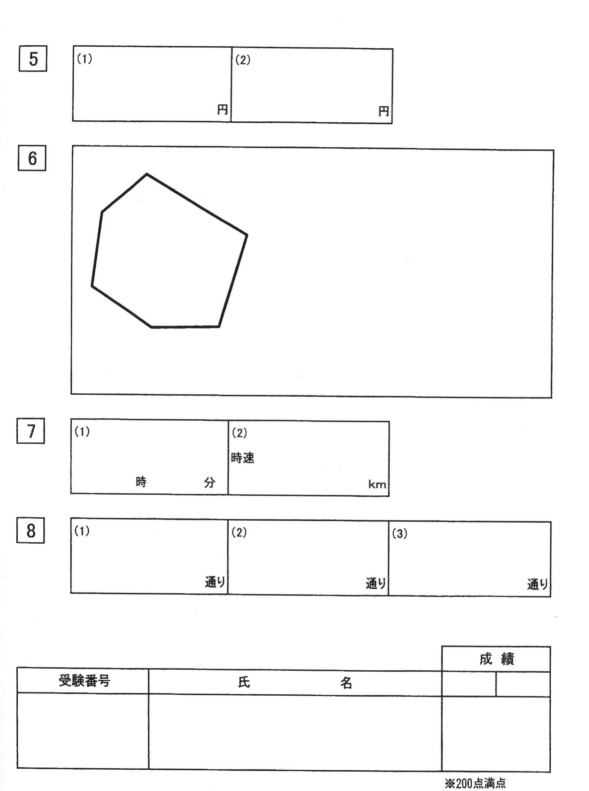

※200点満点
（配点非公表）

問 15　下線部⑮について、日本のメディアは人びとに情報を伝える権利があるが、これは憲法で保障されるどの権利ともっとも関係が深いか、次のうちから一つ選びなさい。

ア　健康で文化的な生活を営む権利　　　イ　政治に参加する権利

ウ　言論や集会の自由　　　エ　仕事について働く権利

問 16　下線部⑯について、情報は伝える内容や伝え方によっては人の心を傷つけたり、生活や仕事に不利益を与えてしまったりすることがある。事実と違う報道や大げさな報道で人びとが傷ついたり不利益を受けたりすることを何と言うか答えなさい。

問 17　下線部⑯について、問 16 のように人びとを傷つけた場合、憲法 11 条に違反する可能性がある。日本国憲法 11 条は「国民は、すべての生まれながらにもっている（　う　）をおかされない。」というものである。（　う　）に適切な語句を漢字 5 字で答えなさい。

問 18　下線部⑰について、メディアが伝えるたくさんの情報から必要な情報を自分で選び出し、活用する能力や技能を何と言うかカタカナで答えなさい。

問 19　次の記事が示している出来事を、起きた順に並び変えなさい。

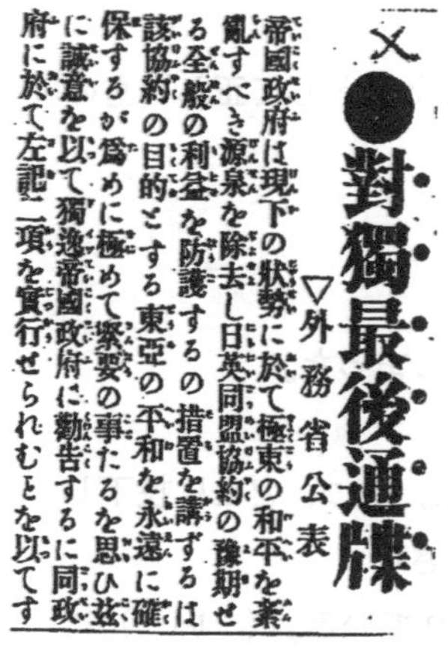

對獨最後通牒
▽外務省公表
帝國政府は現下の狀勢に於て極東の和平を紊亂すべき源泉を除去し日英同盟協約の豫期せる全般の利益を防護するの措置を講ずるは該協約の目的とする東亞の平和を永遠に確保するが爲めに極めて緊要の事たるを思ひ茲に誠意を以て獨逸帝國政府に勸告するに同政府に於て左記二項を實行せられむことを以てす

ア　※對獨＝対独　通牒＝つうちょう

イ　※眞＝真　灣＝湾

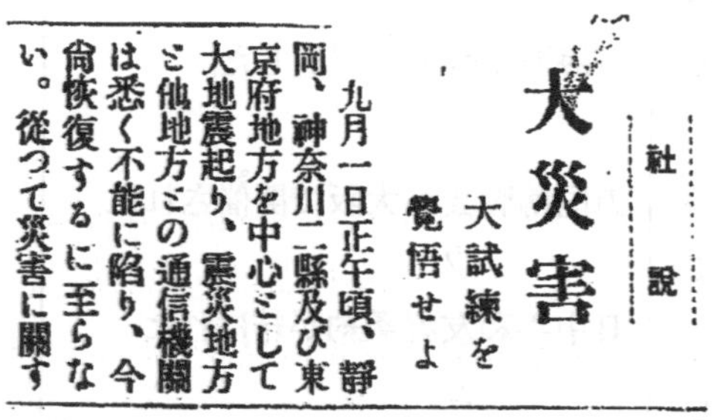

社説
大災害
大試練を覺悟せよ
九月一日正午頃、靜岡、神奈川二縣及び東京府地方を中心として大地震起り、震災地方と他地方との通信機關は悉く不能に陥り、今尚恢復するに至らない。從つて災害に關す

ウ

エ　※神＝神

問6　下線部⑥について、日露戦争への反対の声を表しているものとして正しいものを一つ選びなさい。

ア　「あゝおとうとよ、君を泣く、君死にたまふことなかれ」

イ　「地図の上　朝鮮国に　くろぐろと　すみをぬりつつ　秋風をきく」

ウ　「天は人の上に人を造らず人の下に人を造らず」

エ　「もとは、女性は太陽だった。しかし、今は月である。」

問7　下線部⑦について、米騒動の事件前後は人びとの民主主義への意識が高まっていた。次の民主主義への意識の高まりを示す日本や世界の出来事を、起きた順に並びかえなさい。

ア　全国水平社が設立される

イ　25歳以上のすべての男子が衆議院議員の選挙権をもつようになる

ウ　国際連盟が発足した

エ　朝鮮半島で日本からの独立をめざす運動がおきる

問8　下線部⑧について、この時に始まった報道とは1925年3月に開始された（　あ　）放送である。（　あ　）に当てはまる語句を答えなさい。

問9　下線部⑨について、1930年代の日本と中国との関係について説明した文として正しいものを一つ選びなさい。

ア　日本は中国に対して名前を日本式に変えることを強制した。

イ　中国からの賠償金の一部を使って八幡製鉄所をつくった。

ウ　ナンキン（南京）郊外で日本軍と中国軍が衝突して日中戦争がはじまった。

エ　日本軍は南満州鉄道の線路を爆破して満州事変をおこした。

問10　下線部⑩について、1945年にアメリカは日本に原子爆弾を投下した。いつ、どこに投下したのか、投下されたすべての都市名と月日がわかるように説明しなさい。

問11　下線部⑪について、この平和条約は「（　い　）平和条約」と呼ばれている。（　い　）にふさわしい都市の名前を答えなさい。

問12　下線部⑫について、沖縄が返還された時期として正しいものを、右の表の記号から一つ選びなさい。

問12〈表〉

韓国と北朝鮮の間に戦争がおきた

ア

東海道新幹線が開通した。

イ

万国博覧会が大阪で開催された

ウ

日中平和友好条約が結ばれた

エ

問13　下線部⑬について、テレビが広まったころ、三種の神器といわれる電気製品が広まった。この三種の神器はテレビ・洗濯機とあと1つは何か答えなさい。

問14　下線部⑭について、インターネットが日本で広まるのは1990年代以降である。1990年以降の出来事として誤っているものを一つ選びなさい。

ア　アイヌ文化を守るためのアイヌ文化振興法が成立した。

イ　阪神・淡路大震災が起きた。

ウ　イラクの復興支援に自衛隊が派遣された。

エ　日本の国民総生産が初めて世界第2位となった。

問 11　室町時代のころ、琉球王国はアジアの国ぐにとの貿易で栄えた。この国の都があった、現在の那覇市に位置する国王の城の名称を漢字で答えなさい。

3　次の文章は一郎君が歴史の中で情報がどのように伝えられたかを調べ、まとめたレポートです。文章を読んで、設問に答えなさい。

ぼくは江戸時代にどうやって情報を伝えたのか調べました。①<u>江戸時代は五街道をはじめとして陸上の交通や海上の交通が発達して人や物の移動が活発でした。人や物の移動に合わせて情報もまた活発にやりとりされていました</u>。②<u>右の絵</u>の真ん中にかさをかぶった二人がいると思います。この二人が読み上げているのは「瓦版（かわらばん）」という、江戸時代のニュースが書かれたものでした。今の新聞のようなものです。③<u>人形浄瑠璃</u>や④<u>文学作品</u>も実際に起きたことをもとにつくられているものもあるそうです。作り話ばかりだと思っていたのでおどろきました。⑤<u>ペリーが日本に来て貿易がはじまると</u>、貿易のようすを伝えるため日刊新聞が発行されるようになりました。これが現在の新聞のはじまりです。

テレビのない時代ですが、思っていたよりも多くの情報の伝え方があって面白（おもしろ）かったです。

問 1　下線部①について、江戸や街道の宿場町が栄えたのは諸大名が多く利用をしたためだった。諸大名は義務を果たすために街道を往復したが、この義務とは何か漢字で答えなさい。

問 2　下線部①について、江戸時代の情報伝達手段の一つであり、江戸と各地を結ぶ情報や書状を運んだ仕事を何と言うか答えなさい。

問 3　下線部①について、右の絵図Aは五街道の起点となっているある場所のにぎわいを表したものである。ある場所とはどこか漢字で答えなさい。

絵図A

問 4　下線部①について、右の絵図Bは江戸時代のある都市の栄えた様子を表したものである。この都市は江戸時代の日本において商業と経済の中心であったため何と呼ばれたか、漢字・ひらがな合わせて五字で答えなさい。

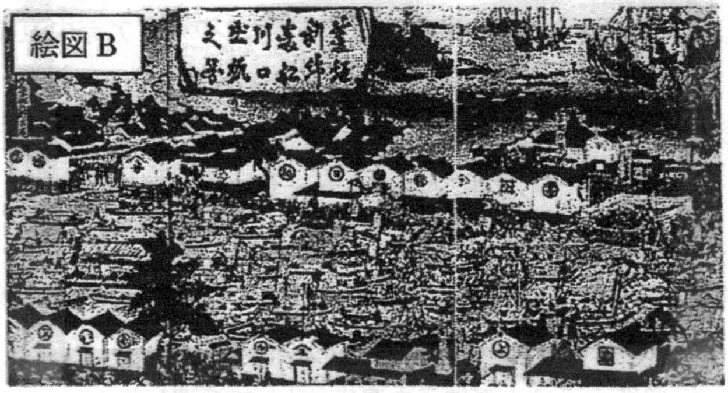

絵図B

問 5　下線部②について、この絵図は絵図Cの一部を切り取ったものだが、さまざまな店が並ぶ通りやたくさんの人でにぎわう様子が描（えが）かれている。絵図の名称として正しいものを一つ選びなさい。

問4　問3の（　B　）区の場所を下の東京都の地図から一つ選びなさい。

問5　上の日本列島地図において線ではさまれた地域は、日本の工業生産額の2分の1以上をしめているといわれる。この地域を何と言うか答えなさい。

問6　問5の地域に工業地域が多い理由に関して、次の文章の（　C　）と（　D　）に入る語句をそれぞれ漢字1字で答えなさい。

工業地域は（　C　）ぞいに多く立地しているが、その理由は工業製品などを、国内にも海外にも（　D　）で輸出し、また、多くの製品や原料を輸入しやすくするためである。

問7　北陸工業地域の（　E　）県に関して次の問いに答えなさい。

①（　E　）県にある鯖江（さばえ）市は（　F　）わくの生産で国内生産の約90%をしめるといわれる。（　F　）にあてはまる語句をひらがな三字で答えなさい。

②　約150年前から「羽二重（はぶたえ）」という織物も生産されている（　E　）県を漢字で答えなさい。

問8　右の写真は東大阪市の工場の人たちが「ものづくりの技術で人工衛星を打ち上げよう」と製作に関わり、2009年1月23日に実際に打ち上げられたものである。この人工衛星の名称を次のうちから一つ選びなさい。

ア　まいど1号　　　イ　おおきに1号
ウ　はやぶさ1号　　エ　きぼう1号

問9　日本は、資源の多くを海外からの輸入に頼（たよ）っているが、これに関して次の問いに答えなさい。

①　日本は原油などの燃料の原料をサウジアラビア等中東諸国から多く輸入している。これら中東の国ぐにの多くの人びとが信仰（こう）している宗教を答えなさい。

②　世界経済では燃料に関して大きな変化が起きている。近年アメリカやカナダで地中のけつ岩（がん）とよばれる堅（かた）い岩ばんに閉じこめられた天然ガスの開発が加速した。この天然ガスの名称をカタカナで答えなさい。

問10　日本列島と海外の交流の歴史に関して説明した次の文章のうち正しいものを一つ選びなさい。

ア　平清盛は明との貿易を積極的に行った。
イ　聖徳太子は小野妹子を遣唐使として派遣した。
ウ　青森県の吉野ケ里遺跡には、渡来人が伝えたと思われる鉄器や青銅器などが出土している。
エ　戦国時代、種子島に流れ着いたポルトガル人によって日本列島に鉄砲が伝えられた。

ア．夏の暑い日、氷を入れたコップを外に置くとコップのまわりがくもった。

イ．ふっとうしたやかんから白い湯気が見えた。

ウ．気温が40℃をこえると、額から汗(あせ)が出た。

エ．冬の朝、室温20℃の内側の窓ガラスに水てきがついていた。

（２）温度を30℃にしたときしつ度が40%だった。空気$1m^3$中にふくまれている水蒸気量は何gか。

（３）（２）の状態から10℃まで温度を下げると何gの水てきが出てくるか。

（４）温度が20℃でしつ度が80%だった状態から温度50℃にしたとき、①あと何gの水蒸気を空気中にふくむことができるか。②また、50℃にしたときのしつ度は何%か。

6．それぞれの問いのア～ウの文を読み、まちがっているものをすべて選びなさい。ただし、まちがっているものがなければ○と書きなさい。

（１）図１のような回路をつくった。

ア．図１の回路に電流計をつなぐ場合は、豆電球と直列に つなぐ。

イ．図１の回路に電圧計をつなぐ場合は、豆電球と並列につなぐ。

ウ．図１の回路の電池を１個増やすか、電池を並列につなぐと、どちらの場合も豆電球は明るくなる。

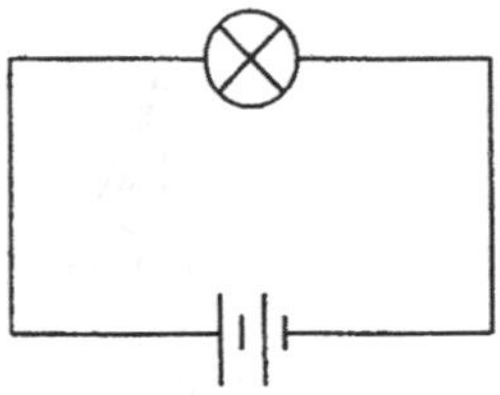
図1

（２）図２のように豆電球を電熱線に変え、電流計をつなげた回路をつくったところ電流計は1Aを示した。

ア．電熱線は家庭用ドライヤーにも使用されている。

イ．図２の電熱線の太さを２倍にしたところ、電流計は2Aを示した。

ウ．図２の電熱線の長さを２倍にしたところ、電流計は500mAを示した。

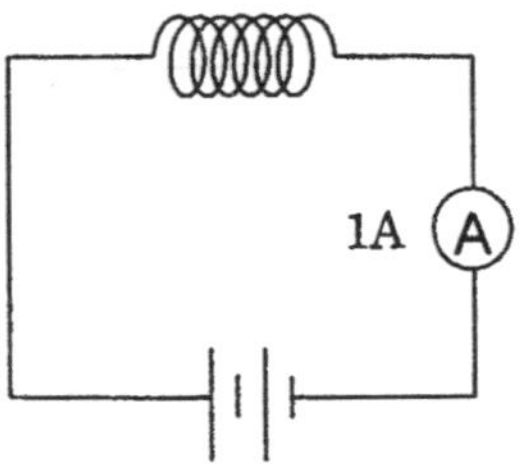

図2

（３）図１の豆電球を図３のような丸い筒(つつ)に導線をまき、鉄クギを入れたものに変えたものをつなげた回路をつくった。

ア．このような装置のことを電磁石という。

イ．このような装置はスマートフォンのバイブレータにも使用されている。

ウ．この装置にクリップを近づけるとクリップは引きつけられた。導線を巻いた数が100回のものと200回のものでは200回巻いた方が多くクリップを引きつけた。

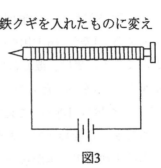

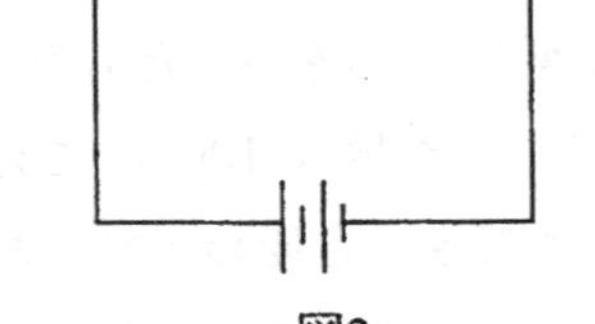
図3

ア．30g のおもりの方が遠くに移動する。

イ．60g のおもりの方が遠くに移動する。

ウ．どちらのおもりでも移動したきょりは変わらない。

【実験３】

図３のように 50cm の所に糸がかかるようにかべにくぎを打ち、おもりを静かにはなした。図４はこのふりこを横から見た図である。

（４）実験１と比べると、１往復にかかる時間はどうなったか。次のア～ウから一つ選び、記号で答えなさい。

ア．長くなった。　　イ．短くなった。　　ウ．変わらなかった。

（５）おもりが一番下を通った後、一定の間かくでふりこの動きを撮影（さつえい）した。このふりこはどのようにふれるか。次のア～ウから一つ選び、記号で答えなさい。

ア
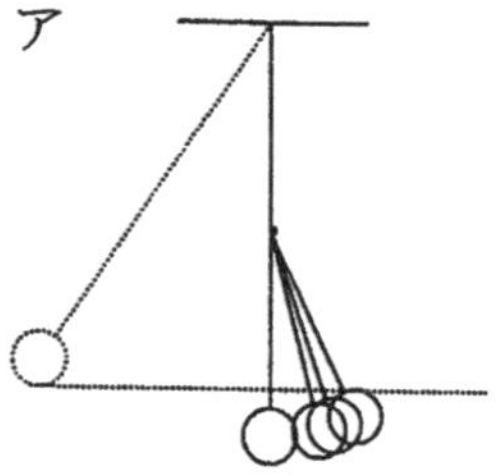
イ
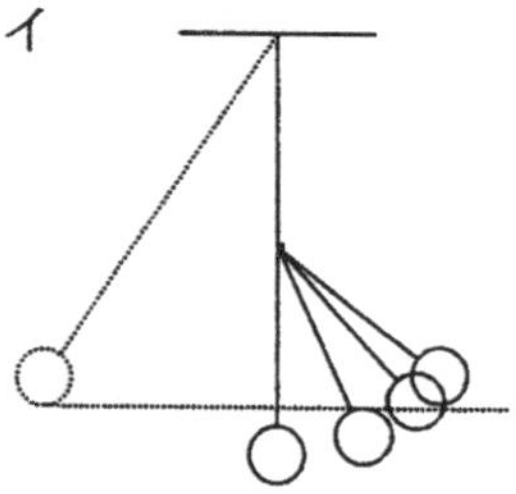
ウ
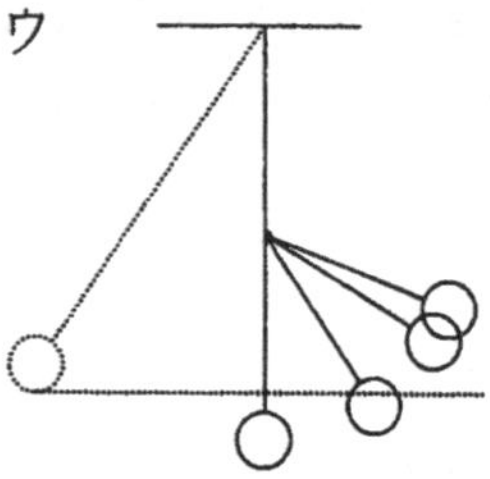

（６）図３のくぎをカッターに変えたら糸が切れた。糸が切れてからおもりはどのような動きをするか。次のア～ウから一つ選び、記号で答えなさい。

ア
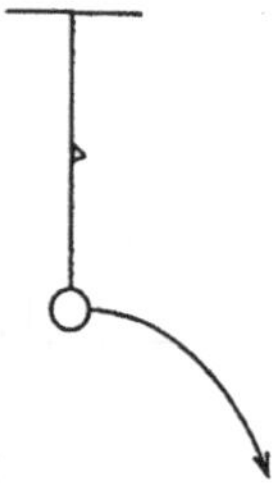
イ
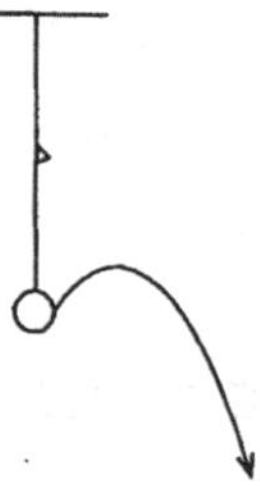
ウ

5．しつ度(%)は、「その温度における空気 1m³ にふくむことのできる水蒸気量(g)」に対する、「空気 1m³ 中にふくまれている水蒸気量(g)」の割合を百分率で求めることができる。表は、温度(℃)とその温度における空気 1m³ 中にふくむことのできる水蒸気量(g)を示したものである。次の問いに答えなさい。

（１）しつ度は 100%をこえてしまうと水蒸気から水てきへと変わってしまう。この現象ではないものを次のア～エから一つ選び、記号で答えなさい。

温度(℃)	水蒸気量(g)
10	9.4
20	17.3
30	30.4
40	51.1
50	82.9

ア．この実験の気体の集め方を下方ちかん法という。

イ．実験中に三角フラスコは熱くなるので、さわらないよう気をつける。

ウ．気体をたくさん集めるためには、二酸化マンガンをたくさん入れておく。

エ．ガラス管から出てきた気体を、はじめから集気びんに入れる。

オ．気体をたくさん集めるためには、水よう液Bをたくさん入れる。

（7）（6）で発生した気体の中に、火のついたろうそくを入れると激しく燃えた。この気体の名前を答えなさい。

（8）水よう液Bは何か。（1）のア～キから一つ選び、記号で答えなさい。

（9）畑の土と、その土の中にいる生き物をポリエチレンふくろに入れた。次の①～⑤の中でその生き物を一番長く生かす方法を一つ選び、記号で答えなさい。

① ポリエチレンふくろを日当たりの良いところに置いておく。

② そのまま何もせずに置いておく。

③ ポリエチレンふくろに南野さんのはく息を入れる。

④ ポリエチレンふくろに（7）の気体を入れる。ただし、その量は③の南野さんのはく息と同量とする。

⑤ ポリエチレンふくろによくふっとうした水蒸気を入れる。

3．プリーストリは、2の（7）で答えた「ある気体」の発見者である。彼は次の5つの実験をする中でその気体を発見した。これらの実験について問いに答えなさい。

【実験と結果】

① ガラスびんに火のついたろうそくを入れ、ふたをするとやがて火は消えた。

② ガラスびんにねずみを入れ、ふたをするとやがてねずみは死んでしまった。

③ ①で火が消えた後にねずみを入れ、ふたをすると②の時より早くねずみは死んだ。

④ 植物のはち植えを数日ガラスびんに入れた。その後、ねずみをそこに入れ、ふたをすると②の時よりねずみはずいぶん長く生きた。

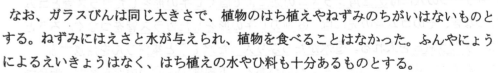

⑤ ①で火が消えた後、植物のはち植えを入れて数日してから、ねずみを入れ、ふたをするとねずみは（　　A　　）。

なお、ガラスびんは同じ大きさで、植物のはち植えやねずみのちがいはないものとする。ねずみにはえさと水が与えられ、植物を食べることはなかった。ふんやにょうによるえいきょうはなく、はち植えの水やひ料も十分あるものとする。

（1）ろうそくの火が消えたこととねずみが死んでしまった理由について、正しいものを次のア～オから一つ選び、記号で答えなさい。

ア．どちらも「ある気体」が減って、二酸化炭素が増えたから。

イ．どちらも二酸化炭素が減って、「ある気体」が増えたから。

2．山田くんと南野さんは、畑の生き物たちがどのような活動をしているかを調べるために、次のように考え、実験をしてみた。

≪考えたこと≫

土の中の生き物も、私たちと同じように呼吸をしているだろう。呼吸に関係している気体について次の実験をした。

【実験】

畑の土と畑にいる生き物を、空気とともにポリエチレンふくろに入れ、しっかりと閉じた。数日後、ポリエチレンふくろの空気を水よう液Aに通した。

（1）水よう液Aとは何か。次のア～キから一つ選び、記号で答えなさい。

ア．過酸化水素水(オキシドール)　イ．石けん水　ウ．石灰水
エ．塩酸の水よう液　オ．食塩水　カ．アンモニア水　キ．炭酸水

（2）水よう液Aは、何色に変わったか。次のア～カから一つ選び、記号で答えなさい。

ア．赤色　イ．青色　ウ．こいむらさき色　エ．白色　オ．緑色　カ．黄色

（3）水よう液Aをリトマス紙にガラス棒でつけた。このとき、色が変わった。
さて、①何色のリトマス紙が②何色に変わったのか。（2）のア～カから一つずつ選び、記号で答えなさい。

（4）水よう液Aに、スチールウールを入れた。どのようなことが起こるか。次のア～オから一つ選び、記号で答えなさい。

ア．鼻をつくにおいがした。　イ．小さなあわをたくさん出してとけた。
ウ．とけなかった。　エ．色が変わった。　オ．白くにごった。

【ある気体を発生させる実験】

スタンドの①上にろうとを固定し、②下には三角フラスコを置いた。三角フラスコには③二酸化マンガンを入れて、④二つの穴が開いたゴムせんでふたをする。ゴムせんの一つの穴に⑤三角フラスコの底にまで届かないぐらいのガラス管をさし、その⑥ガラス管とろうとの間にゴム管をつけ、そのゴム管の中間にピンチコックをとりつける。もう一つの穴には⑦三角フラスコの底にまで届くL字の形をしたガラス管とゴム管をつなぎ、そのゴム管の先には、⑧別のL字の形をしたガラス管をつなぐ。ろうとには、水よう液Bを入れる。⑨水がたっぷり入った水そうと集気びんを用意する。

（5）説明文の中で、一つだけまちがいがある。下線部①～⑨の中から選び、番号で答えなさい。

（6）ピンチコックをゆるめると、水よう液Bが二酸化マンガンと混ざり、ある気体が発生する。このとき、正しいものをア～オから二つ選び、記号で答えなさい。なお、順番は問わない。

図のように同じ大きさの9個の円が、同じように組み合わさってできる道があります。この円周上の交点S を出発して道を通り、次の交点に行きます。同じ速さで道を行き、円の道を1周するのに4分かかります。また、同じ道を通ることはできません。

例えば、交点S を出発して1分後に交点Hに着く方法は2通りであり、交点S を出発して2分後に交点S に着く方法も2通りです。

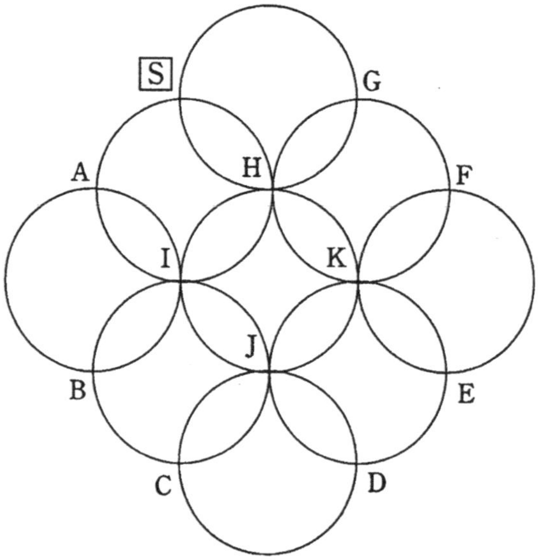

(1) 交点S を出発して2分後に交点Iに着く方法は何通りか答えなさい。

(2) 交点S を出発して3分後に交点Bに着く方法は何通りか答えなさい。

(3) 交点S を出発して5分後に交点Eに着く方法は何通りか答えなさい。

3　ある数に次の操作をします。

偶(ぐう)数の場合は2で割ります。
奇(き)数の場合は3倍して1を足します。

(1) 35にこの操作を5回くり返したとき、いくつになるか答えなさい。

(2) ある数にこの操作を3回くり返したら5になりました。ある数をすべて答えなさい。

4　1辺の長さが3cmの正六角形ABCDEF上を、1辺の長さが1.5cmの正三角形PQRが図の位置から矢印の向きに、すべらないように回転させて、正六角形ABCDEFを1周してもとの位置にもどります。次の問いに答えなさい。

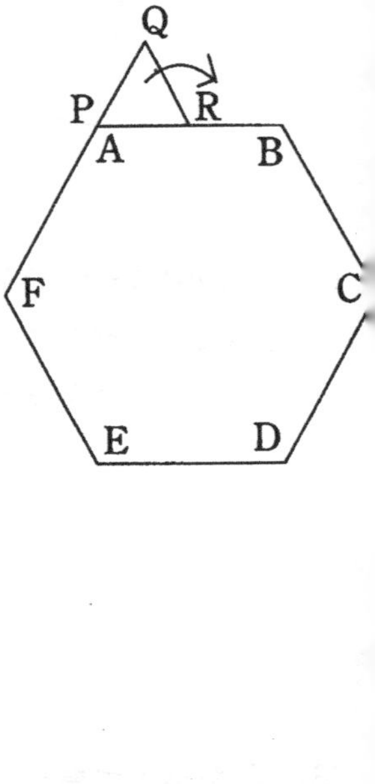

(1) 頂点Pが動いたあとにできる線を作図しなさい。
(2) 頂点Pが動いたあとにできる線の長さを答えなさい。

(4) 右の図の展開図として正しいものをすべて選び
番号で答えなさい。

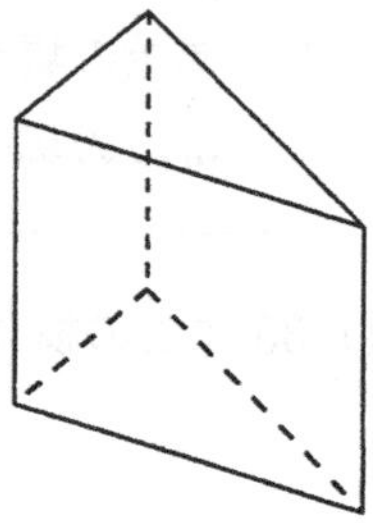

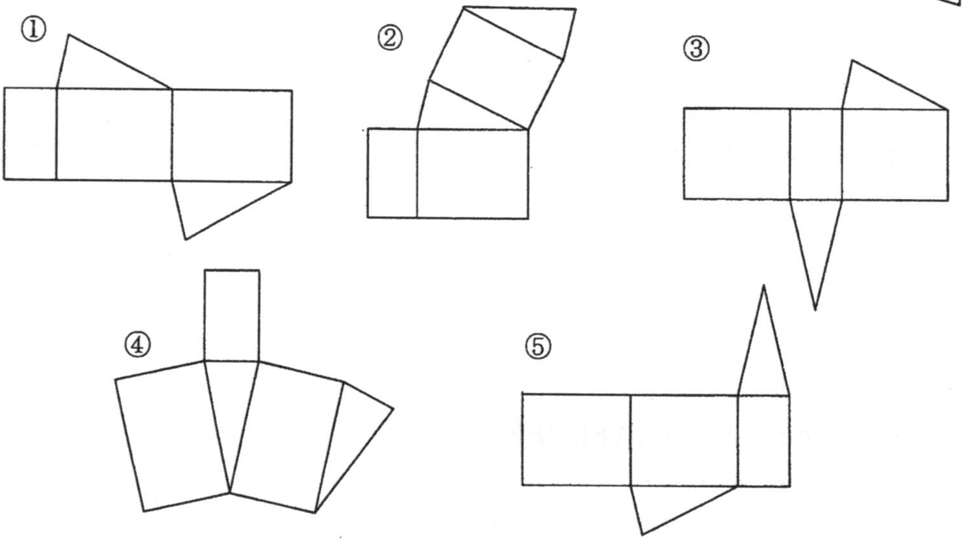

(5) 右の図の三角形ABCと三角形ADEは
ともに正三角形です。
図の角アの大きさを答えなさい。

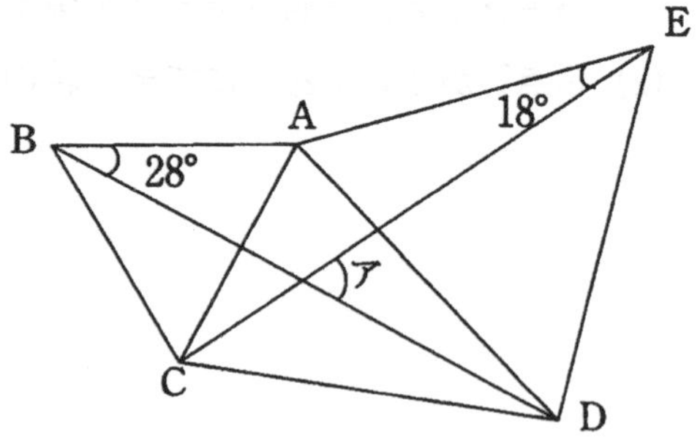

(6) $\frac{5}{7}$ を小数で表したとき、小数第2015位の数字を答えなさい。

2014年度（平成26年度）南山中学校男子部　入学試験　問題用紙

算　　数

答えは解答用紙に書きなさい。

分数で答えるときは、約分して答えなさい。

（60分）

1　次の問いに答えなさい。

（1）　0.4をある数で割り、$\frac{1}{3}$を加えてから5倍したところ、3になりました。ある数を求めなさい。

（2）　水180gが入ったビーカーがあります。はじめに同じ大きさの角砂糖を5個加えたところ、砂糖水の濃(のう)度は10%になりました。さらに、このビーカーに同じ大きさの角砂糖を10個加えたときの濃度を求めなさい。

（3）　ヨウスケ君が買おうとしているデジタルカメラの値段は5%の消費税を入れて、33075円です。消費税の税率が8%になったとき、このデジタルカメラの値段は消費税を入れて、いくらになるか求めなさい。

（4）　図のように、正六角形の辺の真ん中の点を結んで三角形を作りました。この三角形の面積が$15cm^2$であるとき、正六角形の面積を求めなさい。

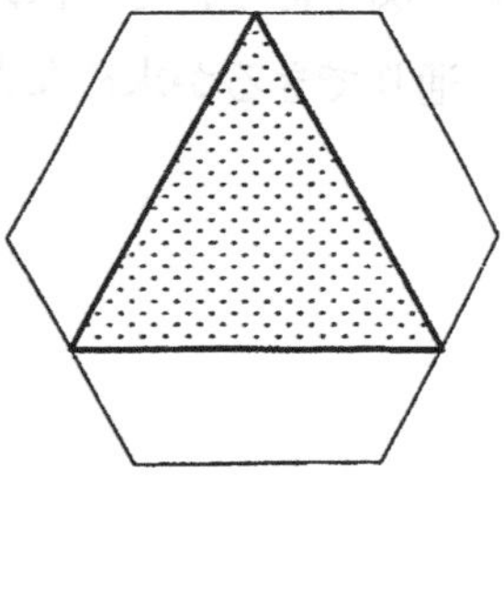

5 図で四角形ABCDは正方形で、辺の上にある点は1辺の長さを4等分しています。図1のように点を結び、16個の小さな正方形を作ります。次に例1、例2で示すように、小さな正方形の中から、最低でも1つをぬることによってできる図形を考えます。ABとCDの真ん中の点を、それぞれP、Qとして、PQの真ん中の点をRとします。

図1

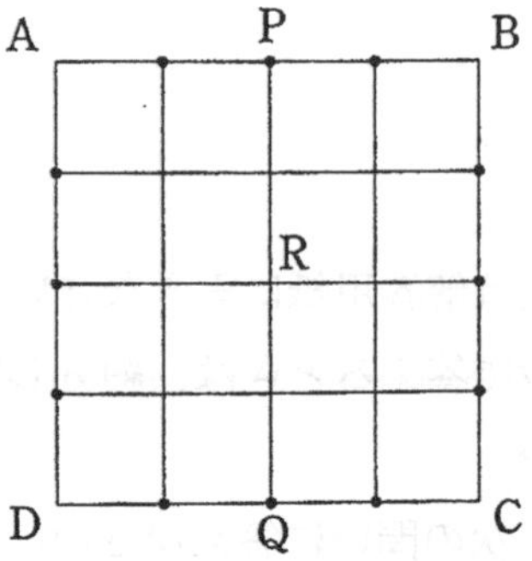

(1) 解答らんの図で、小さな正方形をさらにぬって、点Rを中心に点対称(たいしょう)な図形を完成させなさい。このとき、ぬる正方形の数が最小となるようにしなさい。

例1

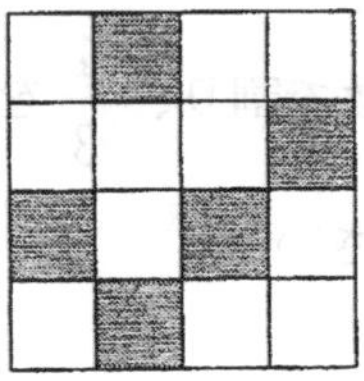

例2

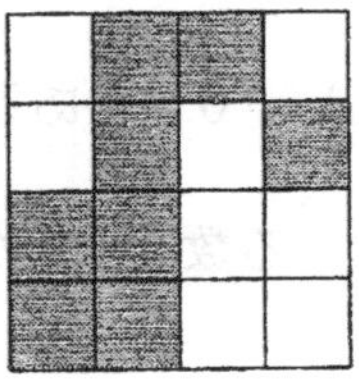

(2) 小さな正方形を自由に7つぬって、正方形ABCDの対角線ACを軸(じく)に線対称な図形を1つかきなさい。

(3) 図2は、4つの小さな正方形がぬられています。ここから、小さな正方形4つをさらにぬってできる図形のうち、PQを軸に線対称なものは何通りあるか求めなさい。

図2

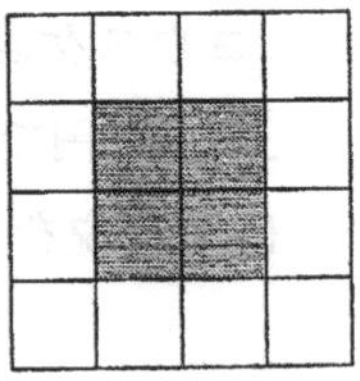

(4) 図1について、PQを軸に線対称で、さらに点Rを中心に点対称な図形は何通りできるか求めなさい。

6 図は、ある立体の展開図を表します。辺の上にある点はそれぞれ辺の真ん中の点です。この展開図によってできる立体について、次の問いに答えなさい。

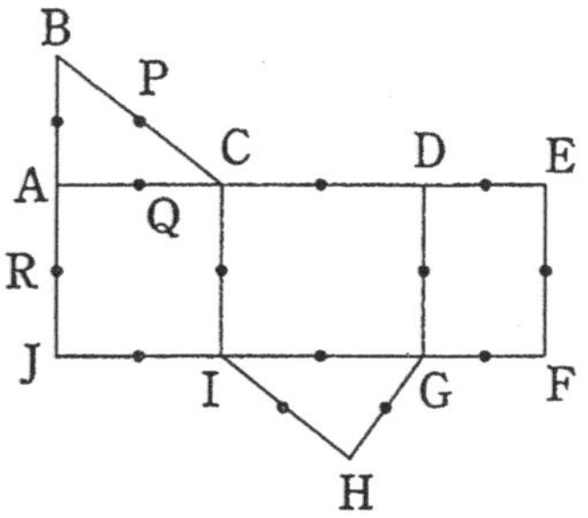

（1） 点Aと重なる点を記号で答えなさい。

（2） 3点P、Q、Rを通る平面で、この立体を切ったときの切り口の線を解答らんの展開図にかきなさい。

7 次のイラストを見て、問いに答えなさい。

かな子さんの方法で、8で割り切れるかどうかを判別できる理由を説明しなさい。

2014年度（平成26年度）　南山中学校男子部　入学試験問題

理　科

問題に指定のないものについては漢字でもひらがなでもよい。

（50分）

1．

図1のように、水が半分程度入ったペットボトルに二酸化炭素を入れてふたをした。なお、ペットボトルの水以外は二酸化炭素で満たされている。次の各問いに答えよ。

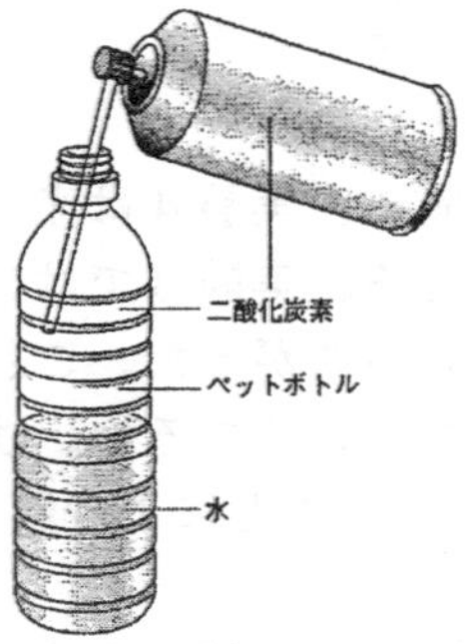

図1

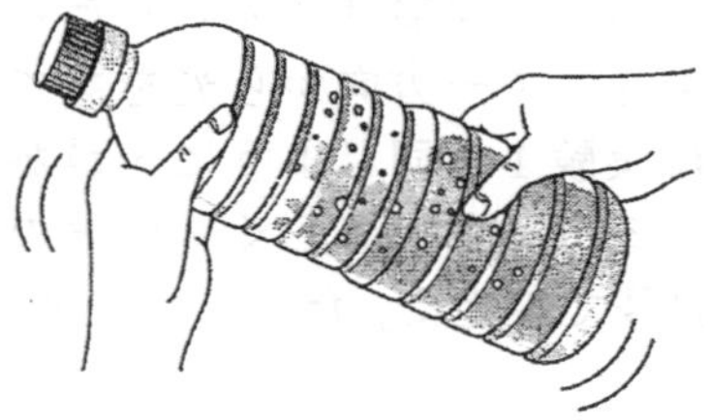

図2

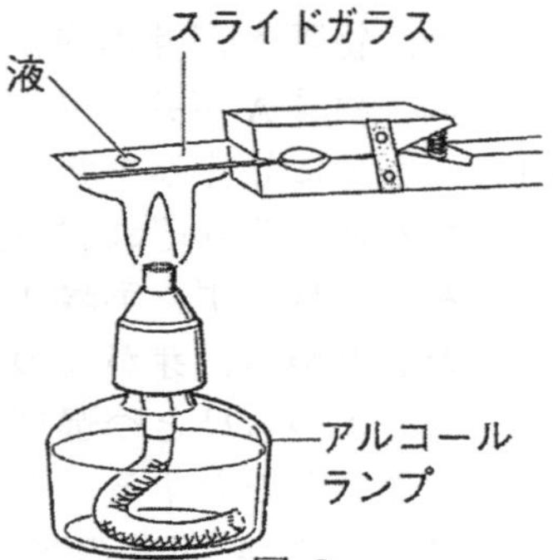

図3

(1)　実験室において二酸化炭素を発生させるにはどの方法が適当か。次のア～エからひとつ選び、記号で答えよ。

ア．石灰石（せっかいせき）にうすい塩酸を加える。
イ．二酸化マンガンにうすい過酸化水素水を加える。
ウ．鉄にうすい塩酸を加える。
エ．マグネシウムにうすい塩酸を加える。

(2)　二酸化炭素の特ちょうや性質を表しているものを次のア～カからすべて選び、記号で答えよ。

ア．ものを燃やすのを助けるはたらきがある。
イ．二酸化炭素と空気が同じ体積のとき空気より軽い。
ウ．二酸化炭素と空気が同じ体積のとき空気より重い。
エ．鼻につくにおいがある。
オ．気体の色は白色である。
カ．ろうそくを燃やすと発生する。

(3)　空気中に存在する二酸化炭素のことについて正しく述べているものを次のア～オからすべて選び、記号で答えよ。

ア．空気中に存在する二酸化炭素の割合は近年、年を追うごとに増えている。
イ．空気中に存在する二酸化炭素の割合は近年、年を追うごとに減っている。
ウ．空気中に存在する二酸化炭素の割合は年間を通して比べてみると夏よりも冬のほうが割合が大きい。
エ．空気中に存在する二酸化炭素の割合は年間を通して比べてみると冬よりも夏のほうが割合が大きい。
オ．空気中に存在する二酸化炭素の割合は年間を通して比べてみると季節による変化はない。

教英出版

(2)　実験２のように芽の先を切り取ったあとに光を一方向からあてても芽は成長しなかった。このことから物質 A は芽の先の部分でつくられて芽の下の方へと移動し、曲がった部分のところの成長を進めたり、おさえたりしているとする。このことと実験１の結果のみで考えると、芽が光のあたる方へ曲がるしくみはどのような可能性があるか。次のア～エからすべて選び、記号で答えよ。

ア．物質Aが芽の光があたる側の部分の成長を進めている。

イ．物質Aが芽の光があたる側の部分の成長をおさえている。

ウ．物質Aが芽の光があたらない側の部分の成長を進めている。

エ．物質Aが芽の光があたらない側の部分の成長をおさえている。

(3)　さらにしくみを調べるために、実験３は光のあたらない側に、実験４は光のあたる側にそれぞれ雲母片をさして一方向から光をあてたところ、実験３ではほとんど成長せず、実験４では実験１と同じように光があたる方へ曲がった。これらのことから、芽が光のあたる方へ曲がるしくみはどのようなものであるか。次のア～エからひとつ選び、記号で答えよ。ただし、雲母片をさしたことによる影響(えいきょう)はないものとする。

ア．物質 A が芽の光があたる側へ移動してから下へ移動し、その部分の成長を進めている。

イ．物質 A が芽の光があたる側へ移動してから下へ移動し、その部分の成長をおさえている。

ウ．物質 A が芽の光があたらない側へ移動してから下へ移動し、その部分の成長を進めている。

エ．物質 A が芽の光があたらない側へ移動してから下へ移動し、その部分の成長をおさえている。

(4)　実験５のように、芽の先を切り取り２つの寒天片の上にのせ、図の右側から光をあてた。寒天片に物質 A が移動した後に、その寒天片を別に用意した、芽の先を切り取ったア、イにそれぞれのせた。しばらくしてから、より成長するのはア、イのどちらか。記号で答えよ。ただし、芽を切り取ったことによる影響はないものとする。

(5)　ある植物の芽がどの部分で光を感じとっているかを調べたら、実験６の左のように光を通さないキャップを先にかぶせると光のあたる方向とは関係なく成長し、右のように光を通すキャップをかぶせると光のあたる方へと曲がった。このことから、芽はどの部分で光を感じとっていると考えられるか。次のア～ウから最も適当なものをひとつ選び、記号で答えよ。

ア．芽の全体で感じとっている。

イ．芽の先端で感じとっている。

ウ．芽の先端以外の部分で感じとっている。

(6)　植物の根が芽と同じように光の影響を受けるとすると、根は光に対してどのような向きに成長しなければならないと予想されるか。根は土の中に向かって成長することを考えて、次のア～ウから最も適当なものをひとつ選び、記号で答えよ。

ア．光があたる向きへ成長しなければならない。

イ．光があたらない向きへ成長しなければならない。

ウ．どちらでもよい。

(7)　②について、日光があたることにより葉で養分がつくられ植物は成長していくが、そのつくられる養分は何か。ひとつ答えよ。

(8)　③について、花がさいたあとに種子をつくるためにはまず花粉がめしべの柱頭に着かなければならない。花粉がめしべの柱頭につくことを何というか。漢字で答えよ。

(9)　ヒトやほかの動物の食べ物のもとをたどっていくと、すべて植物にたどり着く。生き物どうしは、「食べる」「食べられる」という関係でつながっているが、この関係が1本のくさりのようにつながっていることを何というか。

(10)　植物を食べる動物の顔の骨格は次のア、イのどちらか。記号で答えよ。

ア．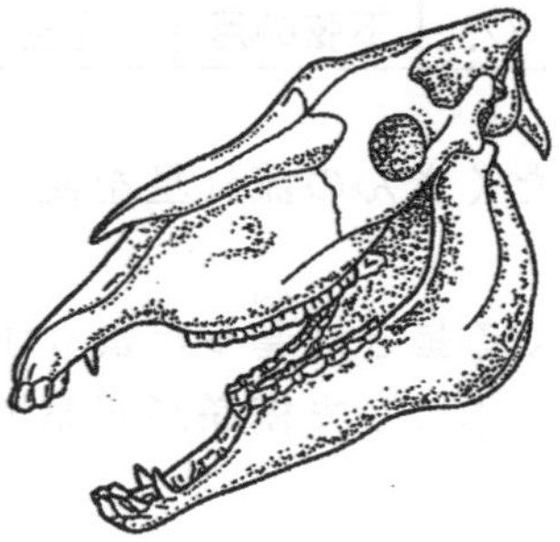

イ．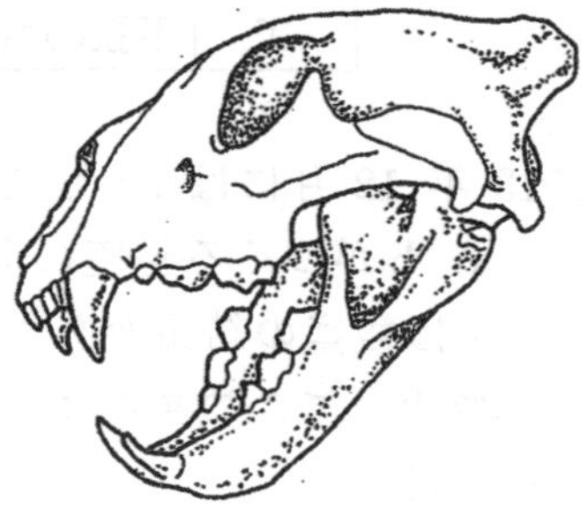

4．

1 cm^3 あたり 2.4 g のねんどを使って実験をした。ただし、この実験に使用した糸の重さは考えないものとし、答えが割り切れない場合は小数第 2 位を四捨五入し、小数第 1 位まで求めよ。

【実験1】下の図のような重さが30 g の一様で均等に区切りの目盛がついた60 cm の棒を糸でつるして、（1）～（3）のような実験をした。

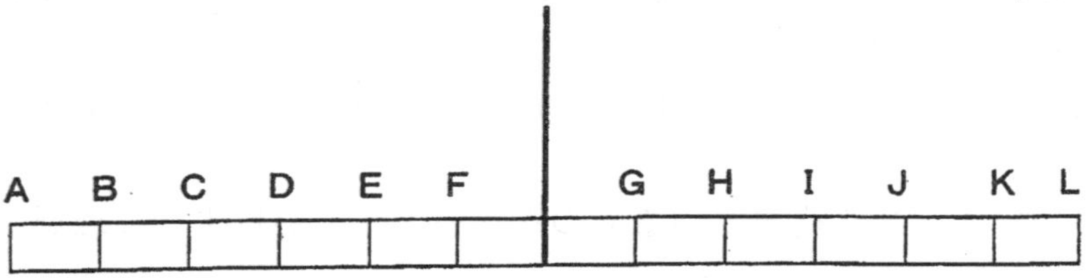

(1)　Aに一辺が 1 cm の立方体のねんどをつるした。体積が 2 cm^3 のねんどをどこにつるすとつりあうか。B～Lの記号で答えよ。

(2)　Aに一辺が 1 cm の立方体のねんどをつるし、I に一辺が 2 cm の立方体のねんどをつるした。棒はどうなるか。次のア～ウからひとつ選び、記号で答えよ。

　ア．時計回りにまわる　　イ．反時計回りにまわる　　ウ．つりあう

(3)　棒の左端（はし）から 3 cm の位置に、一辺が 2 cm の立方体のねんどをつるした。一辺が 3 cm の立方体のねんどを使って棒をつりあわせるためにはねんどを棒の右端から何 cm の位置につるすとよいか答えよ。

(4)　以下の文の空欄(くうらん)A、Bに入る言葉として最も適当な組み合わせを、表のア～クからひとつ選び、記号で答えよ。

2014 年 4 月 15 日の月は(　A　)であり、一部の地域では(　B　)が観察することができる。

	A	B
ア.	新月	日食
イ.	上弦の月	日食
ウ.	満月	日食
エ.	下弦の月	日食

	A	B
オ.	新月	月食
カ.	上弦の月	月食
キ.	満月	月食
ク.	下弦の月	月食

(5)　2013 年 12 月には a，b の星の向きからたくさんの流れ星を観察することができた。a，b がつくる星座の名前を答えよ。

(6)　c の星は観察の結果から、他の星座をつくる星とは違(ちが)ったようすであった。望遠鏡を使用してこの星をよく観察すると、数本のしま模様が観察できた。この星の名前を答えよ。

(7)　地球から見ると月と太陽がほぼ同じ大きさにみえるのはなぜか答えよ。

6．

(1)　2013 年、東京都の小笠原諸島西之島の周辺で新しい島ができた。どうやってこの島ができたのか答えよ。

(2)　岐阜県本巣市で観察することのできる根尾(ねお)谷断層のずれが原因で 1891 年に発生した地震の名前を答えよ。

(3)　日本付近の雲のおよその動きは、次のア、イのどちらか。記号で答えよ。

ア．東から西　　イ．西から東

(4)　空全体の広さを 10 としたとき、雲の量が 0 からいくつの時までが晴れか。数字で答えよ。

(5)　台風や雲について正しく述べているものを次のア～エからすべて選び、記号で答えよ。

ア．台風の進む方向の右側は風が強い。
イ．台風の風は反時計回りに巻いている。
ウ．台風は雨を降らすらんそう雲が集まってできている。
エ．晴れの日によく見られるけん雲はわた雲ともよばれている。

(6)　冬の日中の太陽の高さは同じ時刻の夏の太陽の高さと比較(かく)すると高いか低いか答えよ。

2014年度（平成26年度） 南山中学校男子部入学試験問題用紙 社会

（漢字で答えるように指示していないところは、漢字で書いてもかなで書いてもかまいません。）

（30分）

1 次の文章を読み、以下の問いに答えなさい。

日本列島は周りを海に囲まれていますが、昔から人や物の交流はさかんに行われてきました。現代でも、(A)日本の経済は世界中の国々と貿易をすることで成り立っています。(B)例えば農業に関して言えば、近年、地産地消といった考え方も広がって、国内でもっと多くの農作物を生産しようという動きが出てきている一方、現在のところやはり多くの農作物を輸入に頼っています。また、(C)交流は経済的な面だけでなく文化的にも行われており、アメリカをはじめとする諸外国から様々な映画作品が紹介される一方で、日本の映画やアニメ・漫画は世界中に広く知られています。このように日本と海外、つまり外の世界との交流は、とても重要な意味を持っているのです。

(D)日本列島と外の世界との交流は縄文時代までさかのぼることができ、様々な品物や技術、学問、文化が日本に伝わりましたが、特に中国や朝鮮半島の王朝(国のこと)との交流は古代から極めて重要でした。

中国王朝との交流は平安時代後期も続き、この頃になると日本と中国の宋との間の貿易が盛んに行われました。宋商人は東シナ海を横断して博多付近に来ましたが、彼らのもたらす貨物は貴族たちに欲しがられました。朝廷は10世紀以降海外との交流に消極的になっていましたが、(E)12世紀後半に武士の政治が始まると、対外貿易を積極的に行う政策がとられ、宋に渡航して貿易を行なう日本人も増えていきました。

13世紀に成立した元は2度日本に遠征しましたが、その間も日本と元は経済的に交流を保ち続け、北条氏も積極的に日元貿易に関わっていたことが分かっています。

15世紀から17世紀の間は日本と(F)元の後に成立した王朝との間で貿易が行われました。15世紀は日本でいうと室町時代にあたりますが、この王朝と積極的に貿易を行なったのは足利義満でした。室町幕府の力が弱まり、日本で戦国時代が始まったころは、(G)倭寇と呼ばれる海賊的な集団による密貿易(中国の王朝や幕府が認めない貿易)がさかんに行われるようになりました。また、この頃はスペインやポルトガルといったヨーロッパの国から宣教師や貿易船がやってきて、日本列島各地の港町を中心にヨーロッパの文化や品物をもたらすようになりました。

江戸時代は一般的に幕府による鎖国政策がとられたことで知られていますが、海外との交流を完全に禁止したわけではなく、幕府の統制のもと、(H)現在の沖縄県、長崎県、北海道に存在する「四つの窓口」と呼ばれる場所で外の世界との交流は行なわれていました。

問1 下線部Aに関して、次の問いに答えなさい。

(1) 右の地図の（イ）の国は、2012年の時点で日本が最も原油を輸入している国です（『日本国勢図会2013/14』より）。（イ）の国名を答えなさい。

(2) 右の地図の（ロ）は、2013年も政情不安が続き、モルシ大統領の政府は軍のクーデタによって倒れ、8月にはモルシ前大統領を支持するグループを暫定政権(仮の政府)が武力で追い出そうとして大規模な衝突が発生しました。（ロ）の国名を答えなさい。

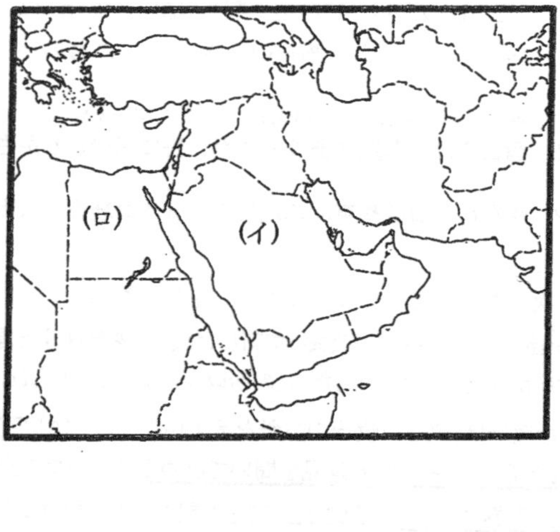

奈良時代や平安時代は律令をもとに朝廷（天皇を君主とする政府のこと）が日本列島の大部分を支配する時代となり、(A)租・調・庸の税制が整備され、全国各地から品物を運んでくる人々で、都は大いににぎわいました。特に平安時代中ごろになると商業は京都を中心に大きく発展し、京都と地方諸国を結ぶ商品流通（品物の流れのこと）が発展しました。こうした発展は京都が政治の中心であり税の制度上様々な品物が運ばれてくることや、貴族たちが様々な品物を欲したからだと言えます。一方、鎌倉時代から室町時代にかけて地方の山村、漁村、農村といった庶民の商業も次第に発展し、交通の便利なところには定期市が開かれ、港には町が生まれてくるようになりました。

戦国時代になると戦国大名たちは(B)自国商業の発展に力を入れ、家臣や商工業者（商人や職人）を城周辺に呼び寄せて城下町をつくり、鉱山開発や交通路の整備に努めるようになりました。

江戸時代になると、徳川将軍家を頂点として大名・武士階級が百姓、町人（商人や職人）を支配する体制が作られ、武士と町人は城下町で暮らすようになりました。江戸時代は基本的に自給自足の社会ですが、(C)それでも当時の日本の経済先進地帯である京都・大坂を中心とした近畿地方、瀬戸内海沿岸地方、名古屋を中心とした東海地方から様々な手工業製品や加工品が全国各地に運ばれ、それ以外の地域からは食料品や原料が運ばれました。江戸時代中期以降は経済先進地帯とされる地域以外でも様々な手工業製品や加工品が生産され、運ばれるようになっていきました。

幕府は諸藩を支配するために商業の統治にも力を入れ、重要な港町などを直接支配しました。また、米や様々な品物の輸送路として街道や海運、水運を整備しました。幕府が商人の河村瑞賢に命じて(D)日本海沿岸の港町から房総半島を回って江戸に入る東廻り航路と、酒田港を起点として下関・大坂を経由する西廻り航路を確立したのは有名です。江戸時代は大きな戦争がなかったため商業も大きく発展し、江戸は政治・経済の中心として大いに栄えたのです。

問1 下線部Aに関して、次の問いに答えなさい。

(1) 伊豆国では調として「堅魚」が納められたことを示す木簡が発掘されていますが、この「堅魚」とは何ですか。ひらがな3文字で答えなさい。

(2) 伊豆国とは現在の静岡県ですが、今も「堅魚」を多く水あげする県内最大の漁港の名称を答えなさい。

問2 下線部Bに関して、織田信長が行なった、町で誰もが商工業を行うことができるようにした政策の名称を漢字で答えなさい。

問3 下線部Cに関して、江戸時代はその土地の風土にあった様々な特色ある作物の生産がさかんになりました。次のうち、特産地と製品の組み合わせとして誤っているものを一つ選びなさい。

(ア) 美濃の和紙　(イ) 瀬戸の漆器　(ウ) 木曽のひのき　(エ) 岡崎の味噌

問4 下線部Dに関して、次の問いに答えなさい。

(1) 酒田市は山形県にありますが、特に米づくりがさかんな山形県内最大の平野の名称を答えなさい。

(2) 現在の北海道や東北の産物を、日本海経由で大阪に運んだ船を何といいますか。

3 次の文章を読み、以下の問いに答えなさい。

「維新」とは、すべてが改まって新しくなることを意味する言葉です。1868年、江戸幕府にかわって、天皇を中心とする政府が新たに誕生しました。この新政府によって進められた、政治や社会の改革を明治維新と呼んでいます。

明治政府は、新しい政治の方針を示すものとして、(A)五箇条の御誓文を発表しました。そこには、(B)「政治のことは、会議を開いて、みんなの意見を聞いて決める」といったことや、(C)「これまでのよくないしきたりを改める」、(D)「新しい知識を世界に学ぶ」などの内容のことが記されていました。この方針にのっとって、(E)1870年代から80年代にかけて、日本の近代化をはかるべく、さまざまな改革が行われていきました。

その結果、文明開化と呼ばれる風潮が急速に広がり、日本人の生活様式は大きく変わっていきました。都市にはレンガ造りの洋風建築が建ちならび、街路にはガス灯がともるようになりました。また、人々は洋服を身にまとい、牛肉を使った洋食を食べるようになりました。西洋的なものがもてはやされる一方、(F)東洋の伝統的な社会制度・習俗・芸術などは軽く見られる風潮も生まれました。

「脱亜入欧」という言葉があります。これは、アジアを脱し、欧米諸国の仲間入りをめざすことをさした言葉です。江戸時代末期、日本は欧米諸国と修好通商条約を結びましたが、それは相手国の領事裁判権を認めたり、日本が輸入品に対し自由に関税をかけられないなど、不平等な条項を含むものでした。近代化をおし進めることで、(G)欧米諸国に不平等条項を撤廃させることは明治政府の大きな課題でしたが、それを実現させていく過程で、日本は海外に植民地を得ようとし、朝鮮半島や中国に様々なかたちで干渉するようになりました。(H)日清戦争や日露戦争での勝利によって、日本は欧米諸国にその力を認めさせ、(I)1911年、日本の関税自主権が確立され、不平等条項がついに撤廃されました。欧米と並ぶ近代国家となった日本ですが、一方では、近代化が遅れていた朝鮮半島や中国の人々に対する差別意識が日本人の間にみられるようになり、(J)日本の植民地となった地域で実施された諸政策も、公然と現地の人々を差別する内容を含むものでした。

問1　下線部(A)に関して、五箇条の御誓文の作成にたずさわった人物を、次の(ア)～(エ)の中から1つ選び、記号で答えなさい。

(ア)西郷隆盛　(イ)大久保利通　(ウ)木戸孝允　(エ)伊藤博文

問2　下線部(B)に関して、次の①・②の問いに答えなさい。

①　右の写真の人物は、1874 年に政府に意見書を出し、国会を開き、広く国民の意見を聞いて政治を進めるべきだと主張しました。この人物の名前を答えなさい。

②　①の人物が設立した政党の名前を、次の(ア)～(エ)の中から1つ選び、記号で答えなさい。

(ア)立憲改進党　(イ)日本社会党　(ウ)自由党　(エ)民主党

問3　下線部(C)に関して、明治政府はこれまでの身分制度を改めました。この結果、武士は士族、百姓・町民は平民と呼ばれるようになりましたが、もとの大名たちは新たに何と呼ばれるようになりましたか。

問4　下線部(D)に関して、明治初期には、西洋の学問・技術を導入するため、さまざまな外国人が指導者として官庁や学校、工場などに雇われました。このことについて、誤って述べているものを、次の(ア)～(エ)の中から1つ選び、記号で答えなさい。

(ア) アメリカの動物学者であるモースは、大学で動物学を教えるとともに、大森貝塚を発見した。
(イ) 群馬県の富岡製糸場は、フランス人技師ブリューナの指導のもとで設立された。
(ウ) イギリスの建築家であるコンドルは、大学で建築を教え、日本の洋風建築の発達に貢献した。
(エ) イギリスの技術者フェノロサは、日本で初めての鉄道の建設を指導した。

問5　下線部(E)に関して、以下の①～③の問いに答えなさい。

①　明治政府が行った様々な改革について、誤って述べているものを、次の(ア)～(エ)の中から1つ選び、記号で答えなさい。

(ア) 廃藩置県によって、江戸が東京と改称された。
(イ) 学校制度が定められ、男子も女子も小学校に通うようになった。
(ウ) 徴兵令により、20歳になった男子は3年間、軍隊に入ることを義務づけられた。
(エ) 地租改正によって、土地所有者は、はじめ土地の価格の3%を税として現金で納めることが義務づけられた。

問3 下線部(C)に関連して、次の①・②の問いに答えなさい。

① 国会の主な仕事ではないものを次の(ア)～(エ)の中から1つ選び、記号で答えなさい。

(ア) 国の予算を決める。

(イ) 外国と結んだ条約を承認する。

(ウ) 予算の使われ方を審議する。

(エ) 最高裁判所長官を指名する。

② 国会は衆議院と参議院で構成されます。衆議院と参議院とでは議員の任期はどのように違いますか。議会の解散にもふれて説明しなさい。

〔2〕 2013年6月、(D)国際連合教育科学文化機関の世界遺産委員会は、富士山を世界遺産に登録することを決めました。2013年6月時点での世界遺産の登録数は981件で、それらは文化遺産、自然遺産、複合遺産の3種類に大別されます。富士山の登録によって、日本にある世界遺産は17件となりました。その内訳は、(E)文化遺産13件、自然遺産4件となっています。

問4 下線部(D)に関連して、この機関の略称を、次の(ア)～(エ)の中から1つ選び、記号で答えなさい。

(ア)WHO (イ)UNESCO (ウ)IMF (エ)ILO

問5 下線部(E)に関連して、世界文化遺産に含まれないものを、次の(ア)～(エ)の中から1つ選び、記号で答えなさい。

(ア)原爆ドーム (イ) 白川郷・五箇山の合掌(しょう)造り集落 (ウ)厳島神社 (エ)名古屋城

〔3〕 2013年9月、(F)アルゼンチンのブエノスアイレスで国際オリンピック委員会(IOC)総会が開かれ、2020年の第32回オリンピック競技大会の開催(さい)地に東京都が選出されました。アジアで開催される夏季オリンピックは、2008年の北京(ペキン)オリンピック以来12年ぶり4回目で、東京で開催されるのは(G)年以来のこととなります。また、同一都市で複数回開催されるのは、アジアでは東京都が初めてのことです。

(G)年の東京オリンピックの際には、大規模な交通網(もう)の整備が行われて、(H)同年には新幹線が開通しました。2020年にむけても、同様に交通網の整備が進められていくと思われますが、JR東海が建設を進めるリニア中央新幹線は、2027年の開業をめざしているため、東京オリンピックには間に合わない見こみです。

問6 下線部(F)に関連して、以下の①・②の問いに答えなさい。

① 右の地図中からアルゼンチンの位置を選び、記号で答えなさい。

② アルゼンチンの標準時は、経度0度のグリニッジ標準時より3時間遅(おく)れています。一方、日本の標準時は、兵庫県明石市を通る東経135度の経線で定めています。日本とアルゼンチンの時差は何時間になりますか。ただし、アルゼンチンで採用されているサマータイム(夏を中心とする一時期だけ標準時を1時間進める制度)は、ここでは適用しないものとします。

問7 本文中の(G)にあてはまる適切な年号を、西暦(れき)で答えなさい。

問8 下線部(H)に関連して、このとき開通した新幹線のルートを次の(ア)～(エ)の中から1つ選び、記号で答えなさい。

(ア)東京～大阪間 (イ)東京～名古屋間 (ウ)東京～新潟間 (エ)東京～盛岡間

2014年度（平成26年度）南山中学校男子部　入学試験　解答用紙

算　　数

1

(1)	(2) %	(3) 円

(4) cm^2	(5) 度

2

(1)	(2)

3

(1)	(2) 個

4

(1) m

(2)

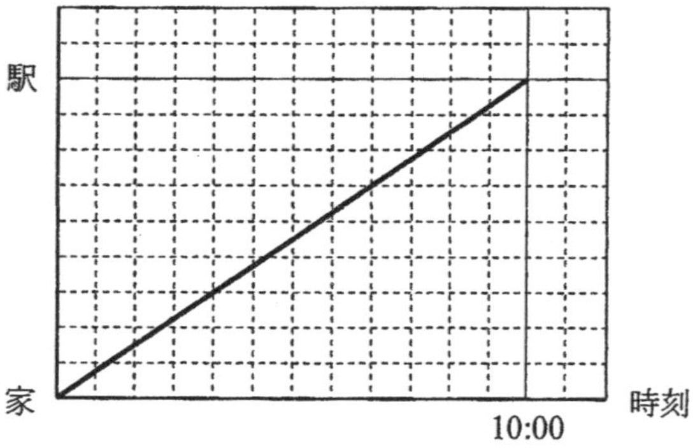

(3) m

5

(1)

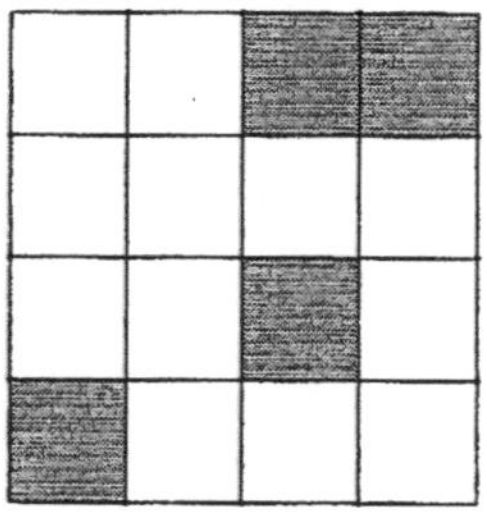

(2)

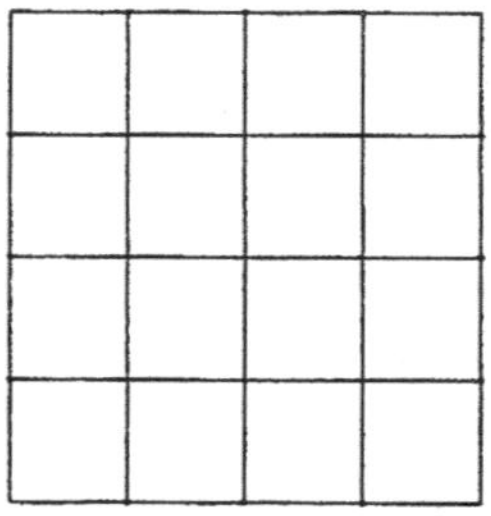

(3) 通り	(4) 通り

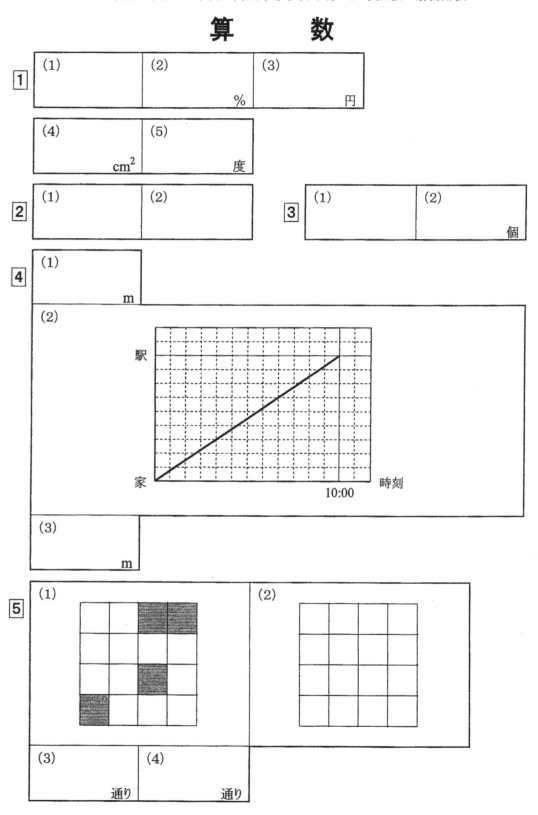

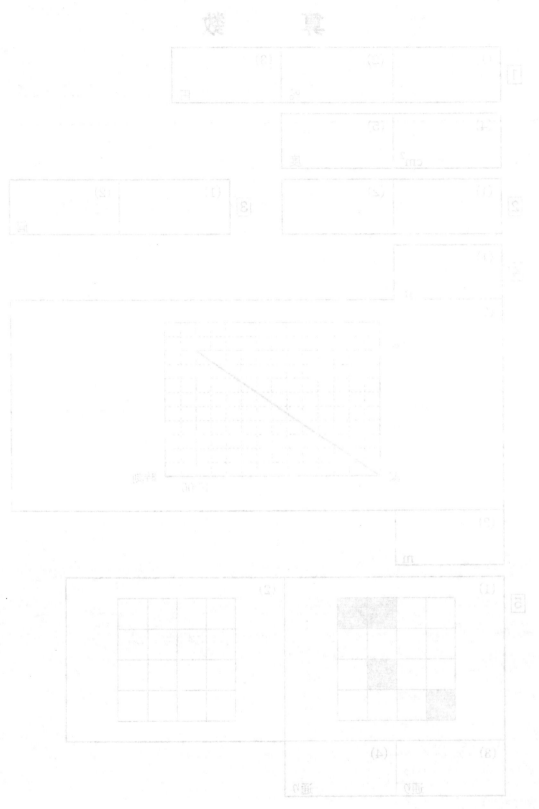

2014年度（平成26年度）　南山中学校男子部　入試問題解答用紙

理　科

1.

(1)		(2)		(3)		(4)		(5)		(6)	

2.

(1)	%	(2)		(3)	g	(4)	g

3.

(1)		(2)		(3)		(4)		(5)		(6)	
(7)		(8)		(9)		(10)					

4.

(1)		(2)		(3)	cm	(4)	g	(5)		(6)	g
(7)											

5.

		(2)		(3)		(4)		(5)	

2014年度（平成26年度） 南山中学校男子部 入学試験解答用紙 社会

1

問1（1）	問1（2）	問1（3）	問1（4）

問2	問3（1）	問3（2）	問4（1）	問4（2）

問4（3）グラフ①	問4（3）グラフ②	問4（3）グラフ③	問5	問6（1）

問6（2）	問7（1）	問7（2）	問8

2

問1（1）	問1（2）	問2	問3
	港		

問4（1）	問4（2）

3

問1	問2①	問2②	問3	問4

問5①	問5②	問5③	問6	問7

4

問1	問2	問3①

問3②

問4	問5	問6①	問6②	問7	問8
			時間	年	

受験番号	氏名

※100点満点 (配点非公表)	

		(7)	
	・　・ ・		

6.

(1)						(2)	
(3)		(4)		(5)		(6)	

受験番号	氏名

成績		
	※200 点満点 (配点非公表)	

6

(1)

(2)

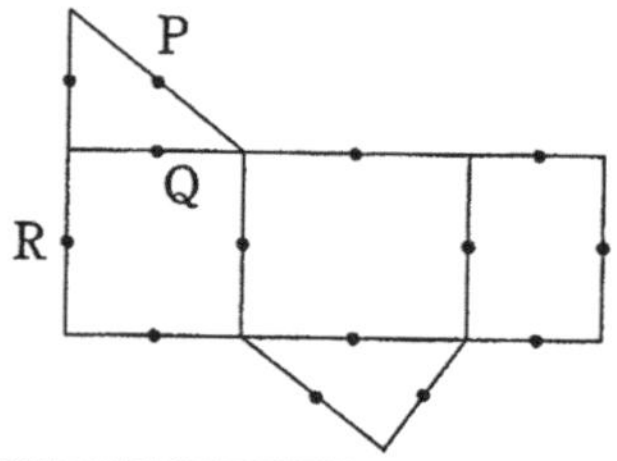

7

8

(1)

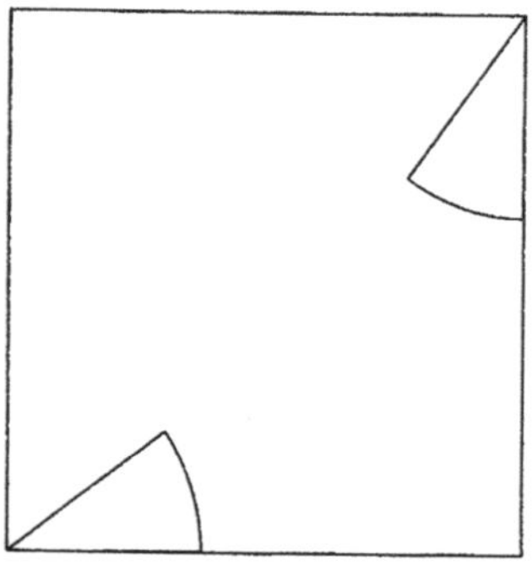

(2)

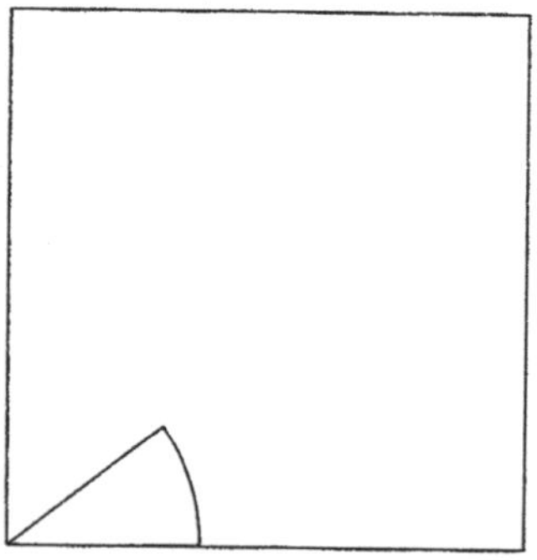

(3)

cm^2

受 験 番 号	氏　　　　　名	成　　績
		※200点満点 (配点非公表)

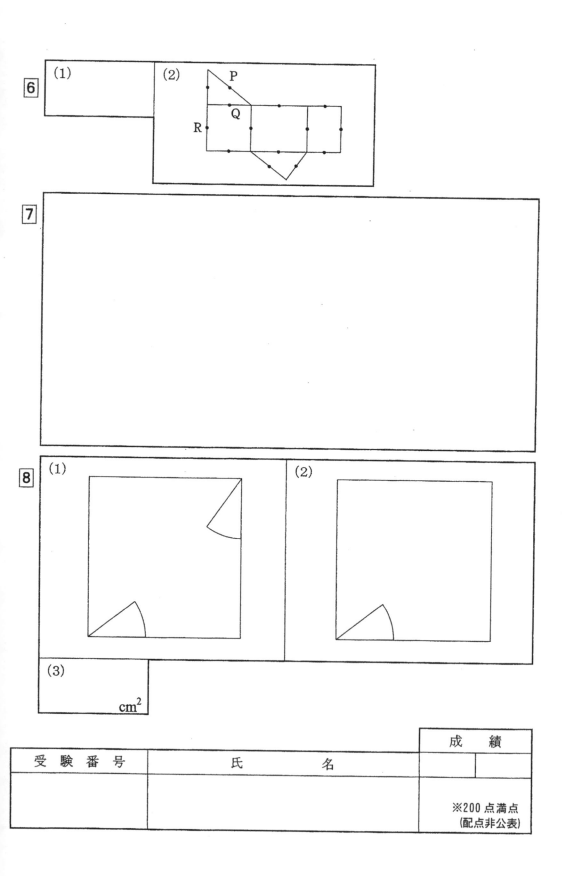

問10　下線部(J)に関連して、次の①・②の問いに答えなさい。

①　1910 年日本は朝鮮(大韓帝国)を併合し、植民地にしました。このことについて、以下のうたをよんで、疑問を示した岩手県出身の歌人は誰ですか。(ア)〜(エ)の中から1つ選び、記号で答えなさい。

地図の上　朝鮮国に　くろぐろと　すみをぬりつつ　秋風をきく

(ア) 与謝野晶子　(イ) 樋口一葉　(ウ) 夏目漱石　(エ) 石川啄木

②　朝鮮半島における日本の植民地政策として、誤っているものを、次の(ア)〜(エ)の中から1つ選び、記号で答えなさい。

(ア) 朝鮮の学校では、日本語の授業が行われるようになった。

(イ) 朝鮮の学校では、朝鮮の歴史が教えられなくなった。

(ウ) 朝鮮の女性は、学校で教育を受けることが禁止された。

(エ) 土地制度が変更され、多くの朝鮮の人々が土地を失った。

4　次の文章〔1〕〜〔3〕は、2013 年に起こった出来事について記したものです。それぞれの文章を読み、以下の問いに答えなさい。

〔1〕

(A)日本国憲法は、選挙権を20歳以上のすべての国民に認めています。国民は、投票することによって自分の政治に対する考えを表明することができます。選挙で投じられる一票はみな、とても重要なものなのです。しかし残念ながら現状は、選挙区によって一票の価値が異なるという「一票の格差」の問題が生じています。たとえば、2013 年7月に行われた参議院議員選挙では、議員定数一人あたりの有権者数が最小だったのは鳥取選挙区で、その数は約 24 万1千人でした。これに対し、議員定数一人あたりの有権者数が最多だったのは北海道選挙区で、約 114 万9千人でした。鳥取選挙区と北海道選挙区の「一票の格差」は約 4.77 倍になります。鳥取選挙区での一票は、北海道選挙区での一票の4分の1程度の価値しかないということになるわけです。

この「一票の格差」の問題は、たびたび裁判所で争われており、近年、選挙が違憲状態のもとで行われたとする判決が相次いで下されています。(B)この厳しい判決により、裁判所は国会に対し強い警告を発して、選挙制度の抜本的な改革を求めているといえます。(C)国会は、「一票の格差」を調整するため、衆議院小選挙区の定数を「0増5減」とし、選挙区の区割りを見直すという法案を、2013年6月に成立させました。しかし、それだけではまだ不十分であるとする意見が、国会の内外から寄せられています。

問1　下線部(A)に関連して、戦前の大日本帝国憲法下での選挙制度は現在の選挙制度と違い、いろいろと制限されていました。次の(ア)〜(エ)の中から、戦前の選挙制度について誤って述べているものを、1つ選び、記号で答えなさい。

(ア) 1890 年に最初の選挙が行われたとき、一定の税金を納める、25 歳以上の男子だけが選挙権を認められた。

(イ) 貴族院議員を国民が選ぶ選挙は行われなかった。

(ウ) 沖縄の人々に選挙権が認められたのは、20 世紀になってからだった。

(エ) 女性の選挙権は、1925 年に普通選挙制度が定められたことで、認められることになった。

問2　下線部(B)に関連して、裁判所は、国会がきちんとその役割を果たしているかをチェックするため、国会で定められた法律が憲法に違反していないかを審査する権限をもっています。この権限のことを何といいますか。

② 1872 年に国立銀行条例が制定され、翌年には右の写真の人物によって日本最初の銀行である第一国立銀行が東京に設立されました。この人物の名前を答えなさい。

③ 1889 年には大日本帝国憲法が発布されました。この憲法の内容について誤って述べているものを、次の(ア)～(エ)の中から1つ選び、記号で答えなさい。

(ア) 天皇は国や国民を治める権限をもつとされた。

(イ) 天皇は、議会の意見を聞くことなしに、いつでも自己の判断で法律を定める権利をもつと定められた。

(ウ) 陸海軍の統率権は天皇にあると定められた。

(エ) 言論の自由などの国民の権利は、法律で定められた範囲内で認められた。

問6 下線部(F)に関連して、このような風潮に反対して、右の写真の人物は、著書の中で東洋文化の優秀性を説き、海外に日本文化を紹介したり、東京美術学校の設立に尽力したりしました。この人物の名前を答えなさい。

問7 下線部(G)に関連して、右の絵は 1886 年に和歌山県沖で発生した貨物船の沈没事件を批判して描かれたものです。この事件の名称を答えなさい。

問8 下線部(H)に関連して、以下の①・②の問いに答えなさい。

① 日清戦争の講和条約について誤って述べているものを次の(ア)～(エ)の中から1つ選び、記号で答えなさい。

(ア) 日清戦争の講和条約はアメリカの仲介によって結ばれた。

(イ) 清は朝鮮の独立を承認した。

(ウ) 日本は清から台湾を獲得した。

(エ) 日本は清からリヤオトン(遼東)半島を獲得したが、のちにロシア・ドイツ・フランス3国による干渉を受け、清に返還した。

② 日露戦争の講和条約について間違って述べているものを次の(ア)～(エ)の中から1つ選び、記号で答えなさい。

(ア) 日本はサハリン(樺太)の南部を獲得した。

(イ) 日本は南満州の鉄道の権利を得た。

(ウ) 日本はロシアから賠償金を得て、その一部を八幡製鉄所の設立のために使った。

(エ) 日露戦争の講和条約は、アメリカの仲介によって結ばれたものである。

問9 下線部(I)に関連して、この年、アメリカと交渉し、日本の関税自主権を確立させた、当時の外務大臣は誰ですか。次の(ア)～(エ)から1つ選び、記号で答えなさい。

(ア)小村寿太郎　(イ)陸奥宗光　(ウ)新渡戸稲造　(エ)大隈重信

農作物は南北朝時代に栽培が開始されています。表③の農作物は平安時代初期に日本にもたらされましたが、本格的に栽培が始まったのは臨済宗の僧侶栄西によって鎌倉時代初期に宋から持ちこまれて以降といわれています。表①～③の農作物を、それぞれ下の記号から選びなさい。

表①　単位：t

宮崎	61400
群馬	58300
埼玉	50000
福島	44400

表②　単位：t

熊本	59200
千葉	45900
山形	36200
鳥取	20200

表③　単位：t

静岡	33400
鹿児島	26000
三重	7740
宮崎	4060

数値は表①、②は2011年、表③は2012年のもの。『日本国勢図会 2013/14』より作成

記号

表①　(ア) きゅうり　(イ) トマト　(ウ) キャベツ　(エ) はくさい

表②　(ア) みかん　(イ) 日本なし　(ウ) メロン　(エ) すいか

表③　(ア) かぼちゃ　(イ) じゃがいも　(ウ) てんさい　(エ) 茶

問5　下線部Eに関して、ある人物は宋と積極的に貿易を行いつつ、12世紀半ばから朝廷の中で強い力を持ち、厳島神社(広島県)を一族の守り神としてまつり、海上交通の安全をいのりました。ある人物とは誰ですか。漢字で答えなさい。

問6　下線部Fに関して、次の問いに答えなさい。

(1)　この王朝の名称を漢字で答えなさい。

(2)　鎌倉時代半ばに中国から伝わったすみ絵(水墨画)は、室町時代にある人物が芸術として大成しました。ある人物とは誰ですか。

問7　下線部Gに関して、次の問いに答えなさい。

(1)　中国の王朝との貿易やヨーロッパの国々との貿易で日本列島から大量に輸出されたのは、石見をはじめとする鉱山で産出されたある鉱物であり、ヨーロッパや中国の経済に大きな影響を与えました。ある鉱物の名称を答えなさい。

(2)　次の史料は、商人たちが支配したある都市に関して、日本を訪れたキリスト教宣教師の書簡(手紙)です。この書簡に登場する都市 (X) を、下記の①、②の文章を参考にして答えなさい。

> 日本全国において、この(X)ほど安全な場所はなく、他の国々にどれほど騒乱が起きようとも、当地においては皆無である。……市自体がいとも堅固であり、その西側は海に、また東側は常に満々と水をたたえる深い堀によって囲まれている。
> (1562年、イエズス会の司祭および修道士宛のガスパル・ビレラ書簡)

> ①　この都市でポルトガルから伝わった鉄砲が大量に生産された。
> ②　商工業で戦国時代は大いに発展した。

問8　下線部Hに関して、江戸時代に海外との交流が行なわれていた「四つの窓口」について説明した次の文章のうち、正しいものを一つ選びなさい。

(ア) 沖縄県はかつて琉球王国と呼ばれる国があったが、江戸時代は長州藩に征服された。

(イ) 北海道は江戸時代「蝦夷地」と呼ばれ、仙台藩のもとで日本の商人とアイヌの人々が交易した。

(ウ) 長崎では、出島や唐人屋敷でスペインの商人と中国の商人だけが貿易を許された。

(エ) 豊臣秀吉による侵略後絶えていた朝鮮との交流が再開され、対馬藩を通じて貿易が行なわれた。

2　次の文章を読み、以下の問いに答えなさい。

人間は大昔から他人と物を交換することによって生活してきました。もちろん昔は移動の手段が未発達なため、基本的に人々は自給自足の生活を送っていたわけですが、物品の交換を商業とするなら日本にも原始時代から商業は存在し、時代とともに大きく発展していったのです。

(3) 下のグラフは世界の輸出貿易と輸入貿易に占める主要国の割合を示したものであり、下記の枠内の文章①～③はグラフ中の（ハ）の国について説明したものです。（ハ）の国名を答えなさい。

①第二次世界大戦時は日本の同盟国だったが、現在は政治、経済面でフランスとならぶ EU の中心国である。
②2005 年からアンゲラ・メルケル氏が、この国では初の女性の首相として就任している。
③再生可能エネルギーの導入に熱心であり、2011 年 5 月の時点で太陽光発電導入量は世界 1 位である。

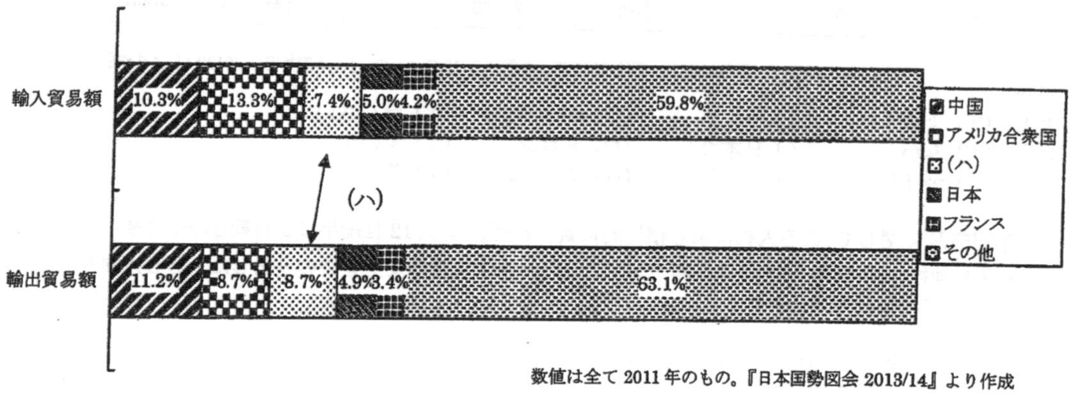

数値は全て 2011 年のもの。『日本国勢図会 2013/14』より作成

(4) 現在日本は機械類を多く製造し輸出しています。機械類の製造に限らず、この国の製造業事業所数において圧倒的に多いのは従業員が 300 人未満の工場(企業)であり、これらの工場によって日本の高い技術は支えられています。こうした工場(企業)を何といいますか。漢字で答えなさい。

問2 下線部 B に関して、私たちが食べる食料のうち、国内で生産されている割合を示した数値を何といいますか。漢字 3 文字で答えなさい。

問3 下線部 C に関して、次の問いに答えなさい

(1) 江戸時代に版画として大量に刷られたある美術作品は多くの人々に買い求められ、歌川広重ら多くの人気絵師が生まれました。19 世紀後半のヨーロッパの美術にも大きな影響を与えたこの美術作品のことを何といいますか。

(2) (1)の画家で、「富嶽三十六景」を描いた人物を次のうちから選びなさい
（ア） 喜多川歌麿　（イ） 松尾芭蕉　（ウ） 葛飾北斎　（エ） 本居宣長

問4 下線部 D に関して、次の問いに答えなさい。

(1) 縄文時代から平安時代までの日本列島と外の世界の交流に関して説明した次の文章のうち、正しいものを一つ選びなさい。

(ア)朝鮮半島から日本列島にわたってきた渡来人によって、漢字や仏教が伝わった。
(イ)聖徳太子は小野妹子を遣唐使として派遣した。
(ウ)聖武天皇の時代、唐から鑑真が招かれ、鑑真は法隆寺を創建した。
(エ)奈良の都である平城京は、魏の都である洛陽にならった。

(2) 743 年に大仏をつくる詔（天皇の命令)を出した聖武天皇の時代、中国の進んだ文化や大陸の文物が日本にもたらされ、宝物として東大寺のある建物に納められました。この建物の名称を漢字で答えなさい。

(3) 次の表①～③はそれぞれ、海外から日本に伝わった農作物の、2011 年の都道府県別の生産量上位 4 県を表したものです。表①の農作物は奈良時代の遺跡から種子と思われるものが発見されています。表②の

5．

こうた君は2013年12月の夜空を、たろう君は2014年1月の夜空を名古屋で観察した。次の図は二人の明るい星のみがしるされているスケッチと、スケッチをもとに二人が話し合いをしたまとめである。スケッチとまとめを参考に、次の各問いに答えよ。

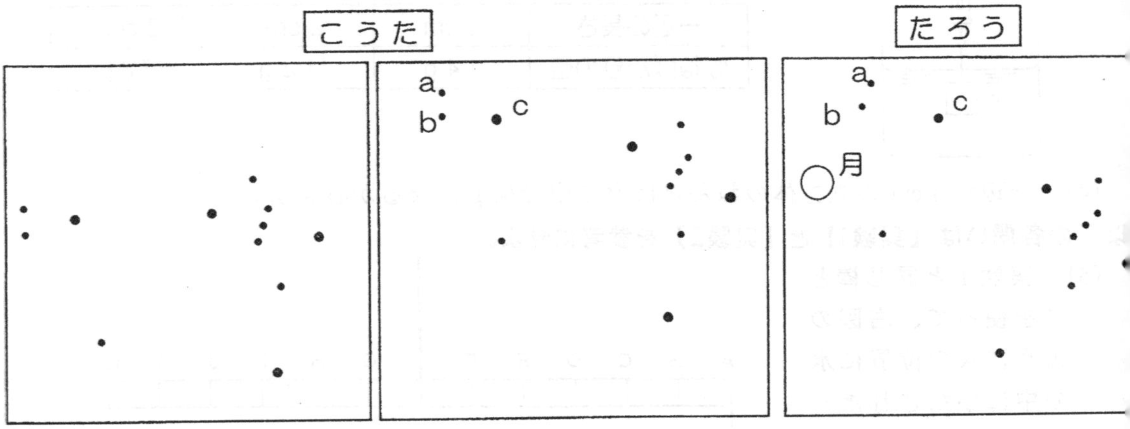

12月25日午後8時　　12月25日午後10時　　1月16日午後9時

> まとめ
> 12月25日の月は、観察できなかったが、新聞で調べたところ下弦の月であった。1月16日の月は満月でとてもきれいに輝いていた。
> 12月25日と1月16日を比較すると、それぞれの図の星a，b，cは同じ星であり，cの星と月以外は同じ形を保った状態であった。
> cの星は12月よりも1月の方がオリオン座の方に近づいていた。

(1)　こうた君のスケッチには、冬の大三角をつくる天体が含（ふく）まれている。解答用紙の午後10時のスケッチの中にある冬の大三角を線でむすべ。

(2)　12月25日に東の空からのぼってくる下弦の月のかたちはどのようなかたちか。次のア～エから最も近いものをひとつ選び、記号で答えよ。

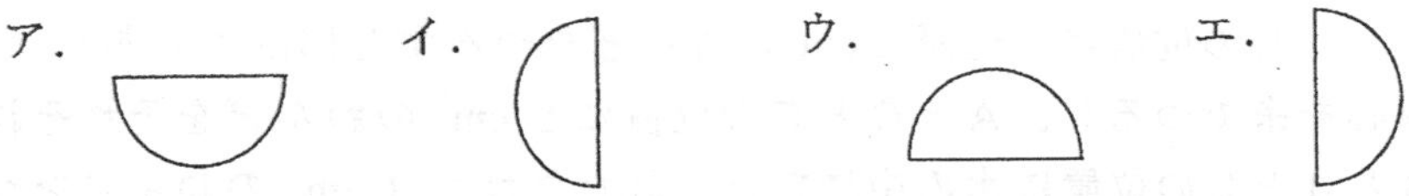

(3)　こうた君が観察した日と、たろう君が観察した日の間に、新月の日があった。およそ何月何日になるか。次のア～ウから最も適当なものをひとつ選び、記号で答えよ。

ア．2014年1月1日
イ．2014年1月5日
ウ．2014年1月8日

【実験2】下の図のように立方体のねんどを水の中にひたして、水の中でのねんどの重さをばねばかりを使って測定した。その結果は次の表のようであった。

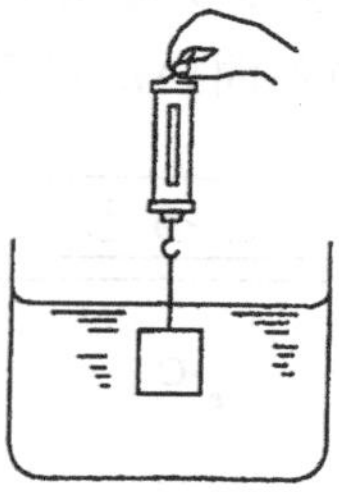

一辺の長さ	1 cm	2 cm	3 cm
ばねばかりの値	1.4 g	11.2 g	37.8 g

(4)　一辺が 4 cm の立方体のねんどは水の中で何 g になるか答えよ。

以下の各問いは【実験1】と【実験2】を参考にせよ。

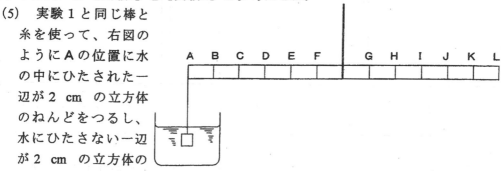

(5)　実験 1 と同じ棒と糸を使って、右図のようにAの位置に水の中にひたされた一辺が 2 cm の立方体のねんどをつるし、水にひたさない一辺が 2 cm の立方体のねんどをつるしてつりあわせたい。ねんどはどの位置につるすとつりあうか。次のア～オの中からひとつ選び、記号で答えよ。

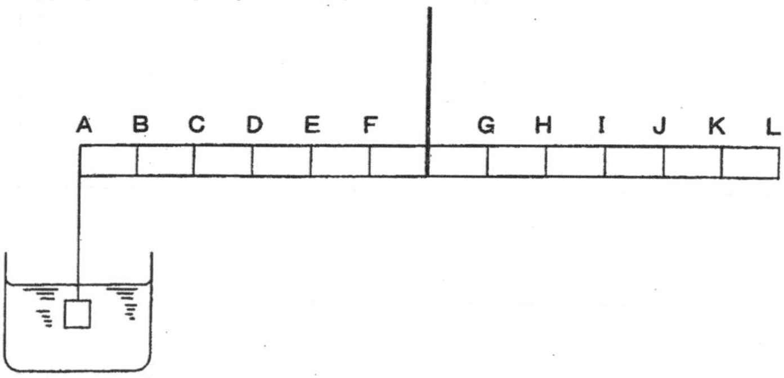

ア．GとHの間　　イ．HとIの間　　ウ．IとJの間
エ．JとKの間　　オ．KとLの間

(6)　(5)の状態から糸の位置をHにずらすと、棒は反時計回りに回りはじめた。そこでLの位置にある重さのおもりをつるすとつりあった。おもりの重さは何 g か答えよ。

(7)　実験 1 と同じ棒と糸を使った実験に関する以下のア～オのうち、正しいものをすべて選び、記号で答えよ。ただし、正しいものが無い場合は「カ」と答えよ。

ア．棒の中心を糸でつるし、AとCとEの位置に一辺が 1 cm のねんどをそれぞれつるし、Lの位置に一辺が 2 cm のねんどをつるすと棒はつりあう。

イ．棒の中心を糸でつるし、AとCとEの位置に 2 cm^3 のねんどをそれぞれつるし、HとJとLの位置に水の中にひたされた体積が 3 cm^3 のねんどをつるすと棒はつりあう。

ウ．棒の中心を糸でつるし、AとCとEの位置に 2 cm^3 のねんどをそれぞれつるし、Iの位置に体積が 1 cm^3 、Lの位置に水の中にひたされた体積が 6 cm^3 のねんどをつるすと棒はつりあう。

エ．Dの位置で棒を糸でつるし、Aの位置に 10 cm^3 のねんどをつるすと、棒は反時計回りに回転する。

オ．Hの位置で棒を糸でつるし、Aの位置に 10 cm^3 のねんどをつるし、Lの位置に水の中にひたされた体積が 45 cm^3 のねんどをつるすと棒はつりあう。

3．

ほとんどの種子をつくる植物の一生は、種子を出発点とすると

①種子が発芽する。

②日光にあたることなどによってじゅうぶんに成長する。

③花をさかせ種子をつくる。

という過程をたどる。次の各問いに答えよ。

(1)　①について、種子が発芽するための条件は「酸素」、「適当な温度」とあともう一つは何か答えよ。

> 種子が発芽したあとは、植物の地上部分は光があたる方へ向かって成長していく（実験1のように一方向からのみ光をあてると、光があたる方へ曲がっていく）。そのしくみを調べるためにある植物の芽を用いて様々な実験を行った。なお、そのしくみについては、植物体内でつくられるある物質（物質Aとする）が関係しており、その物質Aは、
>
> ・植物体内を移動する。
>
> ・物質Aは雲母片（うんもへん）というものは通過しないが、寒天は通過する。
>
> ・物質Aが移動した部分では、成長を進めたり、成長をおさえたりする。
>
> という性質を持ち、光のあたる側とあたらない側の成長の差が出るために光があたる方へと曲がっていく。

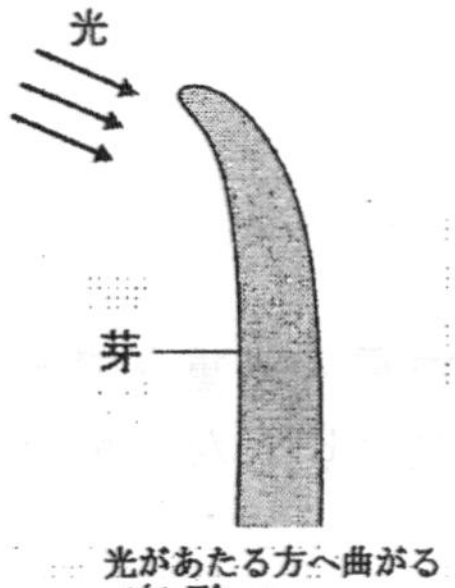

実験 1

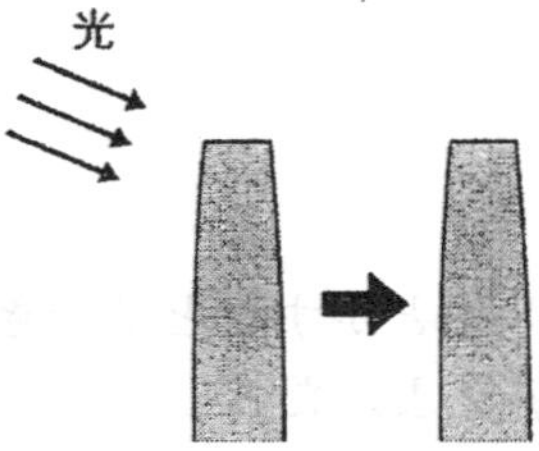

実験 2

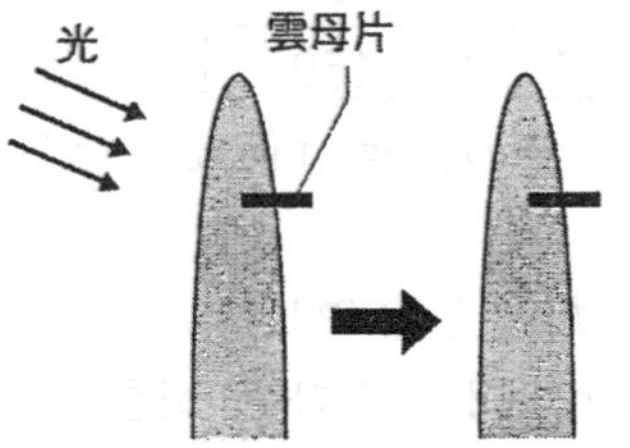

実験 3

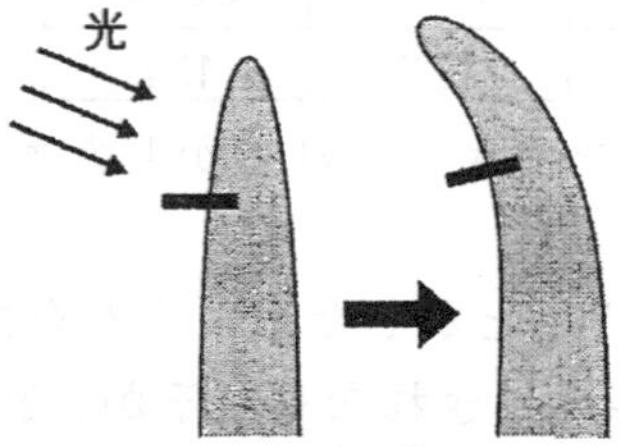

実験 4

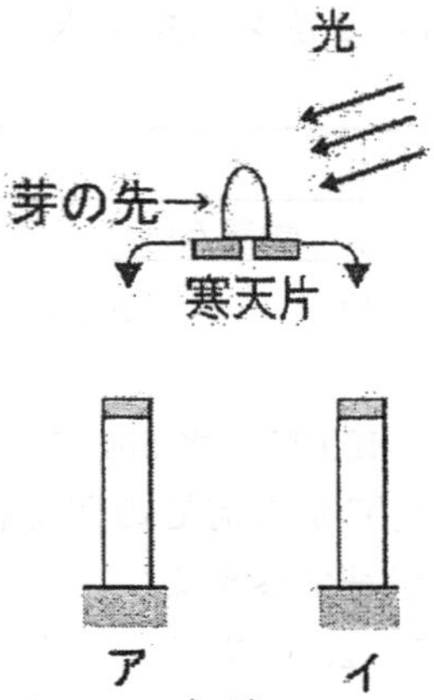

実験 5

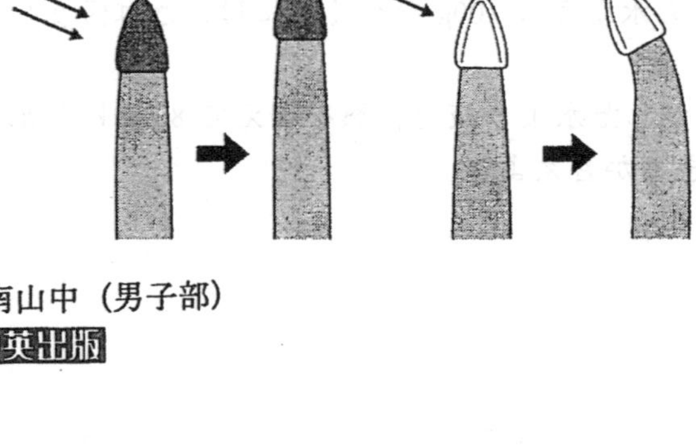

実験 6

(4)　図2のようにペットボトルをふったらどのような変化が見られるか。次のア～エから最も適当なものをひとつ選び、記号で答えよ。

ア．ペットボトルがややふくらむ。

イ．ペットボトルがややへこむ。

ウ．水が白くにごる。

エ．何も変化しない。

(5)　図2のようによくふったペットボトルの中の液体をリトマス紙に少量たらすとどのような変化が見られるか。次のア～ウから最も適当なものをひとつ選び、記号で答えよ。

ア．赤色リトマス紙を少しだけ青色に変化させる。

イ．青色リトマス紙を少しだけ赤色に変化させる。

ウ．赤色リトマス紙も青色リトマス紙も両方とも変化しない。

(6)　図2のようによくふったペットボトルの中の液体を図3のようにスライドガラスの上にのせアルコールランプで熱し、水をすべて蒸発させるとスライドガラス上の様子はどのようになるか。次のア～ウから最も適当なものをひとつ選び、記号で答えよ。

ア．白い結晶（けっしょう）が残る。

イ．青い結晶が残る。

ウ．何も残らない。

2．

下の表はいろいろな温度の水 100 g に対してとかすことができる物質Aの重さであるとする。その表をもとに、次の各問いに答えよ。ただし、答えが割り切れない場合は小数第2位を四捨五入し、小数第1位まで求めよ。

	20 ℃	40 ℃	60 ℃	80 ℃	100 ℃
物質A(g)	75	128	137	147	159

(1)　20 ℃の水 100g に物質 A をできるだけとかした水よう液の濃（のう）度は何%になるか。

(2)　100 ℃の水 50g に物質 A を 70g とかした水よう液をだんだんと冷やしていくと、何℃から何℃の間で物質 A がとけきれなくなるか。次のア～オからひとつ選び、記号で答えよ。

ア．20 ℃以下　　イ．20 ℃～ 40 ℃　　ウ．40 ℃～ 60 ℃

エ．60 ℃～ 80 ℃　　オ．80 ℃～ 100 ℃

(3)　物質 A をできるだけとかした 40 ℃の水よう液 100g をつくるには、水は何 g 必要か答えよ。

(4)　60 ℃の水 150g に物質 A を 100g とかした水よう液を、熱を加えて 80 ℃にしたら物質 A はあと何 g とかすことができるか答えよ。

8 図のように、正方形ABCDの内部に、半径が$\frac{5}{2}$cm、中心角が36°のおうぎ形OPQがあります。はじめ(ア)の位置にあるおうぎ形OPQは、矢印の方向に正方形の辺の内側をすべることなく転がって動きます。次の問いに答えなさい。

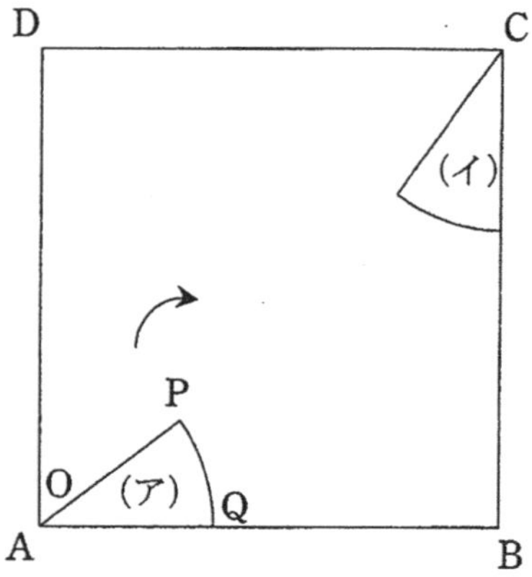

（1） おうぎ形OPQの中心Oは正方形の頂点Bの位置に到(とう)達し、その後（イ）の位置まで動きました。このときの点Oが動いたあとを、解答らんに作図しなさい。

（2） おうぎ形OPQが正方形の内部を一周し、はじめの（ア）の位置まで動きました。このとき、おうぎ形OPQが動いてできる図形のあとを解答らんに作図し、斜(しゃ)線で示しなさい。

（3）（2）で正方形の内部のうち、おうぎ形OPQが通過しなかった部分の面積を求めなさい。ただし、円周率は$\frac{22}{7}$とします。

3 1から順番に、その数の約数の個数を並べます。例えば、9の約数は1、3、9の3個なので、9番目の数字は3です。

1, 2, 2, 3, 2, 4, 2, 4, 3, ……

（1） 56番目の数字を求めなさい。

（2） 最初から200番目までに、奇(き)数は何個あるか求めなさい。

4 コウジ君の家と駅までの距離は5.4kmで、その途(と)中にはコンビニエンスストアがあります。コウジ君は9:00に家を出発し、9:40にコンビニエンスストアを通過して、10:00に駅に到(とう)着しました。

お兄さんはコウジ君よりも5分遅く駅を出発し、コンビニエンスストアで10分間買い物をした後、コウジ君が駅に到着した時刻に家に到着しました。

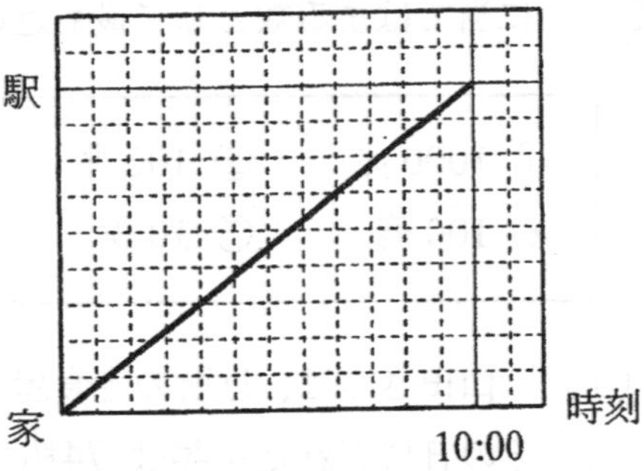

グラフはコウジ君が家を出発してから、駅に到着するまでのコウジ君の位置の変化を表しています。次の問いに答えなさい。ただし、コウジ君とお兄さんはともに同じ道を一定の速度で移動するものとします。

（1） 家からコンビニエンスストアまでの距離は何mか求めなさい。

（2） お兄さんの位置の変化を表すグラフを解答らんにかきなさい。

（3） コウジ君とお兄さんが出会った場所は、コンビニエンスストアから何m離(はな)れているか求めなさい。

（5）　図のように、紙でできた四角形 ABCD を AC で折ったところ B は CD 上の点 E とぴったり重なりました。次に AE で折ったところ、D は点 B とぴったり重なりました。角 B の大きさが 126°であるとき、2つの折り目が作る角アの大きさを求めなさい。

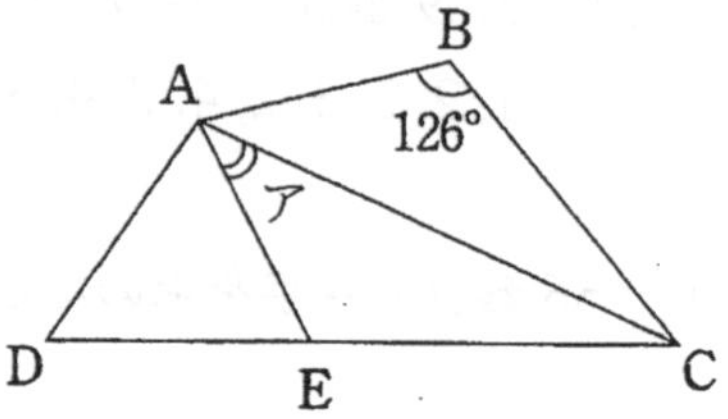

2　□に当てはまる数として最も近い数を①～⑩より１つ選び、番号で答えなさい。

① 1000 兆	② 100 兆	③ 10 兆	④ 1 兆	⑤ 1000 億
⑥ 100 億	⑦ 10 億	⑧ 1 億	⑨ 1000 万	⑩ 100 万

（1）　山田さんは、近所の定食屋で販（はん）売されている牛丼（どん）について調べてみました。その日に売れた牛丼は 74杯（はい）で、１杯に使われている米粒（つぶ）を数えてみたところ 4148 粒でした。１杯に含まれる米粒を平均 4000 粒、１週間で平均 500 杯売れ、１年間が 50 週であるとすると、この定食屋が１年間で牛丼に用いている米粒は□粒です。

（2）　中国からの飛来が話題になった大気汚染（おせん）の原因「浮遊粒子状（ふゆうりゅうしじょう）物質 PM2.5」はその直径が 2.5 ミクロン以下であることが、その名前の由来です。この PM2.5 を一直線に並べて、名古屋から京都までの往復の距離（きょり）(250km)の長さにするとき、並んでいる PM2.5 は□個です。ただし、１つの PM2.5 の直径はすべて 2.5 ミクロンであるとします。また、１ミクロン＝0.000001m です。

2013年度（平成25年度）南山中学校男子部　入学試験　問題用紙

算　数

答えは解答用紙に書きなさい。

分数で答えるときは、約分して答えなさい。

（60分）

1　次の □ に当てはまる数を答えなさい。

（1）　$\frac{3}{8}\times 3.2-(2-\frac{5}{6})\div 1\frac{2}{3}=\square$

（2）　$1\frac{4}{5}\times\frac{7}{15}-0.6\div\square=\frac{3}{25}$

2　次の問いに答えなさい。

（1）　水100gが入ったビーカーに20gの食塩を加えたのち、食塩水200gを加えたところ、食塩水の濃度（のう）は15%になりました。加えた食塩水の濃度を求めなさい。

（2）　西暦（れき）の年数が4の倍数ならば、うるう年（1年の日数が1日多い年）です。2013年4月1日は月曜日です。2019年3月31日は何曜日ですか。

5 川の下流にA地点、上流にB地点があります。ユウト君はある船で、A地点を出発し、B地点に着いたあと、すぐにA地点に戻(もど)りました。ショウコさんは別の船で、B地点を出発し、A地点に到着(とうちゃく)したのち、すぐにB地点に戻り、その後ふたたびA地点へ向かいました。このとき、A 地点、B 地点にはとどまらず、すぐに出発したものとします。２人は10:00にA地点、B地点をそれぞれ同時に出発しました。

グラフはB地点に着くまでのユウト君と、最初にA地点に着くまでのショウコさんの、A 地点からの距離(きょり)の変化を表しています。次の問に答えなさい。ただし、それぞれの船の静水での速さと川の流れの速さは一定であるものとします。

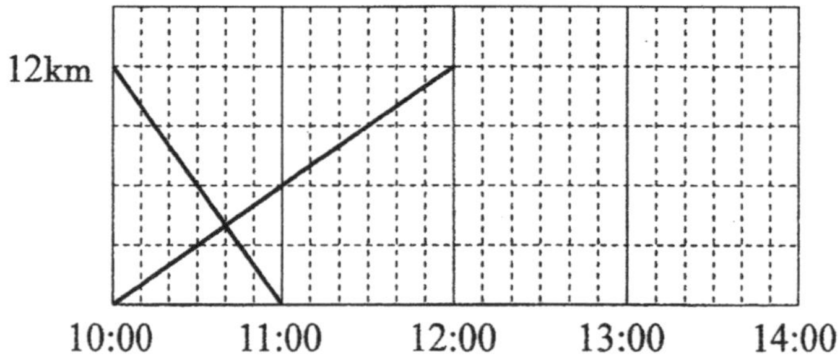

（1） ユウト君がA地点からB地点へ向かうときの速さは時速何kmか求めなさい。

（2） ショウコさんが２回目にA地点に着いたのは13:30のことでした。ショウコさんがA地点を出発してから、A地点に戻るまでのショウコさんの位置の変化をグラフに表しなさい。解答用紙に直接記入しなさい。

（3） ユウト君とショウコさんが２回目に出会った位置から、A 地点までの距離は何kmか求めなさい。求める過程も書きなさい。

6 ハルナさんの町にあるクッキー工場では、ミルク味とチョコレート味の２種類のクッキーを機械で作っています。この機械で作られたクッキーはベルトコンベアーに乗って、１個ずつ機械の外に運ばれます。この機械は作動させると、まずミルク味のクッキーを２個作り、次にチョコレート味のクッキーを１個作ります。そのあとは同じように、ミルク味のクッキーを２個作ってから、チョコレート味のクッキーを１個作る、ということをくり返します。機械の外に運ばれたクッキーは、運ばれてきた順に５個ずつ箱に詰(つ)めます。

（１） 機械を作動させてクッキーを20箱詰めたところで機械を止めました。このときに箱に入っているミルク味とチョコレート味のクッキーの個数をそれぞれ求めなさい。

（２） （１）でクッキーを詰めた20箱のうち、チョコレート味のクッキーが１個だけ入っている箱と、チョコレート味のクッキーが２個入っている箱はそれぞれ何箱ずつあるか求めなさい。

（３） 機械を作動させて、チョコレート味のクッキーが１個だけ入っている箱が20箱できたところで機械を止めました。このときに箱に入っているミルク味とチョコレート味のクッキーの個数をそれぞれ求めなさい。

2013 年度（平成 25 年度）　南山中学校男子部　入学試験問題

理　科

（50分）　問題に指定の無いものについては漢字でもひらがなでもよい。

1．

次の各問いに答えよ。

(1)　ヒトの誕生は精子と卵の合体から始まるが、そのことを何というか。

(2)　ヒトは酸素を肺から取り入れているが、肺で呼吸をしている動物を次のア～オからすべて選び、記号で答えよ。

ア．メダカ　　イ．ニワトリ　　ウ．クジラ　　エ．ウシ　　オ．セミ

(3)　下の図のようにうでを曲げた状態からうでをのばす時、AとBの筋肉はそれぞれどのような状態になるか。次のア～エから正しいものを一つ選び記号で答えよ。

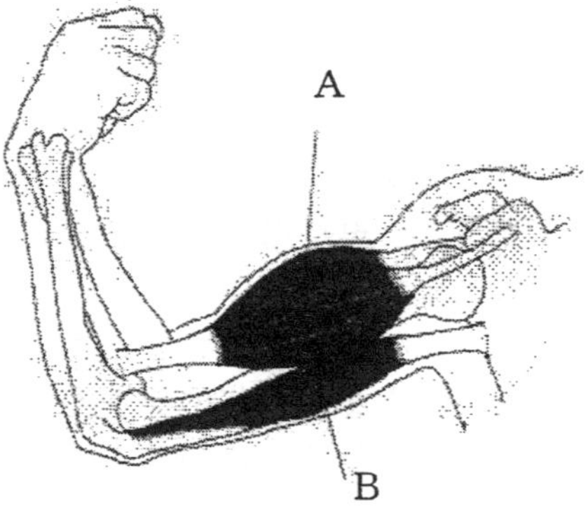

ア．Aの筋肉はのび、Bの筋肉は縮む

イ．Aの筋肉は縮み、Bの筋肉はのびる

ウ．AとBの両方の筋肉がのびる

エ．AとBの両方の筋肉が縮む

(4)　地上の気温やしつ度を測るために、直射日光があたらないようになっていたり、風通しをよくするなどの工夫がされている温度計やしつ度計などが入った白い箱のことを何というか、漢字で答えよ。

(5)　下の図1から3の実験に使う道具について、それぞれ答えよ。

①　図1のガスバーナーについて、空気調節ねじを回すことによって、空気が入ってくるところを図中のア～ウから正しいものを一つ選び記号で答えよ。

②　図2の名前を答えよ。

③　図3の名前をひらがなで答えよ。

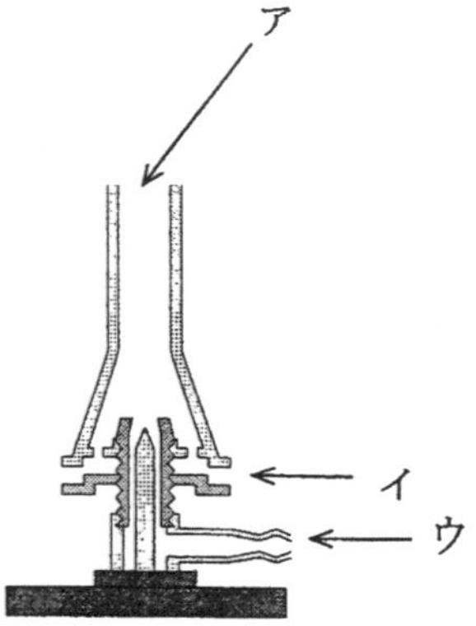

図　1

図　2

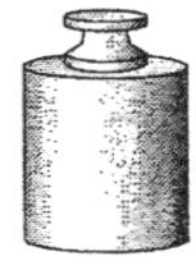

図　3

(4)　実験１と実験２から、この植物が花の芽をつけるためにはどのような条件が必要だと考えられるか。次のア～エのうち考えられるものをすべて選び記号で答えよ。

ア．光があたっている時間がある時間より長くなると花の芽をつける
イ．光があたっている時間がある時間より短くなると花の芽をつける
ウ．光があたっていない時間がある時間より長くなると花の芽をつける
エ．光があたっていない時間がある時間より短くなると花の芽をつける

(5)　実験１、実験２、実験３、実験４から、この植物が花の芽をつけるためにはどのような条件が必要だと考えられるか。次のア～クのうち考えられるものを一つ選び記号で答えよ。

ア．連続して光があたっている時間がある時間より長くなると花の芽をつける
イ．連続して光があたっている時間がある時間より短くなると花の芽をつける
ウ．連続して光があたっていない時間がある時間より長くなると花の芽をつける
エ．連続して光があたっていない時間がある時間より短くなると花の芽をつける
オ．一日のうち光があたっている時間の合計が短くなると花の芽をつける
カ．一日のうち光があたっている時間の合計が長くなると花の芽をつける
キ．一日のうち光が当たっていない時間の合計が短くなると花の芽をつける
ク．一日のうち光が当たっていない時間の合計が長くなると花の芽をつける

光があたる時間とあたらない時間を人工的な光で調節することにより花の芽をつける時期をコントロールすることができ、実際に花のさいばいに利用されている。このさいばい方法を用いた電照（　　　）は愛知県においては渥美（あつみ）半島を中心にさかんに生産されている。

(6)　上の文章中の（　　　）にあてはまる植物名をカタカナで答えよ。
(7)　このさいばい方法で使われる人工的な光を、省エネルギーのために白熱電球から発光ダイオードなどが使われるようになってきている。発光ダイオードをアルファベット（大文字）３文字で答えよ。

4．

私たちの生活にはいろいろな「仕事」がある。バスの運転手や料理人、プロスポーツ選手など。このように、私たちの生活では「仕事」という言葉を主に職業をあらわすものとして使うことが多い。

しかし理科の世界で「仕事」という言葉を使うときは別の意味で使われている。理科の世界での「仕事」という言葉は「Aさんが、ものに力を加えたとき、Aさんが加えた力の向きにどれだけ動かすことができたか」という意味を持つ。したがって、Aさんがものにした仕事の大きさというのは

Aさんが加えた力の大きさ　×　Aさんが加えた力の向きにものが動いたきょり

として表すことができる。（例えば、Aさんがものに右向きに30の力を加えて、ものが2m動いたとき、その時のAさんの仕事は60となる）

このことをふまえて、次の各問いに答えよ。

(1)　水平でゆがまないゆかでAさんが荷物に右向きに25の力を加えて右向きに3m動かした。この時のAさんの仕事の大きさはいくらか。

(2)　水平でゆがまないゆかでAさんが荷物を下向きに65の力で押しながらBさんが荷物を右向きに15の力で押して、右向きに2m動かした。このときAさんがした仕事の大きさはいくらか。

次に図のようなかっ車を使って2kgの球を持ち上げることを考える。以下の問いに答えよ。ただし、まさつやかっ車とひものおもさは考えないものとする。

図1

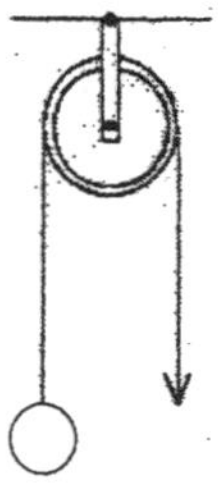

図2

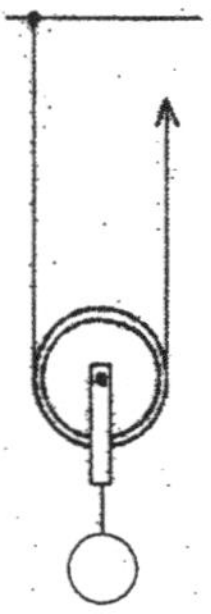

(3)　図1の場合、小球を持ち上げるには何kgの力でひもをひけばよいか。

(4)　図2の場合、小球を持ち上げるには何kgの力でひもをひけばよいか。

(5)　図1で小球を1m持ち上げる場合と、図2で小球を1m持ち上げる場合の「仕事」について、次のア～オの中から正しいものを一つ選び記号で答えよ。ただし、図1の場合、加えた力はひもを伝わって、小球の持ち上がる向きに働いているものとする。

ア．図1のかっ車を使ったほうが加える力が小さくてすむので仕事の大きさは大きい

イ．図1のかっ車を使ったほうが加える力が小さくてすむので仕事の大きさは小さい

ウ．図2のかっ車を使ったほうが加える力が小さくてすむので仕事の大きさは大きい

エ．図2のかっ車を使ったほうが加える力が小さくてすむので仕事の大きさは小さい

オ．どちらも仕事は同じ

(6)　(5)の日食は下の左図のような日食とは違い、下の右図のように太陽の全体をすっぽりとかくすものではなかった。このような日食を(　　　)日食と呼ぶか。(　　　)にあてはまる言葉をひらがな4文字で答えよ。

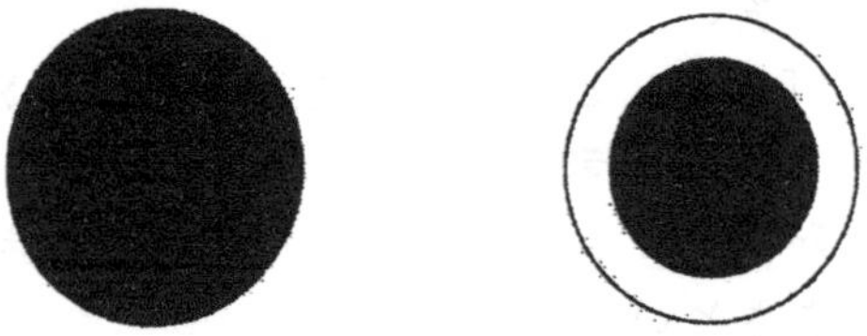

(7)　2012年、日食とともに注目された、金星が太陽の前面を通過する金星の太陽面通過という天文現象が起きた。図3は金星の太陽面通過の様子を地球から観測した様子を表したもので、太陽をかくす範囲(はんい)が月よりも小さいのは、月に比べて金星の方が月よりも遠いためである。図4は内側から順番に、水星、金星、地球、火星、木星、土星が太陽の周りを回っている様子を表したものである。ただし、太陽からのきょりと、星の大きさは正しく表しているものではない。

図3

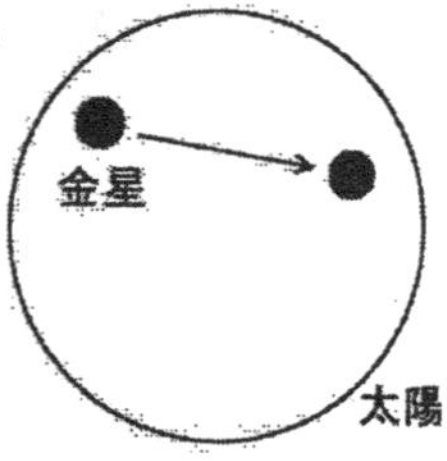

図4

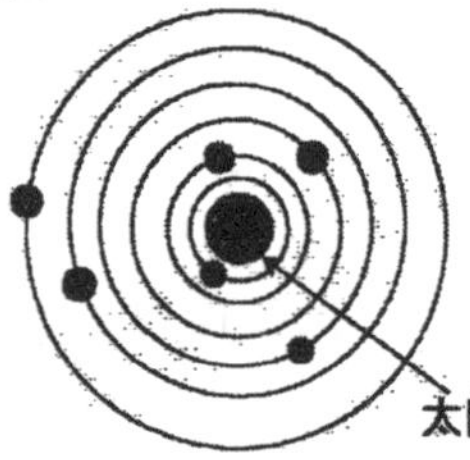

地球から見たとき、太陽面通過が起こる可能性のある星を次のア～エからすべて選び記号で答えよ。

ア．水星　　イ．火星　　ウ．木星　　エ．土星

(8)　日本では2009年にも日食を観測することができた。この日食は(6)の左図のように太陽を月がすっぽりとかくす日食であった。このような日食の見え方の違いはなぜ起こると考えられるか。次のア～オの中から一つ選び記号で答えよ。

ア　月の形が球であるため
イ　月にクレーターがあるため
ウ　観測できる時刻が違う(夜と昼など)ため
エ　月と太陽とのきょりが長くなったり短くなったりするため
オ　月には空気がないため

(9)　日食を観察する方法として適しているものを、次のア～カの中からすべて選び記号で答えよ。

ア．太陽の光を少し手でかくしながら肉眼で直接観察する
イ．色のこいサングラスを使って観察する
ウ．厚紙にあけた小さな穴を通した太陽の光を白い紙にうつして観察する
エ．太陽に雲が多くかかったとき目を細めて見て観察する
オ．手鏡で太陽の光をかべに反射させて観察する
カ．ものが燃えたときに出るススをつけたガラス板で観察する

2013年度(平成25年度) 南山中学校男子部入学試験問題用紙 社会

（漢字で答えるように指示していないところは、漢字で書いてもかなで書いても構いません。）

（30分）

1 私たちのクラスでは、班ごとにテーマを決めて、調べることにしました。A班は日本の食料生産、B班は自動車工業について調べました。その内容をよく読んで、設問に答えなさい。

＜日本の食料生産＞

スーパーマーケットには新鮮な食料品がたくさん並んでいます。そして、買う人の安心を得るため多くの農産物や水産物には産地が明記されています。以下は代表的な農産物の生産割合と主な漁港の水揚げ量です。

[主な農産物生産] 数字は、米・茶以外は2010年産の割合（%）、米・茶は2011年産の割合（%）

米	北海道	7.6	A	7.5	秋田県	6.1	茨城県	4.7
キャベツ	B	17.8	群馬県	17.7	千葉県	9.4	茨城県	6.3
トマト	熊本県	14.3	北海道	7.1	B	6.6	茨城県	6.5
きゅうり	C	10.2	群馬県	10.0	福島県	8.4	埼玉県	8.2
茶	静岡県	41.0	D	29.0	三重県	9.0	C	4.0
肉用牛	北海道	19.4	D	13.1	C	8.7	熊本県	5.3
豚	D	14.0	C	7.8	千葉県	6.7	茨城県	6.4

[主な漁港の水揚げ量] 2009年（単位千t）

(1) 銚子（224） (2) E（189） (3) 八戸（133） (4) 釧路（132） (5) 石巻（115）

（農産物生産、水揚げ量ともに『日本国勢図会2012/13』より）

問1 [主な農産物生産]のA～Dの県名を漢字で書き、その位置を右の地図Ⅰ・Ⅱの中から選んで番号を答えなさい。

地図Ⅰ

地図Ⅱ

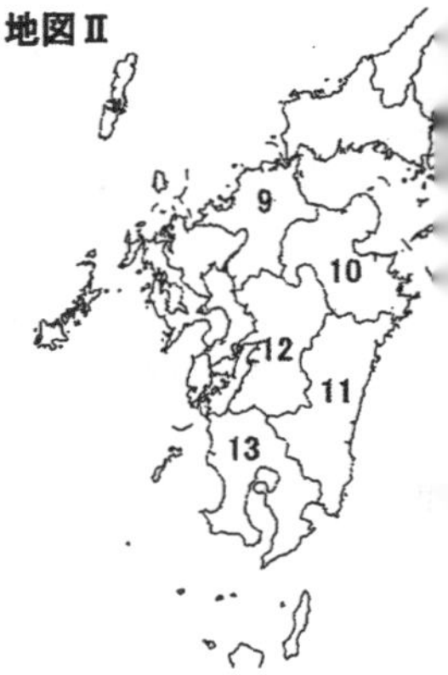

問2 食用穀物について述べた文として誤っているものを一つ選びなさい。

ア 食生活の洋風化や多様化で米の消費量が減っているので、米の生産調整をしている。

イ 食生活の変化で、パンや中華めんを食べる人が増え、小麦の生産も増加して、小麦の自給率はおよそ50%になった。

ウ 主食用の米は自給率100%である。だから、輸入小麦の代わりに米粉、飼料用とうもろこしの代わりに飼料用米の生産拡大を図るように計画している。

エ 日本の小麦の輸入先はアメリカ、カナダ、オーストラリアである。

問3 野菜、果物、花き生産について述べた文として誤っているものを、一つ選びなさい。

ア 夏キャベツは夏の涼しい気候を生かして消費地に近い高原などでつくられる。冬キャベツは温暖な気候を利用してつくられ、11月～3月ころ出荷される。

イ きゅうりはもともと暖かい時期にとれる作物だが、冬春きゅうりは暖かい気候を利用して、ビニールハウスで育てられる。

ウ 果実生産量で多いのはりんごとみかんである。りんごの主な生産地は青森県、長野県で、みかんは山形県、秋田県である。

エ 沖縄県では、促成栽培や抑制栽培で、12月や3月に小菊を出荷している。

問4 それぞれの漁港は漁獲される主な魚種に特徴がある。[主な漁港の水揚げ量]における E 港はかつおの水揚げ量が日本一である。E港の名前を答えなさい。

を接近したとみなし、1951～2011年の期間の合計数で考えるものとする。

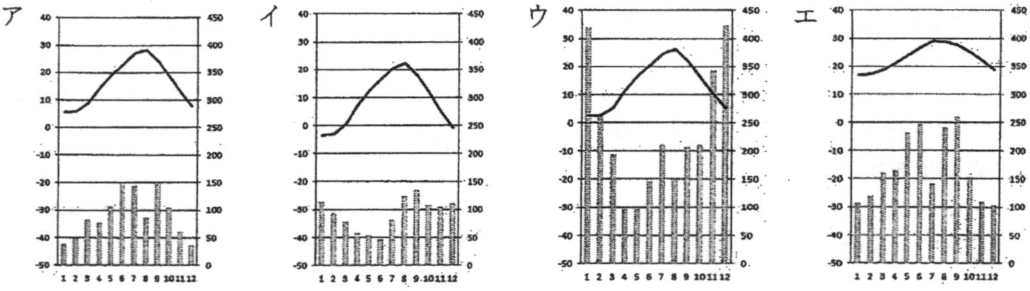

問2　下線部②について、日本で2番目に長い利根川が**流れていない**県を一つ選びなさい。

ア　群馬県　　イ　埼玉県　　ウ　栃木県　　エ　茨城県　　オ　千葉県

問3　下線部③について、右のグラフから読み取れる川に関する情報としてもっとも正しいものを一つ選びなさい。

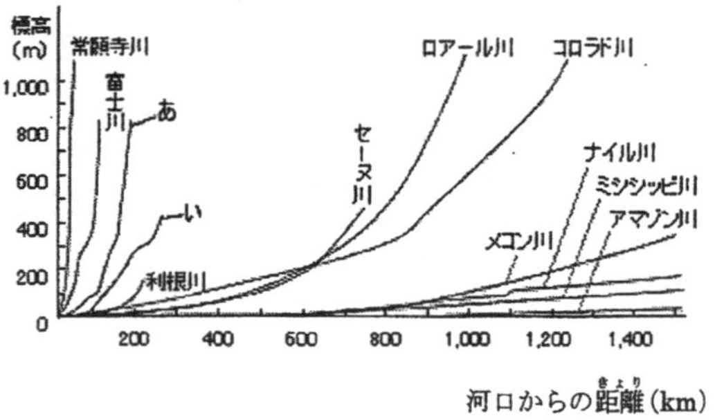

ア　グラフ中の「あ」の川は標高 1000m以上のところから流れてきている。

イ　グラフ中の「い」の川は日本で最も長い木曽川のことを示している。

ウ　世界の川に比べて日本の川は流れが急な傾向(けいこう)にある。

エ　世界の川に比べて日本の川の方が川の流域面積は広いものの、長さが短い傾向にある。

問4　下線部④について、右の地図に示された工場は、主にきれいな空気や水があり、飛行機で空輸するため空港に近いという条件で建設されることが多い。この工場で生産している製品を一つ選びなさい。

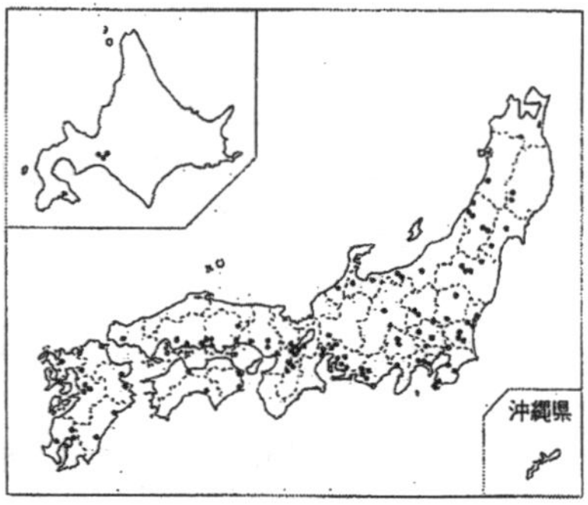

ア　電子部品　　イ　医薬品

ウ　めがね　　エ　プラスチック製品

問5　下線部⑤について、日本国憲法第25条で保障されている基本的人権の一つは□□権という権利である。□に当てはまる漢字2字を答えなさい。

問6　下線部⑥について、日本の四大公害病のうち、水質汚染が原因とはなっていないものを答えなさい。

問7　下線部⑦について、この考え方でいくと、オレンジ 450g を輸入した場合、どれだけの水を輸入したことになるか、右の「作物栽培に必要な水の量」の表を使って答えなさい。

[作物の栽培に必要な水の量]

分類	単位あたりの重量(g)	ヴァーチャルウォーターの量(ℓ)
米	150	555
オレンジ	225	90
りんご	200	69
ほうれん草	450	111

問8　空欄（　⑧　）に当てはまるものを一つ選びなさい。

ア　ヨーロッパ共同体

イ　ヨーロッパ連合

ウ　ヨーロッパ経済共同体

エ　ヨーロッパ連盟

問9　下線部⑨について、このアメリカの輸送機は何とよばれるか、カタカナ5文字で答えなさい。

3 次の文章は地図に興味を持ったしょうた君が地図の歴史についてまとめた作文です。よく読んで設問に答えなさい。

地図Ⅰ（実際の地形図を縮小してあるため実物とは異なる）

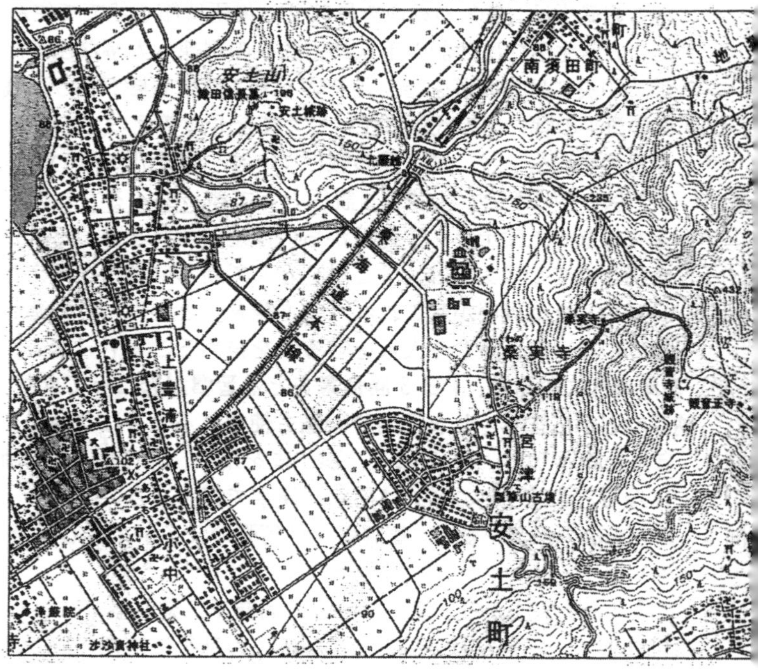

右の地図は僕が以前、旅行にいった場所の地図です。城跡（しろあと）や古墳を地図と見比べながら見てきました。地図の情報を読み取るのはとても楽しかったので地図に関して調べてみました。

地図は文字を持たない時代にも描（えが）かれていました。木や獣（けもの）の皮を使ったり、砂に描くといった方法があったようです。①稲作（いなさく）農耕の始まった時代から②古墳を作るようになった時代にかけて、なんらかの地図があったようです。

地図を作った記録がでてくるのは③大化の改新のころです。税をとるための資料にしたそうですが、実際にこのころにつくられたかどうかは定かではありません。④8世紀には『風土記』という書物も作られ、各地の調査や報告がおこなわれたことがわかっています。これにあわせて地図のようなものもあったのでないかと言われています。奈良の大仏がつくられたころに活躍（かつやく）した（　⑤　）という僧（そう）は、人々のために橋や道、池や水路などをつくりながら仏教を広めた人物ですが、日本地図を描いたという言い伝えもあるということがわかりました。この地図を「（　⑤　）図」というそうです。

貴族や武士が私有地を持つようになると、私有地の所有者を確認するために土地の絵地図がつくられました。室町時代では守護大名や戦国大名が自分の領地の絵地図を作成しました。

⑥南蛮貿易がはじまると、ヨーロッパから地球儀（ちきゅうぎ）がもたらされて日本の人々に衝撃（しょうげき）を与（あた）えました。江戸時代になると、幕府が各地域の地図を使って支配力を高めようと考えたため、各地の地図が集められました。江戸時代の後半には、日本の北方調査が何度もおこなわれ、その結果、⑦日本人による初の、日本全国の海岸線を正確に描いた地図が作られました。⑧この地図はヨーロッパで作られる地図の中に日本を正しく描くことにもつながりました。

明治政府は⑨新しくできた税制度に地図が必要だったり、西南戦争では精度の高い地図を必要としたりしました。⑩日清戦争や日露戦争、⑪日韓併合によって新たな土地を手に入れた日本は、主にそれらの土地の地図を作ることに力を注ぎました。そのため、国内の地図はあまり発展しないまま、太平洋戦争に突入しました。⑫1945～1952年の間、戦前につくられた地図の原図や資料の整備が進められ、1960年に国土地理院ができると、⑬2万5000分の1地形図を基本的な地図とする国内すべての地図をつくる作業が始まりました。

最近は、コンピュータでの作業もできるためさまざまな地図がうまれています。⑭統計の数値をもとに都道府県や国の面積を変化させるカルトグラムという変わったものもあります。どのような地図を使っているかは、その時代の人々の文化や興味関心、技術力を表すものだということに気づきました。

イ　都から地方に派遣された役人の中には、その立場を利用して富をたくわえた者もいた。そして、領地を守るために武士になった。

ウ　地方の武士は、自分の領地を見渡せる場所に館を建てて住んだ。一族や家来たちも近くに住んだ。日常生活では武器の手入れや武芸の訓練も大事な仕事だった。

エ　館の中央には主人が生活したり客をもてなす寝殿があり、寝殿の南側には池がつくられた。

問２　次の源平の戦いを年代順に並べ替えて記号で答えなさい。

ア　屋島の戦い　　イ　壇ノ浦の戦い　　ウ　富士川の戦い　　エ　一ノ谷の戦い

問３　「ご恩」と「奉公」に関する説明として誤っているものを一つ選びなさい。

ア　家来になった武士たちに先祖からの領地の所有を認める「ご恩」があった。

イ　手柄を立てた武士には、「ご恩」として新しい領地を与えた。

ウ　「奉公」とは戦いが起これば「いざ鎌倉」とかけつけ、幕府のために戦うことだった。

エ　戦いのない時、鎌倉や大阪を守る役を務めることも「奉公」とされた。

(B) 室町時代になると、１日３回食事をとる習慣が起こってきた。うどん、とうふ、こんにゃく、納豆などが広まり、しょう油や砂糖も使われるようになった。

問４　自由な間取りで、畳や障子、ふすまを用い、床の間や違い棚も設けた現在の和風住宅の起源になった武家住宅の様式は何か。漢字で答えなさい。

問５　足利義満の保護を受け、観阿弥・世阿弥の父子が大成した無形文化遺産は何か。漢字で答えなさい。

問６　農業生産力が上がり、都市を中心に商業や工業も盛んになった。お祭りや盆踊りなどが各地で行われて、民衆の力が高まった。応仁の乱後に京都の町衆が復活させた祭りで、現在もおこなわれている京都八坂神社の祭りを何というか答えなさい。

(C) 江戸時代、ご飯をたくのは１日１度。江戸では朝、大阪や京都では昼にたいた。２食は冷や飯で、お米に粟やひえを混ぜて食べた。都市では、そば・天ぷら・すしなどの屋台ができた。

問７　城下町に集められた商工業者は、はじめは同じ職種の家がまとまり、小さな社会をつくった。こうした商人や職人身分を何と言うか。漢字で答えなさい。

問８　百姓は村に属して生活していた。年貢の納入や村からの逃亡に連帯して責任を負わせた組織を何というか。漢字で答えなさい。

問９　江戸や大阪などの都市の文化は地方にも広がった。18 世紀以降、教育への関心も高まり、商人・職人や百姓の子どもたちも読み書きやそろばんなど、生活に必要な知識を学ぶようになった。これらを学ぶ教育機関を何というか。漢字で答えなさい。

問 10　1856 年、岡山藩で商人・職人や百姓とは別に身分上差別されてきた人々への規制が強化され、それに反対する一揆が 53 ヵ村に広がった。この一揆を何というか答えなさい。

(D) 明治時代になると、西洋料理が入ってきて肉食が始まった。牛鍋は今のすき焼きのもとである。西洋料理は「洋食」とよばれ、カレーライス・オムレツ・とんカツなどが作られた。

問 11　６才以上の男女が小学校に通うことを定めた年を一つ選びなさい。

ア　1870 年　　イ　1872 年　　ウ　1874 年　　エ　1876 年

問 12　西南戦争以降、まゆや米などの価格が下がり、農民たちは苦しい生活をしいられた。「借金の支払いを延期することや村に払う税金を安くすること」などを求めて、農民 3000 人あまりが、1884 年に埼玉県で役所や高利貸しをおそった。この事件を何というか答えなさい。

問 13　明治時代は江戸時代の身分制度が改められたが、長い間差別に苦しめられてきた人々への日常生活での差別は残された。その後、日本国憲法のもとで、「すべて国民は、法の下に（　①　）であって、人種、信条、性別、社会的身分又は門地により、政治的、経済的又は社会的関係において、差別されない」（第 14 条）と定められた。（　①　）に適する語を漢字で答えなさい。

2013 年度（平成 25 年度）南山中学校男子部　入学試験　解答用紙

算　　数

1

(1)	(2)

2

(1)	(2)	(3)	(4)
%	曜日	cm	個

3

(1)	(2)
cm^2	cm^2

4

(1)	(2)	(3)
通り	通り	通り

5

(1)
時速　　km

(2)

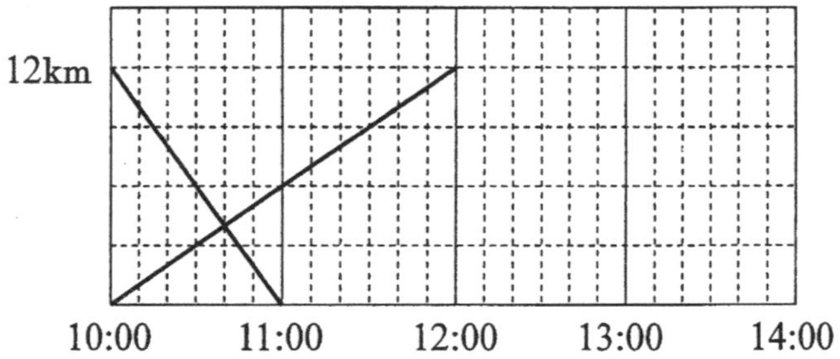

(3) 求め方

答え　　km

2013年度(平成25年度)　南山中学校男子部　入試問題解答用紙

理　科

1.

(1)			(2)		(3)		(4)		
(5)	①		②		③				

2.

(1)		(2)		(3)	①	色	②	mℓ
③		④	液を　　mℓ	必要なし				

3.

(1)		(2)		(3)		(4)	
(5)		(6)		(7)			

2013年度(平成25年度)　南山中学校男子部　入学試験　解答用紙　社会

1

問1　A		問1　B		問1　C	
県名	地図	県名	地図	県名	地図
県		県		県	

問1　D		問2	問3	問4	問5	問6
県名	地図					
県						

問7	問8	問9（1）

問9（2）		問10
国名	地図	

2

問1	問2	問3	問4	問5	問6

問7	問8	問9
（ℓ）		

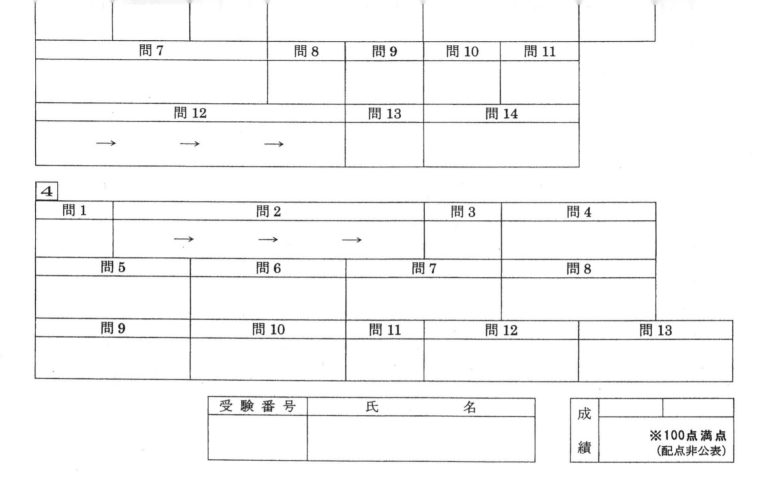

問 7	問 8	問 9	問 10	問 11

問 12	問 13	問 14
→ → →		

4

問 1	問 2	問 3	問 4
	→ → →		

問 5	問 6	問 7	問 8

問 9	問 10	問 11	問 12	問 13

受験番号	氏　　名

成績	
	※100点満点（配点非公表）

(1)		(2)		(3)	kg	(4)	kg
(5)							

5.

(1)		(2)		(3)		(4)	秒	(5)	

6.

(1)		(2)		(3)		(4)	日の入り		日の出	
(5)		(6)		(7)		(8)		(9)	

受験番号	氏名

成績		
	※200点満点 （配点非公表）	

6

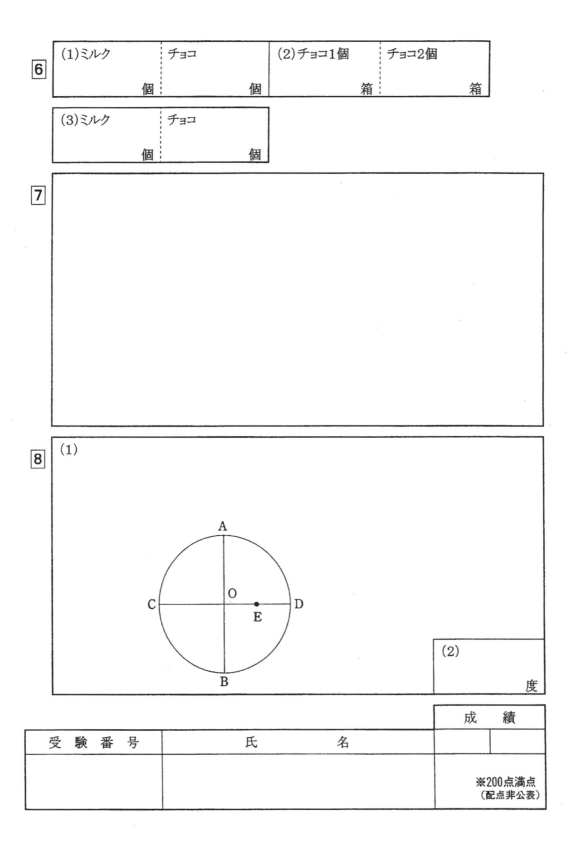

(1)ミルク	チョコ	(2)チョコ1個	チョコ2個
個	個	箱	箱

(3)ミルク	チョコ
個	個

7

8

(1)

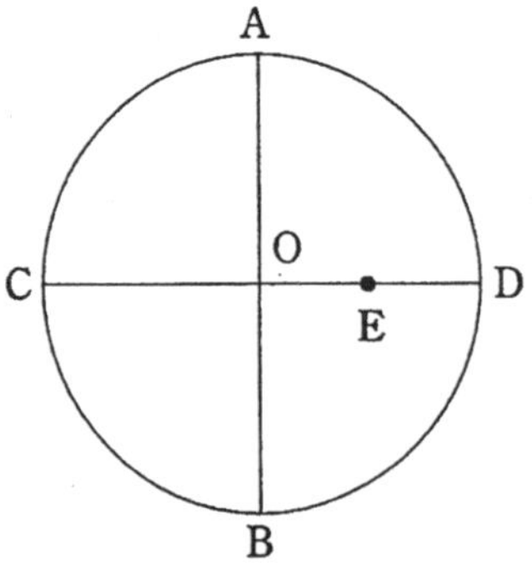

(2)

度

	成績	

受験番号	氏名	
		※200点満点 （配点非公表）

問10　下線部⑩について、日清・日露戦争に関する説明として誤っているものを一つ選びなさい。
ア　日清戦争に比べて日露戦争の方が戦死者の数が2倍以上多かった。
イ　日清戦争がおきた1894年はイギリスとの条約改正に成功した年でもあった。
ウ　東郷平八郎は旅順の203高地での戦いで日本陸軍を率いた。
エ　与謝野晶子は戦地の弟を思う詩を発表して日露戦争に反対した。

問11　下線部⑪について、日韓併合よりも年代が古いものを一つ選びなさい。
ア　ノルマントン号事件で日本人乗客が犠牲(ぎせい)になった。
イ　全国水平社が京都で結成された。
ウ　新渡戸稲造が国際連盟の事務局次長を務めた。
エ　小村寿太郎が条約改正に成功し、関税自主権が回復された。

問12　下線部⑫について、1945年から1960年までの出来事を年代順に並べ替えて記号で答えなさい。
ア　韓国と北朝鮮の間で戦争がおきた。
イ　国民所得倍増計画が発表された。
ウ　アメリカが水爆(すいばく)実験をおこない、日本の漁船が被(ひ)ばくした。
エ　『あたらしい憲法のはなし』が発行された。

問13　下線部⑬について、地図Ⅰも2万5000分の1地形図です。この地形図から読み取れることとして誤っているものを一つ選びなさい。
ア　北東から南西に東海道本線が通り、電車からは水田を見ることができる。
イ　安土山には織田信長の居城となった安土城の跡(あと)がある。
ウ　実物の地形図上で2㎝の長さの場合、実際の距離は500mである。
エ　安土駅から北に市街地を歩いていくと古墳を見つけることができる。

問14　下線部⑭について、カルトグラムという地図は統計の数値が大きいものほど、その都道府県や国などの面積を大きく描くという地図である。例えば下の地図ⅡはGDPの大きい国ほど面積が大きくなった世界地図である。これをふまえてレタスの生産量について、日本地図のカルトグラムを作った場合、もっとも面積が大きくなる都道府県名を漢字で答えなさい。レタスの生産量における上位の都道府県の生産量は以下の表に示した通りである。

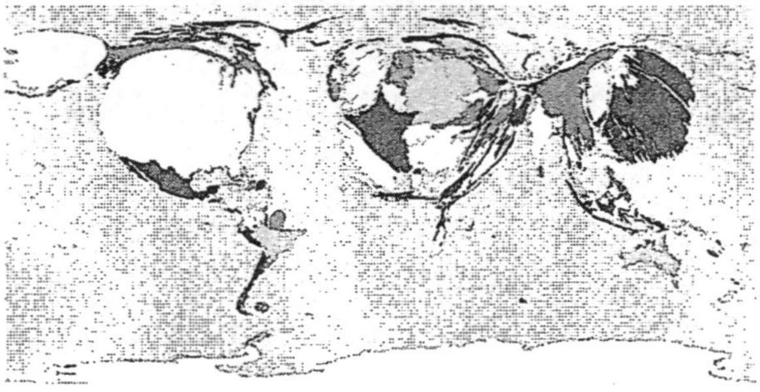

地図Ⅱ

レタスの生産量（2010年の生産量）

量（t）	割合（%）
171400	31.9
83200	15.5
52400	9.7
35200	6.5
26000	4.8
22100	4.1

『日本国勢図会2012/13』より

4　次の（A）～（D）の文章を読み、設問に答えなさい。

(A) 鎌倉時代、武士の食事は1日2食であり、玄米(げんまい)（もみ殻(がら)を取り去っただけで、精米していない米）を1日5合も食べた。これは今の大人の4倍の量になる。味噌汁(みそしる)と、おかずにいわしやあじなどの干物(ひもの)を食べた。

問1　武士とはどのような人々で、どのような暮らしをしていたのか、次の説明文の中から、誤っているものを一つ選びなさい。
ア　地方の有力な農民が、新たに田畑を開いて自分の領地とし、豪族になった。そして、領地を守るために武芸にはげみ、武士となった。

問１　下線部①について、稲作農耕の始まった時代に関する説明として誤っているものを一つ選びなさい。

ア　稲の穂(ほ)をかり取るときに石包丁を使った。

イ　弥生土器という名前は東京都の弥生という地名に由来している。

ウ　吉野ヶ里遺跡(いせき)からは矢じりがささったままの人骨が見つかっている。

エ　ワカタケル大王という王が中国に使いを送ったと考えられている。

問２　下線部②について、大阪府堺市(さかいし)にある古墳・古墳群として正しいものを一つ選びなさい。

ア　古市古墳群(ふるいちこふんぐん)　　イ　百舌鳥(もず)古墳群　　ウ　箸墓古墳　　エ　黒塚(くろづか)古墳

問３　下線部③について、大化の改新に関する説明として正しいものを一つ選びなさい。

ア　蘇我氏をたおし、中国から帰国した留学生を政治に参加させた。

イ　中大兄皇子が聖徳太子を補佐(ほさ)しておこなった政治改革のことである。

ウ　中臣鎌足が反乱をおこしたが蘇我氏によって滅(ほろ)ぼされた。

エ　大化の改新の結果、大王は新たに天子とよばれるようになった。

問４　下線部④について、『風土記』が作られたのと同じ時期の712年には、日本の神話や歴代天皇のことを記した現存最古の歴史書が作られた。この歴史書の名前を漢字で答えなさい。

問５　空欄（　⑤　）に当てはまる僧の名前を漢字で答えなさい。

問６　下線部⑥について、南蛮人や南蛮貿易と関係のない図を一つ選びなさい。

ア

イ

ウ

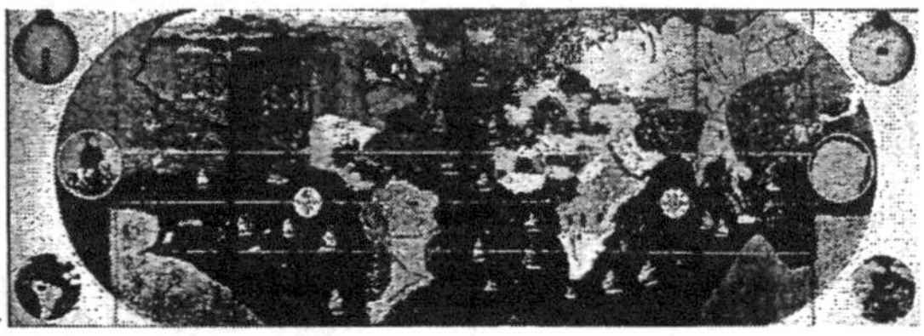
エ

問７　下線部⑦について、この地図を作るため全国を測量した佐原(さはら)（現・千葉県香取(かとり)市）の名主(なぬし)で商業を営み、50才から江戸で天文学や測量術を学んだ人物は誰(だれ)か。漢字で答えなさい。

問８　下線部⑧について、日本地図をヨーロッパに伝えたのはシーボルトという、日本の蘭学発展に貢献(こうけん)した人物である。蘭学についての説明として誤っているものを一つ選びなさい。

ア　小浜藩(おばまはん)の医者杉田玄白や中津(なかつ)藩の医者前野良沢はオランダ語の医学書を翻訳(ほんやく)した。

イ　人体解剖(かいぼう)の時、内臓の説明をした人物は百姓などとは別の差別されてきた人だった。

ウ　杉田玄白は『ハルマ和解』という蘭学の入門書をあらわして、蘭学の塾(じゅく)も開設した。

エ　蘭学とは医学だけではなく、天文学といった自然科学の内容も含(ふく)まれている。

問９　下線部⑨について、国の収入を安定させるため改められた新しい税制度についての説明として正しいものを一つ選びなさい。

ア　収穫高(しゅうかくだか)に応じて米で納める仕組みは変わらず、新制度でも米で納めた。

イ　土地の価格を決めて、その価格を税として支払(しはら)うことになった。

ウ　土地の再調査がおこなわれたため、税の重さは江戸時代と比べて軽くなった。

エ　農民は新しい税制度に反対して各地で一揆(いっき)をおこした。

よね。

いちろう：震災が2011年だから原子力発電はそんなに意識してなかったな。ほかには？

しょうた：社会保障費が必要だということもあって、消費税の増税法案も可決されたね。地震による災害はなかったけど、7月には九州北部で記録的な大雨になったよね。

いちろう：雨は人々にとって飲み水にもなるけど、①台風や大雨といった災害も引き起こすよね。

しょうた：②日本は海に囲まれて、湖や川もたくさんある。ゆたかな水とともに生活しているから、水との関(かか)わりはとても深いよね。③水力発電も日本に山と川が多いことと関係しているんだよ。

いちろう：水による災害はこわいけど、④水が豊富にあるから日本は安心だよね。

しょうた：災害だけじゃないよ。水質汚染(おせん)によって⑤日本国憲法に保障された基本的人権が侵害(しんがい)される⑥公害だって起きていたんだ。

いちろう：でも、今は水をきれいにする技術も発達しているから、日本に生まれてよかったなぁ。

しょうた：それは考え方が甘いよ。たしかに、日本にいると水の心配はなさそうに見えるけど、世界中の水と日本はいつでもつながっているんだ。この前、本で読んだけど、⑦「ヴァーチャルウォーター（仮想水）」っていう考え方があるんだって。

いちろう：ヴァ、…ヴァーチャ…ウォー…？　なにそれ？

しょうた：ヴァーチャルっていうのは「現実ではない、空想」ってこと。ウォーターは「水」のこと。どちらも英語だよ。これから中学生になるんだから身の周りにある英語も少しくらいはわからないとね。ヴァーチャルウォーターっていうのは、こういうことさ。例えば農作物をつくるときだって水を使うよね。そうやって栽培された農作物を日本が外国から輸入したとする。そうすると、外国での水がなければ日本ではその農作物を手に入れることができないということになる。だから、外国での水不足だとか、気候の変化は日本にいる僕(ぼく)たちにとっても重大な問題なんだ。別の言い方をすると、みかけは農作物を輸入しているけど、外国の水によって育っているのだから、その水も輸入していると考えることもできるというのがヴァーチャルウォーターという考え方なんだよ。わかるかい？

いちろう：な、なんとかね。

しょうた：この話は農作物だけじゃなくて、家畜(かちく)でも同じことで、むしろ、野菜などよりも牛肉や豚肉(ぶたにく)を輸入すると多くの水を輸入したことになるんだよ。なぜなら、家畜のエサを栽培するのに多くの水を使うからなんだ。

いちろう：だんだん話が難しくなってきたな。ところで2012年のニュースの話にもどろうよ。明るい話題だと、ノーベル賞では、iPS細胞(さいぼう)の研究をした山中伸弥(しんや)教授が医学生理学賞を受賞したっけ。僕も科学分野の研究がしたいなぁ。

しょうた：ちなみに、ノーベル平和賞は（　⑧　）が受賞したけど、経済不安をかかえたままだから今後に期待するしかないよね。そうそう、平和といえば⑨アメリカ軍の新しい輸送機が沖縄の普天間(ふてんま)飛行場に配備されたのも2012年だよね。墜落(ついらく)事故が心配されているし、沖縄ではアメリカ兵士による事件も起きてしまった。

いちろう：どんどん話がでてくるなぁ…さすがだね。なんとか、2012年のニュースもまとめられそうだよ、ありがとう。

しょうた：どういたしまして。毎日、新聞やニュースに関心を持つことが大事だと思うよ。

問1　下線部①について、次のグラフは棒グラフが降水量、折れ線グラフが気温を表す。このうち、台風の接近した数がもっとも多い都道府県に所在する都市のグラフを一つ選びなさい。ただし、台風の中心が、各地の気象台・測候所などの国の観測所から300km以内を通過した場合問５　銚子港で水揚げされる魚種の中で、数量が一番多いものを一つ選びなさい。

　ア　いわし類　　イ　たい類　　ウ　ぶり類　　エ　かに類

問６　水産業について説明した文として誤っているものを一つ選びなさい。

　ア　1970 年代後半以降、遠洋漁業の生産量は大幅に減った。それは、各国が 200 海里水域を設けたためである。

　イ　現在、生産量が一番多いのは沿岸漁業（養殖業を除く）である。

　ウ　水産物の消費量の約半分を輸入にたよっている。

　エ　まぐろは国際的に資源管理が行われており、漁獲規制が厳しい。

問７　まだい、ひらめ、とらふぐなどは、たまごからかえして、稚魚を育てて放流している。このように海の資源を育てる漁業を何というか答えなさい。

＜自動車工業＞

　自動車工業について調べてわかったことを報告します。自動車工業は約 3 万点の部品を組み立てる産業です。製造品の出荷だけでなく、鉄鋼やゴム、ガラスなどのさまざまな関連産業が存在します。

　自動車生産は高度成長で国内の需要が拡大し、1970 年代には輸出が増えて急成長した工業です。一方で、日米貿易摩擦の原因となり、輸出規制も受けました。そのため、アメリカなどでの現地生産が進んでいます。現地生産はその後も拡大して、2007 年には国内生産を上回りました。しかしその後、世界金融危機の影響で世界的に需要が減り、東日本大震災や東南アジアにある（　①　）の大洪水で部品調達網が寸断されて生産が大きく減少してしまいました。

問８　空欄（　①　）に適する国名を補いなさい。

問９　下の主要国の自動車生産高推移のグラフを見ると、生産台数では（　A　）が巨大な国内の需要を背景に拡大を続け、2009 年以降、世界一となっている。（　B　）は日本と同様に乗用車の生産台数が多く、ガソリン式自動車発祥の国でもある。

　(1)　空欄（　A　）に適する国名を答えなさい。

　(2)　空欄（　B　）に適する国名を答え、その国の位置を地図Ⅲの中から選びなさい。

主要国の自動車生産高推移　『日本国勢図会2012/13』より

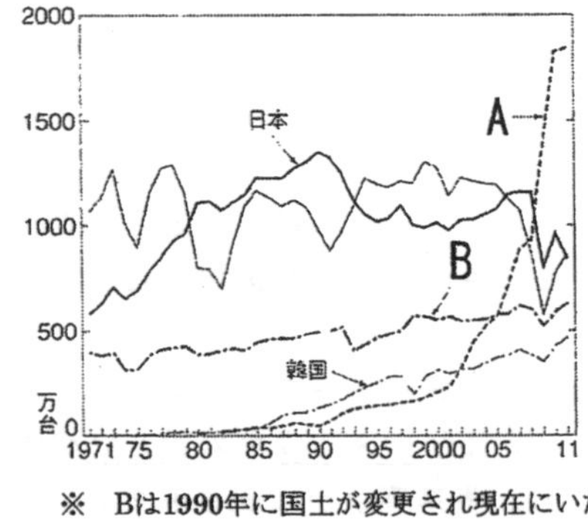

※　Bは1990年に国土が変更され現在にいたるため、1990年以前は変更前の推移。

地図Ⅲ

問 10　自動車に使う高い品質の鉄をつくるには鉄鉱石と石炭が必要である。日本が鉄鉱石と石炭を一番多く輸入している国はどこか答えなさい。

2　次の会話文を読んで、設問に答えなさい。

いちろう：2012 年のニュースをまとめようと思うんだけど、あんまり思い浮かばないんだよ。どんなニュースがあった？

しょうた：そうだなぁ。東日本大震災以降、止まっていた原子力発電所の大飯原発が再稼働された

6．

天体望遠鏡を用いて太陽の観測を行った。図 1 は太陽の表面を観察する装置を示したものである。図 2 は太陽の表面を 4 日おきの毎回同じ時刻に観察した時の様子を示したものであり、黒い部分は黒点と呼ばれる部分である。次の各問いに答えよ。

図1

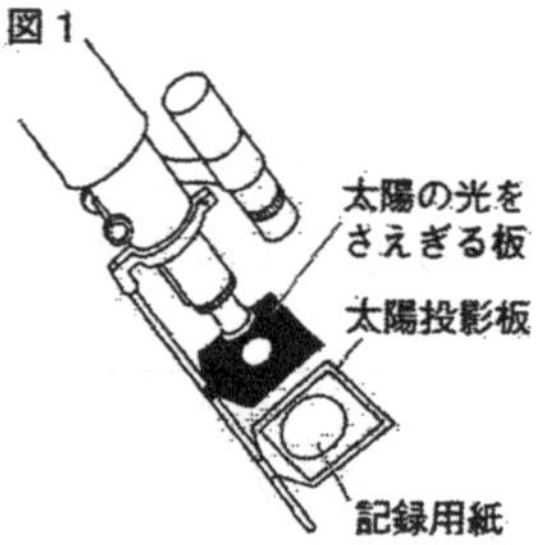

(1)　太陽の表面温度は約 6000 ℃である。黒点の温度はおよそ何℃であると考えられるか。次のア～エから一つ選び記号で答えよ。

ア．6000 ℃　　イ．4000 ℃　　ウ．8000 ℃　　エ．9000 ℃

(2)　観察の結果、図 2 のように黒点の位置が移動していることがわかった。このことから推測できることは何か。次のア～オから一つ選び記号で答えよ。

ア．太陽はガス(気体)でできている
イ．太陽は球形である
ウ．太陽はみずからが回転している
エ．太陽はみずから光を出す星である
オ．太陽は非常に高温の星である

図2

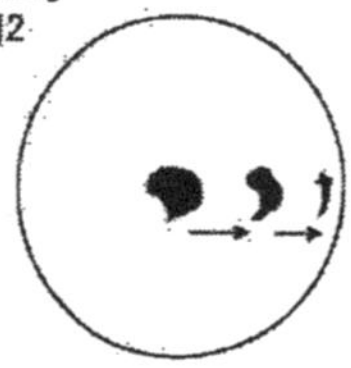

(3)　観測の結果、図 2 のように黒点の形ははしの方にいくほど細長くなっている。このことから推測できることは何か。次のア～オから一つ選び記号で答えよ。

ア．太陽はガス(気体)でできている
イ．太陽は球形である
ウ．太陽はみずからが回転している
エ．太陽はみずから光を出す星である
オ．太陽は非常に高温の星である

(4)　日の入りと日の出を表しているものを、次のア～エからそれぞれ一つずつ選び記号で答えよ。

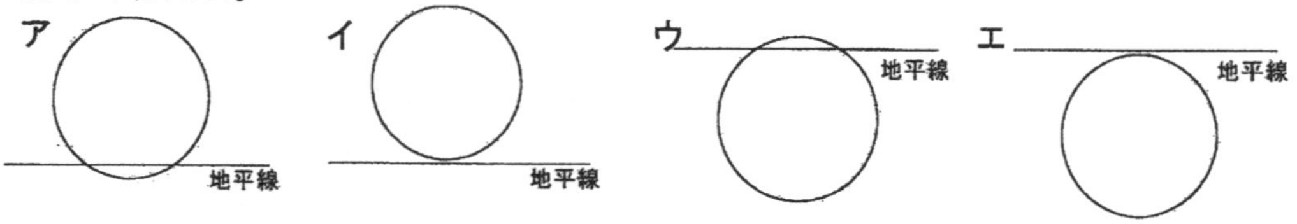

(5)　2012 年 5 月 21 日、日本で日食を観測することができた。日食とは月が太陽をかくす現象である。星の大きさは月よりも太陽の方が大きいが、地球から月までのきょりが、地球から太陽までのきょりに比べて短いためにこのような現象が起きる。日食が起きている時の地球・太陽・月の位置関係を次のア～エから一つ選び記号で答えよ。

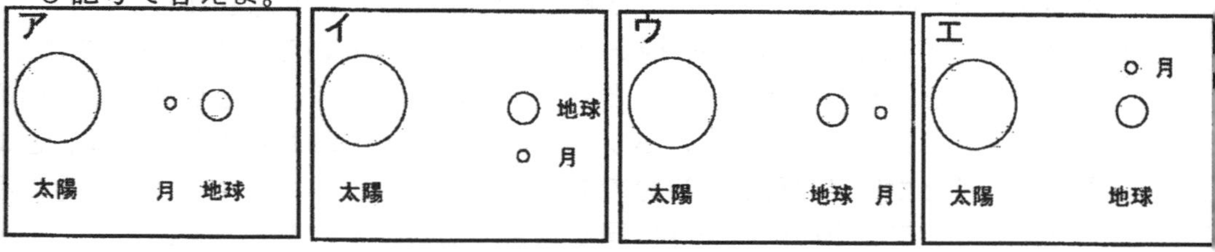

5．

図1のように天じょうに糸をつけ、その先におもりをつけたふりこを用いて実験を行った。次の各問いに答えよ。ただし、まさつや空気抵抗(ていこう)は考えないものとする。

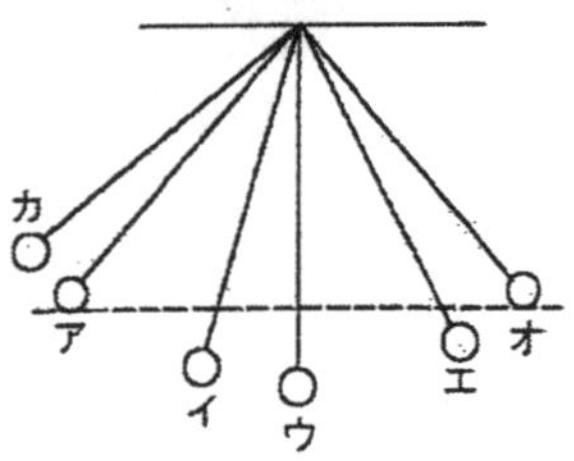

図 1

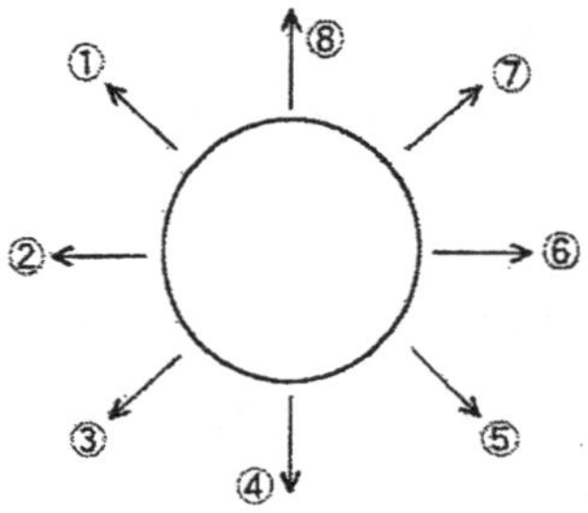

図 2

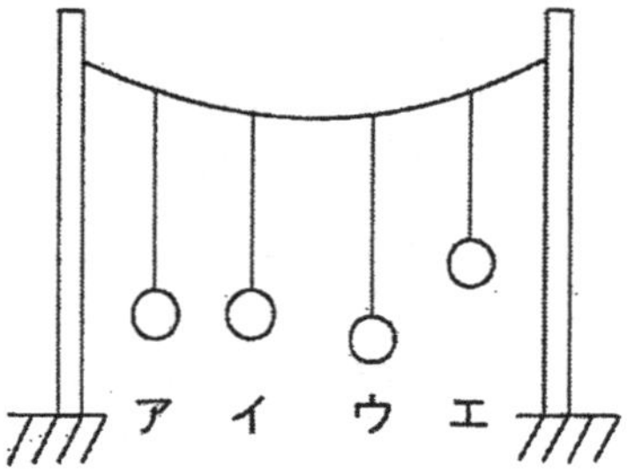

図 3

(1) 図1の**ア**の位置までおもりを持ち上げて手を離したところ、ふりこはしん動した。おもりが一番速くなるところはどこか。図1の**ア**～**オ**から正しいものを一つ選び記号で答えよ。

(2) もう一度図1の**ア**の位置まで持ち上げてふりこをふらせたところ、今度はちょうど**オ**のところで糸が切れた。糸が切れたすぐあと、おもりはどの方向に動いていくか。図2の①～⑧の中から一つ選び記号で答えよ。図2は**オ**のところで糸が切れた直後のおもりを示していて上下左右は図1とかわらないものとする。

(3) 今度は図1の**カ**のところまで持ち上げてふりこをふらせたとき、また**オ**のところで糸が切れたとすると、おもりはどの方向に動くか。図2の①～⑧の中から一つ選び記号で答えよ。

(4) ある同じふりこをつかって、いろいろな星でふりこの周期(ふりこが 1 回往復するのにかかる時間)を調べる実験をしたところ下のような結果になった。

地球でのふりこの周期	1回往復するのにかかる時間　2.2 秒
星Aでのふりこの周期	1回往復するのにかかる時間　4.4 秒
星Bでのふりこの周期	1回往復するのにかかる時間　11 秒
星Cでのふりこの周期	1回往復するのにかかる時間　2.2 秒

それぞれの星の特ちょうは、次のようになっている。

地球では 1600g の重さのおもりが 400g の重さになる星A、64g の重さになる星B、地球とおもりの重さが変わらない星Cである。

この結果をもとに、地球で 1600g の重さのおもりが 100g の重さになる星Dではふりこが1回往復するのにかかる時間は何秒であると予想されるか。

(5) 図3のようなふりこは「共振(きょうしん)ふりこ」とよばれている。共振ふりこには、1つのふりこをふると、そのふりこと同じ周期のふりこが後から自然に動き始めるという性質がある。それぞれのふりこの特ちょうは、おもりのおもさは**ア**と**エ**は同じで、**イ**と**ウ**は**ア**の重さの半分である。糸の長さは、**エ**、**イ**、**ウ**の順番に長くなっており、**ア**と**ウ**の糸の長さは同じ長さである。**ア**のふりこをふるとどの振り子がふれ始めるか。図3の**イ**～**エ**の中から選び記号で答えよ。

３． 次の各問いに答えよ。

植物の生活と光は非常に重要な関係がある。そのひとつに、おもに葉に光が当たることにより養分がつくられることである。このことを光合成という。

(1)　光合成をすることにより植物から放出される気体は何か。

(2)　植物に光が当たっていないときには光合成はしなくなり(1)の気体も放出されなくなるが、そのようなときには次のア～エのうちのどのようなことが起きているか。ア～エから正しいものを一つ選び記号で答えよ。

ア．空気中に約２０％ふくまれている気体の放出の割合が多くなる

イ．空気中に約１％ふくまれている気体の放出の割合が多くなる

ウ．空気中に約０．０４％ふくまれている気体の放出の割合が多くなる

エ．気体の放出はなくなる

(3)　光合成をすることによりつくられた養分が何であるかを調べるために、ある液体を使ったところ青むらさき色に変化した。ある液体とは何か。

また、花がさく植物のうち、一日のうち光があたる時間とあたらない時間を感じとることにより、春、夏、秋、冬のいつごろ花をさかせるかが決まっている植物もある。そのような植物と光の関係を調べるために次のように、ある植物を用いて24時間のうち光をあてる時間とあてない時間をいろいろ変えて４つの実験を行った。（ただし、あてた光はすべて同じ明るさであてていた。）

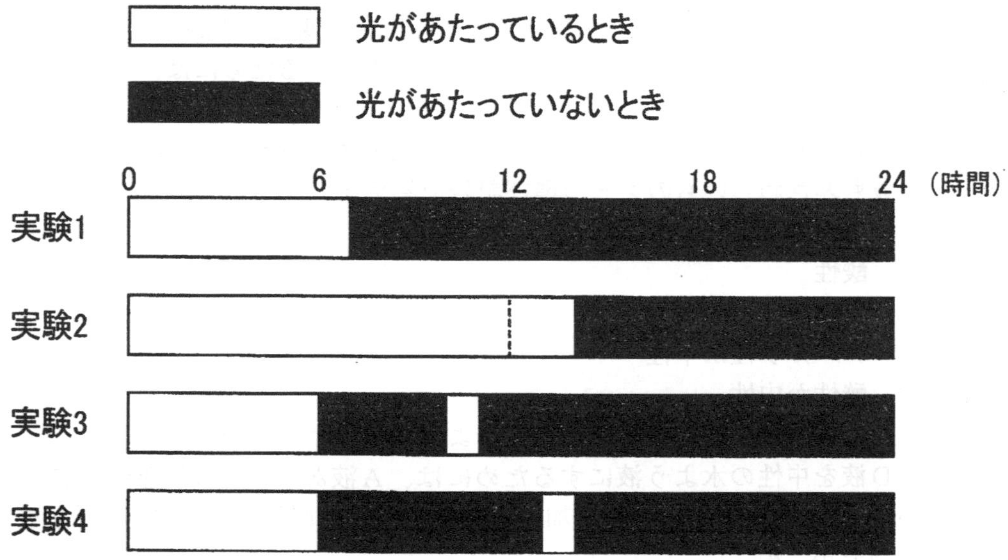

【結果】実験１と実験３は花の芽をつけたが、実験２と実験４は花の芽を作らなかった。

２．

ある濃度のうすい塩酸をＡ液とし、ある濃度の水酸化ナトリウム水よう液をＢ液とする。また、Ａ液１００mℓ（ミリリットル）とＢ液２００mℓを混ぜた液をＣ液とし、Ａ液３００mℓとＢ液５０mℓを混ぜた液をＤ液とする。

（ただし、Ａ液とＢ液をある量ずつ混ぜると中性の水よう液になる。）

(1)　Ａ液とＢ液をそれぞれ赤色リトマス紙で調べたらどのように変化するか。次のア～エから最もふさわしいものを一つ選び記号で答えよ。

ア．Ａ液は赤色から青色に変化し、Ｂ液は赤色のままで変化しない

イ．Ａ液は赤色のままで変化せず、Ｂ液は赤色から青色に変化する

ウ．Ａ液もＢ液も両方、赤色から青色に変化する

エ．Ａ液もＢ液も両方、変化しない

(2)　Ｃ液の性質を調べたところ、アルカリ性の水よう液であることがわかった。これだけのことから、Ｄ液は何性の水よう液だと考えられるか。次のア～カの中から最もふさわしいものを一つ選び記号で答えよ。

ア．アルカリ性

イ．酸性

ウ．中性

エ．アルカリ性か中性

オ．酸性か中性

カ．これだけのことからでは何性のよう液かはわからない

(3)　Ｃ液にＡ液を５００mℓ加えたら中性の水よう液になった。

①　この水よう液にBTBよう液を加えたら何色に変化するか。

②　Ａ液９０mℓにＢ液を加えて中性の水よう液にするためには、Ｂ液を何mℓ加えればよいか。

③　このことから、Ｄ液は何性の水よう液だと考えられるか。次のア～カの中から最もふさわしいものを一つ選び記号で答えよ。

ア．アルカリ性

イ．酸性

ウ．中性

エ．アルカリ性か中性

オ．酸性か中性

カ．これだけのことからでは何性のよう液かはわからない

④　Ｄ液を中性の水よう液にするためには、Ａ液あるいはＢ液を何mℓ加えればよいか。ただし、どちらの液も加える必要が無ければ解答らんにある「必要なし」を○でかこめ。

7 ドイツの数学者ガウス（1777 年～1855 年）は幼少期から高い計算の才能を発揮していたと言われています。ガウスは３歳(さい)のときに、れんが職人であった父親の給料計算のミスを指摘(てき)したこともありました。

「1 から 100 までの数字を全部たしなさい」という課題を学校の先生が出したときのことです。当時小学生だったガウスはすぐに計算を終え、「5050」という正解にたどり着きました。このとき、ガウスが行った計算は次のようなものでした。

$$(100+1)\times 100\div 2=5050$$

この計算で、正しい解答を求めることができるわけを説明しなさい。

8 図で、AB と CD はそれぞれ円の直径で、垂直に交わっています。２本の直径の交点を O とし、OD の真ん中の点を E とします。

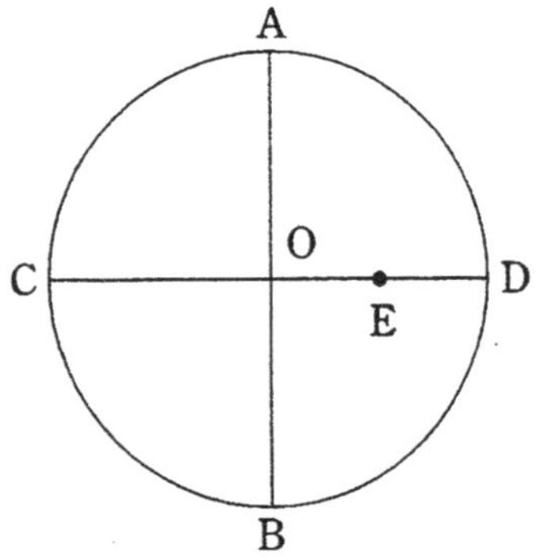

（1） 次の指示に従って、円周上に４つの点㋐、㋑、㋒、㋓をとります。この４つの点を、解答用紙に直接作図しなさい。

① E を中心として AE を半径とする円をかく。
② ①でかいた円と CD の交点を F とする。
③ A を中心として AF を半径とする円をかく。
④ ③でかいた円と、はじめの円の交点のうち、C に近いほうを㋐とする。
⑤ A を㋑とする。
⑥ ③でかいた円と、はじめの円の交点のうち、D に近いほうを㋒とする。
⑦ ㋒を中心として AF を半径とする円をかく。
⑧ ⑦でかいた円と、はじめの円の交点のうち、㋑でないほうを㋓とする。
⑨ ４つの点がそれぞれどの点か分かるように、㋐、㋑、㋒、㋓とかく。

（2）（1）で作図した㋐㋑と㋑㋒を、それぞれ直線で結びます。円周上に別の点をとることでできる図形を考えて、この２本の直線によってはさまれる角の大きさを求めなさい。

3 図は、いずれも面積 80 cm^2 の正三角形で、辺の上にある点は1辺の長さを4等分しています。次の（1）（2）について、斜線で示された部分の面積を求めなさい。

（1）

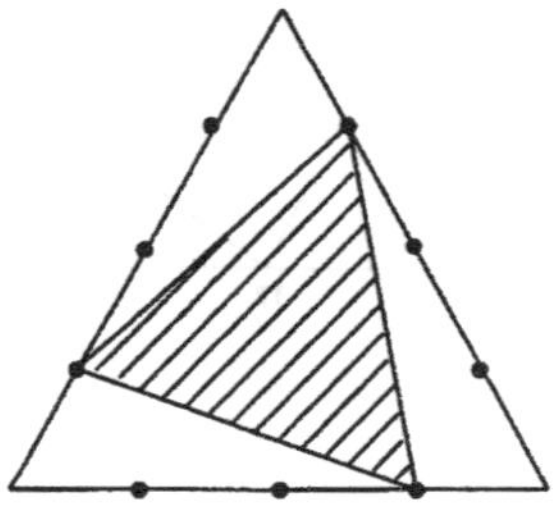

（2）

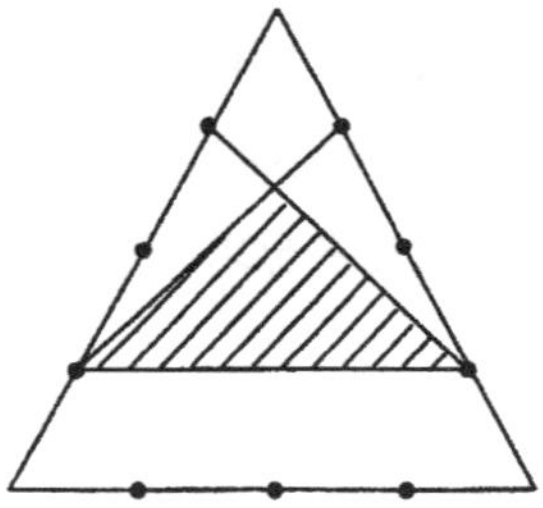

4 図のような同じ大きさの正三角形を8つ組み合わせてできる立体を考えます。点Pは A を出発して、この立体の辺を通り、1秒後にはとなりの頂点に進みます。

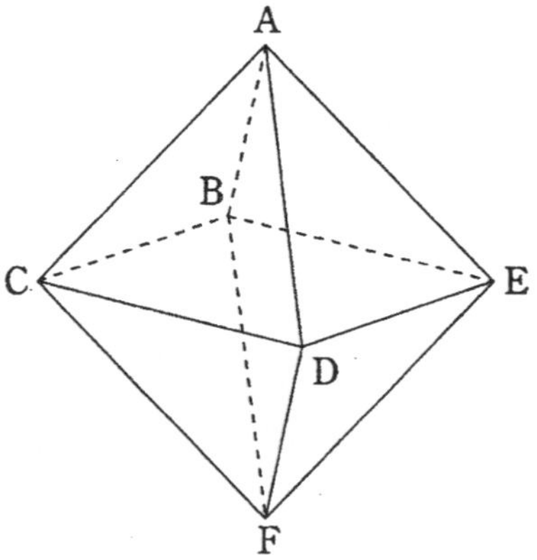

（1） 点Pが2秒後にFに着く方法は何通りか求めなさい。

（2） 点Pが3秒後にFに着く方法は何通りか求めなさい。

（3） 点Pが4秒後にFに着く方法は何通りか求めなさい。

（3） 図で、四角形 ABCD は角 B が直角で AB と CD が平行な台形です。また、E は BC 上の点です。AB＝5 cm、CD＝3 cm、BC＝7 cm で、三角形 AED の面積が 15cm² であるとき、BE の長さを求めなさい。

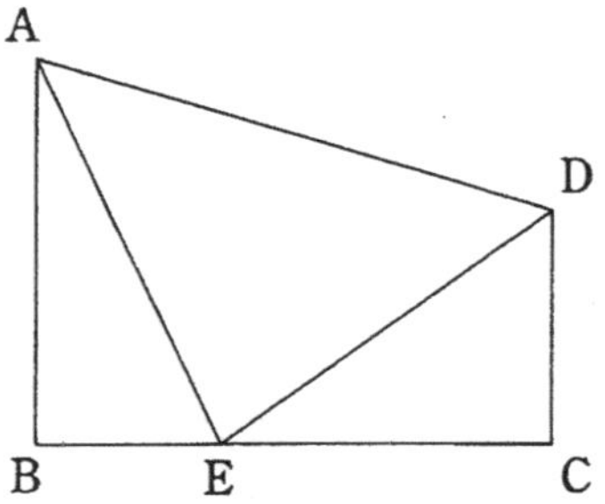

（4） 1 辺が 1cm の立方体の積み木と接着剤（ざい）を用いて、大きな立方体の枠（わく）を作ります。積み木と積み木の間にすきまはないものとします。図は大きな立方体の枠の 1 辺に 5 個の積み木が並んでいるものです。

大きな立方体の枠の 1 辺に 7 個の積み木が並んでいるとき、全体の積み木の個数を求めなさい。

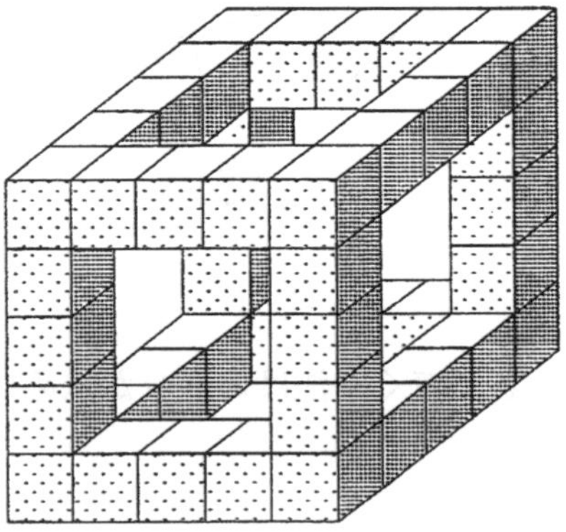